Kompetenzmanagement in Organisationen

Serienherausgeber

Simone Kauffeld, Institut für Psychologie, Technische Universität Braunschweig, Braunschweig, Deutschland

Inga Truschkat, Inst. f. Soz.- u. Organisationspädagogik, Stiftung Universität Hildesheim, Hildesheim, Deutschland

Ralf Knackstedt, Institut für BW u. Wirtschaftsinformatik, Stiftung Universität Hildesheim, Hildesheim, Deutschland

Mehr Informationen zu dieser Reihe auf http://www.springer.com/series/15234

Manfred Bornewasser
Hrsg.

Vernetztes Kompetenzmanagement

Gestaltung von Lernprozessen in organisationsübergreifenden Strukturen

Mit 22 Abbildungen

 Springer

Herausgeber
Manfred Bornewasser
Institut für Psychologie
Universität Greifswald
Greifswald
Deutschland

Kompetenzmanagement in Organisationen
ISBN 978-3-662-54953-7   ISBN 978-3-662-54954-4 (eBook)
https://doi.org/10.1007/978-3-662-54954-4

Die Deutsche Nationalbibliothek verzeichnet diese Publikation in der Deutschen Nationalbibliografie; detaillierte bibliografische Daten sind im Internet über http://dnb.d-nb.de abrufbar.

© Springer-Verlag GmbH Deutschland 2018
Das Werk einschließlich aller seiner Teile ist urheberrechtlich geschützt. Jede Verwertung, die nicht ausdrücklich vom Urheberrechtsgesetz zugelassen ist, bedarf der vorherigen Zustimmung des Verlags. Das gilt insbesondere für Vervielfältigungen, Bearbeitungen, Übersetzungen, Mikroverfilmungen und die Einspeicherung und Verarbeitung in elektronischen Systemen.
Die Wiedergabe von Gebrauchsnamen, Handelsnamen, Warenbezeichnungen usw. in diesem Werk berechtigt auch ohne besondere Kennzeichnung nicht zu der Annahme, dass solche Namen im Sinne der Warenzeichen- und Markenschutz-Gesetzgebung als frei zu betrachten wären und daher von jedermann benutzt werden dürften.
Der Verlag, die Autoren und die Herausgeber gehen davon aus, dass die Angaben und Informationen in diesem Werk zum Zeitpunkt der Veröffentlichung vollständig und korrekt sind. Weder der Verlag, noch die Autoren oder die Herausgeber übernehmen, ausdrücklich oder implizit, Gewähr für den Inhalt des Werkes, etwaige Fehler oder Äußerungen. Der Verlag bleibt im Hinblick auf geografische Zuordnungen und Gebietsbezeichnungen in veröffentlichten Karten und Institutionsadressen neutral.

Gedruckt auf säurefreiem und chlorfrei gebleichtem Papier

Springer ist Teil von Springer Nature
Die eingetragene Gesellschaft ist Springer-Verlag GmbH Deutschland
Die Anschrift der Gesellschaft ist: Heidelberger Platz 3, 14197 Berlin, Germany

Geleitwort

Die Digitalisierung schreitet weiter voran und leistungsfähige Rechner, Speicher und Kommunikationsmittel eröffnen neue Potenziale. Auch wenn Prognosen hinsichtlich der daraus resultierenden Veränderungen nur sehr bedingt möglich sind, müssen wir uns – wie auch in der Vergangenheit – auf Veränderungen einstellen und diese nach Möglichkeit mitgestalten. Alle Lebensbereiche sind davon betroffen, daher können wir uns dieser Entwicklung nicht entziehen. Unsere Gesellschaft hat es aber auch immer verstanden, diese Änderungen für uns alle nutzbar zu machen. Wir alle haben von Rationalisierungs-, Technisierungs- und Automatisierungswellen profitiert. Von daher ist Optimismus angesagt, dass wir auch von der fortschreitenden Digitalisierung und Visionen wie Industrie 4.0 profitieren werden. Angesichts des globalen Wettbewerbs ist ein Verzicht auf die Nutzung zukünftiger technologischer Entwicklungen ausgeschlossen. Wir haben nur eine Chance, unseren Wohlstand zu erhalten, wenn wir die Digitalisierung nutzen, um uns immer wieder neue Vorsprünge in der Industrieproduktion, in der Dienstleistungswelt und auch der öffentlichen Verwaltung zu schaffen.

Dabei müssen wir aber lernen, die Menschen mitzunehmen, zu motivieren und zu begeistern. Der technische Fortschritt darf nicht als Gefahr und Bedrohung daherkommen. Die Sorgen und Ängste vieler Beschäftigter vor z. B. menschenleeren Fabriken oder vor einer Machtübernahme durch Roboter sind ernst zu nehmen. Wir müssen glaubhaft und nachvollziehbar vermitteln, dass nicht alles digitalisiert wird, was digitalisierbar ist, sondern das, was den Grundbedürfnissen von Menschen nicht widerspricht bzw. für eine gesundheitsförderliche Entlastung bei der Arbeit sorgt.

Ein wichtiger Aspekt hierbei betrifft die Kompetenzentwicklung. Wir verfügen über ein sehr gutes Ausbildungssystem, das uns mit vielfältigem Wissen und Können ausstattet. Früher glaubten wir, das reicht für ein Arbeitsleben aus. Aber angesichts des imposant schnellen technischen Wandels kann davon heute niemand mehr ausgehen. Wir müssen bereit sein, immer wieder neu zu lernen und uns neu einzustellen. Wir müssen uns für Neues öffnen, sei es pädagogisch gesteuert durch motivierende Spiele oder spontan durch Begeisterung für neue Technologien. Da muss der einzelne Beschäftigte seinen Beitrag leisten, und da müssen die Unternehmen Unterstützung anbieten. Lebenslanges Lernen und arbeitsprozessintegriertes Lernen sind zwei Schlagworte von höchster praktischer Relevanz. Natürlich wäre es wunderbar, wenn es gelänge, den Arbeitsplatz zu einem Lernplatz zu machen. Hier brauchen wir viel mehr Forschung, die uns aufzeigt, wie man so etwas nachhaltig macht. Wir müssen auch weiter daran arbeiten, wie man Lernprozesse noch spezifischer auf die jeweiligen Bedingungen im gegebenen soziotechnischen System zuschneiden kann. Nur abstraktes Wissen zu vermitteln, erscheint wenig hilfreich. Eine Modularisierung von Wissensinhalten ist sicherlich eine erste gute Antwort. Wandlungsfähigkeit könnte unter Aspekten der stetigen Flexibilisierung und der permanenten Öffnung unserer Unternehmen eine weitere gute Lösungsstrategie darstellen.

Kompetenzerwerb bedeutet immer, mit aufgebautem Wissen und Können in neue Horizonte vorzustoßen. Das macht Entwicklung angstfrei und gibt Optimismus, auch eine veränderte Zukunft zu unserem Wohlergehen zu gestalten. Diesen Optimismus muss man mit vernünftigen wissenschaftlichen Analysen und guten Lösungsansätzen unterfüttern. Forschung kann hierzu einen guten Beitrag leisten. Davon zeugt der vorliegende Band, dem man wünschen möchte, dass er auf offene Ohren in Wirtschaft und Verwaltung stößt und Personalverantwortlichen und den Beschäftigten Mut macht, den lebenslangen Kompetenzerwerb kreativ zu gestalten.

Alfred Gaffal
Präsident der Vereinigung der bayerischen Wirtschaft

Vorwort der Reihenherausgeber/-innen

Der demografische Wandel führt zu einer Veränderung der Altersstruktur in Deutschland. Die erwerbsfähige Bevölkerung wird abnehmen, die Belegschaften älter und heterogener (z. B. hinsichtlich ihres Qualifizierungshintergrunds und demografischer Merkmale). Eine über die Berufsausbildung hinausgehende, kontinuierliche Weiterentwicklung und Qualifizierung von Beschäftigten wird zur zentralen Aufgabe für Unternehmen, Gesundheitseinrichtungen, öffentliche Institutionen, soziale Dienste, Handwerksbetriebe etc., um ihre Wettbewerbsfähigkeit zu erhalten. Neben dem demografischen Wandel führen technologische Veränderungen sowie die zunehmende Digitalisierung zu veränderten Aufgabenfeldern.

Organisationen stehen dadurch vor der Herausforderung, Kompetenzdefizite zunehmend schnell und passgenau ausgleichen zu können. Vernetztes Kompetenzmanagement kann hierfür einen Lösungsbeitrag leisten, indem die Erfahrungen von Partnern anderer Abteilungen oder von Abnehmern, Zulieferern und weiteren Marktpartnern genutzt werden, um kommende Kompetenzbedarfe frühzeitig zu erkennen und/oder um diese für die eigene Kompetenzentwicklung zu nutzen. Die Gründung und die Steuerung entsprechender Netzwerke sind selbst mit zahlreichen speziellen Herausforderungen verbunden, die es erschweren, die mit der Vernetzung verbundenen Vorzüge in der Praxis tatsächlich zu realisieren. Hierzu gehören der Aufbau des notwendigen Vertrauens zwischen den Kooperationspartnern, die organisatorische und technische Realisierung von Austauschstrukturen, beispielsweise in Form von Internetmarktplätzen, die Förderung von Akzeptanz und Motivation des sich am Austausch beteiligenden Personals, die inhaltlich sinnvolle und kombinationsförderliche Modularisierung von Lehr-/Lerninhalten und die Einbindung des Kompetenzerwerbs bzw. der Kompetenzvermittlung in die aktuellen Arbeitsprozesse.

Der Band *Vernetztes Kompetenzmanagement: Gestaltung von Lernprozessen in organisationsübergreifenden Strukturen* widmet sich genau diesen Herausforderungen, die mit der Vernetzung organisationsinterner und/oder -externer Partner verbunden sind, und vermittelt anhand von konkreten Fallbeispielen bereits erprobte Ansätze zu deren Bewältigung. Die einzelnen Beiträge stellen Ergebnisse aus dem Förderschwerpunkt „Betriebliches Kompetenzmanagement in demografischen Wandel" des Bundesministeriums für Bildung und Forschung (BMBF) vor. Die Autorinnen und Autoren erörtern, wie unterschiedliche Akteure/-innen in regionalen Netzwerken zur Kompetenzentwicklung zusammenarbeiten. Es werden Handlungsempfehlungen formuliert, wie sich Organisationen systematisch für solche Kollaborationen öffnen und dadurch die Potenziale der Open Innovation optimal nutzen können. Basierend auf Methoden des Prozessmanagements wird gezeigt, wie sich ein arbeitsplatznaher Austausch zwischen Kooperationspartnern/-innen im Sinne eines Learning on the Job realisieren lässt. Auch die technische Gestaltung hierfür geeigneter Lehr-/Lernmodule, die sich höchst flexibel und bedarfsgerecht kombiniert einsetzen lassen, wird beschrieben. Besondere Aufmerksamkeit wird der Frage gewidmet, wie insbesondere in kleinen und mittleren Unternehmen (KMU) durch vernetztes Kompetenzmanagement auch in Zukunft die Konkurrenzfähigkeit von Facharbeit gesichert werden kann. Indem der Band in Form der Vernetzung einen aktuellen und höchst praxisrelevanten speziellen Trend sowohl aus wissenschaftlicher als auch umsetzungsorientierter Sicht untersucht, leistet er einen wertvollen Beitrag in der Reihe *Kompetenzmanagement in Organisationen*.

Simone Kauffeld, Inga Truschkat und Ralf Knackstedt
Braunschweig und Hildesheim, 2017

Vorwort des Bandherausgebers

Kompetenz gilt als individuelle Eigenschaft. Mitarbeiterinnen und Mitarbeiter verfügen über Kompetenz und besitzen damit die Fähigkeit und Fertigkeit, Probleme spezifischer Art zu lösen, sowie die Bereitschaft, diese auch im beruflichen Alltag zu nutzen. Das Kompetenzmanagement eines Unternehmens hat die zentrale Aufgabe, darüber zu wachen, dass zwischen vorhandenen und erforderlichen Kompetenzen der Mitarbeitenden eine Balance besteht. Das ist angesichts der technologischen Entwicklung mit ihrer extrem hohen Dynamik keine einfache Aufgabe. Die Vorstellungen von langwierigen Planungen und Veränderungen von schulischen Curricula reiben sich mit den betrieblichen Erfordernissen hoher Reagibilität, Flexibilität und Agilität. Es müssen von daher neue Wege gefunden werden, die erforderliche Balance zu halten.

Die Digitalisierung schafft das Problem der Anpassungsnotwendigkeit, aber sie eröffnet auch Chancen zur Problemlösung. Letztere liegt in der Vernetzung, womit nicht nur eine technologische, sondern vor allem auch eine organisatorische Verknüpfung in einem Netzwerk etwa von Unternehmen oder von Abteilungen innerhalb eines Unternehmens angesprochen ist. Ein vernetztes Kompetenzmanagement verweist damit auf die Möglichkeit, dass Kompetenzanpassungen und individueller Kompetenzerwerb innerhalb eines Verbundes organisiert werden. Hier können sich z. B. ein Automobilhersteller, einzelne Zulieferer, bewährte Ausbildungsinstitute und ein universitäres Institut zusammenschließen, um über eine Plattform in sehr differenzierter Form den individuellen Kompetenzerwerb für ihre Mitarbeitenden zu organisieren. Jedes Unternehmen bringt in abgestimmter Weise relevante Lerninhalte auf dieser Plattform ein und hat zugleich die Möglichkeit, nach eigener Wahl Lerninhalte zu entnehmen, die von anderen Verbundmitgliedern eingestellt wurden. Der Verbund organisiert damit den spezifischen Kompetenzerwerb. Vergleichbar werden auch Einrichtungen der öffentlichen Verwaltung, Verbände und Unternehmen vernetzt, um mit ihren Mitteln und Ressourcen z. B. verbesserte regionale Rahmenbedingungen für Innovationen zu schaffen. Solche vernetzten Lernverbünde lassen sich auch innerhalb von Unternehmen bilden, wenn etwa Beschäftigte aus dem Controlling, dem Einkauf, der Produktion und der Instandhaltung gemeinsam eine neue Unternehmensstrategie umsetzen müssen.

Diese Beispiele verdeutlichen zweierlei: Vernetzung erfordert einmal technologischen Aufwand. Der Arbeitsplatz wird dadurch mehr und mehr auch zu einem Lernplatz. Die Konzepte der Lernfabrik und des Learning on the Job stehen für diese Entwicklung. Die Vernetzung erfordert darüber hinaus aber auch eine Veränderung im sozialen Bereich. Vernetzung bedeutet, sich zu öffnen, in Kontakt zu treten, sich auszutauschen, sich abzustimmen und zu kooperieren. Abgrenzung und Hierarchie zwischen Unternehmen, Abteilungen oder auch Funktionen treten dadurch vermehrt in den Hintergrund. Ein solcher Wandel kann nur dann gelingen, wenn auch der einzelne Mitarbeitende einen mentalen Wandel nachvollzieht und die Fähigkeit und Bereitschaft erlangt, sich selbst in Netzwerke einzubringen.

Der vorliegende Band zeigt an Beispielen verschiedene Ansätze und Wege auf, wie Vernetzung betrieben wird, welche technologischen Voraussetzungen geschaffen werden müssen, wie Verbünde organisiert sowie Mitarbeitende geschult werden, um den mentalen Wandel hin zur Vernetzung von Unternehmen mitzutragen. Der Leser möge die folgenden Kapitel als Anregung zu möglichen Veränderungen im eigenen Unternehmen verstehen. Fertige Lösungen können hier nicht präsentiert werden.

Ein Buch wie das vorliegende zu erstellen, ist meist das Werk einer größeren Gruppe von Menschen, die in unterschiedlichen Rollen ihre Beiträge leisten. Ich möchte daher als Herausgeber dieses Bandes und stellvertretend für alle Autorinnen und Autoren den Herausgebern der Reihe für ihre Anregungen und ihre Unterstützung danken. In gleicher Weise bedanke ich mich bei den sehr engagierten Mitarbeiterinnen und Mitarbeitern des Springer-Verlags, namentlich bei Frau Judith Danziger und Herrn Joachim Coch, sowie Frau Stefanie Teichert, die unsere Ausführungen einem sehr gründlichen und anregenden Lektorat unterzogen hat. Ein herzliches Dankeschön gilt auch Frau Nora Warner, die die Erstellung der Manuskripte koordiniert hat. Ohne ihre Ausdauer, Nachsicht und Beharrlichkeit hätte das Manuskript nicht die Qualität erlangen können, die für den Springer-Verlag steht. Meine abschließende Danksagung geht an alle Autorinnen und Autoren, die es durch ihre Zuverlässigkeit und Disziplin leicht gemacht haben, diesen Band vorzulegen.

Manfred Bornewasser
Greifswald, im April 2017

Die Autorinnen und Autoren

Dominic Bläsing

(Dipl. Psych.) studierte an der Ernst-Moritz-Arndt Universität Greifswald Psychologie. Er ist seit 2015 am Institut für Psychologie der Ernst-Moritz-Arndt Universität Greifswald als wissenschaftlicher Mitarbeiter tätig. Seine Arbeits- und Forschungsschwerpunkte liegen in der Untersuchung der objektiven Erfassung von Stress- und Belastungsindikatoren sowie dem Zusammenhang zwischen Stress und Belastung und verschiedenen Vitalparametern mit dem Schwerpunkt Herzratenvariabilität.

Prof. Dr. Manfred Bornewasser (Hrsg.)

ist seit 1994 an der Universität Greifswald im Bereich der Arbeits- und Organisationspsychologie tätig. Seine zuletzt bedienten Forschungsschwerpunkte betreffen die Gestaltung von Dienstleistungsprozessen im Bereich des Gesundheitswesens, die Diversität im Bereich der Zusammensetzung von Arbeitsteams, die Entwicklung eines arbeitsplatzintegrierten Kompetenzmanagements sowie Aspekte der objektiven Messung von Belastungen am Arbeitsplatz.

Martin Burgenmeister

(Dipl.-Soz.) ist wissenschaftlicher Mitarbeit am Lehrstuhl für Soziologie der Universität Hohenheim. Im Verbundprojekt RAKOON beschäftigte er sich vor allem mit der Durchführung und Analyse qualitativer Interviews mit Fokus auf Öffnung von Unternehmen sowie mit den Grundlagen offener Organisationen. Aktuell befasst er sich schwerpunktmäßig mit der Einbindung externer Dienstleistungsunternehmen.

Nils Dähne

ist B.A. und Masterand im Studiengang Management mittelständischer Unternehmen sowie wissenschaftliche Hilfskraft an der Professur für Betriebswirtschaftslehre, Personalwirtschaft und Arbeitswissenschaften an der Hochschule für Wirtschaft und Technik Dresden. Er befasst sich momentan mit der Erforschung von Motiven zur Teilnahme an Innovationsnetzwerken von kleinen und mittleren Unternehmern (KMU).

Janina Evers

(M.A.) ist wissenschaftliche Mitarbeiterin im Rhein-Ruhr Institut für angewandte Systeminnovation (RIAS) e.V. Arbeitsschwerpunkte: Arbeits- und Organisationsforschung und -beratung, Personal- und Organisationsentwicklung, soziale Dienstleistungen, demografischer Wandel. Projektreferenzen u. a.: „TRANSDEMO – Innovative Strategien zur Gestaltung des Übergangs auf demografiefeste Regionen", „Produktivitäts-Cockpit soziale Dienstleistungen – Messung, Bewertung und Gestaltung der Produktivität in einem dynamisch wachsenden Dienstleistungsmarkt", „8iNNO – Organisationale Achtsamkeit als Basis für Innovationsfähigkeit von Unternehmen".

Stefan Frenzel

(Dipl.-Phys.) studierte von 2002 bis 2007 Physik an den Universitäten Dresden und Greifswald. Danach war er wissenschaftlicher Mitarbeiter am Institut für Mathematik und Informatik der Universität Greifswald, an der er an Problemen der Angewandten Statistik arbeitete. Seit 2014 ist er wissenschaftlicher Mitarbeiter des BMBF-geförderten Projektes Pikoma an der Universität Greifswald. Seine Arbeitsschwerpunkte liegen in den Bereichen Prozessanalyse und Wissensmanagement.

Prof. Dr. Joachim Hafkesbrink

ist geschäftsführendes Vorstandsmitglied im Rhein-Ruhr Institut für angewandte Systeminnovation (RIAS) e.V. Seit über 25 Jahren berät und forscht er im Bereich Innovationsmanagement. 1986 promovierte er in Wirtschafts- und Sozialwissenschaften mit Schwerpunkt Innovationstheorie und -management an der Universität Duisburg-Essen. Seine Referenzen umfassen Projekte im Bereich Innovationsmanagement, Evaluationsstudien und Beratung von Ministerien und Verbänden in Deutschland in vielfältigen Sektoren (z. B. Industrie, soziale Dienstleistungen).

Dr. Frank Hartmann

ist seit 2002 wissenschaftlicher Mitarbeiter in der Forschungsgruppe Innovations- und Regionalforschung an der Technischen Hochschule Wildau. Seine Forschungsarbeiten haben die Analyse und Bewertung betrieblicher und überbetrieblicher Innovationsprozessen sowie die vielschichtigen Zusammenhänge zwischen Innovation und Regionalentwicklung zum Gegenstand. Im Zusammenhang mit dem Aufbau des Innovationslabors ViNN:Lab an der Technischen Hochschule Wildau durch die Forschungsgruppe hat er sich in jüngster Zeit verstärkt der Untersuchung kollaborativer, offener Innovationsprozesse und der Maker-Bewegung als neuem sozialem Phänomen zugewendet.

Veit Hartmann

(M.A., Dipl.-Arb.-Wiss.) hat Arbeitswissenschaften und Soziologie studiert und ist Projektleiter in den Projektgesellschaften des Transferzentrums für angepasste Technologien in Rheine. Seine Arbeitsschwerpunkte sind Corporate Social Responsibility (CSR), betriebliche Herausforderungen durch den demografischen Wandel, Marktdiffusion nachhaltiger Produkte, Technikfolgen und Zukunft der Arbeit.

Dr. Norbert Huchler

ist wissenschaftlicher Mitarbeiter und Mitglied des Vorstands am Institut für Sozialwissenschaftliche Forschung e.V. – ISF München und arbeitet als Arbeitssoziologe in verschiedenen Forschungsprojekten zum Wandel von Arbeit (z. B. Entgrenzung und Subjektivierung), Technik (z. B. Digitalisierung), Arbeitsorganisation (z. B. Selbstorganisation, Standardisierung, verteilte Wertschöpfung) sowie Qualifikation und Kompetenzen.

Die Autorinnen und Autoren

Prof. Dr. Martin Kloyer
ist Inhaber des Lehrstuhls für „Allgemeine Betriebswirtschaftslehre sowie Organisation, Personalwirtschaft und Innovationsmanagement" an der Rechts- und Staatswissenschaftlichen Fakultät der Ernst-Moritz-Arndt-Universität Greifswald. Seine Forschung konzentriert sich auf die Organisation von Unternehmenskooperationen und das Innovationsmanagement.

Jan Knipperts
(M.A.) ist Projektmanager im Programm „LebensWerte Kommune" der Bertelsmann Stiftung. Zuvor war er wissenschaftlicher Mitarbeiter im Verbundprojekt „TRANSDEMO – Innovative Strategien zur Gestaltung des Übergangs auf demografiefeste Regionen" am Institut für Sozialwissenschaften der Universität Osnabrück und führte mehrjährige Tätigkeiten als Lehrbeauftragter und in der Hochschulverwaltung aus. Arbeitsschwerpunkte sind die Stadt- und Regionalentwicklungspolitik, insbesondere im Bereich des demografischen Wandels, sowie neue Steuerungs- und Kooperationsformen. Einen weiteren Schwerpunkt bildet die Parteien- und Wahlforschung. Studium der Politikwissenschaft, Soziologie und der Rechtswissenschaften in Osnabrück.

Christian Krakowski
ist Leiter für Produktmanagement des Geschäftsbereichs CAS Education der CAS Software AG in Karlsruhe. Er leitete verschiedene Softwareentwicklungs- und Einführungsprojekte im Hochschulumfeld. Zu den Arbeitsschwerpunkten gehören die Konzeption von komplexen Softwarelösungen für den Bildungsbereich, Strategieberatung für Kunden und das Erarbeiten von modernen Lösungen für Organisations- und Prozessfragen zum Campus-Management.

Ursula Kreft
(M.A.) ist Germanistin und wissenschaftliche Mitarbeiterin im Rhein-Ruhr-Institut für Sozialforschung und Politikberatung (RISP) an der Universität Duisburg-Essen.

Simon Kremer
(Dipl.-Ing.) ist wissenschaftlicher Mitarbeiter am Lehrstuhl für Produktentwicklung der Technischen Universität München. Im Verbundprojekt RAKOON beschäftigt er sich mit der Kollaboration in offenen Organisationen. In seiner Dissertation beschäftigt er sich mit dem Thema „User Experience". Am Lehrstuhl betreut er Lehrveranstaltungen zur technischen Produktentwicklung und dem Management von Geschäftsstrategien.

Dr. Manuela Krones

arbeitet als wissenschaftliche Mitarbeiterin an der Professur Fabrikplanung und Fabrikbetrieb der Technischen Universität Chemnitz im Tätigkeitsfeld Ressourceneffizienz und Qualifizierung.

Alexander Lang

(Dipl.-Chem.) ist wissenschaftlicher Mitarbeiter am Lehrstuhl für Produktentwicklung der Technischen Universität München und Dozent an der Technischen Hochschule Köln. Im Verbundprojekt RAKOON entwickelte er eine Methodik zur Ermittlung des idealen Offenheitsgrades von Organisationen und deren Anpassung. Ebenso ist er CEO der Beratungsgesellschaft IMAN Solutions, ein Unternehmen mit dem Fokus auf Innovationsmanagement und Produktentwicklung.

Prof. Dr.-Ing. Udo Lindemann

promovierte 1979 und war anschließend in leitenden Positionen bei der Renk AG in Augsburg sowie der MAN Miller Druckmaschinen GmbH tätig. 1995 wurde er an die Technische Universität München berufen und hat von Oktober 1995 bis September 2016 den Lehrstuhls für Produktentwicklung geleitet. Er ist Mitglied der Acatech sowie weiterer nationaler und internationaler Fachgesellschaften. In mehreren Beiräten wirkt er an der Brückenbildung zwischen der akademischen und der industriellen Welt mit. Im Verbundprojekt RAKOON hat er neben Teilprojekten auch die Gesamtkoordination wahrgenommen.

Dr. Claudia Müller-Kreiner

ist wissenschaftliche Mitarbeiterin und Dozentin an der Ludwig-Maximilians-Universität München. Sie arbeitet(e) in unterschiedlichen Projekten rund um das Themenfeld Lehre und Studium, derzeit im Projekt Rakoon, vgl. www.openorganisation.de. Spezialgebiete sind didaktische Methoden, Lehre, Evaluation, problembasiertes Lernen und Game-based-Learning. Sie hat die Grundausbildung in Themenzentrierter Interaktion (TZI) absolviert.

Prof. Dr.-Ing. Egon Müller

leitet die Professur Fabrikplanung und Fabrikbetrieb an der Technischen Universität Chemnitz und ist Direktor des Instituts für Betriebswissenschaften und Fabriksysteme. Die Arbeit der Professur ist insbesondere auf die Entwicklung zukünftiger Produktionsstrukturen und neuer Fabrikkonzepte im Maschinen- und Anlagenbau sowie für die Automobilindustrie und deren Zulieferer ausgerichtet.

Die Autorinnen und Autoren

Christopher Münzberg
(M.Sc.) ist wissenschaftlicher Mitarbeiter am Lehrstuhl für Produktentwicklung der Technischen Universität München. Im Verbundprojekt RAKOON ist er für das Gesamtprojektmanagement verantwortlich. Darüber hinaus erforscht er in seinem Dissertationsprojekt Krisen während der Entwicklung technischer Produkte. In der Lehre betreut er u. a. Hochschulpraktika zur Innovationsmethodik TRIZ.

Prof. Dr. Sabine Pfeiffer
hat den Lehrstuhl für Soziologie an der Universität Hohenheim. Im Verbundprojekt RAKOON leitet sie das Teilvorhaben zu den organisationalen Bedingungen von offenen Organisationen. In diesem Kontext hat sie im Projekt den Arbeitsvermögen-Index entwickelt; dieser misst wie stark Beschäftigte mit Wandel, Komplexität und Unwägbarkeiten umgehen. Sie ist u. a. Mitglied in den wissenschaftlichen Beiräten des Bundesinstituts für Berufsbildung (BIBB) und der Plattform Industrie 4.0.

Dr. Stephanie Porschen-Hueck
ist Arbeitssoziologin am Institut für Sozialwissenschaftliche Forschung e.V. – ISF München und ist in verschiedenen Projekten zur Entwicklung von Arbeit tätig. Zu den Arbeitsschwerpunkten zählen u. a. erfahrungsbasierte Kompetenzen, Gestaltung von Innovationsarbeit, neue Organisationskonzepte sowie Belastungen und Prävention in modernen Arbeitsorganisationen.

Dr. Stefan Sauer
ist wissenschaftlicher Mitarbeiter am Institut für Sozialwissenschaftliche Forschung e.V. – ISF München und arbeitet als Arbeitssoziologe in verschiedenen Forschungsprojekten zum Wandel von Arbeit, zu Nachhaltigkeit, Arbeitsorganisation, Qualifikation und Kompetenzen. Zu seinen Arbeitsschwerpunkten zählen Anerkennung, Selbstorganisation und Agilität.

Dr.-Ing. Jens Schütze
ist langjähriger wissenschaftliche Mitarbeiter und ausführender Projektleiter am Institut für Betriebswissenschaften und Fabriksysteme der Technischen Universität Chemnitz. Er beschäftigt sich mit einem breiten Spektrum an wissenschaftlichen Themenstellungen auf den Gebieten der Produktions-, Kompetenz- sowie Zukunftsforschung und ist Peer-Reviewer für eine Reihe von internationale Zeitschriften und Konferenzen.

Antonia Speerforck

ist Diplom-Juristin und Diplom-Psychologin. Sie studierte Rechtswissenschaften sowie Psychologie in Greifswald und Sheffield und war von 2011 bis 2015 als wissenschaftliche Mitarbeiterin am Lehrstuhl für Sozialpsychologie/Arbeits- und Organisationspsychologie bei Prof. Dr. Manfred Bornewasser tätig. Ihre Arbeitsgebiete lagen dort im Bereich der Gesundheitspsychologie sowie des Kompetenz- und Wissensmanagements.

Dr.-Ing. Jörg Strauch

ist wissenschaftlicher Mitarbeiter der Professur Fabrikplanung und Fabrikbetrieb. Er leitet die Fachgruppe „Logistik/Energieeffiziente Fabrik".

Tatjana Streit

ist Mathematikerin und Produktmanagerin im Geschäftsbereich CAS Education der CAS Software AG in Karlsruhe. Ihre Arbeitsschwerpunkte liegen in Prozessen für das Studierenden- und Prüfungsmanagement an Hochschulen.

Till Suchsland

(M.Sc., Dipl.-Kfm.) ist Mitarbeiter des Lehrstuhls für „ABWL sowie Organisation, Personalwirtschaft und Innovationsmanagement" an der Rechts- und Staatswissenschaftlichen Fakultät der Ernst-Moritz-Arndt-Universität Greifswald. Seine Forschung konzentriert sich auf die Organisation von Ideenmanagement.

Dr. Robert Tschiedel

lehrt Soziologie an der Westfälischen Wilhelms-Universität Münster mit den Schwerpunkten Methoden der empirischen Sozialforschung und Techniksoziologie. Er war Gründungsgeschäftsführer und Geschäftsführer des Technologiezentrums TaT Transferzentrum für angepasste Technologien in Rheine und ist Geschäftsführer und wissenschaftlicher Leiter der dort angesiedelten Projektgesellschaften. Er war und ist aktiv in der Unternehmens- und Politikberatung u. a. durch diverse Projektaufträge und Kommissionsmitgliedschaften regional und überregional, z. B. langjähriger Vorsitz des Arbeitskreises Technikfolgenabschätzung und Bewertung des Landes NRW (AKTAB) und Sachverständiges Mitglied in der Enquete Kommission „Globalisierung der Weltwirtschaft" des Deutschen Bundestages sowie durch die Leitung und Durchführung vieler Qualifizierungs-, Beratungs- und Forschungsprojekte. Zahlreiche Veröffentlichungen.

Die Autorinnen und Autoren

Dr. Hans Uske

ist Sprach- und Sozialwissenschaftler, Leiter der Forschungsgruppe Logistik und Dienstleistung (Prolog) im Rhein-Ruhr-Institut für Sozialforschung und Politikberatung (RISP) an der Universität Duisburg-Essen. Koordinator des BMBF-Verbundprojektes Prokom 4.0.

Nora Warner

(Dipl. Psych.) studierte an der Ernst-Moritz-Arndt Universität Greifswald Psychologie. Sie ist seit 2017 am Institut für Arbeitswissenschaft der RWTH Aachen als wissenschaftliche Mitarbeiterin tätig. Ihre Arbeits- und Forschungsschwerpunkte liegen in der akzeptanztheoretischen Betrachtung technischer Innovationen sowie im Bereich fachdidaktischer Fragestellungen im gewerblich-technischen Bereich und den Folgen für Kompetenzerwerb und Qualifikation im Rahmen zunehmender Digitalisierung.

Dominik Weidmann

(M.Sc.) ist wissenschaftlicher Mitarbeiter am Lehrstuhl für Produktentwicklung der Technischen Universität München. Im Verbundprojekt RAKOON beschäftigt er sich mit den Grundlagen von offenen Organisationen. Am Lehrstuhl ist er hauptverantwortlich für die Lehreorganisation und betreut Vorlesungen zur methodischen Produktentwicklung. In anderen Projekten untersucht er das Anforderungsmanagement bei der Entwicklung technischer Produkte.

Alexander Werner

ist Dipl.-Psych., B.Sc. und wissenschaftlicher Mitarbeiter an der Professur für Betriebswirtschaftslehre, Personalwirtschaft und Arbeitswissenschaften an der Hochschule für Wirtschaft und Technik Dresden. Sein Forschungsinteresse liegt in der Erforschung, Modellierung und Simulation komplexer Systeme und menschlicher Handlungsregulation in konkreten Anwendungskontexten unter Berücksichtigung kognitiver, emotionaler und motivationaler Aspekte.

Prof. Dr. Rüdiger von der Weth

lehrt mit der Professur für Betriebswirtschaftslehre, Personalwirtschaft und Arbeitswissenschaften an der Hochschule für Wirtschaft und Technik Dresden. Seine Forschungsschwerpunkte liegen in der Modellierung und Unterstützung komplexer Arbeitsprozesse (Regionalplanung, Industrie, Projektmanagement), der Erfassung und Unterstützung von Planungs- und Entscheidungsprozessen sowie motivationale und emotionale Prozesse bei Veränderungsprozessen in mittelständischen Unternehmen und Anreizsysteme im Innovationsmanagement.

Katrin Wieczorek
ist Dipl. Wi.-Ing. (FH) und Doktorandin an der Professur Betriebswirtschaftslehre, Personalwirtschaft und Arbeitswissenschaften an der Hochschule für Wirtschaft und Technik Dresden. Ihre Forschungsschwerpunkte sind Emotion und Motivation in komplexen Reorganisationsprozessen. Vor allem Ängste und Unsicherheiten der Beteiligten in technisch-organisatorischen Innovationsprozessen sind Gegenstand ihrer Untersuchungen.

Inhaltsverzeichnis

1	**Vernetzung als Mittel des modernen Kompetenzmanagements** 1
	Manfred Bornewasser
1.1	Digitalisierung als Megatrend 2
1.2	Digitalisierung und mangelnde digitale Souveränität: Mehr Kompetenz ist erforderlich 3
1.3	Vernetzung im Bereich des Kompetenzmanagements 4
1.4	Aufbau des Bandes 5
	Literatur 8

I Kompetenzentwicklung in vernetzten Organisationen

2	**Kompetenzerwerb in vernetzten Strukturen** 11
	Manfred Bornewasser, Janina Evers, Nora Warner
2.1	Digitalisierung als Anstoß und Mittel zum Kompetenzerwerb 12
2.2	Auswirkungen der Digitalisierung: Individualisierung und Spezialisierung 13
2.3	Kompetenz ist in aller Munde, aber das Konzept verändert sich 14
2.3.1	Kompetenz als in der Tiefe liegende, stabile Fähigkeit oder Ressource 14
2.3.2	Kompetenz als an der Oberfläche beobachtbare, variable Fertigkeit oder Skill 15
2.3.3	Kompetenz als Disposition 16
2.3.4	Kompetenz setzt Übung und Erfahrung voraus und schafft dadurch Verhaltenssouveränität 17
2.4	Was wird vermittelt? Ansatzpunkt für die inhaltliche Gestaltung von Kompetenzentwicklung 18
2.5	Wie wird vermittelt? Vernetzungsansätze im Kompetenzmanagement 18
2.6	Moderation als individuelle Kompetenz und Digitalisierung als organisationale Kompetenz 19
2.6.1	Individuelle Moderationskompetenz 20
2.6.2	Organisationale Digitalisierungskompetenz 20
	Literatur 22

3	**Kompetenzentwicklung in Organisationsnetzwerken** 25
	Martin Kloyer, Till Suchsland
3.1	Organisationsnetzwerke – Merkmale und Ausprägungen 26
3.2	Interorganisationales Vertrauen als Voraussetzung kooperativer Kompetenzentwicklung in Netzwerken 29
3.3	Instrumente zur interorganisationalen Vertrauensbildung 30
3.4	Leitfaden zur Selbstevaluierung 33
	Literatur 35

II Fallbeispiele zu vernetztem Kompetenzmanagement

4 Netzwerkmanagement für die Facharbeit einer digitalen Zukunft 39
Ursula Kreft, Hans Uske
4.1 Facharbeit als Grundlage schlanker Produktionskonzepte 40
4.2 Szenarien zur Zukunft der Facharbeit vor dem Hintergrund der Digitalisierung 41
4.3 Kompetenzmanagement für die Facharbeit – Beispiele aus dem Projekt PROKOM 4.0 43
4.3.1 Netzwerkmanagement in der Energiewende 44
4.3.2 Betriebliches Kompetenzmanagement in Unternehmensnetzwerken 45
4.3.3 Schnittstellen- und Kulturkompetenz für IT-Dienstleister 46
4.3.4 Regionales Kompetenzmanagement: eine Bergbauregion auf dem Weg in die digitale Zukunft 47
Literatur 50

5 Vernetztes Kompetenzmanagement: Schulungskonzept und Moderationsinstrumente zur kooperativen Entwicklung und Umsetzung von Innovationen in Regionen 53
Joachim Hafkesbrink, Janina Evers, Jan Knipperts
5.1 Megatrends: Neue Anforderungen an bestehende Strukturen 54
5.2 Das Potenzial des Ansatzes der regionalen Innovationssysteme für offene Organisationen 54
5.3 Regional Governance als Ansatz der Gestaltung regionaler Innovationen 56
5.4 Moderationsinstrumente zur Steuerung vernetzten Kompetenzmanagements 60
5.4.1 Problemanalyse und Schaffung einer Transitionsarena 60
5.4.2 Entwicklung einer langfristigen Vision und möglicher Entwicklungspfade 60
5.4.3 Umsetzung von Projekten und Experimenten 61
5.4.4 Evaluierung 61
5.5 Weiterbildung „Innovatives Regionalmanagement im demografischen Wandel" 62
Literatur 63

6 Fortschritt durch aktive Kollaboration in offenen Organisationen 65
Christopher Münzberg, Dominik Weidmann, Simon Kremer, Alexander Lang, Martin Burgenmeister, Udo Lindemann, Sabine Pfeiffer
6.1 Herausforderung: Anpassung der Organisationsgrenzen 66
6.2 Definition der offenen Organisation 67
6.3 Konzept zur gezielten Öffnung von Organisationen 68
6.4 Kollaboration in offenen Organisationen 70
6.4.1 Auslöser für Offenheit 71
6.4.2 Auswirkungen von Kollaboration in offenen Organisationen 71
6.4.3 Leitfaden zur Unterstützung von Kollaboration in offenen Organisationen 73
6.5 Ableitung von Handlungsempfehlungen zur optimalen Einstellung des Offenheitsgrades in Unternehmen 75
6.5.1 Begriffsdefinitionen 75
6.5.2 Beschreibung der Methode zur Ableitung von Handlungsempfehlungen für den idealen Offenheitsgrad 76
6.5.3 Realer Offenheitsgrad und das Säulenmodell 76
6.5.4 Ermittlung des idealen Offenheitsgrades über die Ausprägungen der sich verändernden Faktoren 77
Literatur 79

7	**Wandlungsfähiges, marktplatzbasiertes Kompetenznetzwerk für die Automobil- und Zulieferindustrie** ... 81
	Jens Schütze, Manuela Krones, Jörg Strauch, Egon Müller
7.1	Strukturelle Herausforderungen ... 82
7.2	Verbundprojekt PLUG+LEARN ... 82
7.2.1	Projektansatz ... 82
7.2.2	Partnereinrichtungen im Verbund ... 84
7.3	Kompetenzmodelle im Unternehmen ... 85
7.3.1	Bedeutung ... 85
7.3.2	Zweck und Ansätze ... 85
7.3.3	Konstruktion von Kompetenzmodellen in der Praxis ... 86
7.4	Entwicklung von Kompetenzprofilen ... 86
7.5	Gestaltungsmodell für die Automobilindustrie ... 88
	Literatur ... 91

8	**Prozessintegriertes und austauschbasiertes Kompetenzmanagement** ... 93
	Manfred Bornewasser, Martin Kloyer
8.1	Prozessreorganisation und Kompetenzentwicklung ... 94
8.2	Vernetzte Kompetenzentwicklung durch Learning on the Job ... 95
8.2.1	Lernen als Mechanismus, um zu Kompetenz zu gelangen ... 95
8.2.2	Lernen als Erwerb von Wissen, Ausbildung als Erwerb von praktischen Fähigkeiten ... 96
8.2.3	Das Bild des alten Lernens: Wissen wird von Autoritäten jenseits des Arbeitsplatzes eingetrichtert ... 96
8.2.4	Visionen für das neue Lernen: Kompetenzerwerb in vernetzten Strukturen direkt am Arbeitsplatz ... 97
8.2.5	Arbeitsplatz wird zum Lernplatz und Führungskräfte werden zu Dienstleistenden für ihre Beschäftigten ... 98
8.3	Vier Komponenten eines Learning on the Job im Unternehmen ... 98
8.3.1	Ansetzen am Prozess ... 99
8.3.2	Ist-Soll-Analyse ... 100
8.3.3	Vernetzung ... 101
8.3.4	Veränderung des Führungskraft-Beschäftigten-Verhältnisses ... 102
8.4	Ist Learning on the Job ein geeignetes Modell für eine betriebsnahe Fort- und Weiterbildung? ... 103
	Literatur ... 105

III Zentrale Herausforderungen eines vernetzten Kompetenzmanagements

9	**Kompetenzen für Innovationsarbeit in der offenen Organisation: Management und Aneignung** ... 109
	Stephanie Porschen-Hueck, Norbert Huchler, Stefan Sauer, Christian Krakowski, Tatjana Streit, Claudia Müller-Kreiner
9.1	Erfahrungsbasierte Kompetenzen ... 110
9.2	Erfahrungsbasiertes Kompetenzmanagement ... 113
9.2.1	Technologieauswahl ... 115
9.2.2	Evaluation des Kompetenzmanagement- und Kollaborationssystems ... 116

9.2.3	Weiterentwicklung des Systems	117
9.3	**Serious Game „Eddies Teambuilding"**	117
9.3.1	Beschreibung	117
9.3.2	Evaluation	119
	Literatur	120

10 Innovationsorientierende Technikfolgenabschätzung zur Erarbeitung von Handlungsoptionen für kleine und mittelständische Unternehmen ... 123
Robert Tschiedel, Frank Hartmann

10.1	**Es geht um mehr Mitwirkung**	124
10.2	**Technikfolgenabschätzung als wissenschaftliche Beratung zur Entscheidungsfindung**	125
10.3	**Technikfolgenabschätzung als prozessintegriertes Gestaltungsinstrument**	126
10.4	**Innovationsorientierende Technikfolgenabschätzung konkret**	128
10.5	**Zum Einbezug globaler Veränderungen der sozialen Umfeldbedingungen**	129
	Literatur	132

11 Konzipierung und Implementation von Wikis ... 135
Stefan Frenzel, Antonia Speerforck, Dominic Bläsing

11.1	**Wikis – eine Erfolgsgeschichte des Web 2.0**	136
11.2	**Konzeptionelle Eigenschaften von Wikis**	137
11.3	**Wikis in Unternehmen**	138
11.4	**Akzeptanz von Wikis in Unternehmen**	139
11.4.1	Akzeptanzbegriff	139
11.4.2	Individuelle Faktoren	140
11.4.3	Organisationale Faktoren	141
11.4.4	Konzeptionelle Faktoren	141
11.5	**Zwei Fallbeispiele aus der Praxis zur Einführung eines Wikis**	141
11.5.1	Fallbeispiel 1: Wirtschaftsunternehmen	142
11.5.2	Fallbeispiel 2: Öffentliche Verwaltung	143
	Literatur	144

12 Methode Modularisierung – Kompetenzmodule für den unternehmensübergreifenden Austausch ... 147
Manuela Krones, Jens Schütze, Egon Müller

12.1	**Erfordernis der kontinuierlichen Weiterbildung**	148
12.2	**Modularisierung in der Weiterbildung**	149
12.3	**PLUG+LEARN-Methode zur Bildung von Kompetenzmodulen**	150
12.4	**Wandlungsbefähiger in der Kompetenzentwicklung**	153
12.5	**Beschreibung von Kompetenzmodulen**	155
12.6	**Zusammenfassung und Ausblick**	157
	Literatur	158

13 Ein Marktplatz für ein Kompetenznetzwerk: Wie er funktioniert und wie man ihn baut ... 161
Katrin Wieczorek, Rüdiger von der Weth, Alexander Werner, Nils Dähne

13.1	**Methode zur Modellierung und Simulation eines Marktplatzes**	162
13.1.1	Forschungsziel und Nutzenbetrachtung	163
13.1.2	Ansatz	163

13.2	State of the art – alte Theorien für neue Lösungen	163
13.3	Methode	164
13.3.1	Schritt 1: Aufbau Wissensbasis	164
13.3.2	Schritt 2: Regelbeschreibung	165
13.3.3	Schritt 3: Ermittlung von aktuellem Wissen/der Vorstellung der Beteiligten	166
13.3.4	Schritt 4: Ableitung wichtiger Variablen zur Erstellung des Strukturmodells	166
13.3.5	Schritt 5: Simulation möglicher Entwicklungen	168
13.4	Beispielhafte Anwendung	169
13.4.1	Entwicklung eines Strukturmodells	169
13.4.2	Identifikation möglicher Entwicklungen und Risiken durch Simulationsstudien	171
13.5	Diskussion und Ausblick	171
13.5.1	Agile Forschung	171
13.5.2	Grenzen der Methode	171
13.5.3	Künftige Forschung	171
	Literatur	172
14	**Zur zukünftigen Bedeutung einer „Künstlichen Kompetenz"**	**175**
	Veit Hartmann	
14.1	Die technische Konstruktion der gesellschaftlichen Wirklichkeit	176
14.2	Kompetenztransfer Mensch-Maschine	177
14.3	Worum geht es eigentlich bei den Kompetenzen?	178
14.4	Kompetenz als vielfältige Eigenschaft, die es zu kombinieren gilt	179
14.5	Industrie 4.0 und die Unterscheidung zwischen „Künstlicher Intelligenz" und „Künstlicher Kompetenz"	180
14.6	Industrie 4.0 und das Management auch „Künstlicher Kompetenz"	182
14.7	Vernetzung als Herausforderung an (auch künstliche) Kompetenz	182
	Literatur	183
15	**Vernetztes Kompetenzmanagement – Anforderungen und Ausblick**	**187**
	Manfred Bornewasser	
15.1	Kompetenzentwicklung, Digitalisierung und Vernetzung	188
15.2	Sechs Thesen zum vernetzten Kompetenzmanagement	188

Förderhinweis

Diese Forschungs- und Entwicklungsprojekte wurden mit Mitteln des Bundesministeriums für Bildung und Forschung (BMBF) im Programm „Innovationen für die Produktion, Dienstleistung und Arbeit von morgen" gefördert. Die Verantwortung für den Inhalt dieser Veröffentlichung liegt bei den Autoren.

GEFÖRDERT VOM

Bundesministerium
für Bildung
und Forschung

Vernetzung als Mittel des modernen Kompetenzmanagements

Manfred Bornewasser

1.1 Digitalisierung als Megatrend – 2

1.2 Digitalisierung und mangelnde digitale Souveränität: Mehr Kompetenz ist erforderlich – 3

1.3 Vernetzung im Bereich des Kompetenzmanagements – 4

1.4 Aufbau des Bandes – 5

Literatur – 8

© Springer-Verlag GmbH Deutschland 2018
M. Bornewasser (Hrsg.), *Vernetztes Kompetenzmanagement*,
Kompetenzmanagement in Organisationen,
https://doi.org/10.1007/978-3-662-54954-4_1

Zusammenfassung

Die Digitalisierung wird als ein Megatrend begriffen, der neue Anforderungen an das Kompetenzmanagement von Unternehmen stellt und gleichzeitig den Kompetenzerwerb verändern wird. Dabei spielt die digital gestützte Vernetzung eine zentrale Rolle. Verschieden komplexe Formen des Online-Learning über Lernplattformen nehmen zu. Dabei werden die Lerninhalte verstärkt modularisiert angeboten, wodurch eine Individualisierung und Spezialisierung des Lernens und des Kompetenzerwerbs ermöglicht werden. Diese Inhalte können zudem über spezielle Verbünde weiter auf die konkreten betrieblichen Herausforderungen einzelner Branchen oder Unternehmensgruppen zugeschnitten werden, wodurch der Wissenserwerb und die praktische Umsetzung von Kompetenz näher aufeinander zu rücken und der Arbeitsplatz selbst zu einem Lernplatz wird. An einzelnen Fallbeispielen aus verschiedenen Bereichen von Wirtschaft und öffentlicher Verwaltung wird die Vernetzung näher beschrieben und werden spezifische Aspekte des vernetzten Kompetenzmanagements vertieft.

1.1 Digitalisierung als Megatrend

Die Digitalisierung beschreibt einen von mehreren gesellschaftlichen Megatrends. Alle Megatrends dienen einer ganzheitlichen Orientierung auf gesellschaftliche Realitäten hin. Sie sind von daher in der Regel Produkte eher medialer denn empirischer Provenienz, meist beschrieben von Experten und Expertinnen verschiedenster Lebensbereiche und oftmals nur belegt durch Illustrationen an Einzelfällen, die uns aber konkret vor Augen führen sollen, dass sich da unausweichlich etwas zusammenbraut, um das man sich kümmern muss. Megatrends kommt damit Appellfunktion zu: Sie stellen implizite Aufforderungen dar, Verhältnisse neu zu gestalten.

Megatrends haben für die Praxis den Nachteil, dass sie keine konkreten Entwicklungen für einzelne Branchen vorhersagen können. Einzelne Fallbeispiele wie etwa die Filmindustrie oder die Medienwirtschaft erlauben keine Generalisierung auf die Gesamtwirtschaft. Von daher weiß kein verantwortlich Agierender etwa in der Möbelbranche, was auf ihn zukommt und wie er konkret reagieren soll. Mit Fallbeispielen wird immer nur ein Ausschnitt der Realität erfasst, der zum Gesamtkonzept passt. Megatrends sind in dieser Hinsicht selektiv. Die Realität hingegen ist von Vielfalt geprägt. Es sind einzelne Branchen, die als Vorreiter oder „Frontrunner" fungieren, aber viele andere Branchen befinden sich erst in Aufbruchsstimmung oder fühlen sich noch gar nicht tangiert. Das verunsichert und lähmt die Initiative. Diese Verunsicherung verstärkt sich durch Übertreibungen. Megatrends müssen für sich immer etwas Neuartiges reklamieren, was es bislang nicht gab. „Alles wird anders" heißt es in einem Werbeslogan: In dem Sinne wird gern propagiert, dass die Digitalisierung völlig neuartige Produktions- und Dienstleistungsverhältnisse schafft. Natürlich liegt auch hierin nur eine medienwirksame Akzentuierung, wobei gerade von der Wissenschaft gerne immer wieder auf das Computer Integrated Manufacturing (CIM) mit seinen vielfältigen computergestützten Systemen verwiesen wird. In diesem Sinne stellt die Industrie 4.0 gar keine Revolution und auch keinen Paradigmenwechsel dar, sondern eher eine beschleunigte Evolution von vielfältigen Automatisierungstendenzen.

Vor diesem Hintergrund ahnen auch viele Repräsentanten aus Politik und Wirtschaft, dass die Kompetenzen vieler Erwerbstätiger vermutlich nicht ausreichen, um der zunehmenden Digitalisierung und Vernetzung Herr zu werden, aber es weiß auch niemand sicher vorherzusagen, welche zusätzlichen Kompetenzen in naher und mittlerer Zukunft an vernetzten Arbeitsplätzen erforderlich sind. Man setzt wohl auf Ad-hoc-Anpassungen: So wie sich medienkompetente Lernende und Mitarbeitende rasch bei anderen die erforderlichen Kompetenzen abschauen, so werden sich auch im Bereich der Kompetenzentwicklung vermutlich mehr und mehr Formen des Kompetenzerwerbes durchsetzen, die spezifischer auf den entscheidenden Punkt ausgerichtet sind, die sehr viel schneller erfolgen und weit stärker auf die bildliche Präsentation und das Nachmachen abzielen. Eine solche Entwicklung korrespondiert dabei auch mit dem Befund vieler Experten im Wissensmanagement, in denen von sich immer weiter verkürzenden Produktlebenszyklen der erworbenen Kompetenzen und von einer „Flucht von der Schulbank" (Staudt u. Kriegesmann, 2002, S. 84) die Rede ist.

1.2 Digitalisierung und mangelnde digitale Souveränität: Mehr Kompetenz ist erforderlich

Der Megatrend der Digitalisierung wird durch eine Abfolge von Fallbeispielen belegt. Sie stammten anfänglich aus der Logistik im Verbund mit der RFID-Technologie (Radio Frequency Identification), dann aus der Industrie 4.0 mit Verweisen auf das Plug-and-Produce-Prinzip, neuerdings aus der Bürowelt mit Hinweisen auf Co-Working-Spaces sowie aus den lokalen Entwicklungswerkstätten mit Hinweisen auf sogenannte Maker-Spaces. Dabei wird einerseits zunehmend auf die Agilität und Dynamik der Produktentwicklung verwiesen, andererseits aber auch hervorgehoben, dass sich durch Digitalisierung und Vernetzung unser Arbeitsleben verändern und die Abgrenzung von Arbeit und Freizeit teilweise aufgehoben wird. Weitgehend einig ist man sich darin, dass

- durch die Digitalisierung der Wertschöpfungsprozesse im Kontext von Industrie 4.0 neue Chancen für eine stärkere Eigenverantwortung und Selbstentfaltung der Arbeitnehmer/-innen entstehen, die durch einen soziotechnischen Gestaltungsansatz verwirklicht werden können. Dazu „müssen eine partizipative Arbeitsgestaltung sowie lebensbegleitende Qualifizierungsmaßnahmen in den Blick genommen und Referenzprojekte mit Vorbildbildcharakter initiiert werden" (Acatech, 2013, S. 6).
- „Werker am Band in einer Industrie 4.0 durch partizipative, agile Arbeitsplanung, gesteuert über Social Media und mobile Endgeräte, wesentlich flexibler arbeiten können, als dies heute in der Fabrikproduktion der Fall ist" (Spath et al., 2013, S. 7).
- die „wachsende Vernetzung und zunehmende Kooperation von Mensch und Maschinen nicht nur die Art ändert, wie wir produzieren", sondern auch ganz neue Produkte und Dienstleistungen schafft, dass dies allerdings auch mit einem Rückgang normaler Arbeitsverhältnisse und einem Auseinanderdriften des Arbeitsmarktes einhergeht (BMAS, 2015, S. 13).
- die „Entwicklung einer ganzheitlichen, übergreifenden Digitalisierungsstrategie für Deutschland ein vorrangiges Ziel ist, um die Zukunftsfähigkeit" in den relevanten digitalen Lebenswelten wie Arbeit, Gesundheit und Mobilität zu sichern, allerdings das Individuum selbst für den Aufbau digitaler Souveränität im Sinne einer umfassenden Medienkompetenz verantwortlich ist (Boberach et al., 2013, S. 9).

Die Digitalisierung und die zunehmende Vernetzung bedeuten somit eine Weichenstellung für die zukünftige Entwicklung. Dafür müssen Vorbereitungen getroffen werden. Diese betreffen den Ausbau des Breitbandnetzes, aber auch betriebliche Investitionen in die Ausstattung mit geeigneten Datenverarbeitungstechnologien und lokalen Vernetzungen. Ferner ist Sorge dafür zu tragen, dass die digitalen Medien bei der Suche nach Information und der Verwendung und Verarbeitung von Daten auch genutzt werden können, hier vor allem zum Nutzen der Wirtschaft und der Verwaltung. Diese Nutzung ist aktuell noch nicht weitverbreitet. Das zeigt der IT-Planungsrat an den Zahlen des D21-Digital-Index auf (vgl. Boberach et al., 2013), der für das Jahr 2013 für die Deutschen nur einen mittleren Kompetenzwert ausweist. Dabei verfügen Besucher/-innen von

Schulen und Hochschulen über die höchste Kompetenz, gefolgt von Erwerbstätigen. Für den Aufbau digitaler Souveränität oder hoher Medienkompetenz sind nach Auffassung der vom IT-Planungsrat befragten Expertengremien die Bürger/-innen selbst verantwortlich, gestützt von Schulen und Bildungseinrichtungen. Das spiegelt wohl weitgehend auch die Realität wider. In diesem Sinne geben drei Viertel aller Berufstätigen gemäß des D21-Digital-Index 2013 an, sich ihr Wissen im Bereich von Computer und Internet selbstständig in Kontakten mit Bekannten angeeignet zu haben. Aus all diesen Defiziten speisen sich dann auch Befürchtungen, wonach es zu einer Polarisierung der Beschäftigten in hoch und gering Qualifizierte (Hirsch-Kreinsen, 2015) und zudem zu einem einseitigen Abbau von Jobs und Personal gerade im Bereich der geringen Qualifizierung kommt (Bonin, 2015; Frey u. Osborne, 2013). Von daher steht die Kompetenzentwicklung ganz oben auf der Agenda.

Bislang löste jede Automatisierungswelle Forderungen nach besserer Qualifizierung und zusätzlicher Kompetenzentwicklung aus. Erinnert sei an das gerade ausgelaufene Programm des BMBF „Arbeiten, Lernen, Kompetenzen entwickeln". Jahrelang wurden Instrumente zur Kompetenzmessung, zur Kompetenzmodellierung, zum Kompetenztraining und zum Kompetenzmanagement erarbeitet und entsprechende Handbücher verfasst. Dabei drehte sich letztlich alles um die Etablierung von betrieblichen Kompetenzmodellen. Allerdings fallen zwei Aspekte ins Auge, die jede Prognose beeinflussen können: Kompetenzmodelle bleiben hinsichtlich entscheidungs- und handlungsoffener Pfade in die Zukunft immer in einem gewissen Maße unzuverlässig. Dieser Punkt wird noch verschärft durch die unabsehbar „großen Herausforderungen, denen sich Unternehmen in Folge steigender Wettbewerbs-, Innovations- und Flexibilisierungsanforderungen ausgesetzt sehen" (Erpenbeck u. von Rosenstiel, 2012, S. 7). Da zukünftige Unternehmensaufgaben kaum vorhersagbar sind, ist auch die Validität von Kompetenzmodellen infrage gestellt. Erschwerend kommt hinzu, dass einzelne Schlüsselkompetenzen betriebsspezifisch definiert werden und dadurch mit unterschiedlichen Teilkompetenzen untersetzt werden können. Im Resultat gibt es dann zahlreiche Kompetenzmodelle, die an der Oberfläche zwar strukturell und inhaltlich einander ähneln, in der Tiefe jedoch sehr unterschiedlich ausfallen.

Kompetenzmodelle werden in der Regel als Werkzeuge abgeschlossener Einzelunternehmen begriffen. Jedes große Unternehmen hat sein eigenes Kompetenzmodell. Sie sind der Kristallisationspunkt für alle Aktivitäten des Personalmanagements und dienen dazu, unternehmerische Reaktionen auf extern angestoßene Herausforderungen oder intern vorgenommene Strategiewechsel zu lenken. Sie gelten als Teil eines umfassenderen Kompetenzmanagementsystems, das neben dem Kompetenzmodell auch unterschiedliche Instrumente zur Erfassung von individuellen Kompetenzen sowie zur angepassten Entwicklung derselben auf der individuellen, der gruppalen und sogar der organisationalen Ebene bereithält.

1.3 Vernetzung im Bereich des Kompetenzmanagements

Auch das vorliegende Buch widmet sich dem Kompetenzmanagement. Es legt aber seinen Fokus auf den Aspekt der Vernetzung. Damit wird angedeutet, dass der erforderliche Zuwachs an Kompetenz nicht mehr allein durch interne Anstrengungen eines einzelnen Unternehmens bewältigt wird, indem es z. B. Dienstleistungen einkauft oder eine interne Weiterbildung organisiert. Vielmehr werden neue Wege gesucht, wie auch potenzielle Partnereinrichtungen mit vergleichbaren Problemen in diese Anstrengungen einbezogen werden können.

Vernetzungen können dabei auf verschiedenen Ebenen und in verschiedenen Phasen erfolgen. Im ersten Fall können sich z. B. Unternehmen unterschiedlichster Art zusammenschließen, um eine gemeinsam gestaltete Kompetenzentwicklung zu betreiben. Es können aber auch

Abteilungen eines Unternehmens vernetzt werden, um Kompetenzen zu entwickeln. Eine weitere Differenzierung betrifft die Art der Vernetzung. Sie kann traditionell kommunikativ oder digital informativ erfolgen. Folglich wird eine angestrebte Kompetenzentwicklung dann möglicherweise durch einen kommunikativ geprägten Verbund oder durch einen digital vernetzten Verbund von Mitgliedern durchgeführt. In der Realität werden Mischformen dominieren.

Vernetzung ist kein Selbstzweck. Vielmehr versprechen sich Unternehmen von der Vernetzung Vorteile für das eigene Kompetenzmanagement. Diese können darin liegen, dass eine Vernetzung Anregungen zu neuen Geschäftsmodellen oder zu Einsparungen liefert. Oftmals bedeutet Vernetzung, in eine meist auf Dauer angelegte Kooperation einzusteigen. Vernetztes Kompetenzmanagement bedeutet dann, Kooperationen zwischen Partnereinrichtungen zu gestalten, die das gemeinsame Ziel der Kompetenzentwicklung verfolgen und dabei Synergieeffekte erzielen wollen. Dies kann beschränkt auf einen internen Markt eines Unternehmens oder auch hinsichtlich eines öffentlich zugänglichen Marktes erfolgen, an dem auch fremde Unternehmen und Beschäftigte partizipieren können. In einer wiederum ganz anderen Variante können Kompetenznetzwerke auch dazu genutzt werden, die eigenen Mitarbeitenden durch Zusammenarbeit mit Co-Working-Spaces oder Freelancer-Plattformen zu schulen, um daraus dann Kompetenzfortschritte für das eigene Unternehmen zu erzielen.

Auch die Vernetzung stellt kein völlig neuartiges Phänomen dar, sie wird aber durch die modernen Technologien auf ein anderes Niveau gehoben. Wo bislang Lernverbünde vornehmlich durch kommunikative Akte gebildet und aufrechterhalten wurden, erfolgt nun verstärkt eine Vernetzung auf informationeller Ebene, die keine räumliche Nähe und Kopräsenz erforderlich macht. Von entscheidender Bedeutung ist es vielmehr, die technologischen Voraussetzungen und die Interoperabilität der technischen Systeme zu gewährleisten.

1.4 Aufbau des Bandes

Das vorliegende Buch gibt Einblick in fünf Fallbeispiele für ein vernetztes Kompetenzmanagement. Diese Fallbeispiele wurden im Rahmen von BMBF-geförderten Verbundprojekten in den Förderschwerpunktprogrammen „Innovationsfähigkeit im demografischen Wandel" und „Betriebliches Kompetenzmanagement" bearbeitet. Solche Verbundprojekte beschreiben zeitlich befristete Kooperationen zwischen Partnereinrichtungen verschiedener Provenienz, z. B. von Hochschulen, Bildungsträgern, Wirtschaftsunternehmen und Verbänden, die im vorliegenden Fall allesamt darauf abzielten, die Grundlagen für ein vernetztes Kompetenzmanagement zu erforschen, zu etablieren und zu evaluieren.

Kompetenz und Vernetzung stellen die beiden zentralen Konzepte dieses Bandes dar. Aus diesem Grund sind in einem ersten Teil diese beiden Konzepte einer näheren Klärung unterzogen worden. Kompetenz wird dabei in dem Beitrag von Bornewasser, Evers und Warner (▶ Kap. 2) als eine mehrgleisige Disposition begriffen, die mit mehr oder weniger konkreten und zu erwartenden Verhaltensformen assoziiert ist. Beschrieben und bewertet wird dabei aber nicht in erster Linie das konkrete episodische Handeln, sondern die Modalität, d. h. die Art und Weise der wiederholten Ausführung dieses praktischen Handelns. Das Konzept der Vernetzung weist vielfältige Bedeutungen auf. Es wird hier vornehmlich im Licht der betriebswirtschaftlichen Organisationslehre als eine Verknüpfung von Organisationen begriffen, die auf ein gemeinsames Ziel hin – nämlich die Kompetenzentwicklung – kooperativ zusammenarbeiten (vgl. Bühner, 2004). Die zentrale Dimension für das Gelingen einer solchen Kooperation ist die Herstellung von Vertrauen zwischen den Partnereinrichtungen. Kloyer und Suchsland (▶ Kap. 3) zeigen in diesem Kontext Instrumente zur interorganisationalen Vertrauensbildung auf und stellen eine Checkliste zur Selbstevaluation vor.

Im Anschluss an diese beiden einleitenden Kapitel werden in einem zweiten Teil fünf Fallbeispiele für Vernetzungen im Bereich des Kompetenzmanagements aufgezeigt. Diese Beispiele unterscheiden sich inhaltlich deutlich voneinander, das betrifft vor allem die Agierenden des vernetzten Kompetenzmanagements, aber auch die zu vermittelnden Kompetenzen und die Art der Vernetzung. Von daher lassen die einbezogenen Fallbeispiele keine direkten Vergleiche zu.

Das erste Fallbeispiel von Kreft und Uske (▶ Kap. 4) repräsentiert das Verbundprojekt PROKOM 4.0 (Kompetenzmanagement für die Facharbeit in der High-Tech-Industrie) und beschäftigt sich allgemein mit der Frage, wie die Facharbeit im Zeitalter der Digitalisierung durch ein vernetztes Kompetenzmanagement zu erhalten und zu fördern ist. Das vernetzte Kompetenzmanagement tritt hierbei als Programm in Erscheinung, ohne dass Hinweise gegeben würden, wie man es konkret gestaltet. Dabei können durch eine solche Vernetzung Unternehmen, Regionen und auch Kundeneinrichtungen in die Kompetenzentwicklung für Facharbeiter/-innen einbezogen werden.

Das zweite Fallbeispiel von Hafkesbrink, Evers und Knipperts (▶ Kap. 5) stammt aus dem Verbundprojekt TRANSDEMO – Innovative Strategien zur Gestaltung des Übergangs auf demografiefeste Regionen und konzentriert sich auf die Etablierung eines regionalen Netzwerks zur Kompetenzentwicklung. Dieses Netzwerk hat es sich zur Aufgabe macht, über das im Politikbereich erprobte Werkzeug des Transitionsmanagements die regionale Innovationsfähigkeit zu erhöhen und Fachkräfteengpässe zu vermeiden. Kompetenzentwicklung ist dadurch Mittel zur Steigerung der Innovationsfähigkeit.

Münzberg, Weidmann, Kremer, Lang, Burgenmeister, Lindemann und Pfeiffer (▶ Kap. 6) stellen das dritte Fallbeispiel aus dem Verbundprojekt RAKOON – Fortschritt durch aktive Kollaboration in offenen Organisationen vor, das sich dem Problem der Öffnung von Unternehmen und deren Mitarbeitenden für jegliche Form der austauschbasierten Zusammenarbeit widmet. Im Zentrum stehen Fragen danach, wie weit sich Unternehmen bereits geöffnet haben, welche Kompetenzen für eine Öffnung erforderlich sind, wie die Öffnung von Beschäftigten vermittelt werden kann und wie eine intelligente Plattform gestaltet sein muss, um den freien Austausch zu transportieren. Dieser Austausch soll letztlich dazu befähigen, die Kompetenzbasis für eine offene Innovationsarbeit zu legen.

Das vierte Fallbeispiel von Schütze, Krones, Strauch und Müller (▶ Kap. 7) stammt aus dem Verbundprojekt PLUG+LEARN – ein wandlungsfähiges, marktplatzbasiertes Kompetenznetzwerk für die Automobil- und Zulieferindustrie, das zentral der Frage nachging, wie Lernmodule beschaffen sein müssen, damit sie den Anforderungen an eine möglichst arbeitsplatznahe und Flexibilitätsanforderungen berücksichtigende Kompetenzentwicklung entsprechen. In diesem Projekt wurde der Blick insbesondere auf die Schaffung eines Marktplatzes für Kompetenzmodule gerichtet, der eine neuartige Interaktion zwischen Angebot und Nachfrage im Feld der arbeitsprozessbezogenen Kompetenzentwicklung ermöglicht.

Das fünfte Fallbeispiel aus dem Verbundprojekt PIKOMA – Prozessintegriertes Kompetenzmanagement durch Lernen in Organisationen beschäftigt sich mit der Frage, wie ein vernetztes, arbeitsplatznahes Learning on the Job mit Unterstützung digitaler Werkzeuge innerhalb eines Unternehmens organisiert werden kann. Bornewasser und Kloyer stellen in ▶ Kap. 8 zentrale Aspekte eines Konzeptes zum Learning on the Job vor.

In einem anschließenden dritten Teil werden noch einmal zentrale Herausforderungen eines vernetzten Kompetenzmanagements aus der Perspektive der fünf Verbundprojekte heraus näher thematisiert. Als solche zentralen Aspekte werden in ▶ Kap. 9. von Porschen-Hueck, Huchler, Sauer, Krakowski, Streit und Müller im Detail erforderliche Kompetenzen und Methoden der Kompetenzvermittlung für eine offene Innovationsarbeit erörtert. Hierbei wird insbesondere auf die Motivation zum Kompetenzerwerb eingegangen und ein Schwerpunkt auf den Vermittlungsansatz der „Serious Games" gelegt.

1.4 · Aufbau des Bandes

In ▶ Kap. 10 von Tschiedel und Hartmann geht es auf einer abstrakten Ebene zunächst einmal darum, kompetent und systematisch zu erfassen, welche innovativen Folgen und Auswirkungen technologische Entwicklungen wie die Digitalisierung für die Arbeitsorganisation, die Arbeit oder eben das Kompetenzmanagement haben und welche Akzeptanz sie finden. Diese eher konstruktiv ausgerichtete Ermittlung wird auch als „innovationsorientierte Technikfolgenabschätzung und -bewertung" (ITA) bezeichnet. Benötigt werden hierzu spezifische Kompetenzen und methodische Instrumente, die eine ausführliche Beschreibung erfahren.

Akzeptanz- und Motivationsaspekte prägen das ▶ Kap. 11 von Frenzel, Speerforck und Bläsing zur Implementation von Wikis, die vernetzte Lernprozesse und Kompetenzentwicklung in Betrieben unterstützen sollen. Sie eignen sich dabei auch gut für einen neuartigen, arbeitsprozessnahen und hierarchiefreien Austausch zwischen Mitarbeitenden oder mit Leitungskräften, weil sie neueste Erfahrungen und Erkenntnisse für die Bewältigung aktueller Probleme bereitstellen. Allerdings gilt auch hier die Einschränkung, dass die Akzeptanz und Nutzung von Wikis ebenfalls immer vom Zusammenspiel von Leistungs- und Aufwandserwartung abhängen.

Im folgenden ▶ Kap. 12 bearbeiten Krones, Schütze und Müller das Thema der Wandlungsfähigkeit von Bildungsangeboten. Hierfür wird eine Methode beschrieben, wie modularisierte Lernangebote entwickelt werden können, die flexibel auf Bedarfsänderungen angepasst werden können. Ausgehend von einem konkreten Bedarf werden kompetenzorientierte Lernziele definiert, Rahmenbedingungen der Kompetenzentwicklung analysiert, Lerninhalte aufbereitet und geeignete didaktische Methoden ausgewählt. Die entwickelten Module werden anhand ihrer Lernziele und -inhalte beschrieben und eignen sich daher zum unternehmensübergreifenden Austausch mithilfe eines Marktplatzkonzeptes.

In ▶ Kap. 13 heben Wieczorek, von der Weth, Werner und Dähne einen neuen Aspekt der Motivation hervor. Es geht hier um externe Anreizbedingungen oder sogenannte Affordanzen, die potenzielle Anbietende und Nachfragende nach Kompetenz dazu bringen, eine Plattform im Sinne eines virtuellen Marktplatzes zu nutzen. In dem Beitrag wird eine Methode zur Modellierung und Simulation eines solchen dynamischen Marktplatzes beschrieben. Dabei geht es darum, Motive und Ressourcen der am Markt agierenden Einrichtungen zu ermitteln sowie das Wechselspiel dieser Variablen im Sinne der optimalen Gestaltung des Marktes zu analysieren.

Im abschließenden ▶ Kap. 14 widmet sich Hartmann dem Konzept der „künstlichen Kompetenz", welches in Anlehnung an die „künstliche Intelligenz" erörtert wird. Dabei wird hervorgehoben und durch Beispiele belegt, dass sich durch Technik ein Transfer von individuellen Kompetenzen auf maschinelle Funktionen ergibt, die als maschinengebundene Kompetenzen begriffen werden. Dadurch kommt es zu einer Neuverteilung von Kompetenz im Arbeitsprozess: Personen- und maschinengebundene Kompetenzen werden als potenzielle Einheit begriffen. Damit steht das Kompetenzmanagement vor der Herausforderung, das zukünftige Verhältnis zwischen personen- und maschinengebundenen Kompetenzen zu bestimmen.

Der vorliegende Band endet mit einer vom Herausgeber in Abstimmung mit allen Verbundprojekten verfassten Zusammenfassung der Erkenntnisse sowie einer Reihe von Empfehlungen für die Schaffung einer vernetzten Kompetenzentwicklung im Kontext eines Kompetenzmanagementsystems, sei es innerbetrieblich oder auch unternehmensübergreifend organisiert (▶ Kap. 15). Die Fallbeispiele zeigen eindringlich, dass die Digitalisierung eine solche Vernetzung ermöglicht, damit aber noch lange nicht gewährleistet ist, dass eine digital gestützte Kompetenzentwicklung, wie sie auch in der Digitalen Strategie 2025 des Bundesministeriums für Wirtschaft und Energie (BMWi, 2016) angestrebt wird, tatsächlich angenommen wird. Dazu muss – wie die einzelnen Kapitel zeigen – eine Vielzahl von technischen, organisatorischen und psychologischen Faktoren bedacht werden, die allesamt die Akzeptanz beeinflussen. Auch wenn technisch gesehen bereits vieles machbar ist, so scheitert es doch noch oftmals an den sozialen Gegebenheiten. Gerade der

Bereich der Kompetenzentwicklung mit seinen vielen „weichen" sozioemotionalen Faktoren bedarf hier der besonderen Beachtung.

> **Fazit**
> Digitalisierung und Vernetzung eröffnen völlig neuartige Möglichkeiten der Bereitstellung von Wissen und Erfahrung sowie des individuellen Kompetenzerwerbs. Voraussetzungen hierfür liegen nicht allein in technologischen Erneuerungen, sondern vor allem in der Bereitschaft von Unternehmen, sich in einer digitalisierten Welt wechselseitig mehr füreinander zu öffnen und gezielte Kooperationen im Bereich der Kompetenzvermittlung einzugehen. Durch Öffnung und Zusammenschluss wird ein Austausch angestoßen, der über seine synergetischen Effekte die Effizienz des Kompetenzmanagements erhöht. Auf diese Weise lassen sich aktuelle und zukünftig erwartete Herausforderungen im Bereich des Kompetenzmanagements, z. B. entlang der Geschäftsprozesskette oder innerhalb einer Branche, spezifizieren und auf den betrieblichen Bedarf und die individuellen Bedürfnisse der Mitarbeitenden abstimmen. Eine über die Unternehmensgrenzen hinausgehende Kooperation setzt neben der Technik allerdings auch ein hohes Maß an Vertrauen zwischen Partnereinrichtungen voraus.

Literatur

Deutsche Akademie der Technikwissenschaften (Acatech). (2013). *Umsetzungsempfehlungen für das Zukunftsprojekt Industrie 4.0. Abschlussbericht des Arbeitskreises Industrie 4.0*. München: Acatech.

Boberach, M., Moy, T., Neuburger, R., & Wolf, M. (2013). IT-Planungsrat. Zukunftspfade Digitales Deutschland 2020. http://www.it-planungsrat.de/SharedDocs/Downloads/DE/Pressemitteilung/Studie_Zukunftspfade.html. Zugegriffen: 18. April 2017.

Bonin, H. (2015). Übertragung der Studie von Frey und Osborne (2013) auf Deutschland. Kurzexpertise Nr. 57 des Zentrums für Europäische Wirtschaftsforschung GmbH. Mannheim.

Bühner, R. (2004). *Betriebswirtschaftliche Organisationslehre* (10. Aufl.). München: Oldenbourg.

Bundesministerium für Arbeit und Soziales (BMAS). (2015). *Arbeit weiterdenken: Grünbuch Arbeiten 4.0*. Berlin: BMAS.

Bundesministerium für Wirtschaft und Energie (BMWi). (2016). Digitale Strategie 2025. Berlin. https://www.bmwi.de/Redaktion/DE/Publikationen/Digitale-Welt/digitale-strategie-2025.html. Zugegriffen: 18. April 2017.

Erpenbeck, J., & von Rosenstiel, L. (2012). Geleitwort. Was will man mehr. In S. Grote, S. Kauffeld, & E. Frieling, (Hrsg.), *Kompetenzmanagement. Grundlagen und Praxisbeispiele* (2. Aufl., S. 5–8). Stuttgart: Schäffer-Poeschel.

Frey, C. B., & Osborne, M. A. (2013). *The future of employment: How susceptible are jobs to computerisation?* Oxford: University of Oxford.

Hirsch-Kreinsen, H. (2015). Einleitung: Digitalisierung industrieller Arbeit. In H. Hirsch-Kreinsen, P. Ittermann, & J. Niehaus (Hrsg.), *Digitalisierung industrieller Arbeit. Die Vision Industrie 4.0 und ihre sozialen Herausforderungen* (S. 9–30). Baden Baden: Nomos.

Spath, D., Bauer, W., & Ganz, W. (2013). *Fraunhofer IAO. Arbeit der Zukunft. Wie wir sie verändern. Wie sie uns verändert*. Stuttgart: IAO.

Staudt, E., & Kriegesmann, B. (2002). Weiterbildung: Ein Mythos zerbricht (nicht so leicht!). In E. Staudt, N. Kailer, M. Kottmann, B. Kriegesmann, A. J. Meier, C. Muschik, H. Stephan, & A. Ziegler (Hrsg.), *Kompetenzentwicklung und Innovation* (S. 71–126). Münster: Waxmann.

Kompetenzentwicklung in vernetzten Organisationen

Kapitel 2   Kompetenzerwerb in vernetzten Strukturen – 11
              Manfred Bornewasser, Janina Evers, Nora Warner

Kapitel 3   Kompetenzentwicklung in
              Organisationsnetzwerken – 25
              Martin Kloyer, Till Suchsland

Kompetenzerwerb in vernetzten Strukturen

Manfred Bornewasser, Janina Evers, Nora Warner

2.1 Digitalisierung als Anstoß und Mittel zum Kompetenzerwerb – 12

2.2 Auswirkungen der Digitalisierung: Individualisierung und Spezialisierung – 13

2.3 Kompetenz ist in aller Munde, aber das Konzept verändert sich – 14
2.3.1 Kompetenz als in der Tiefe liegende, stabile Fähigkeit oder Ressource – 14
2.3.2 Kompetenz als an der Oberfläche beobachtbare, variable Fertigkeit oder Skill – 15
2.3.3 Kompetenz als Disposition – 16
2.3.4 Kompetenz setzt Übung und Erfahrung voraus und schafft dadurch Verhaltenssouveränität – 17

2.4 Was wird vermittelt? Ansatzpunkt für die inhaltliche Gestaltung von Kompetenzentwicklung – 18

2.5 Wie wird vermittelt? Vernetzungsansätze im Kompetenzmanagement – 18

2.6 Moderation als individuelle Kompetenz und Digitalisierung als organisationale Kompetenz – 19
2.6.1 Individuelle Moderationskompetenz – 20
2.6.2 Organisationale Digitalisierungskompetenz – 20

Literatur – 22

© Springer-Verlag GmbH Deutschland 2018
M. Bornewasser (Hrsg.), *Vernetztes Kompetenzmanagement*,
Kompetenzmanagement in Organisationen,
https://doi.org/10.1007/978-3-662-54954-4_2

Zusammenfassung

Der Kompetenzerwerb und die Kompetenzentwicklung bilden zentrale Themen des Kompetenzmanagements, welches alle Prozesse der Personalgewinnung, des Personaleinsatzes und der Personalentwicklung systematisch bearbeitet. Es stellt sicher, dass die sich stets verändernden Anforderungen am Arbeitsplatz durch die verfügbaren Kompetenzen der Beschäftigten abgedeckt werden können. Verfolgt man die zahlreichen Beiträge um die Digitalisierung in Wirtschaft und Verwaltung, so wird deutlich, dass die Anforderungen an die Beschäftigten sich immer rascher verändern. Das bedeutet für jedes Kompetenzmanagement, die Inhalte und Formen der bisherigen Kompetenzentwicklung zu überdenken und neu zuzuschneiden. Ein zentrales Mittel hierzu wird in der Vernetzung gesehen, die neue Formen des selbstorganisierten Kompetenzerwerbs ermöglicht.

Allerdings sind auch skeptische Stimmen zu vernehmen, die ein Nachhinken der Ausbildungsstrukturen beklagen und angesichts von vielfältigen Widerständen Zweifel anmelden, ob die erforderliche Deckung zwischen Anforderungen und Angeboten an „digitaler" Kompetenz jemals zustande kommt. Absehbar wird der Trend zur digitalisierten Arbeit zunehmen und das Kompetenzmanagement weiterhin vor gravierende Herausforderungen stellen.

2.1 Digitalisierung als Anstoß und Mittel zum Kompetenzerwerb

Die Digitalisierung hebt vor allem die Begrenztheiten von Organisationen auf. Nähe und Distanz verlieren an Bedeutung. Kooperation über die Grenzen z. B. eines Teams oder eine Abteilung hinweg wird ebenso erleichtert wie der allseitige Zugriff auf gemeinsame Datenbanken. Die traditionellen Differenzierungen von Innen und Außen, von interner und externer Interaktion sowie von betrieblichen Funktionen gehen zunehmend verloren. Der lokal begrenzte Verband – dieser Begriff möge hier für verschiedenste Ganzheiten wie Projekt, Team, Betrieb, System, Organisation, Verwaltungsbehörde oder Region stehen – wird durch die Vernetzung immer weiter ausgedehnt.

Das gilt in vergleichbarer Form auch für die Ausbildung oder Kompetenzentwicklung. An die Stelle des lokal begrenzten Seminar- oder Klassenverbandes tritt etwa im Falle von Udacity eine sogar weltweit vernetzte Community von Lernenden, die über eine von einem Unternehmen organisierte Plattform zusammengehalten wird. Ein solches Netz bietet die Möglichkeit, stärker als je zuvor ganz individualisiert ausgewählte Lernmodule zusammenzustellen, den Wissenserwerb dezentral zu organisieren und sich dabei für jede Art von Wissen zu öffnen. Open ist das zentrale Stichwort: Open Science, Open Access, Open Spaces, Open Innovation oder Open Organization stehen für unterschiedlichste Aufhebungen von Grenzen und den unbegrenzten Datenaustausch mit der Umwelt.

Die nicht zu umgehende Auseinandersetzung mit der Digitalisierung bedeutet für Unternehmen und Verwaltungen, dass die Mitarbeitenden ganz neue Kompetenzen erwerben müssen, um (meist im Front-End) mit neuen Technologien umgehen und neue technische Systeme im Arbeitsprozess einsetzen und nutzen zu können. Die digitale Technik dient dabei vornehmlich der Steigerung der Arbeitseffizienz, stellt aber häufig auch ganz neue Anforderungen an die Arbeitstätigkeit. Zwar muss diesen Anforderungen entsprochen werden, aber oftmals entsteht das Problem, sie genauer zu spezifizieren.

Sodann stellt sich aber auch die Frage, ob und wie die Aus- und Weiterbildung, insbesondere im betrieblichen Bereich, von der Digitalisierung profitieren kann. Ein solcher Profit entsteht, wenn etwa die der digitalen Vernetzung innewohnende Individualisierung und Modularisierung der Lernprozesse genutzt oder der Arbeitsplatz selbst zu einem Lernplatz gemacht wird, wie dies z. B. im Bereich der Telemedizin der Fall ist (relevante Stichworte sind hier Remote Training oder Tele-Expertise, also digital gestützte Programme über große räumliche Entfernungen hinweg). Um auf Dauer immer wieder neue Lerninhalte anbieten und abrufen zu können, muss Klarheit über die Verwendung des Kompetenzbegriffs, der eingesetzten Kompetenzmodelle und entwickelten Kompetenzprofile im betrieblichen Kontext herrschen (▶ Kap. 7) sowie die Wandelbarkeit des Lernsystems gewährleistet sein. Die ursprünglich aus der Fabrikgestaltung stammende Plug-and-Produce-Idee wird hier in eine Plug-and-Learn-Idee transferiert (Krones et al., 2016).

Die Digitalisierung stellt also für das Kompetenzmanagement eine doppelte Herausforderung dar: Sie ist Anstoß für die Kompetenzentwicklung (Was muss beherrscht/gelernt werden?) und sie ist zugleich auch Mittel, um ganz neu und möglicherweise sehr viel effizienter als bisher Kompetenz zu vermitteln (Wie muss gelehrt/gelernt werden?). Im ersten Fall werden potenziell zu schließende, individuelle Kompetenzlücken, im zweiten Fall eher strukturelle Defizite beseitigt, weil z. B. Unternehmen bei der Organisation der Lernprozesse nicht alle Standardisierungsmöglichkeiten ausschöpfen, die digitale Medien heutzutage liefern.

2.2 Auswirkungen der Digitalisierung: Individualisierung und Spezialisierung

Auf zwei Aspekte des Kompetenzerwerbs im digitalen Zeitalter sei explizit hingewiesen: Die Digitalisierung ermöglicht nicht nur einen individualisierten Zuschnitt der Ausbildung hinsichtlich der Inhalte (technisch gesehen vor allem durch Wandlungsfähigkeit und Modularisierung der Lerninhalte) und der zeitlichen Verteilung des Lernens (sogenanntes Paced Learning), sondern auch eine Spezifizierung auf bestehende oder geplante arbeitsorganisatorische oder technologische Arrangements in Unternehmen. In dem Sinne verliert Bildung an generalisierender und gewinnt an spezialisierender Wirkung. Die Kompetenzvermittlung wird zunehmend auf die Informationen reduziert, die erforderlich sind, um eine spezifische Ausführung von technologiegestützten Prozessen in einem spezifizierten, meist kurzfristig angelegten Zeitfenster zu ermöglichen. Entscheidend ist hier die Frage, welche spezifischen Wissensinhalte in welchen Bausteinen zu welchen Zeitpunkten vermittelt werden müssen.

Eng damit verbunden gewinnt die spezifische Ausbildung, die stärker auf flexible betriebliche Belange zugeschnitten ist, an Bedeutung. Das zeigt sich daran, dass die Fort- und Weiterbildung der betrieblich Beschäftigten immer häufiger betriebsnah, im Betrieb selbst und während der Arbeitszeit organisiert wird. Eine lernförderliche Arbeitsgestaltung verbindet Kompetenzentwicklung und Arbeitsprozess (BMBF, 2016). Diese Verbindung entspricht auch weitgehend den Vorstellungen der Beschäftigten: Sie bevorzugen laut einer repräsentativen Untersuchung von Goertz und Flasdick (2011) den eigenen Arbeitsplatz als Weiterbildungsort und sprechen sich vermehrt auch für verschiedenste Formen des informellen Lernens aus (z. B. Mobile Learning). Dabei nutzen zahlreiche Betriebe die Möglichkeit zu vielfältigen Kooperationen mit geeigneten Ausbildungseinrichtungen, die stärker auf branchen- oder betriebsspezifische Defizite zugeschnittene Angebote unterbreiten können.

Betriebsnahe Weiterbildung basiert zunehmend auf dem Einsatz digitaler Medien (Online-Learning), lässt aber auch traditionelle oder Mischformen des sogenannten Blended Learning zu (Klimsa u. Issing, 2011). Charakteristisch für jegliches Online-Learning ist dabei die Vernetzung von Partnereinrichtungen über das begrenzte Intra- oder das unbegrenzte Internet.

In diesem Sinne erfolgt vernetztes Lernen über eine Plattform, die einerseits von Lehrenden mit Wissen bestückt, andererseits von Lernenden frequentiert wird, um am Wissen zu partizipieren. Dieser Vorgang geschieht teilweise in Kombination von selbstbestimmtem Lernen am Monitor und fremdbestimmtem Lernen in Präsenzphasen. Dabei bleibt aber meist eindeutig geregelt, wer Lehrender und wer Lernender ist, wer die Plattform mit Lehrmaterialien bestückt, die Zugänge organisiert sowie Zertifikate vergibt und wer sie z. B. gegen Bezahlung nutzt, um vom erworbenen Wissen im eigenen Berufsalltag zu profitieren. In diesem Sinne stellen auch moderne Lernfabriken in Teilen noch externe Lernorte dar, die aber um Merkmale des digital gestützten Austausches zwischen z. B. Lernenden ergänzt werden können (Plorin, 2016). Diese digitalisierte Form der Kompetenzvermittlung im traditionellen Rollenmodell kann allerdings auch in weitaus komplexeren Lernszenarien mit synchronen und asynchronen Interaktionen zwischen allen definierten Mitgliedern eines Netzes erfolgen. Dadurch hat dann auch jeder Lernende die Möglichkeit, eigene Inhalte im Netz bereitzustellen. Unterstützt wird dies durch Dienste wie Blogs oder Wikis (▶ Kap. 11). Dabei zeigt sich insgesamt, dass Nutzer/-innen diese selbstbestimmten und daher informell genannten Lernmöglichkeiten annehmen, wenn sie einen konkreten Nutzen erkennen und die Inhalte möglichst eng auf den betrieblichen Alltag bezogen sind (Michel, 2011).

2.3 Kompetenz ist in aller Munde, aber das Konzept verändert sich

Das Bild des Kompetenzgefälles zwischen aktuellem Ist- und angestrebtem Sollzustand ist eingängig und prägt die gesamte Kompetenzliteratur. Dabei bleibt zumeist offen, worin genau dieses Gefälle besteht. Eine nähere Klärung fällt in der Regel schwer, weil man gewöhnlich mit dem Begriff der Kompetenz unendlich Vieles verbindet, etwa Intelligenz, Wissen, Können oder Erfahrung. Der Kompetenzbegriff ist unter definitorischen Gesichtspunkten extrem schwammig.

Von daher erscheint es sinnvoll, noch einmal kurz auf das Konzept einzugehen und es zu klären, um dann zu überlegen, was infolge der Digitalisierung an zusätzlichen Kompetenzen erforderlich ist und wie sie unter Einsatz von mehr oder weniger digitalen Medien vermittelt werden können.

2.3.1 Kompetenz als in der Tiefe liegende, stabile Fähigkeit oder Ressource

In der deutschsprachigen Literatur wird Kompetenz gern als eine sich über die Zeit entwickelnde, ausreifende, fundamentale Ressource eines Agierenden zur selbstorganisierten Gestaltung und kreativen Anpassung von beruflichen Handlungsmustern an spezifische Aufgaben verstanden (Grote et al., 2012b). Kompetent zu handeln bedeutet, eine Fähigkeit zu besitzen, im beruflichen Alltag in eigener Regie (und damit ohne Fremdeinfluss via Anregung, Beratung oder Instruktion) zu denken und zu agieren, und zwar bezogen auf sich selbst (Selbstkompetenz), auf Objekte der Umwelt (Fachkompetenz), auf andere Menschen (Sozialkompetenz) und auf erforderliche Gestaltungswerkzeuge (Methodenkompetenz). Kompetenzen dienen letztlich dazu, die von einem Agierenden intendierten Handlungen und Tätigkeitsabfolgen auf ein ausgewähltes Ziel hin zu steuern. Kompetenzen verweisen dabei immer auf einen funktionellen Hintergrund: Sie ermöglichen es, erforderliche Handlungen kontrolliert auszulösen und angestrebte Ziele zu realisieren. Kompetenzen sind dadurch Teil eines umfassenden Handlungsmodells.

2.3.2 Kompetenz als an der Oberfläche beobachtbare, variable Fertigkeit oder Skill

Schon etwas praxisnäher klingen da angloamerikanische Ansätze, die verstärkt auf die berufliche Handlungsebene schauen und das wissens- oder intelligenzlastige Kompetenzkonzept durch ein stärker tätigkeitsorientiertes Skill-Konzept ersetzen. Skills beschreiben praktische Fertigkeiten, berufliches Verhalten auszuüben. Sie gelten als beobachtbare Komponenten an der Oberfläche eines allgemeinen Handlungsmodells und werden gegen eine Tiefenstruktur (mit Komponenten wie Persönlichkeitsmerkmalen oder Motiven) abgegrenzt.

Als kompetent erscheint man dann, wenn das am Arbeitsplatz, in einer beruflichen Funktion oder in einem Job geforderte Verhalten beherrscht wird (im DACUM-Ansatz von Norton, 1997, ist absteigend von Jobs, Duties und Tasks die Rede, die in Job-Analysis-Workshops erarbeitet werden und zu sogenannten Job-Competency-Profilen im Sinne von Verhaltensanforderungen führen). Im Zentrum steht damit nicht mehr eine verinnerlichte Kraft wie die Intelligenz, das Regelwissen, die Wertvorstellung, sondern eine gezeigte Arbeitsleistung, die auf Kompetenz schließen lässt bzw. die als kompetent ausgeführt gilt. Sonntag und Schmidt-Rathjens (2004) beschreiben Kompetenzen folglich als Konstrukte menschlicher Leistung, die transparent, beobachtbar und messbar sein müssen.

Beide kurz skizzierten Sichtweisen verdeutlichen, dass berufliche Kompetenzen auf einem Kontinuum angesiedelt sind, das von grundlegendsten Persönlichkeitsmerkmalen bis hin zu konkretesten Arbeitstätigkeiten reicht. Alle auf dem Kontinuum angeordneten Elemente bilden die mehr oder weniger umfassende Basis konkreten beruflichen Handelns, das dann in Handlungsergebnisse übergeht. Dabei fallen zwei Punkte ins Auge: Diese Struktur ist in ihrer Anlage elegant und schlicht, aber dennoch mit oftmals weit über Hundert Elementen kaum zu überschauen. Gleichzeitig dürfte sie aber auch wiederum zu wenig differenziert sein, um die unendliche Vielfalt der beruflichen Tätigkeiten abzubilden.

Zwischenfazit Analysiert man diese beiden Ansätze etwas näher, so zeigen sich drei kritische Aspekte:

1. Kompetenz gilt meist als ein nur ungenau fassbares Potenzial hinter dem beruflichen Handeln (so wirbt etwa ein Unternehmen mit der Formel „Kompetenz in Blech"). Dieses Potenzial umfasst bei Grote et al. (2012a, S. 26) alle „Fähigkeiten, Fertigkeiten, Denkmethoden und Wissensbestände des Menschen, die ihn bei der Bewältigung konkreter, vertrauter als auch neuartiger Arbeitsaufgaben selbstorganisiert, aufgabengemäß, zielgerichtet, situationsbedingt und verantwortungsbewusst […] handlungs- und reaktionsfähig machen und sich in der erfolgreichen Bewältigung konkreter Arbeitsanforderungen zeigen."
2. Der Übergang von den internen Tiefen- hin zu den externen Oberflächenstrukturen ist kaum eindeutig zu bestimmen. So wird etwa im AT&T-Leadership-Modell von Briscoe und Hall (1999) danach unterschieden, was gelernt wird und was sich dann im Verhalten einer Führungskraft am Arbeitsplatz manifestiert. Je nachdem, wie weit man diese Differenzierung betreibt, wird der Unterschied zwischen Gelerntem und Gezeigtem immer geringer und fällt schließlich in sich zusammen.
3. Beide Ansätze konzentrieren sich letztlich auf unterschiedliche Aspekte ein und desselben Gegenstandes: im ersten Fall auf z. B. kognitive Ressourcen, die als Hintergrund für gezeigtes Verhalten fungieren, im zweiten Fall auf die beruflichen Handlungsmuster, die aber ohne einen Wissens- und Könnenshintergrund gar nicht denkbar sind. Anders

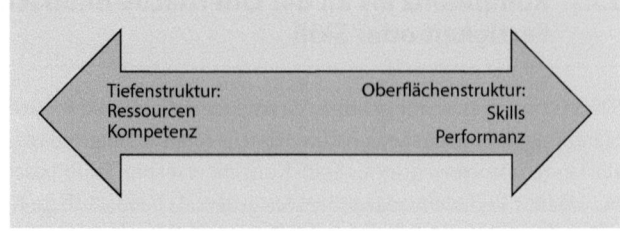

Abb. 2.1 Kontinuum von Kompetenz und Performanz

ausgedrückt sind Tiefenstrukturen nicht zu erfassen, ohne auf die Oberflächenstrukturen zu rekurrieren. Wenn man sich auf Oberflächenstrukturen konzentriert, muss gleichzeitig jedoch angenommen werden, dass diesen Wissensressourcen und Reflexionsprozesse zugrunde liegen. Ohne diese Annahme könnten gezielte Handlungen gar nicht von zufälligen Realisationen unterschieden werden.

Aus diesen Überlegungen resultiert die Überlegung, Kompetenz (als eher abstraktes Wissen) und Performanz (als eher praktisches Können) zu trennen und ersteres Konzept den Tiefenstrukturen und letzteres Konzept den Oberflächenstrukturen zuzuordnen (Abb. 2.1). Performanz wäre dann die beobachtete Kompetenz. Dabei bleibt aber nach wie vor unklar, wo die Grenze zwischen beiden Bereichen liegt. Insofern lässt sich das aufgezeigte Kontinuum etwas stärker gliedern, allerdings auf Kosten einer zusätzlichen Grenze zwischen Kompetenz und Performanz.

2.3.3 Kompetenz als Disposition

Kompetenz und Performanz sind weder verursachende Kapazitäten noch konkrete Verhaltensweisen. Sie werden von daher am besten als eine Art Zusammenspiel von beobachtbaren Verhaltensweisen und nicht exakt spezifizierbaren Kapazitäten im Hintergrund begriffen, wobei das eine nicht ohne das andere zu erfassen ist. Dabei stellt sich dann zusätzlich die Frage, was genau da eigentlich erfasst wird.

Wenn wir im beruflichen Alltag jemandem Wissen, Qualifikationen oder Kompetenzen zuschreiben, dann verweisen wir folglich nicht auf verdeckte Ressourcen, sondern beziehen uns damit auf gezeigtes Verhalten, vor allem aber auf überprüfbare Merkmale dieses Verhaltens (z. B. ob es zielführend, regelkonform oder elegant war). Überprüfbar ist folglich die Art und Weise, wie jemand im Umgang mit einem spezifischen Objekt handelt, ob dies z. B. gut oder schlecht gemacht wird, ob die richtigen oder die falschen Schritte eingeleitet wurden oder ob zügig oder nur nach aufwendiger Beratung eine Lösung gefunden wurde. Aus diesen beobachtbaren Merkmalen wird dann ein Potenzial, eine Fertigkeit oder ein Können erschlossen, das die Agierende/den Agierenden in die Lage versetzt, eine Aufgabe unter Beachtung herrschender Regeln mehr oder weniger erfolgreich zu bewältigen.

Kompetente Handlungen unterscheiden sich von inkompetenten Handlungen also nicht durch ihre Herkunft aus einer Kraft oder einem intelligenten Planungsprozess, sondern durch die unterschiedliche Güte ihrer Ausführung. Entscheidend ist also das Wie bzw. die Modalität des Handelns. Kompetenz beschreibt einen Modus Operandi, eine besondere Art der Handlungsausführung (vgl. hierzu die sehr informativen Ausführungen bei Ryle, 1969). Dispositionen zeigen Möglichkeiten unter bestimmten Bedingungen auf, legen aber niemals fest, was konkret an Verhaltensepisoden gezeigt wird.

2.3.4 Kompetenz setzt Übung und Erfahrung voraus und schafft dadurch Verhaltenssouveränität

Die Bestimmung und Entwicklung von Kompetenz und Performanz können nicht ohne direkten Bezug auf aktuell gezeigtes Verhalten erfolgen. Kompetenz und Performanz werden aber nicht nur von aktuellen Fakten bestimmt (diese können auch durch Zufall bedingt sein), sondern basieren zusätzlich auf der Annahme, dass das aktuelle Resultat das Ergebnis vorangegangener Übung und Erfahrung ist. Eine positive Bewertung schließt jeden Zufall aus. Die in zahlreichen Unternehmen vorgenommenen Differenzierungen zielen darauf ab, den Grad der Erfahrung zu unterscheiden (z. B. ausgedrückt durch Verben wie Kennen, Können, Gestalten).

Dabei ist die Übung jedoch von der Gewohnheitsbildung strikt zu unterscheiden: Übung beschreibt reflexive Ausbildungsprozesse, die in einem dynamischen Prozess über permanente Abgleiche zwischen Ist und Soll zur Beherrschung von Tätigkeiten oder Tätigkeitsabfolgen führen. Dies ist auch mit kognitiver Anstrengung verbunden, weil in der Übung neue Ideen und Perspektiven erarbeitet werden müssen (Ericson et al., 1993). Gewohnheitsbildung zielt hingegen auf eine starre Wiederholung ab, die aber auch nicht mit der Routine etwa beim Autofahren oder beim Montieren eines Maschinenteils verwechselt werden darf, wo die Regeln zwar nicht immer präsent sind, aber etwa im Störungsfall sofort handlungswirksam werden. Gewohnheit verknüpft sich eher mit Standardisierung und Automatisierung.

Mit der Übung wird auf eine situationsangemessene und dadurch variantenreiche Gestaltung des Verhaltens abgezielt. Übung und ständige Wiederholung führen zu einer Qualitätssteigerung der Performanz und des Handlungsergebnisses. Durch die Übung wächst die Expertise. Dies scheint die tiefere Bedeutung folgender Behauptung zu sein:

> Competencies do not deteriorate as they are applied and shared. They grow. (Prahalad u. Hamel, 1990; S. 82)

Kompetenz verbraucht sich nicht, denn sie ist keine Kraft und kein Betriebsmittel, sondern sie nimmt als Modalität mit der Übung zu.

Kompetenz und Performanz stellen damit beide Dispositionen dar, die mit unbegrenzt vielen konkreten Verhaltensweisen verknüpft sind. Diese Unbestimmtheit ist ein typisches Merkmal von Dispositionen. Ryle (1969) spricht in diesem Sinne von mehrgleisigen Dispositionen. Diese generelle Unbeschränktheit wird vielfach mit den Begriffen kreativ und innovativ angedeutet, was besagt, dass der kompetente Mitarbeitende immer wieder damit überrascht, dass er eine noch bislang unbekannte Verhaltensvariante zum Einsatz bringt. Dabei sind auch die sich ändernden situativen Rahmenbedingungen immer schon mitgedacht. Als kompetente Kräfte wissen sie vor allem aus der Erfahrung, wann mit besonderen Vorkommnissen zu rechnen sein könnte und wie man z. B. mit viel Fingerspitzengefühl in einer besonderen Situation Eskalationen vermeiden kann. Unwägbarkeiten oder unvorhersehbare Umstände lassen sich niemals gänzlich ausschließen. Man kann aber auch keine besondere Kompetenz oder Performanz im Umgang mit Unwägbarkeiten erlangen.

Kompetenz basiert vornehmlich auf Erfahrung in der Praxis. Die in der Disposition angelegten unendlichen Möglichkeiten werden breiter ausgeschöpft, man hat mehr unübliche Störungen und Herausforderungen bewältigen müssen. Man kann von einer Anfängerin oder einem Anfänger ohne jegliche Erfahrung kaum sagen, dass sie/er über eine hohe Kompetenz verfügt. Erst die messbare Erfahrung von erfolgreichem Verhalten (man denke an den Piloten mit vielen Flugstunden oder die Ärztin mit vielen durchgeführten Operationen unterschiedlichster Art) verschafft Kompetenz, ohne dass klar wäre, was genau gelernt und was genau erfahren wurde.

Das Konzept „Embodied Knowledge" und die Differenzierung von explizitem und implizitem Wissen haben hier ihren Ursprung (Neuweg, 2005).

2.4 Was wird vermittelt? Ansatzpunkt für die inhaltliche Gestaltung von Kompetenzentwicklung

Für das Kompetenzmanagement stellt sich die Frage, was an Lernende genau vermittelt werden soll. Dabei lässt sich hier erneut ein genereller Bezug zu dem in ◘ Abb. 2.1 skizzierten Kontinuum herstellen: Je weiter man in die Tiefenstruktur einsteigt, desto abstrakter werden die Ausbildungsinhalte, je weiter man in die Oberflächenstrukturen hineingeht, desto konkreter und verhaltensnäher werden diese Inhalte. Dies bedeutet auch, dass jegliches Learning off the Job auf eher abstrakte Fähigkeiten (z. B. Kompetenzen des analytischen Denkens) abzielt, während jedes Learning on the Job auf betriebsspezifische Anforderungen und Handlungsweisen (z. B. Performanz des Montierens einer Pumpe) zugeschnitten ist. Angesichts der zunehmenden Flexibilisierung und Digitalisierung ist zu vermuten, dass der Anteil an (konkreten, spezifischen) Performanzschulungen eher zu- und der an (abstrakten, generischen) Kompetenzschulungen eher abnehmen wird.

Das Kompetenzmanagement sorgt für eine kontinuierliche Anpassung der in Organisationen verfügbaren Kompetenzen und Performanzen. Zentrales Werkzeug bilden hierbei Abgleichsysteme: In der betrieblichen Praxis finden Kompetenzkataloge, Kompetenzatlanten, Kompetenzlandkarten sowie Kompetenzmodelle eine breite Verwendung, um aktuelle und zukünftig erforderliche Kompetenzen zu bestimmen und zu bewerten (Erpenbeck u. von Rosenstiel, 2007; Kauffeld u. Frieling, 2004). Einmal werden die bestehenden Kompetenzen im Betrieb abgebildet (Was ist aus der unendlichen Menge an Kompetenzen bei einzelnen Mitarbeitern im Betrieb gegeben?), sodann wird über verschiedene Abgleiche oder Matchings zum Ausdruck gebracht, wo es Lücken (Wissens- oder Könnenslücken) oder Diskrepanzen zwischen dem aktuellen Bestand und den zukünftigen Anforderungen gibt. Dabei kann der Weg hin zur Feststellung von Kompetenzdefiziten sehr unterschiedlich verlaufen (Bornewasser et al., 2015). Vielfach wird über Arbeitsprozessanalysen das in der Arbeit inkorporierte Fachkönnen („Wissen um das Wie" oder auch performatives Wissen) und Fachwissen („Wissen um das Was" oder auch deklaratives Wissen) erschlossen (Bornewasser et al. 2015).

Auf der Basis festgestellter Defizite infolge raschen Verfalls des Wissens, unzureichender Passung mit strategischen Positionen oder zunehmender Komplexität der Arbeit sollen diese durch Bildungsmaßnahmen in speziellen Settings in Bildungseinrichtungen oder direkt am Arbeitsplatz (und während der Arbeitszeit) beseitigt werden. Dabei unterscheiden sie sich in der Regel hinsichtlich der Nähe zum eigenen Arbeitsprozess und hinsichtlich der Lernformen. Arbeitsprozesse, in die man involviert ist, werden dabei mehr oder weniger systematisch zum Ausgangspunkt von Maßnahmen. Dadurch wird der Transfer vom Lernen hin zur Arbeit erleichtert. Dennoch ist festzuhalten, dass arbeitsprozessintegrierte Modelle wie etwa das des Learning on the Job (Dehnbostel, 2002; Jenewein et al., 2004; Kirchhöfer, 2004) aktuell immer noch eher die Ausnahme als die Regel sind.

2.5 Wie wird vermittelt? Vernetzungsansätze im Kompetenzmanagement

Nicht nur das Was, sondern auch das Wie der Kompetenzvermittlung stellt sich unter Digitalisierungs- und Vernetzungsbedingungen neu dar. Von daher muss eine alternative Antwort gefunden werden, wie ein vernetztes Kompetenzmanagement praktiziert werden kann. Betrachtet man das „klassische" Netzwerkmanagement in Netzwerken auf persönlicher Basis (als Beispiel steht das Projekt Transdemo, ▶ Kap. 5), so stehen hier Fragestellungen der Moderation, der Steuerung von internen Gruppenprozessen und der effizienten und effektiven Netzwerkgestaltung im Fokus. Dabei kommen vornehmlich kommunikative Instrumente im direkten persönlichen Kontakt zum Einsatz. Vernetztes Kompetenzmanagement wird dann zur Steuerung eines interaktiven Austauschprozesses genutzt, der der Entwicklung von Strategien und Konzepten sowie der Umsetzung von Maßnahmen spezifischer Art dient. Netzwerksteuerung und Moderation des Austausches von Beiträgen erfolgen dabei aus den jeweilig geschaffenen Strukturen des strategischen Netzwerks heraus. Hierzu bedarf es eines Komplexes an spezifischen Kompetenzen, die verkürzend als Netzwerkkompetenz beschrieben werden: Sie umfassen etwa die Kompetenzen, Netzwerke zu gründen, geeignete Partnereinrichtungen zu finden, Veranstaltungen zu moderieren, Weiterbildung zu organisieren, fachliche Impulse zu setzen, Information zu verbreiten sowie Netzwerke effizient und effektiv zu steuern. Diese Liste lässt sich beliebig erweitern, wobei theoretisch anzunehmen ist, dass diese Kompetenzen in Teilen noch über die Kompetenzen hinausgehen, die für ein gelungenes betriebliches Team- oder Projektmanagement erforderlich sind (Becker et al., 2011).

Unter den Rahmenbedingungen von Digitalisierung können der persönliche Kontakt bei der Bildung und Betreuung eines strategischen Netzwerks durch einen technisch unterstützten Kontakt und der kommunikative Austausch durch einen digitalen Informationsaustausch ersetzt oder teilweise ergänzt werden. Dabei ist erneut das Ziel der Vernetzung zu beachten: Wenn es um Weiterbildung mit klar spezifizierten Rollen geht, dann erfolgt die Steuerung in ganz anderer Weise, als wenn in einem Netzwerk erst spezifische Konzepte unter Beratungs- und Abstimmungsanstrengungen herausgearbeitet werden müssen. Im letzteren Fall ist die direkte Moderation ein unerlässliches Mittel, um einen Handlungsplan zu entwerfen, im ersteren Fall kann auf Moderation vermutlich verzichtet werden. Hier kommt es darauf an, die Bedingungen und Regeln der Wissenspräsentation und der -partizipation genau zu vermitteln, alles Weitere erledigen die Netzwerkbeteiligten selbst wie an einem Markt (▶ Kap. 13). Entscheidend ist also die Frage, ob es sich um strategische oder organisationale Netzwerke handelt.

Die Umsetzung von Vernetzungsansätzen bedarf, im klassischen oder digitalen Sinne, einer grundlegenden Stufe spezifischer persönlicher Kompetenzen der Netzwerkbildung und der Netzwerksteuerung, um die zu erwartenden Probleme der Vernetzung bewältigen zu können. Das betrifft bereits die Zusammensetzung der Partnereinrichtungen im Netzwerk (▶ Kap. 5), das Vertrauen in diese Einrichtungen (▶ Kap. 3) sowie die Ausrichtung der Einzelinteressen auf ein gemeinsames Ziel (Peitsch, 2005). Bei der Gründung und Steuerung ist zudem zu bedenken, dass im vernetzten Kompetenzmanagement häufig mit interdependenten, jedoch institutionell in der Regel unabhängigen Unternehmen und Organisationen zusammengearbeitet werden muss, sodass vielfältige unternehmerische, aber auch politische Interessen von z. B. Verbänden und Gewerkschaften berücksichtigt werden müssen. Auch können einzelne Einrichtungen jederzeit das Netzwerk wieder verlassen, weil in einem solchen Netzwerk kein „Kooperationszwang" etabliert werden kann.

2.6 Moderation als individuelle Kompetenz und Digitalisierung als organisationale Kompetenz

Kooperation in Netzwerken stellt sich nicht von allein ein, sondern muss organisiert werden. Hierzu bedarf es in stärker kommunikativen Netzwerken der moderativen, in stärker informationellen Netzwerken der technischen Koordination. Strategische Netzwerke erfordern in der Regel die Rolle eines Moderators, um die Vielfalt der Interessen zu bündeln, hingegen bedürfen Organisationsnetzwerke oftmals besonderer technischer Instrumentarien, um die Erstellung oder Verteilung ihrer Produkte am Markt zu koordinieren.

2.6.1 Individuelle Moderationskompetenz

Netzwerke stellen traditionell gesehen Zusammenschlüsse von Personen (soziale Netzwerke) oder Organisationen dar (Organisationsnetzwerke). Über den Zusammenschluss erfolgt im ersten Fall der Austausch z. B. von Meinungen oder Erlebnissen, im zweiten Fall der Austausch von Information zum Zweck der Abstimmung von Leistungsbeiträgen, die in strukturierter Form zu einem gemeinsamen Produkt zusammengefügt werden, um sie sodann an einem Markt zu veräußern (z. B. Kompetenzmodule) oder sie in politische Institutionen (z. B. gemeinsam verfasste Gutachten) einzubringen. In beiden Fällen erfolgt Kommunikation zwischen den Netzwerkeinrichtungen, im ersten Fall entweder direkt vor Ort im Kontext von Begegnung oder alternativ digital vermittelt über das Internet, im zweiten Fall bei der Ausarbeitung und Evaluation des Geschäftsmodells, das in seiner direkten Umsetzung dann möglicherweise keines weiteren kommunikativen Kontaktes bedarf. Ganz und gar digitale Strukturen lassen sich vermutlich nur im Bereich der Produktion und des Handels, keineswegs aber im Bereich der Kompetenzentwicklung etablieren, in dem zumeist mindestens rudimentäre Formen der sozial-emotionalen Kontaktaufnahme erwünscht sind.

Ein vernetztes Kompetenzmanagement beschreibt ein Austauschsystem, in dem sich z. B. politische Institutionen oder privatwirtschaftlich organisierte Anbieterunternehmen in ganz unterschiedlichen Konstellationen zusammenschließen, um z. B. das Produkt „Lernmaterialien" an einen anonymen Markt oder an spezifische Adressaten mit Gestaltungsauftrag zu übergeben (▶ Kap. 13). Dabei lassen sich immer zwei Phasen des Austausches unterscheiden: Einer anfänglichen Planungsphase folgt anschließend eine Ausführungsphase, die beide in unterschiedlichem Maße einer kommunikativen und informationellen Koordinierung bedürfen. Dabei ist die Grenze zwischen beiden Phasen kaum eindeutig zu bestimmen, zumal es möglich ist, dass auch zwischen beiden Phasen hin und her gewechselt werden kann.

In der anfänglichen Planungsphase dominieren kommunikative Abstimmungen. Sie erfordern ein hohes Maß an Moderation, die im Sinne einer Individualkompetenz verstanden wird (Herz, 2006). Sie umfasst eine Vielzahl von Teilkompetenzen, die den generischen Fach-, Methoden- und Sozialkompetenzen zugeordnet werden können. Zur Fachkompetenz zählt z. B. die Fähigkeit, thematische Impulse zur inhaltlichen Arbeit des Netzwerks zu setzen und darauf hinzuarbeiten, dass das Netzwerk Ziele, die es sich gesetzt hat, gemeinsam und gewinnbringend erreichen kann. Die Methodenkompetenz umfasst die praktische Koordination mittels verschiedenster sozialwissenschaftlich anerkannter Instrumente wie Gruppendiskussionen, Fokusgruppen oder Projektmeetings. Sozialkompetenz bezieht sich darauf, dass jede Moderation rhetorische Fertigkeiten erfordert, um Gruppendynamiken zu fördern, bedrohliche Konflikte zu schlichten und Unvorhergesehenes zu bewältigen:

> » Denn Struktur und Dynamik von Kooperationen sind immer – und insbesondere in den ersten Entwicklungsphasen – offen für Unvorhergesehenes und Unerwartetes, auch wenn eine Kooperation ihre Zukunft klug und sorgfältig plant. (Dammer, 2011, S. 38)

Werden Krisen und Konflikte gemeinsam gelöst, so kann dieses Erfolgserlebnis zu einer erfolgreichen Koordinierung und Kooperation erheblich beitragen (Howaldt u. Ellerkmann, 2011).

2.6.2 Organisationale Digitalisierungskompetenz

Hat sich das Netzwerk erst einmal etabliert und seine Ziele im Bereich des Kompetenzmanagements festgelegt, so ist für die Ausführungsphase der Kompetenzentwicklung zu bestimmen, wie diese von den Partnereinrichtungen technisch umgesetzt und wie Lernende in den

2.6 · Moderation als individuelle Kompetenz

Dienstleistungsprozess einbezogen werden. Dies setzt vielfältige Überlegungen dazu voraus, wie der Lernprozess gestaltet werden kann, an welchem Lernort die Maßnahmen erfolgen, in welcher Lernform Wissen und Können vermittelt werden sollen, welche Lernresultate angestrebt werden, mit welchen Ausgangsmotivationen gerechnet wird und welche Formen der Kommunikation und Interaktion mit nachfragenden Lernenden gepflegt werden sollen. Ferner ist zu regeln, welche Rechte sowohl den anbietenden als auch den abnehmenden Instanzen von Lerninhalten zukommen, wer den gesamten Prozess anbieterseitig technisch gestaltet, steuert und überwacht und welche technischen Voraussetzungen die abnehmenden Einrichtungen oder Personen erfüllen müssen, um überhaupt Vermittlungsdienstleistungen abrufen zu können.

Erkennbar handelt es sich hier weniger um individuelle als vielmehr um organisatorische Kompetenzen, die eine wie auch immer geartete Kompetenzvermittlung ermöglichen. Ob eine solche Vermittlung eher kommunikativ im Sinne eines schulischen Programms oder eher digitalisiert im Sinne des Online-Lernens betrieben wird, hängt ganz entscheidend von den technischen Voraussetzungen bzw. der Digitalisierungskompetenz der Anbietereinrichtungen ab. Dabei erscheint diese Digitalisierungskompetenz nur als ein Element in einem komplexen System, denn mit der Digitalisierung ist auch ein dezentrales Lernen assoziiert, welches wiederum ein selbstorganisiertes, eher informelles Lernen an unterschiedlichsten Orten und zu unterschiedlichsten Zeiten impliziert. Von daher müssen die abnehmenden Instanzen in der Lage sein, sich im Angebot hinreichend zu orientieren. Folglich betrifft die Digitalisierungskompetenz nicht nur die Installation einer Plattform (wie sie in den Projekten RAKOON und PLUG+LEARN geschaffen wurde, ▶ Kap. 6 und ▶ Kap. 7), sondern auch z. B. die Gestaltung und Abstimmung der Lernmodule auf die technischen Möglichkeiten der Plattform, um so etwa ein sicheres Abrufen und Bearbeiten von identifizierbaren Modulen zu gewährleisten. In diesem Sinne müssen dann Module spezifische Merkmale etwa der Identifizierbarkeit, der Kombinierbarkeit oder der Erweiterbarkeit erfüllen (▶ Kap. 12). Ferner muss sichergestellt sein, dass jeglicher Inhalt (z. B. Texte, Bilder, Statistiken, Videos) über die Plattform vermittelt werden kann, dass die Inhalte dynamisch ergänzt und erweitert werden können, dass sie auf spezifische Adressatenkreise zuzuschneiden und jederzeit verfügbar sind, um ein selbstorganisiertes Lernen zu ermöglichen.

Aktuell dominieren am Markt verschiedenste Mischformen der Kompetenzentwicklung, die traditionell kommunikative und moderne informationstechnologische bzw. digitale Medien und entsprechende formelle und informelle Lernformen umfassen. Allerdings deutet sich ein Trend hin zu einer größeren Spezifität der Lerninhalte und damit zu einer Verschiebung des Lernortes an. Schulen und externe Weiterbildungsinstitutionen mit einem direkten kommunikativen Austausch verlieren an Bedeutung zugunsten eher dezentraler Lernorte nahe oder in den Unternehmen und Betrieben (Learning near the Job und Learning on the Job). Diese Dezentralisierung erfordert dann in den Unternehmen entsprechende Anstrengungen, damit ein solches dezentrales, digital gestütztes Angebot auch wahrgenommen werden kann.

> **Fazit**
> Die zunehmende Digitalisierung führt auch zu Veränderungen des Kompetenzmanagements sowohl hinsichtlich der Lerninhalte als auch der Lernformen. Inhaltlich erfolgt eine Spezifizierung auf arbeitsplatznahe Thematiken, die unmittelbar in konkretes Handeln umgesetzt werden können. Dies geht mit einer wachsenden Individualisierung der Inhalte einher, d. h., Lernangebote können über die Kombinierbarkeit von Lernmodulen möglichst genau auf den Bedarf der Betriebe und der Mitarbeitenden zugeschnitten werden.

> Hinsichtlich der Lernformen wird das mehr informelle Online-Lernen zunehmen, bei dem die Lernenden in eigener Regie Lerninhalte, Lernorte und Lernzeitpunkte bestimmen können. Dabei wird Lernen mehr und mehr an den Arbeitsplatz herangeführt werden. Die externen Lernorte Schule und Fortbildungseinrichtung verlieren an Bedeutung zugunsten des Lernortes Betrieb oder Arbeitsplatz. Durch Digitalisierung können Arbeits- und Lernprozesse aufeinander zuwachsen, allerdings setzt dies eine gute technische Ausstattung mit Endgeräten vor Ort voraus.

Literatur

Becker, T., Dammer, I., Howaldt, J., Killich, S., & Loose, A. (2011). Netzwerke – praktikabel und zukunftsfähig. In T. Becker, I. Dammer, J. Howaldt, & A. Loose (Hrsg.), *Netzwerkmanagement. Mit Kooperation zum Unternehmenserfolg.* (3. Aufl., S. 3–11). Berlin, Heidelberg: Springer.

Bundesminister für Bildung und Forschung (BMBF). (2016). *Zukunft der Arbeit. Innovationen für die Arbeit von morgen.* Bonn: BMBF.

Bornewasser, M., Frenzel, S., & Suchsland, T. (2015). *Prozessnahe Kompetenzentwicklung on-the-job: Erfahrungen aus einem Unternehmen der Nahrungsmittelindustrie.* VPP 2015. Wissenschaftliche Schriftenreihe des Instituts für Betriebswissenschaften und Fabriksysteme (Sonderheft 21). Chemnitz: IBF.

Briscoe, J., & Hall, D. (1999). Grooming and pickling leaders using competency frameworks: Do they work? An alternative approach and new guidelines for practice. *Organizational Dynamics* 28, 37–52.

Dammer, I. (2011). Gelingende Kooperation („Effizienz"). In T. Becker, I. Dammer, J. Howaldt, & A. Loose (Hrsg.), *Netzwerkmanagement. Mit Kooperation zum Unternehmenserfolg* (3. Aufl., S. 37–47). Berlin, Heidelberg: Springer.

Dehnbostel, P. (2002). Modelle arbeitsbezogenen Lernens und Ansätze zur Integration formellen und informellen Lernens. In M. Rohs (Hrsg.), *Arbeitsprozessintegriertes Lernen. Neue Ansätze der beruflichen Bildung* (S. 37–57). Münster: Lit.

Ericson, K. A., Krampe, R. T., & Tesch-Römer, C. (1993). The role of deliberate practice in the acquisition of expert performance. *Psychological Review* 100, 363–404.

Erpenbeck, J., & von Rosenstiel, L. (2007). *Handbuch Kompetenzmessung. Erkennen, Verstehen und Bewerten von Kompetenzen in der betrieblichen, pädagogischen und psychologischen Praxis.* Stuttgart: Schäffer-Poeschel.

Goertz, L., & Flasdick, J. (2011). Zielgruppenspezifisches E-Learning. In P. Klimsa, & L. J. Issing (Hrsg.), *Online-Lernen. Handbuch für Wissenschaft und Praxis* (S. 489–502). München: Oldenbourg.

Grote, S., Kauffeld, S., Billich-Knapp, M., Lauer, L., & Frieling, E. (2012a). Implementierung des Kompetenzmanagements: Phasen, Vorgehen und Stolpersteine. In S. Grote, S. Kauffeld, & E. Frieling (Hrsg.), *Kompetenzmanagement. Grundlagen und Praxisbeispiele* (S. 35–56). Stuttgart: Schäffer-Poeschel.

Grote, S., Kauffeld, S., & Frieling, E. (2012b). Einleitung: Vom Wettbewerb zur Kompetenz. In S. Grote, S. Kauffeld, & E. Frieling (Hrsg.), *Kompetenzmanagement. Grundlagen und Praxisbeispiele* (S. 1–14). Stuttgart: Schäffer-Poeschel.

Herz, I. (2006). *Netzwerkkompetenz. Erfolg von Unternehmensnetzwerken.* Saarbrücken: VDM Verlag.

Howaldt, J., & Ellerkmann, F. (2011). Entwicklungsphasen von Netzwerken und Unternehmenskooperationen. In T. Becker, I. Dammer, J. Howaldt, & A. Loose (Hrsg.), *Netzwerkmanagement. Mit Kooperation zum Unternehmenserfolg* (3. Aufl., S. 23–35). Berlin, Heidelberg: Springer.

Jenewein, K., Knauth, P., Röben, P., & Zülch, G. (2004). *Kompetenzentwicklung in Arbeitsprozessen.* Baden-Baden: Nomos.

Kauffeld, S., & Frieling, E. (2004). Kompetenz und Flexibilität: Mehr als Stichworte in modernen Managementkonzepten? In K. Jenewein, P. Knauth, P. Röben, & G. Zülch (Hrsg.), *Kompetenzentwicklung in Arbeitsprozessen* (S. 63–74). Baden-Baden: Nomos.

Kirchhöfer, D. (2004). *Lernkultur Kompetenzentwicklung – Begriffliche Grundlagen.* Berlin: ESM.

Klimsa, P., & Issing, L. J. (Hrsg.) (2011). *Online-Lernen. Handbuch für Wissenschaft und Praxis.* München: Oldenbourg.

Krones, M., Schütze, J., Strauch, J., & Müller, E. (2016). PLUG+LEARN – Wandlungsfähiges, marktplatzbasiertes Kompetenznetzwerk für die Automobil- und Zulieferindustrie. In GfA (Hrsg.), *62. Kongress der Gesellschaft für Arbeitswissenschaft, RWTH Aachen, 2.–4. März 2016* (Kap. C.9.10). Dortmund: GfA-Press.

Literatur

Michel, L. P. (2011). E-Learning und Wissensmanagement in deutschen Unternehmen. In P. Klimsa, & L. J. Issing (Hrsg.), *Online-Lernen. Handbuch für Wissenschaft und Praxis* (S. 447–456). München: Oldenbourg.

Neuweg, G. H. (2005). Implizites Wissen als Forschungsgegenstand. In F. Rauner (Hrsg.), *Handbuch der Berufsbildungsforschung* (S. 581–588). Bielefeld: Bertelsmann.

Norton, R. E. (1997). *DACUM-Handbook*. Columbus: Ohio State University Press.

Peitsch, A. L. (2005). *Strategisches Management in Regionen. Eine Analyse anhand des Stakeholder-Ansatzes*. Wiesbaden: Gabler.

Plorin, D. (2016). Gestaltung und Evaluation eines Referenzmodells zur Realisierung von Lernfabriken im Objektbereich der Fabrikplanung und des Fabrikbetriebs. Dissertationsschrift in der wissenschaftlichen Schriftenreihe des Instituts für Betriebswissenschaften und Fabriksysteme, TU Chemnitz, Heft 120.

Prahalad, C. K., & Hamel, G. (1990). The core competence of the corporation. *Harvard Business Review*, 79–91.

Ryle, G. (1969). *Der Begriff des Geistes*. Stuttgart: Reclam.

Sonntag, K., & Schmidt-Rathjens, C. (2004). Kompetenzmodelle – Erfolgsmodelle im HR-Management? *Personalführung* 10, 18–26.

Kompetenzentwicklung in Organisationsnetzwerken

Martin Kloyer, Till Suchsland

3.1 Organisationsnetzwerke – Merkmale und Ausprägungen – 26

3.2 Interorganisationales Vertrauen als Voraussetzung kooperativer Kompetenzentwicklung in Netzwerken – 29

3.3 Instrumente zur interorganisationalen Vertrauensbildung – 30

3.4 Leitfaden zur Selbstevaluierung – 33

Literatur – 35

© Springer-Verlag GmbH Deutschland 2018
M. Bornewasser (Hrsg.), *Vernetztes Kompetenzmanagement*,
Kompetenzmanagement in Organisationen,
https://doi.org/10.1007/978-3-662-54954-4_3

Zusammenfassung

Das wesentliche Merkmal eines Organisationsnetzwerks ist der hybride Koordinationsmechanismus, der sich aus Elementen des Marktes und der Hierarchie zusammensetzt. Seine konkrete Ausprägung hängt vom Kooperationsgegenstand und den daraus resultierenden Opportunismusgefahren ab. Nur wenn diese wirksam und wahrnehmbar kontrolliert werden, kann die zentrale Voraussetzung für den Erfolg des Netzwerks, also interorganisationales Vertrauen vor und während der Kooperation, entstehen. Wegen besonders großer Opportunismusspielräume ist die Herstellung von Vertrauen in Kompetenzentwicklungsnetzwerken besonders anspruchsvoll. Es werden vertrauensschaffende Gestaltungsempfehlungen auf folgenden Managementfeldern gegeben: Wahl der Kooperationspartner/-innen; Arbeitsteilungskonzept; Verteilung von Kosten, Risiken und Erträgen; Koordinationsmechanismen; Konfliktmanagementansatz; Wissens- und Informationsmanagement. Abschließend wird ein Selbstevaluierungsleitfaden als Voraussetzung der Entwicklung vertrauensbildender Maßnahmen präsentiert.

3.1 Organisationsnetzwerke – Merkmale und Ausprägungen

Organisationsnetzwerke sind Formen der interorganisationalen Zusammenarbeit, in denen mehr als zwei Organisationen kooperieren. Die Literatur nennt eine Vielzahl von **Merkmalen** zur näheren Charakterisierung von Netzwerken (für einen Überblick vgl. z. B. Sydow, 1992). Beispiele hierfür sind:

- Privatwirtschaftliche versus staatliche Organisationen als Netzwerkpartner/-in
- Zahl der Partner/-innen
- insbesondere für privatwirtschaftliche Netzwerkmitglieder: Kooperation auf derselben Stufe der Wertschöpfungskette (z. B. eine Forschungskooperation zweier Industrieunternehmen) oder zwischen verschiedenen Stufen der Wertschöpfungskette (z. B. zwischen einem Forschungsdienstleister und einem Endprodukthersteller)
- Entstehung des Netzwerks: sogenannte emergente bzw. organisch gewachsene Netzwerke, die über einen längeren Zeitraum zustande kamen oder sogenannte strategische Netzwerke, die ad hoc von einem Netzwerkmitglied herbeigeführt werden, das die Partner/-in dann strategisch führt

In deskriptiver Hinsicht sind diese Merkmale aufschlussreich, weil sie die Bandbreite interorganisationaler Zusammenarbeit aufzeigen. Aus der Sicht der betriebswirtschaftlichen Organisationslehre genügen sie aber nicht, weil sie nicht jene Kriterien darstellen, an denen das Management eines Netzwerks ansetzen kann.

Für das Management eines Netzwerks entscheidend ist der **Gegenstand der Kooperation**, also das Outputziel des Netzwerks, aus dem sich ergibt, welche Güter oder Leistungen zwischen den Partnereinrichtungen ausgetauscht bzw. von den Einrichtungen in das Netzwerk eingebracht werden müssen.

Von bestimmten Merkmalen der Güter bzw. Leistungen hängt nun ab, welche **Opportunismusgefahren** (bzw. Verhaltensrisiken) das Zustandekommen und (nach dem Zustandekommen) die Effektivität des Netzwerks behindern können. Wenn bereits erstellte Güter einzubringen sind, können Qualitätsmerkmale verborgen sein (Hidden Characteristics), sodass die Gefahr besteht, dass minderwertige Beiträge von Netzwerkpartnern/-innen einfließen (adverse Selektion). Wenn Leistungen erst noch zu erstellen sind, kann der Leistungserstellungsprozess verborgen sein (Hidden Action), sodass Partnerunternehmen ihren Informationsvorsprung dazu

3.1 · Organisationsnetzwerke – Merkmale und Ausprägungen

nutzen können, ihre individuelle Aufwands-/Ertragsrelation zulasten des Gesamtnetzwerks und seiner nicht-opportunistischen Mitglieder zu maximieren (Moral Hazard). Schließlich kann es auch erforderlich sein, dass einzelne Partnerunternehmen einseitige netzwerkspezifische Investitionen tätigen müssen, die sie in einseitige Abhängigkeit bringen, die dann von den anderen Netzwerkmitgliedern opportunistisch ausgenutzt werden könnte. Das Ausnutzen bestünde hier in einem Nachverhandeln (Hold-up), das die Rentabilität der einseitigen Investitionen der ausgenutzten Partei senken würde. Wie nachfolgend noch ausgeführt wird, sind alle drei genannten Opportunismusgefahren in Kompetenzentwicklungsnetzwerken typischerweise stark ausgeprägt.

Der Ansatz des Managements eines konkreten Netzwerks (sein **Koordinationsmechanismus** bzw. Managementsystem) muss nun vorrangig diese Opportunismusgefahren so weit kontrollieren, dass jenes **Vertrauen** zwischen den Netzwerkpartnern/-innen entsteht, welches wiederum unabdingbar für die Entstehung und Effektivität des Netzwerks ist.

Das wichtigste, weil gestaltungsorientierte Merkmal eines Netzwerks ist also immer das interdependente Bündel aus Kooperationsgegenstand, Opportunismusgefahren, Koordinationsmechanismus sowie Vertrauen. Opportunismusgefahren werden nur indirekt von der Art und Zahl der organisationalen Partner/-innen, von der Ausrichtung des Netzwerks (horizontal versus vertikal) und von seiner Entstehung (emergent versus strategisch) beeinflusst. So ist bei einer hohen Zahl von Netzwerkpartnern/-innen häufig die Hidden-Action-Problematik ausgeprägter. In vertikalen Kooperationen tritt Moral Hazard oft stärker in Erscheinung als in horizontalen. Und in emergent entstandenen Netzwerken ist die Opportunismusproblematik meist wegen der wechselseitigen sozioemotionalen Investitionen (Relational Contracting, vgl. MacNeil, 1985) schwächer als in strategischen.

Koordinationsmechanismen bewegen sich auf dem Kontinuum der Organisationsformen zwischen den Extrema des Marktes und der Hierarchie (Williamson, 1985). Im Koordinationsmechanismus des Marktes findet nach Abschluss einer Austauschvereinbarung keine weitere (ein- oder wechselseitige) Beeinflussung der Leistungserstellung zwischen den Partnern/-innen mehr statt. Im Koordinationsmechanismus der Hierarchie wird auf arbeitsvertraglicher Basis die Leistungserstellung stark und andauernd fremdbestimmt. Netzwerke sind hybride (intermediäre) Organisationsformen, in denen Markt und Hierarchie in unterschiedlicher relativer Gewichtung miteinander kombiniert werden. Gegenüber dem Markt grenzt sich eine hybride Organisationsform dadurch ab, dass auch nach der ursprünglichen Austausch- bzw. Kooperationsvereinbarung ein Hineinwirken in das Leistungserstellungsverhalten eines Partners bzw. einer Partnerin möglich ist. So ist z. B. die Beziehung zwischen einem Lizenzgeber und -nehmer dann eine hybride Organisationsform, wenn der Lizenznehmer Einfluss auf Weiterentwicklungen des Lizenzgegenstands durch den Lizenzgeber nehmen kann. In die andere Richtung, gegenüber der Hierarchie, grenzen sich hybride Organisationsformen durch die Art der vertraglichen Grundlage und die vereinbarte Dauer der Zusammenarbeit ab. Rein arbeitsvertragliche Beziehungen lassen sich nicht mehr als hybride Organisationsform bzw. Netzwerk bezeichnen. Im konkreten Fall kann die Einordnung auf dem Kontinuum problematisch sein. So ist beispielsweise ein Franchisenetzwerk (Kloyer, 1995) einerseits dem Markt nahe, weil Franchisenehmer rechtlich unabhängig sind. Andererseits ist das sogenannte Systemhandbuch, nach dem ein Franchisenehmer seinen Betrieb zu führen hat, häufig detaillierter als ein Arbeitsvertrag inklusive Stellenbeschreibung.

Die Begriffe des Marktes, der Hierarchie und der hybriden Organisationsform benennen nur die grundsätzliche Ausrichtung des Koordinationsmechanismus. Koordination erfordert konkretere Instrumente. In der Neuen Institutionenökonomie, also jenem Bereich der Organisationstheorie, der sich vorrangig mit der Kontrolle von Opportunismusgefahren befasst, wird eine Vielzahl von (meist formal-mathematisch basierten) Instrumenten diskutiert. Die Zweige dieses Bereichs der Wirtschaftswissenschaften sind die Property-Rights-, die Transaktionskosten- und die Principal-Agent-Theorie (vgl. zur Einführung z. B. Picot et al., 2012; Richter u. Furubotn, 2003). Hier sei erwähnt, dass die Neue Institutionenökonomie nicht jedem Wirtschaftssubjekt im Sinne eines negativen Menschenbildes Opportunismus unterstellt. Sie betont nur, dass man bei Abwesenheit von Vertrauen in die Integrität von Austauschpartnern/-innen institutionelle Lösungen finden muss, die dieses eigentliche Vertrauen substituieren. Darin zeigt sich ein Problembewusstsein, dass nicht nur in der Ökonomie, sondern auch in den Rechtswissenschaften verankert ist.

Grob zusammengefasst präsentieren die Theorien der Neuen Institutionenökonomie folgende **organisationale Instrumente** gegen die genannten Opportunismusgefahren:

- Gegen die Gefahr der adversen Selektion sind insbesondere glaubwürdige Signale effektiv. Deren Produktion ist nur für tatsächlich leistungsfähige Anbieter rentabel.
- Gegen Moral Hazard kommen insbesondere Kontrollmechanismen und die Interessenangleichung über Property-Rights-Allokation zum Einsatz.
- Gegen Hold-up wirken hauptsächlich sogenannte Pfänder, die einseitige Abhängigkeiten ausgleichen.

Je stärker diese Instrumente zum Einsatz kommen, desto weiter rückt der Koordinationsmechanismus auf dem Kontinuum der Organisationsformen in Richtung Hierarchie. So ist z. B. die maximale Kontrolle des Verhaltens (zur Begrenzung von Moral Hazard) auf der Basis eines Arbeitsvertrags (in einer Hierarchie) möglich. Man spricht von Marktversagen und zunehmender Bindungsintensität zwischen den Partnerunternehmen, je stärker der Koordinationsmechanismus durch das Prinzip der Hierarchie geprägt ist. In umgekehrter Richtung spricht man von Hierarchieversagen. Koordinationsmechanismen können auf zwei Arten versagen. Wenn sie nicht in einer für potenzielle Austauschpartner/-innen glaubwürdigen Weise vorhandene Opportunismusgefahren kontrollieren, kommt der Austausch (zumindest bei ökonomisch rational agierenden Partnern/-innen) nicht zustande. Versagen ist auch dann gegeben, wenn während des Kooperationsprozesses unkontrollierte Opportunismusgefahren bestehen und auf die Teilnehmerunternehmen so demotivierend wirken, dass die Spezialisierungsvorteile der Arbeitsteilung in einem Netzwerk aufgezehrt werden. In beiden Fällen besteht also der kritische Erfolgsfaktor Vertrauen darin, dass faktisch bestehende Spielräume für opportunistisches Verhalten nicht genutzt werden können oder zumindest aufgrund organisationaler Instrumente opportunistisches Verhalten der Kooperationspartner/-innen irrational wäre (dies zeigt beispielsweise das Open-Organization-Modell, welches vom Projekt RAKOON erarbeitet wurde (vgl. ▶ Kap. 6)).

Dieser Beitrag wird sich nicht weiter mit dem Problem der adversen Selektion beschäftigen. Es sei nur angemerkt, dass sich im Falle von Kompetenzentwicklungsnetzwerken Patente, wissenschaftliche Publikationen, akademische Grade etc. als glaubwürdige Signale anbieten, die umso breiter gestreut sein sollten, je unsicherer die Entwicklung des Kooperationsgegenstands ist. Es werden stattdessen aber Instrumente gegen Moral Hazard und Hold-up näher beschrieben. Dies soll auf eine für die Managementpraxis taugliche Weise geschehen. Dafür bietet es sich an, den Opportunismus minimierende Gestaltungsoptionen auf den folgenden allgemeinen Feldern des Netzwerkmanagements zu erörtern:

- Wahl der Kooperationspartner/-innen
- Arbeitsteilungskonzept
- Verteilung von Kosten, Risiken und Erträgen
- Koordinationsmechanismus inklusive -instrumente
- Konfliktmanagementansatz
- Wissens- und Informationsmanagement

3.2 Interorganisationales Vertrauen als Voraussetzung kooperativer Kompetenzentwicklung in Netzwerken

Vertrauen vor und während der Kooperation wurde bereits als der zentrale kritische Erfolgsfaktor des Netzwerkmanagements identifiziert (zur Rolle des Vertrauens in Kooperationen vgl. z. B. Das u. Teng, 2001; Lane et al., 2001; Morgan u. Hunt, 1994; Zaheer et al., 1998). Die umfangreiche Literatur zum Konstrukt des interorganisationalen Vertrauens soll hier nicht erörtert werden. Es genügt, sich auf eine Arbeitsdefinition zu verständigen. Vertrauen besteht dann, wenn sich eine Organisation A auf eine Kooperation mit einer Organisation B einlässt, obwohl sie nicht sicher sein kann, dass B sie nicht im Verlauf der Kooperation schädigen wird. Ein Schädigungsrisiko ergibt sich insbesondere bei Spielräumen für opportunistisches Verhalten. Vertrauen ist unabdingbar, weil bei Misstrauen ein rationaler Grund gegeben ist, sich suboptimal in das Netzwerk einzubringen. Es wird in diesem Fall der eigene Aufwand verringert, um bei einem niedriger als erwartet ausfallenden Ertrag möglichst geringe Rentabilitätsverluste zu erleiden. Misstrauen führt also dazu, dass ein Netzwerk, sofern es unter dieser Bedingung überhaupt zustande kommt, seine potenziellen Spezialisierungsvorteile nicht realisieren kann. Besonders bedeutsam ist Vertrauen in Netzwerken dann, wenn die Kooperation – z. B. bei der gemeinsamen Entwicklung von Kompetenzen – Wissenstransfer zwischen den Partnerunternehmen erfordert. Der Grund hierfür ist, dass der Austausch von Wissen in besonderer Weise durch opportunistisches Verhalten der Kooperationspartner/-innen gestört werden kann.

In Kompetenzentwicklungsnetzwerken bestehen wegen der Notwendigkeit von Wissensaustausch spezifische Opportunismusgefahren und daher besondere Probleme, Vertrauen herzustellen. Daher versagt hier der Markt als Koordinationsmechanismus (vor diesem Problem stehen beispielsweise die Organisatoren des Marktplatzkonzeptes von PLUG+LEARN, ▶ Kap. 7). Es muss allerdings zwischen verschiedenen Arten des auszutauschenden Wissens unterschieden werden.

Wenig problematisch ist der Austausch von bereits expliziertem Wissen, also z. B. eine Regelung des Austauschs von Patenten (Cross-Licensing). In diesem Fall können die Parteien ihr kooperationsrelevantes Wissen ex ante (also bei Vereinbarung der Kooperation) erkennen. Um den Austausch dieses Wissens geht es meist in Kooperationen, deren Verlauf vorhersehbar ist. Hier kann ex ante festgelegt werden, welcher Partner/welche Partnerin zu welchem Zeitpunkt welches Wissen in die Kooperation einzubringen hat. Darüber können sogar vollständige Verträge abgeschlossen werden. Die Parteien haben dann keinen rationalen Grund, nicht darauf zu vertrauen, dass ihre Partner/-innen die zugesagten Leistungen beisteuern. Schließlich würde bei einem Bruch von Zusagen eine Fülle negativer Sanktionierungsmöglichkeiten drohen. Wenn ein formaler Kooperationsvertrag bestehen sollte, könnte dieser gerichtlich durchgesetzt werden. Und auch ohne einen Vertrag würde sich der opportunistische Leistungsverweigerer dadurch schädigen, dass sein Verhalten offenkundig würde und er daher einen Reputationsverlust erleiden würde, der ihn zukünftig behindert.

Problematisch ist nun aber die Steuerung des Transfers von noch nicht expliziertem Wissen. Um dieses Wissen geht es typischerweise in unsicheren, ergebnisoffenen Kooperationsprojekten. Die Parteien können zu Beginn nicht wissen, über welches im Verlauf der Kooperation dann tatsächlich relevant werdende Wissen sie selbst und ihre Partner/-innen verfügen. Sie können es zumindest nicht so exakt wissen, dass man darüber einen vollständigen Vertrag vereinbaren könnte (vgl. zum Problem unvollständiger Verträge insbesondere Grossman u. Hart, 1986; Hart u. Moore, 1988). Wenn sich beispielsweise ein aus privatwirtschaftlichen Unternehmen und staatlichen Einrichtungen zusammengesetztes Netzwerk die Erforschung und Entwicklung zukünftiger Antriebskonzepte für die Luftfahrt vornimmt, sind konkrete Wissenstransferbedarfe allenfalls für den Beginn der Zusammenarbeit festlegbar. Welches Wissen in späteren Projektphasen erforderlich sein wird, ist nicht präzise antizipierbar. Es könnte z. B. sein, dass unerwartet Kompetenzen in einer bestimmten Kompositwerkstofftechnologie erforderlich werden. Es kann hier also nicht ex ante für den gesamten Kooperationsprozess vereinbart werden, wer wann welches Wissen beizusteuern hat. Innerhalb des Projektes PIKOMA kann hier exemplarisch auf eine von mehreren Arbeitsgruppen verwiesen werden (vgl. ▶ Kap. 8). Dort ging es um die Entwicklung eines Ideenmanagementsystems, mit dem unternehmerisches Denken und stärkere Effizienzorientierung erzielt werden sollten. In einem umfassenderen Sinn sollten die Mitarbeiter und Mitarbeiterinnen eine komplexe, aus mehreren Elementen zusammengesetzte Kompetenz entwickeln:

1. Die Fähigkeit zur Analyse ihres individuellen Beitrags zur Effizienz eines arbeitsteiligen Produktionsprozesses
2. Die Fähigkeit zur Entwicklung von Input- und Output-bezogenen Kennzahlen, die die Orientierung des individuellen Verhaltens an der Prozesseffizienz gewährleisten
3. Die Internalisierung des prozesseffizienzorientierten Kennzahlen- bzw. Zielsystems im laufenden Arbeitsverhalten

Die beschriebene Kompetenz sollte sowohl im privatwirtschaftlichen Unternehmen als auch in der staatlichen Verwaltungsorganisation entwickelt werden. Wie auch in den anderen Arbeitsgruppen des Projektes war beabsichtigt, dass beide Partner/-innen bei Koordination durch universitäre Partner/-innen interaktiv und sequenziell diese Kompetenz entwickeln sollten. Ebenso wie im erwähnten Beispiel aus der Forschung im Flugzeugbau war zu Beginn nicht vollständig erkennbar, was die Partner/-innen in verschiedenen Phasen der Kooperation würden einbringen müssen.

Wenn in diesem Fall einer notgedrungen unvollständigen Kooperationsvereinbarung nur integre, also situationsunabhängig nicht-opportunistische Kooperationspartner/-innen zusammenkommen, ist objektiv kein Verhaltensrisiko gegeben. Die Parteien dürften sich also im eigentlichen Sinne vertrauen, d. h., sie können sich auch ohne irgendwelche Sicherungsmaßnahmen gegen Opportunismusmöglichkeiten aufeinander verlassen. In der organisationalen Realität kommt es allerdings nur selten vor, dass eine Partei von der Integrität der potenziellen Kooperationspartner/-innen derart überzeugt ist, dass sie bereit wäre, vollständig auf Absicherungen gegen Opportunismusrisiken zu verzichten. Im beschriebenen Fall einer notgedrungen unvollständigen Kooperationsvereinbarung sind Moral Hazard und Hold-up möglich. In Ermangelung genau beschriebener Leistungs- und Gegenleistungspflichten könnten ohne Sanktionierungsmöglichkeit suboptimale Leistungsbeiträge geliefert werden, häufig sogar unentdeckt. Damit würde der Ertrag des Netzwerks verringert und damit jede Partei geschädigt – mit Ausnahme des opportunistischen Partnerunternehmens, welches seine Aufwands-Ertrags-Relation durch Senkung des Aufwands relativ günstiger gestaltet hat. Wenn keine weitere Kooperation mit denselben Partnern/-innen geplant wäre, wäre ein solches Verhalten (wenn es unentdeckt bliebe) sogar individualökonomisch rational (wenngleich natürlich unmoralisch). Opportunistische Akteure/-innen könnten bei unvollständigen Vereinbarungen auch eine aus partnerspezifischen Investitionen resultierende einseitige Abhängigkeit ihrer Partner/-innen ausnutzen, indem sie nachträglich die Kosten- und Nutzenverteilung innerhalb des Netzwerks zu ihren Gunsten neu verhandeln.

3.3 Instrumente zur interorganisationalen Vertrauensbildung

Es zeigt sich also, dass es in einer durch Unsicherheit und Informationsasymmetrien geprägten Situation ökonomisch rational ist, wenn sich potenzielle Kooperationspartner/-innen nur unter Vertrauen generierenden Bedingungen auf die Zusammenarbeit einlassen. Der transaktionskostenminimale Idealfall ist – wie erwähnt – gegeben, wenn die Parteien Grund haben, sich wechselseitig auf ihre Integrität zu verlassen. In diesem Fall erübrigt sich die Suche nach weiteren, Transaktionskosten verursachenden Instrumenten der Vertrauensgenerierung. Da diese Idealsituation nur selten gegeben ist, soll im Folgenden aufgezeigt werden, wie Netzwerkmanagement Vertrauen zwischen organisationalen Partnern/-innen herbeiführen kann. Die Reinform einer Hierarchie scheidet als Koordinationsmechanismus von vorneherein aus, weil die beteiligten Organisationen nicht ihre Selbstständigkeit aufgeben wollten und es ja auch völlig unsinnig bzw. unmöglich wäre, eine staatliche Verwaltungsorganisation mit einem privatwirtschaftlichen Unternehmen zu fusionieren (im Sinne einer vertikalen Integration in der Privatwirtschaft). Allerdings gibt es auch für den Fall, dass eine Fusion möglich wäre, Argumente, die für ein Hierarchieversagen sprechen. Es sei hier nur darauf hingewiesen, dass privatwirtschaftliche Partner/-innen in zahlreichen Forschungs- und Entwicklungsnetzwerken aus ökonomisch rationalen Gründen auf den Koordinationsmechanismus der Hierarchie verzichten. Entscheidend sind hier typischerweise die Transaktionskostenvorteile, die sich aus dem in Netzwerken relativ höheren Wettbewerbsdruck ergeben. Wegen ähnlicher Kooperationsgegenstände und Opportunismusgefahren sind solche Forschungs- und Entwicklungsnetzwerke mit Kompetenzentwicklungsnetzwerken vergleichbar.

Nur vermeintlich trivial ist die erste Bedingung der Entstehung von Vertrauen, die **Wahl der Kooperationspartner/-innen**:

- Ähnlichkeiten im Leistungspotenzial und in der Organisationskultur erleichtern die wechselseitige Beobachtung des Anstrengungsniveaus, mindern mithin die Moral-Hazard-Gefahr. So sollten beispielsweise Unternehmen, die Outsourcing für Forschung und Entwicklung betreiben, wenigstens so viel Kompetenz in diesem Bereich aufrechterhalten, dass sie die Qualität der Zulieferleistung einschätzen können. Ansonsten könnten sie etwaigen Zuliefereropportunismus nicht erkennen.
- Kompatibilität der individuellen Strategien und Abgrenzung von Kooperationsergebnisverwertungsfeldern verringern die Gefahr, dass die Zusammenarbeit vorzeitig beendet wird und dadurch partnerspezifische Investitionen abgeschrieben werden müssen. Diese Gefahr wäre beispielsweise gegeben, wenn in einem horizontalen Forschungs- und Entwicklungsnetzwerk alle kooperierenden Unternehmen in denselben Absatzmärkten über Vertriebskanäle verfügen würden, auf denen sie sich nach der gemeinsamen Entwicklung einer Technologie bzw. eines Produktes Konkurrenz machen könnten.
- Eine von vorneherein wechselseitige Ressourcenabhängigkeit zwischen den Partnern/-innen vermindert die Hold-up-Gefahr, da einseitiger Opportunismus sofort mit entsprechendem Gegenverhalten beantwortet werden könnte. So sollte beispielsweise in einem Kompetenzentwicklungsnetzwerk jede Partei darauf achten, dass sie sich nicht einseitig in die Problemstellungen der Partner/-in einarbeitet, also durch partnerspezifische Personalausbildungsinvestitionen einseitig abhängig wird.

Wiederum naheliegend und dennoch häufig missachtet ist die Bedingung, dass das **Arbeitsteilungskonzept** den spezifischen Kompetenzen der Parteien entspricht (ein Beispiel für diese Aufteilung bietet das Projekt TRANSDEMO, ▶ Kap. 5). Kooperationspartner/-innen, die an ihren Kompetenzen vorbei Leistungen erbringen sollen, sind mit höherer Wahrscheinlichkeit motiviert, Hidden-Action-Informationsvorsprünge opportunistisch auszunutzen.

Von zentraler Bedeutung ist eine ökonomisch rationale, durchsetzbare und als gerecht wahrgenommene **Verteilung von Kosten, Risiken und Erträgen**. Ökonomisch rational ist eine Verteilung, bei der die Ertragsanteile der Parteien (ihre Anteile am Verfügungsrecht des „usus fructus") ihrer relativen Bedeutung für das Kooperationsergebnis entsprechen (vgl. zur formal-mathematischen Modellierung Aghion u. Tirole, 1994; Grossman u. Hart, 1986; Hart u. Moore, 1988). Intuitiv nachvollziehbar ist das mithilfe des Beispiels eines Biotechnologieunternehmens, das im Auftrag eines Pharmaunternehmens einen Wirkstoff finden bzw. entwickeln soll. Wird in der Forschung des Biotechnologieunternehmens keine potenziell für ein Medikament geeignete Substanz gefunden, kann das Pharmaunternehmen seine Kompetenzen auf den nachgelagerten Stufen der Wertschöpfungskette überhaupt nicht zum Einsatz bringen. Es ist daher, auch ohne die Darlegung des diesbezüglichen mathematischen Principal-Agenten-Modells (Aghion u. Tirole, 1994), nachvollziehbar, dass das Biotechnologieunternehmen durch eine durchsetzbare Beteiligung am Innovationsertrag zu maximaler Leistung zu motivieren ist. Dies geschieht in der betrieblichen Praxis des Innovationsmanagements häufig dadurch, dass das Pharmaunternehmen im Kooperationsvertrag zusichert, dem Zulieferer Anteile am Eigentum an entstehenden Patenten zu überlassen (Helm u. Kloyer, 2004; Kloyer u. Scholderer, 2012). Mit diesen Patenteigentumsanteilen könnte das Biotechnologieunternehmen, sobald ein Medikament vorliegt, Lizenzgebühren durchsetzen, selbst wenn sich das Pharmaunternehmen dem widersetzen wollte. An diesem theoretischen Beispiel wird deutlich, welche Vertrauensbedingungen im Einzelnen gegeben sein müssen. Es muss vor Beginn der Zusammenarbeit antizipiert werden (so detailliert, wie es die Projektverlaufsunsicherheiten zulassen), welche Arten von Erträgen entstehen werden. Es muss sodann angestrebt werden, die Ertragsanteile an den relativen Beiträgen der Netzwerkpartner/-innen zu orientieren. Es müssen schließlich durchsetzbare und damit aus der Sicht der Beteiligten verlässliche Regelungen der Ertragsverteilung geschaffen werden. Fehler hinsichtlich dieser Bedingungen belasten organisationale Netzwerke schwer oder lassen sie von Beginn an scheitern. Eine Beschreibung der Bandbreite von Fehlern, die hierbei auftreten und Vertrauen zerstören können, würde deutlich zu weit führen. Daher sei nur ein simpler, häufiger auftretender Fall an einem Beispiel kurz erläutert.

Beispiel
Eine Arbeitsgruppe, die sich aus Repräsentanten mehrerer Netzwerkpartner/-innen zusammensetzt, plant, gemeinsam eine Managementtechnik (beispielsweise ein Assessment-Center-Instrument) zu entwickeln. Es wird vereinbart, zu den Ergebnissen ein Handbuch zu verfassen, in dem die Arbeitsgruppenmitglieder als gleichrangige Autoren benannt werden. Nachdem in der ersten Phase der Zusammenarbeit überwiegend Partei A ihr Wissen beigesteuert hat, sucht sich Partei B – ohne A darüber zu informieren – einen externen Partner C, dem gegenüber sie das von A bezogene Wissen als das eigene darstellt. A wird in einem Handbuch, das B mit C verfasst und an darauf basierenden Erträgen nicht beteiligt. A erfährt davon erst nach Veröffentlichung des Handbuchs. Der Wissenstransfer von A an B in der Arbeitsgruppe wurde nicht dokumentiert. Eine schriftliche Kooperationsvereinbarung mit Zuordnung detaillierter Arbeitspakte liegt nicht vor.
Partei A ist in einer ungünstigen Situation. Sie ist Opfer von Hold-up geworden. Wie hätte sie sich dagegen schützen können? Der Fall ist zwar simpel strukturiert, aber schwierig in der Handhabung. Ein Kooperationsvertrag mit einer detaillierten Arbeitspaketebeschreibung kam angesichts der Aufgabenstellung nicht infrage. A hätte aber Vertrauen in die Wirksamkeit einer ausführlichen Dokumentation der urheberrechtlich geschützten eigenen Beiträge in der ersten Phase der Zusammenarbeit haben dürfen. Ohne die Dokumentation ist A aber nicht einmal in der Lage, C über das opportunistische Verhalten von B in Kenntnis zu setzen.

Koordinationsmechanismen bewegen sich, wie oben erläutert, zwischen den Extrema der Hierarchie (Fremdorganisation über generelle Regelungen oder persönliche Führung im Einzelfall) und des Marktes (Selbstorganisation nach Austauschvereinbarung). Kompetenzentwicklung ist typischerweise eine schwer strukturierbare und in ihrem Verlauf unsichere Aufgabe, für die Koordination über generelle Regelungen und Standardisierung nicht infrage kommt. In Netzwerken von selbstständigen Partnern/-innen kommt darüber hinaus ganz allgemein die aus intraorganisationalen Hierarchien bekannte Anweisung nicht infrage. Gleichwohl ist eine auf das Netzwerkziel ausgerichtete Koordination erforderlich. Von den Partnern/-innen als ökonomisch rational akzeptiert ist die Übernahme von (Anteilen der) Koordination dann, wenn Sie der relativen Bedeutung des koordinierenden Partners/der koordinierenden Partnerin für den Kooperationserfolg entspricht. In der Terminologie der Property-Rights-Theorie bedeutet dies, dass der Anteil an den Verfügungsrechten „usus" und „abusus" (also, vereinfacht gesagt, am Recht, den Kooperationsprozess zu strukturieren und den Ressourceneinsatz zu steuern) dem Anteil am Recht des „usus fructus" entsprechen sollte. Es gilt also, dass dem Koordinationsmechanismus dieselbe ökonomische Rationalität zugrunde liegen muss wie der oben beschriebenen Verteilung von Kosten, Risiken und Erträgen. Unter dieser Bedingung schafft der Koordinationsmechanismus Vertrauen zwischen den Netzwerkpartnern/-innen. Hierzu sei wieder ein simples Beispiel angeführt. Wenn in einer Produkteentwicklungskooperation eines Lehrstuhls für Marktforschung mit einem Industrieunternehmen die Koordination der empirischen Marktpotenzialstudie bei dem/der Industriepartner/-in und die operative Steuerung der Markteinführung des Produktes bei dem Lehrstuhl liegen sollte, würden die Partner/-innen keinen Grund haben, dem Koordinationsansatz zu vertrauen.

Der **Konfliktmanagementansatz** innerhalb des Netzwerks muss dann der gleichen Gestaltungslogik folgen. Die Durchsetzung von eigenen Zielen auf der Basis formaler bzw. vertraglicher Macht schafft Misstrauen, wenn dadurch nicht jene Lösungen durchgesetzt werden, die das Kooperationsziel optimieren. In der praktischen Umsetzung dieses Grundsatzes können sich selbstverständlich Probleme ergeben, wenn zwischen den Partnern/-innen umstritten ist, wer den relativ wichtigeren Beitrag für das Kooperationsergebnis leistet – zumal sich die relative Bedeutung der Partner/-innen im Verlauf der Kooperation verschieben kann. Hier ist auch noch zu erwähnen, dass rein privatwirtschaftliche Netzwerke nicht politischen Konfliktlösungsmustern folgen. Es finden sich dort typischerweise keine Regelungen zu einem Erfordernis von Einstimmigkeit oder qualifizierten Mehrheiten. Die laufende Koordination wird vielmehr in festen Intervallen tagenden Kooperationsgremien („steering committees" etc.) übertragen, in denen sich in der Regel die relative Bedeutung einer Partei für das Kooperationsziel durchsetzt. Ansonsten würde die bedeutendere Partei die Zusammenarbeit beenden.

Es wird erkennbar, dass die entscheidende Voraussetzung für wechselseitiges Vertrauen in interorganisationalen Netzwerken die Wahrnehmung der ökonomischen Rationalität der verschiedenen Dimensionen des Netzwerkmanagements ist. Eine faktisch gegebene ökonomische Rationalität genügt also nicht. Sie muss auch wahrgenommen werden können. Das führt zu klaren Anforderungen an das **Wissens- und Informationsmanagement** im Netzwerk. Die Akteure/-innen, auf deren wechselseitiges Vertrauen es ankommt, müssen Einblick in die Einzelbeiträge der Netzwerkpartner/-innen und den Ertrag des Netzwerks bzw. das Ergebnis der Netzwerkarbeit haben. Letztere Bedingung wird in der organisationalen Realität häufig nicht hinreichend eingehalten. Auch in Kompetenzentwicklungsnetzwerken ist für die einzelnen Partner/-innen oft nicht transparent, welche Ergebnisse gemeinsam (kommerziell oder in anderer Form) oder individuell verwertet werden. Solche Unklarheiten schaden der Vertrauensbasis.

3.4 Leitfaden zur Selbstevaluierung

Folgender Leitfaden zur Selbstevaluierung soll es potenziellen Partnern/-innen eines Kompetenzentwicklungsnetzwerks erleichtern, ihre Möglichkeiten der Vertrauensbildung zu ermitteln.

1. Was sind Ihre Kooperationsziele?

Wenn diese konkret antizipiert werden können, dann kann häufig ein Projektplan mit präzisen Meilensteinen und den von den Partnern/-innen beizusteuernden Leistungen erstellt werden. Moral Hazard und Hold-up könnten dann offengelegt und geahndet werden. Die daraus entstehende Verhaltenssicherheit fördert Vertrauen.

2. Wie ist Ihre Aufwands- und Ertragsverteilung?

- Wer steuert welche Ressourcen/Leistungen zur Kooperation bei?
- Sind die Leistungen der Kooperationspartner/-innen untereinander beobachtbar?
- Welches Budget hat das Gesamtprojekt, wie groß sind die Budgetanteile der Partner/-innen?
- Wer erhält welchen Anteil am Kooperationsergebnis, in welcher Form (z. B. Veröffentlichungen, Patente, Gebrauchsmuster)?

Diese Fragen betreffen den für die Vertrauensbildung zentralen Gestaltungsaspekt. Vertrauensstiftend sind Regelungen, nach denen Ertragsanteile der relativen Bedeutung der beigesteuerten Leistungen der Partner/-innen entsprechen.

3. Wie sieht die Vorgeschichte der Kooperation aus?

- Gab es eine vorherige Kooperation mit denselben Partnern/-innen?
- Entstehung einer gemeinsamen Organisationskultur in der Vergangenheit?

Eine in vorheriger Kooperation entstandene kulturelle Nähe in Verbindung mit partnerspezifischen Investitionen (Relational Contracting, vgl. MacNeil, 1985) führt zu einem niedrigeren Transaktionskostenniveau und damit zu einem Wettbewerbsvorteil. Ökonomisch rationale Partner/-innen wollen diesen nur gemeinsam bestehenden Wettbewerbsvorteil nicht verlieren und haben daher Grund, sich zu vertrauen.

4. Kooperationsperspektive/Fortsetzung der Kooperation geplant?

Wenn Partner/-innen sich auf eine sachlich begründete Fortsetzung der Kooperation verlassen können, haben sie einen ökonomischen Grund, einander zu vertrauen.

5. Wie erfolgt die Koordination/Organisation/Steuerung der Kooperation?

- Vertragliche versus informelle Basis
- Formelle Strukturen, z. B. Steuerungsgremien
- Regelmäßige Koordination
- Gleichrangige Partnerschaft versus Führung durch einen Partner/eine Partnerin
- Kontrolle: wechselseitig versus einseitig, Intensität, Häufigkeit
- Flexibilität bei Zielsetzungen und Aufgabenverteilung
- Einstimmigkeitsprinzip bei Abänderungen von Zielsetzungen und Aufgabenverteilung
- Projekt- und partnerspezifische Investitionen (Sach- oder Personalinvestitionen, die nur für dieses Projekt/für die Zusammenarbeit mit einem/einer bestimmten Partner/-in im Projekt nutzbar sind, z. B. spezielle Geräte, Spezialsoftware, projektspezifische Fortbildung der Mitarbeitenden oder Einstellung von Personal)
- Regelungen zum Konfliktmanagement wie Institutionen (Schiedsstellen etc.), Entscheidungsprozesse
- Austrittsregelungen

Hier geht es zunächst um eine Bestandsaufnahme des laufend praktizierten Netzwerkmanagements. Die Parteien sollten sich sodann fragen, ob ihr Koordinationsansatz im Sinne der obigen Ausführungen mit der relativen Bedeutung der Partnereinrichtungen für den Netzwerkerfolg kompatibel ist.

> **Fazit**
> Kompetenzentwicklungsnetzwerke sind in besonderer Weise auf das interorganisationale Vertrauen der Partner/-innen angewiesen. Moral-Hazard- und Hold-up-Risiken sind sowohl aufgrund der Intransparenz der Erstellung intellektueller Leistungen als auch aufgrund der ausgeprägt spezifischen Investitionen zwischen den Parteien größer als bei materiellen Zielen der Zusammenarbeit. Aus der Sicht der betriebswirtschaftlichen Organisationslehre (konkreter, der institutionenökonomisch basierten Organisationslehre) können die allgemeinen Netzwerkmanagementdimensionen so gestaltet werden, dass Opportunismusspielräume von vornherein reduziert werden oder dass die Netzwerkpartner/-innen keine ökonomisch rationale Motivation verspüren, solche Spielräume auszunutzen. Die Kooperationspartner/-innen können dann der Wirkung der organisationalen Instrumente vertrauen. Eigentliches Vertrauen in die Integrität, das – besonders in privatwirtschaftlichen Netzwerken – faktisch nur selten in hinreichendem Maße vorkommt, kann also durch organisationale Instrumente substituiert werden. Zu achten ist zunächst einmal darauf, dass die Hidden-Action-Informationsasymmetrie durch ähnliche Leistungsniveaus und Organisationskulturen möglichst gering gehalten wird. Es sollte auch vermieden werden, dass Partner/-innen mit solchen strategischen Zielsetzungen zusammenkommen, die zwangsläufig zu Koordinations- oder Verteilungskonflikten führen. Die Motivation zum Opportunismus ist auch in solchen Netzwerkverbindungen reduziert, die sich durch eine starke Ressourceninterdependenz auszeichnen. Nach dem Zustandekommen des Netzwerks, also während des Kooperationsprozesses, lassen sich Opportunismusgefahren dadurch reduzieren, dass die Anteile der Partner/-innen an den sogenannten Verfügungsrechten deren relativer Bedeutung für das Kooperationsergebnis entsprechen. Das bedeutet, dass die Parteien den relativ stärksten Einfluss auf die laufende Netzwerkkoordination und die Konflikthandhabung haben sollten, die für den Netzwerkertrag am bedeutendsten sind und die daher den relativ größten Anteil an diesem Ertrag bereits ex ante zugesprochen bekommen sollten. Ökonomisch rationale Akteure/-innen haben Grund, diesem Organisationsansatz am relativ stärksten zu vertrauen, da davon auszugehen ist, dass die Partei, die den höchsten Ertragsanteil erhalten wird, ihren relativ wichtigsten Leistungsbeitrag optimieren wird, um zunächst einmal den maximalen Gesamtertrag des Netzwerks zu generieren.

Literatur

Aghion, P., & Tirole, J. (1994). The management of innovation. *Quarterly Journal of Economics* 109(4), 1185–1209.

Das, T. K., & Teng, B. S. (2001). Trust, control, and risk in strategic alliances: An integrated framework. *Organization Science* 22(2), 251–283.

Grossman, S., & Hart, O. (1986). The costs and benefits of ownership: A theory of vertical and lateral integration. *Journal of Political Economy* 94(4), 691–719.

Hart, O., & Moore, J. (1988). Incomplete contracts and renegotiation. *Econometria* 56(4), 755–785.

Helm, R., & Kloyer, M. (2004). Controlling contractual exchange risks in R&D interfirm cooperation: An empirical study. *Research Policy* 33, 1103–1122.

Kloyer, M. (1995). *Management von Franchisenetzwerken*. Wiesbaden: Gabler.

Kloyer, M., & Scholderer, J. (2012). Effective incomplete contracts and milestones in market-distant R&D collaboration. *Research Policy* 41, 346–357.

Lane, P. J., Salk, J. E., & Lyles, M.A. (2001). Absorptive capacity, learning, and performance in international joint ventures. *Strategic Management Journal* 22(12), 1139–1161.

MacNeil, I. R. (1985). Reflections in relational contract. *Journal of Institutional and Theoretical Economics* 141, 541–546.

Morgan, R. M., & Hunt, S. D. (1994). The commitment-trust theory of relationship marketing. *Journal of Marketing* 58(3), 20–38.

Picot, A., Dietl, H., Franck, E., Fiedler, M., & Royer, S. (2012). *Organisation: Theorie und Praxis aus ökonomischer Sicht* (6. Aufl.). Stuttgart: Schäffer-Poeschel.

Richter, R., & Furubotn, E. (2003). *Neue Institutionenökonomik* (3. Aufl.). Tübingen: Gulde-Druck.

Sydow, J. (1992). *Strategische Netzwerke*. Wiesbaden: Springer Gabler.

Williamson, O. E. (1985). *The economic institutions of capitalism*. New York: Macmillan.

Zaheer, A., McEvily, B., & Perrone, V. (1998). Does trust matter? Exploring the effects of interorganizational and interpersonal trust on performance. *Organization Science* 9(2), 141–159.

Fallbeispiele zu vernetztem Kompetenzmanagement

Kapitel 4 Netzwerkmanagement für die Facharbeit einer digitalen Zukunft – 39
Ursula Kreft, Hans Uske

Kapitel 5 Vernetztes Kompetenzmanagement: Schulungskonzept und Moderationsinstrumente zur kooperativen Entwicklung und Umsetzung von Innovationen in Regionen – 53
Joachim Hafkesbrink, Janina Evers, Jan Knipperts

Kapitel 6 Fortschritt durch aktive Kollaboration in offenen Organisationen – 65
Christopher Münzberg, Dominik Weidmann, Simon Kremer, Alexander Lang, Martin Burgenmeister, Udo Lindemann, Sabine Pfeiffer

Kapitel 7 Wandlungsfähiges, marktplatzbasiertes Kompetenznetzwerk für die Automobil- und Zulieferindustrie – 81
Jens Schütze, Manuela Krones, Jörg Strauch, Egon Müller

Kapitel 8 Prozessintegriertes und austauschbasiertes Kompetenzmanagement – 93
Manfred Bornewasser, Martin Kloyer

Netzwerkmanagement für die Facharbeit einer digitalen Zukunft

Ursula Kreft, Hans Uske

4.1 Facharbeit als Grundlage schlanker Produktionskonzepte – 40

4.2 Szenarien zur Zukunft der Facharbeit vor dem Hintergrund der Digitalisierung – 41

4.3 Kompetenzmanagement für die Facharbeit – Beispiele aus dem Projekt PROKOM 4.0 – 43
4.3.1 Netzwerkmanagement in der Energiewende – 44
4.3.2 Betriebliches Kompetenzmanagement in Unternehmensnetzwerken – 45
4.3.3 Schnittstellen- und Kulturkompetenz für IT-Dienstleister – 46
4.3.4 Regionales Kompetenzmanagement: eine Bergbauregion auf dem Weg in die digitale Zukunft – 47

Literatur – 50

© Springer-Verlag GmbH Deutschland 2018
M. Bornewasser (Hrsg.), *Vernetztes Kompetenzmanagement*,
Kompetenzmanagement in Organisationen,
https://doi.org/10.1007/978-3-662-54954-4_4

Zusammenfassung

Wie entwickelt sich die Facharbeit unter dem Einfluss von Digitalisierung und Industrie 4.0? Welches Kompetenzmanagement brauchen kleine und mittlere Unternehmen (KMU) im Bereich Facharbeit, um in Zukunft konkurrenzfähig zu bleiben? Wie die Kompetenzanforderungen an Facharbeit in der digitalen Zukunft konkret aussehen, lässt sich nicht pauschal und eindeutig prognostizieren. Anhand von Beispielen aus dem BMBF-Projekt „PROKOM 4.0 – Kompetenzmanagement für die Facharbeit in der High-Tech-Industrie" können jedoch einige Leitlinien zum Kompetenzmanagement der Zukunft beschrieben werden. Ein Ergebnis: Für KMU kann die Kooperation in Netzwerken mit unterschiedlichen Angeboten zum überbetrieblichen und regionalen Kompetenzmanagement ein entscheidender Schlüssel zur digitalen Zukunft sein.

4.1 Facharbeit als Grundlage schlanker Produktionskonzepte

Digitalisierung und Industrie 4.0 sind zurzeit zentrale Themen in vielen Debatten. Wie die Prozesse der Digitalisierung in einzelnen Sektoren konkret ablaufen und welche Folgen für die Arbeitswelt zu erwarten sind, ist jedoch umstritten.

Das Verbundprojekt PROKOM 4.0 konzentriert sich auf einen Ausschnitt der kontroversen Debatte: auf die Entwicklung der Facharbeit in der digitalen Zukunft und auf das Kompetenzmanagement von KMU. Gestützt auf Zwischenergebnisse beschäftigen wir uns im folgenden Beitrag mit ausgewählten Leitfragen: Welche Kompetenzen benötigen Fachkräfte in der digitalen Zukunft? Wie können KMU ein „zukunftsrobustes" Kompetenzmanagement entwickeln, das auch zukünftige Bedarfe vorausschauend einbezieht? Wie können sie mit den Herausforderungen der Digitalisierung konstruktiv umgehen, obwohl viele Fragen zur Digitalisierung noch nicht geklärt sind?

Dass die Kompetenzanforderungen für „Arbeit" und noch mehr für „Facharbeit" einem schwer prognostizierbaren Wandel unterliegen, der nicht nur von technischen Innovationen bestimmt wird, zeigt ein Blick in die Vergangenheit, als nicht die Fachkraft, sondern die angelernte Arbeitskraft die Grundlage der Produktion bildete. Die strikte Trennung von Hand- und Kopfarbeit, von Planung und Ausführung galt lange Zeit als produktivste Form der Wirtschaft. Im Taylorismus war die mitdenkende Arbeitskraft nicht vorgesehen. In einer bei Braverman (1980, S. 96) zitierten Textstelle führt Taylor aus, dass Prozesskenntnisse und Planungskompetenz aufseiten der Beschäftigten für das Unternehmen nutzlos, sogar kontraproduktiv und schädlich seien:

> Sollte irgendein Arbeiter einen neuen und schnelleren Weg finden, eine Arbeit zu erledigen, oder würde er eine neue Methode entwickeln, so läge es […] in seinem Interesse, diese Entwicklung für sich zu behalten, die schnellere Methode nicht den anderen Arbeitern beizubringen.

Nach Ansicht Taylors benutzen Arbeitskräfte solche Kompetenzen vor allem als Machtmittel zur Durchsetzung dessen, was er „Sich-um-die-Arbeit-Drücken" nannte (Taylor, 1913, S. 12). Taylors Konzept dagegen lautete: vollkommene Abtrennung der geistigen Potenzen der Arbeit.

In den 1970er- und 1980er-Jahren gerieten der Taylorismus bzw. Fordismus jedoch in eine viel beschriebene Krise. Die Rationalisierungsreserven, die mit diesem System zu erzielen waren, schienen erschöpft. Jetzt wurden auch die Kosten des bestehenden Systems analysiert und kritisiert: Die Trennung von Planung und Ausführung führe zu unproduktiven Ausgaben, die nichts mit der unmittelbaren Wertschöpfung zu tun hätten. Durch die Kontrolle der Arbeitskräfte und der Arbeitsergebnisse entstünden erhebliche Kosten. Die tayloristische Organisation der Arbeit wurde als Ursache hoher und kostenträchtiger Fehlerquoten ausgemacht.

Die Lösung der Krise wurde schließlich nicht in technischen Innovationen, sondern in Japan gefunden. In den 1980er-Jahren entdeckte die Automobilindustrie, dass man in Japan Autos anders bauen konnte: mit geringer Fertigungstiefe und ohne Fehler bei der Montage, fast ohne Lagerhaltung, mit einer konsequenten Kundenorientierung und der Einführung fabrikinterner Marktbeziehungen. Vor allem aber entdeckte man eine lange vernachlässigte Rationalisierungsreserve: die Planungsfähigkeit der Beschäftigten sowie deren kombiniertes Arbeitsvermögen. Für Taylor war eine Zusammenarbeit, die nicht direkt vom Management gesteuert wurde, extrem schädlich:

> Wenn Arbeiter in Rotten zusammenarbeiten, so sinkt fast durchweg die Leistungsfähigkeit und der Nutzeffekt des einzelnen auf das Niveau des schlechtesten oder sogar noch tiefer. (Taylor, 1913, S. 76)

Jetzt sollten Arbeitskräfte solche „Rotten" bilden: Sie sollten in „teilautonomen Teams" und Gruppen zusammenarbeiten und sich Gedanken machen über die kontinuierliche Verbesserung der Produktion.

Die Indienstnahme des Wissens und der Kreativität der Mitarbeitenden wurde zum Erfolgsfaktor, zur Messlatte bei der Reorganisation von Unternehmen. In der berühmten Studie des Massachusetts Institute of Technology mit dem Titel „Die zweite Revolution in der Autoindustrie" (Womack et al., 1991) bekam das Konzept einen griffigen Namen – „Lean Production". Ergänzt wurde es um plausible Beweismittel, die den Wandel dringend und sinnvoll machten, z. B. die Zahl der Verbesserungsvorschläge pro Beschäftigtem: In Japan waren es 61,6 im Jahr, in den USA und Westeuropa 0,4 (Womack et al., 1991, S. 97).

Im Zentrum der Produktion stand nun nicht mehr die angelernte, sondern die ausgebildete Fachkraft, die neben fachlichen Kenntnissen und Handlungskompetenzen auch „Schlüsselqualifikationen" einbringen sollte, z. B. die Fähigkeit zur gezielten Kooperation mit anderen Fachkräften, zur Kommunikation mit internen und externen Kundenunternehmen, zum Selbstmanagement und zum „unternehmerischen Denken" in ihrem Verantwortungsbereich.

Orientiert am japanischen Vorbild haben sich seitdem viele unterschiedliche Organisationskonzepte herausgebildet und in der deutschen Industrie durchgesetzt. In ihrer Analyse zum Wandel der Arbeitswelt der letzten Jahrzehnte kommen Kuhlmann und Schumann (2015) zu dem Schluss, dass diese Organisationskonzepte die Arbeitsanforderungen und die Arbeitsbedingungen sehr viel stärker geprägt haben als die technischen Entwicklungen. Sie warnen daher mit Blick auf Digitalisierung vor einer ausschließlich technologischen Betrachtungsweise:

> Die Arbeitswirkungen neuer Technologien resultieren also eher aus den mit ihnen verknüpften Organisationskonzepten und weniger aus Merkmalen der Technik selbst. (Kuhlmann u. Schumann, 2015, S. 126)

4.2 Szenarien zur Zukunft der Facharbeit vor dem Hintergrund der Digitalisierung

Welche konkreten Auswirkungen die Digitalisierung auf Unternehmen und Branchen haben wird, ist zurzeit noch unklar. Die unterschiedlichen Vorhersagen zu den Chancen und Risiken für Unternehmen liegen weit auseinander und sind nicht konkret genug, um handlungsleitend für KMU zu wirken. In der Regel gehen die Vorhersagen jedoch davon aus, dass sich auch für kleine und mittlere Betriebe Produktivitätsfortschritte ergeben, wenn geeignete Bedingungen (Breitbandverbindungen, sichere normierte Schnittstellen) geschaffen werden (Schröder, 2016). Wenn man von den wenigen Vorreitern in der Industrie absieht, bleibt die Digitalisierung für die meisten deutschen Unternehmen jedoch zurzeit eher abstrakt und wenig nachvollziehbar.

Noch größer ist die Bandbreite der Vorstellungen zu den Auswirkungen der Digitalisierung auf Arbeit und Beschäftigung. An einem Pol des Spektrums finden sich diverse Automatisierungsszenarien, die Rationalisierungen in großem Stil voraussagen. Danach werden Planung, Steuerung und Überwachung in der Produktion, aber auch in der Warenwirtschaft fast vollständig von technischen Systemen, den sogenannten cyber-physischen Systemen (CPS), übernommen. Menschliche Arbeit beschränkt sich darauf, Anweisungen der CPS auszuführen. Heutige Facharbeit wird damit auf Handlangertätigkeiten reduziert. Gewinner (oder eher Überlebende) einer solchen Entwicklung wären wenige hoch qualifizierte und spezialisierte Fachkräfte, die CPS installieren, warten und bei Bedarf modifizieren.

Dieses extreme Automatisierungsszenario ist in der deutschen Debatte vielfach infrage gestellt worden, u. a. mit dem Verweis auf das spezifisch deutsche Produktionsmodell, das durch einen hohen Anteil an selbstständig arbeitenden Fachkräften wesentlich effizienter sei als angelsächsische Modelle, die auf angelernte Kräfte setzen (Bosch, 2016). Andererseits zeigt eine Untersuchung deutscher Berufsprofile (Dengler u. Matthes, 2015), dass nicht nur Tätigkeiten in „Helferberufen", sondern auch qualifizierte Tätigkeiten in Fachkraftberufen schon heute im Durchschnitt zu 45 % von Computern erledigt werden können. Dengler und Matthes (2015) betonen, dass sich die Substituierbarkeitspotenziale in den einzelnen Berufssegmenten stark unterscheiden und dass Helferberufe oder Einfachtätigkeiten keineswegs immer betroffen sind. In manchen Berufssegmenten ist danach die verwaltende, organisierende und planende „Kopfarbeit", die heute spezialisierte Fachkräfte erledigen, sogar sehr viel leichter zu automatisieren als die manuelle Tätigkeit.

Solche Ergebnisse stützen Vorstellungen, die eine Entwicklungsperspektive vorhersehen, die mit Begriffen wie „Erosion der Mitte" oder „Polarisierung von Qualifikationen" (Hirsch-Kreinsen, 2015, S. 18) bezeichnet werden kann. Danach geht die Digitalisierung in erster Linie zulasten von Fachkräften der mittleren Qualifikationsebenen, deren Arbeit relativ große Anteile von routinisierten, stark strukturierten Tätigkeiten aufweist, die nun algorithmisiert bzw. automatisiert werden können. Bei den automatisierbaren Tätigkeiten handelt es sich um durchaus qualifizierte industrielle Facharbeit wie Montage und Überwachung sowie um kaufmännische Facharbeit auf mittlerem Qualifikationsniveau in der Warenwirtschaft und der Verwaltung (Hirsch-Kreinsen, 2015).

Das Szenario der Polarisierung geht davon aus, dass in den nächsten Jahren sowohl die Anteile der komplexen, hoch qualifizierten Tätigkeiten (Management, Beratung, Ingenieure) als auch die Anteile von wenig qualifizierten Tätigkeiten im Niedriglohnbereich (Service, Dienstleistung, manuelle Arbeit in Helferberufen), die nicht weiter automatisierbar sind, steigen werden. Bestimmte Gruppen von Facharbeitenden erleben dann eine Abwertung bzw. Dequalifizierung ihrer Tätigkeiten in Richtung „Handlanger-Niveau". Für andere Gruppen könnte die Digitalisierung dagegen eine Höherqualifizierung, Spezialisierung und Aufgabenerweiterung bedeuten, verbunden mit Kompetenzanforderungen, die erheblich über dem heutigen Niveau liegen. Hinsichtlich der Kompetenzanforderungen kommt es hier zu einer Annäherung zwischen Facharbeitskräften, Ingenieuren/-innen sowie Fachkräften des Produktionsmanagements.

In seiner Studie zu den Auswirkungen von „Industrie 4.0" auf die Facharbeit in der Logistik kommt Windelband (2014, S. 152) zu dem Schluss, dass schon der bisherige Technologieeinsatz – im Vorfeld von „Industrie 4.0" – zu einer Polarisierung der Logistikfacharbeit zwischen „Dequalifizierung" und „Anreicherung der Aufgaben" geführt hat. Auch Hirsch-Kreinsen (2015) betont, dass dieses Muster der polarisierten Arbeitsorganisation schon jetzt in vielen hoch technisierten

Betrieben dominant ist, lange vor der Umsetzung von „Industrie 4.0". Bei dieser widersprüchlichen Kombination aus Dequalifizierung und Aufgabenerweiterung einerseits sowie Strukturierung und Standardisierung andererseits handele es sich nicht um eine Folge der Digitalisierung, sondern um einen „etablierten Pfad arbeitsorganisatorischer Gestaltung" (Hirsch-Kreinsen, 2015, S. 20). Solche Befunde provozieren die Frage, ob Digitalisierung tatsächlich als Ursache oder Auslöser für manche Entwicklungen in der Arbeitswelt angesehen werden kann oder ob lediglich bestimmte, bereits praktizierte Arbeitsformen nun zum allgemeinen Standard avancieren, da sie dank der digitalen Vernetzung schnell und kostengünstig umsetzbar sind.

Am anderen Pol des Spektrums der Szenarien zu „Wirtschaft 4.0" sind positive Zukunftsbilder angesiedelt, in denen menschliche Facharbeit weiterhin eine entscheidende Rolle spielt. In solchen Szenarien dient CPS lediglich als Werkzeug zur Unterstützung der erfahrenen Fachkraft, die nun, jederzeit bestens mit spezifischen Daten in Echtzeit versorgt, hoch flexibel, eigenständig und mit großen Handlungsspielräumen auf komplexe Situationen reagieren kann. Dank vielfältiger Assistenzsysteme wird die Fachkraft von Routinetätigkeiten entlastet und ist daher in der Lage, Prozesse zu überblicken und Entscheidungen zu treffen.

Solche optimistischen Szenarien gehen häufig davon aus, dass im Zuge der Digitalisierung beinahe alle Beschäftigtengruppen eine Aufwertung ihrer Qualifikationen erleben: Die Kompetenzanforderungen an Facharbeit werden erheblich steigen und damit auch der betriebliche Status der Fachkräfte. Im Abschlussbericht des Arbeitskreises Industrie 4.0 wird eine Aufwertung der Rolle der Industriebeschäftigten als „aktive Träger von Entscheidungen und Optimierungsprozessen" prognostiziert:

» Im Mittelpunkt der Interaktionen in der Fabrik stehen die Beschäftigten (Augmented Operators), die ihre Aufgaben durch die (virtuell) erweiterte Sicht auf die reale Fabrik besser wahrnehmen können. Sie erweitern ihre Fähigkeiten stetig und werden so vom Bediener zum kooperierenden Steuerer, Regulierer und Gestalter, der seine Expertise kontinuierlich einbringen kann. (Promotorengruppe Kommunikation der Forschungsunion Wirtschaft – Wissenschaft, 2013, S. 13)

4.3 Kompetenzmanagement für die Facharbeit – Beispiele aus dem Projekt PROKOM 4.0

Angesichts der Vielfalt divergierender und zum Teil widersprüchlicher Vorhersagen zu den Auswirkungen der Digitalisierung auf die Arbeitswelt wäre es vermessen, verallgemeinernde Aussagen über „die Facharbeit" der digitalen Zukunft machen zu wollen. Digitalisierung ist ein Prozess, der nicht überall und nicht gleichartig und gleichmäßig abläuft. Dies gilt insbesondere für KMU.

Pauschale Angaben zu den Kompetenzanforderungen an zukünftige Facharbeit, die für alle Wirtschaftssektoren zutreffen, sind daher kaum möglich. Es ist jedoch möglich, die aktuellen und zukünftigen Kompetenzanforderungen ausgewählter Unternehmen zu erfassen und daraus Hinweise zu gewinnen, wie ein zukunftsrobustes Kompetenzmanagement entwickelt werden kann, das offen und flexibel ist und sich dem Bedarf an personeller, organisatorischer und „künstlicher" Kompetenz (▶ Kap. 14) anpasst, der möglicherweise erst in der Zukunft eindeutig definierbar wird.

Ergebnisse aus dem Verbundprojekt PROKOM 4.0 zeigen, dass man begründet davon ausgehen kann, dass sich klassische Berufsfelder der Facharbeit verändern werden und es absehbar zu einer Diffusion dieser Berufsfelder kommen wird. Die traditionelle Trennung etwa der metall-, elektro- und informationstechnischen Berufe muss vor dem Hintergrund einer neuen, den industriellen Anforderungen geschuldeten Interdisziplinarität neu überdacht werden (Gebhard u.

Grimm, 2016). Dies hat auch weitreichende Folgen für die Aus- und Weiterbildung von Lehr- und Ausbildungskräften. So sind etwa für den Ausbildungsberuf „Mechatroniker/-in" künftig berufsdidaktische Bezüge aus mindestens drei Disziplinen notwendig. Gebhard und Grimm (2016) vom Berufsbildungsinstitut der Europa-Universität Flensburg sehen deshalb auch gravierende Änderungsanforderungen bei der künftigen Ausbildungs- und Unterrichtsgestaltung. Vor dem Hintergrund berufswissenschaftlicher Arbeitsstudien, die sie im Rahmen des Verbundprojekts PROKOM 4.0 durchführen, ist es aus ihrer Sicht künftig vor allem notwendig zu vermitteln, wie das digitale Netz funktioniert inklusive eines reflektierten kritischen Umgangs mit Daten- und Systemsicherheit.

> Diese, aus berufsdidaktischer Perspektive heraus noch näher zu analysierende ‚Netzkompetenz' wird in Zukunft ein Fundament sowohl für handwerkliche wie auch für industrielle Ausbildungsberufe im gewerblich-technischen Bereich bilden. (Gebhard u. Grimm, 2016, S. 7)

4.3.1 Netzwerkmanagement in der Energiewende

Dass sich Kompetenzanforderungen in verschiedenen Berufen und Gewerken in Zukunft immer mehr überlappen, zeigt auch das Beispiel des Handwerks im Rahmen der Energiewende und der Digitalisierung. Wenn die Versorgung mit Wasser, Strom, Heizung etc. künftig über digitale Steuerungsanlagen als integriertes Angebot möglich ist, verändern sich die Beziehungen zwischen Herstellerfirmen, örtlichen Handwerksbetrieben und Endverbraucherhaushalten (vgl. Nägele et al., 2015). Schon heute treten große Herstellerfirmen als Komplettanbieter auf, die ihren Kundenunternehmen anbieten, die gesamte Technik des „digitalen Hauses" zu entwickeln, zu liefern und zu warten. Wie können sich Handwerksbetriebe, die heute als spezialisierte Dienstleister mit engem Kundenkontakt auftreten, auf diese Herausforderung vorbereiten?

Eines der Partnerunternehmen im Verbund PROKOM 4.0 war die Firma Multiwatt in Rostock. Sie bietet u. a. Haustechnikplanung im Bereich der neuen Energien an. Für die Handwerksunternehmen im Bereich der Haustechnik ergeben sich aus den Analysen von Multiwatt zwei mögliche Szenarien:

- In Szenario 1 wird in der digitalen Zukunft die Facharbeit (Planung, Online-Datenerfassung, Fehleranalyse etc.) vollständig auf die spezialisierten Fachkräfte der marktbeherrschenden Herstellerfirmen verlagert, die gegenüber dem Kundenklientel als Komplettanbieter agieren. Der Handwerksbetrieb vor Ort erlebt eine Dequalifizierung. Er wird zum Beauftragten mit geringem Spielraum, der nur noch einfache Installationen nach Anweisung der Herstellerfirma durchführen kann.
- In Szenario 2 kommt es zu einer Neuorientierung der betroffenen Handwerksbetriebe, die nun fächerübergreifend und im Verbund agieren. Mit einem Kombinationsangebot für Gas, Wasser, Elektro, IT etc. können sie am Markt maßgeschneiderte, individuelle Versorgungslösungen anbieten. Im Szenario 2 werden hoch qualifizierte Fachkräfte benötigt, die über Kenntnisse aus mehreren Bereichen verfügen. Die dazu nötigen übergreifenden Weiterbildungen für Facharbeitende werden jedoch bisher nicht auf dem Markt angeboten. Es gibt zurzeit nur Spezialseminare von Herstellerfirmen, die ausschließlich für eigene Produkte schulen.

Große mittelständische Firmen und die Industrie haben in der Regel genügend personelle und finanzielle Ressourcen, um eigene Schulungsbereiche oder sogar Akademien zu schaffen, die ihren Fortbildungsbedarf decken. Kleine KMU und insbesondere Handwerksbetriebe haben in diesem Bereich wenig Spielraum und sind auf externe Angebote angewiesen, die sie auf dem Weiterbildungsmarkt aber zurzeit nicht finden. Zusammen mit dem Berufsfortbildungswerk (bfw) des Deutschen Gewerkschaftsbundes (DGB) entwickelte Multiwatt deshalb im PROKOM-Verbund eine berufsbegleitende Weiterbildung „Haustechnik/Energietechnik 4.0".

Im Prozess der Digitalisierung werden traditionelle Geschäftsmodelle umgekrempelt oder sogar ganz verschwinden. Bisher stabile Beziehungen zwischen Kunden/-innen und Lieferanten/-innen werden sich in manchen Sektoren drastisch verändern. Gerade kleinere Handwerks-, Dienstleistungs- und Zuliefererbetriebe müssen zur Auftragsgewinnung stärker unternehmensübergreifende Kooperationen erwägen. Unternehmensnetzwerke werden insbesondere für KMU immer wichtiger.

4.3.2 Betriebliches Kompetenzmanagement in Unternehmensnetzwerken

Unternehmensnetzwerke können gerade im betrieblichen Kompetenzmanagement von KMU zum entscheidenden Faktor werden. Dies gilt für Branchennetzwerke ebenso wie für regionale Unternehmensnetzwerke, infolge der Digitalisierung aber insbesondere für Wertschöpfungsnetzwerke.

Wie müssen solche Netzwerke strukturiert sein, um erfolgreich zu agieren? Welche Rolle spielt die Region in der digitalen Zukunft, und wie können Kompetenzerwerb und Kompetenzmanagement innerhalb solcher Netzwerke organisiert werden? Das sind einige der Fragen, die das Teilprojekt der TAT Technik, Arbeit, Transfer gGmbH in Rheine im PROKOM-Verbund verfolgte. Untersuchungsregion ist das Münsterland. Die Arbeitslosigkeit ist hier gering, der Fachkräftemangel bereits spürbar. Betriebliche Kompetenzentwicklung und betriebliches Kompetenzmanagement sind daher eine aktuelle Herausforderung für viele Unternehmen, insbesondere vor dem Hintergrund der Digitalisierung.

Die Untersuchungsregion Münsterland könnte für Erstaunen sorgen, da „Digitalisierung" in Debatten gern mit „Globalisierung" assoziiert wird. Spielen Regionen denn überhaupt noch eine Rolle, wenn man z. B. große Datenmengen in Echtzeit nach Singapur übertragen und Prozesse in Münster von New York aus steuern könnte? Verliert das regionale Umfeld nicht jede Bedeutung? Braucht Produktion noch eine regionale Bindung?

In öffentlichen Diskussionen über Digitalisierung und die Zukunft der Arbeit kommt den Regionen auf jeden Fall weiterhin eine große Bedeutung zu. Im Netz wetteifern Städte und Regionen darum, ihre Affinität zu „Industrie 4.0" und „Digitalisierung" zu beweisen. Alle wollen „vorne" sein.

Exkurs

Ausblick in die regionale Zukunft

Wie sehr sich die Regionen in Sachen Digitalisierung unterscheiden, zeigt etwa der Prognos Digitalisierungskompass 2016, der angibt, wie die Chancen der Regionen zurzeit verteilt sind (Prognos, 2016). Dabei kommt es allerdings auf die ausgewählten Indikatoren an. Während die Prognos-Studie Berufe, IT-Gründungen und Stellenausschreibungen als Maßstab für die Bewertung anlegt, kommt eine Foresight-Studie der Technischen Hochschule Wildau, die im Rahmen des Verbunds PROKOM 4.0 entstanden ist und mit Branchenaffinitäten zu Industrie 4.0 arbeitet (Hartmann u. Mietzner, 2016), zu durchaus anderen Ergebnissen. Indikatoren sind hier die IT-Kompetenz, der Automatisierungsgrad, die Komplexität der Anlagen und Produkte, der Individualisierungsgrad der Leistungsangebote, die Innovativität und die Unternehmensgröße.

Es gibt weiterhin regionale Standortfaktoren, die darüber entscheiden, ob Regionen ein „digitales Ökosystem" (Prognos, 2016, S. 36) entwickeln, eine „vibrierende High-Tech-Gründerszene" (Berlin Partner für Wirtschaft und Technologie GmbH, 2016) vorzuweisen haben oder sich gar auf der „Pole Position für Industrie 4.0" (Wirtschaftsförderung metropoleruhr, 2016) wähnen (▶ Exkurs: Ausblick in die regionale Zukunft). Ob die Indikatoren, die den Metaphern Beweiskraft geben, halten, was sie versprechen, ist eine andere Frage.

Die Intensität der betrieblichen Kompetenzentwicklung und des betrieblichen Kompetenzmanagements innerhalb einer Region ist nach den Ergebnissen aus PROKOM 4.0 einer der Faktoren, die darüber entscheiden, wie gut die Region für die digitale Zukunft aufgestellt ist. Unternehmensnetzwerke können dabei hilfreich sein. In einem Wertschöpfungsnetzwerk, an dem Unternehmen aus der Produktion, der Logistik und der Instandhaltung sowie Dienstleistungsfirmen und andere Partnereinrichtungen beteiligt sind, können auch kleinere Partner/-innen nicht nur ihre Kompetenzentwicklung optimieren. Die Digitalisierung schafft neue Möglichkeiten, z. B. im Bereich des Datenaustausches und der Datensicherheit, aber auch im Bereich einer gemeinsamen Personalentwicklung. Im Idealfall wird das Wertschöpfungsnetzwerk dann zum Kompetenznetzwerk.

Dabei ist der Zuschnitt von Wertschöpfungsnetzwerken selten regional begrenzt. Es geht deshalb auch um die Frage, wie Regionen solche überregional agierenden Netzwerke bei der Kompetenzentwicklung unterstützen können (vgl. TRANSDEMO, ▶ Kap. 5). Neben dem zwischenbetrieblichen Kompetenzmanagement sind vor allem Formen des transbetrieblichen Kompetenzmanagements von Bedeutung (Tschiedel, 2015). Dies umfasst auch Themenbereiche, die nicht auf die unmittelbaren betrieblichen Abläufe bezogen sind und an denen unter Umständen andere regionale Partnerunternehmen beteiligt sind, z. B. Überlegungen zu gemeinsamer Kinderbetreuung, zu regionalen Mobilitätskonzepten, zur internationalen Fachkräfterekrutierung, zum präventiven Gesundheitsschutz, zu Maßnahmen zur Attraktivitätssteigerung der Region im Rahmen der Fachkräftesicherung. Sowohl für das zwischenbetriebliche als auch für das transbetriebliche Kompetenzmanagement in den Unternehmensnetzwerken müssen Bedarfe identifiziert, formuliert und darauf zugeschnittene Verbund- und Netzwerklösungen entwickelt werden.

4.3.3 Schnittstellen- und Kulturkompetenz für IT-Dienstleister

Es gilt als ausgemacht, dass IT-Dienstleister zu den Gewinnern der Digitalisierung und der „Industrie 4.0" zählen. Aber welche Rolle werden sie künftig spielen? Und welche Kompetenzen sind dafür notwendig?

Die Firma celano GmbH aus Bottrop ist ein IT-Dienstleister, der insbesondere für die Eisen- und Stahlindustrie IT-Lösungen erarbeitet. Die IT-Fachleute haben täglich mit Fachkräften zu tun, die in einer anderen Unternehmens- und Berufskultur leben. Im Rahmen des Verbunds PROKOM 4.0 geht das Unternehmen zusammen mit Partnerunternehmen der Frage nach, wie die Kommunikation an der Schnittstelle zu Kundenunternehmen im Rahmen der Digitalisierung verändert und verbessert werden muss. Wie müssen künftig IT-Fachleute agieren, wenn sie z. B. beim Kundenunternehmen neue Software installieren?

Auch wenn sich die „Kultur der IT-Arbeit" (Kreft u. Uske, 2010) wandelt und das Selbst- und Fremdbild der IT-Fachkraft nicht mehr wie früher vom reinen Computerspezialisten bestimmt wird, so ist die Zusammenarbeit zwischen IT-Fachleuten und dem/der Nutzer/-in („User") auf der privaten Ebene oder dem/der Bedienenden auf der betrieblichen Ebene nicht unproblematisch. Eine erfolgreiche Kommunikation und Zusammenarbeit an der Schnittstelle zwischen IT und Bedienung wird in Zukunft jedoch immer wichtiger. IT-Fachleute müssen die Berufskultur ihrer

4.3 · Kompetenzmanagement für die Facharbeit – Beispiele

Kundenunternehmen kennen und berücksichtigen, besonders auf der Ebene der Fachkräfte, also der Beschäftigten, die die Maschinen bedienen, für die neue Software entwickelt wird. IT-Fachleute müssen „schnittstellenkompetent" bzw. „kulturkompetent" agieren. Dazu gehört in erster Linie Prozesswissen, nicht nur auf der Makroebene (Produktionsabläufe im Stahlwerk), sondern vor allem auf der Mikroebene (Was genau passiert an einzelnen Stationen im Produktionsprozess?). Voraussetzung dafür sind erfolgreiche Kommunikation und Kooperation zwischen IT-Entwicklung und Bedienung. Auch die Bedienoberfläche muss kompatibel zur Lebenswelt der Fachkräfte gestaltet werden, z. B. jener Oberfläche ähneln, die Benutzer/-innen aus der Freizeit kennen oder bisher im Betrieb gewohnt sind – auch wenn dies vom Standpunkt der IT-Fachkraft technisch die zweitbeste Lösung sein mag. Von hoher Bedeutung ist auch die Vermeidung der IT-Fachsprache. Kundenorientierte IT-Fachleute brauchen Übersetzungskompetenz und müssen in der Lage sein, technische Sachverhalte einem Nichtfachmann in seiner Sprache zu erklären.

Solche Anforderungen müssen von den IT-Fachleuten erkannt und die dafür notwendigen Kompetenzen erlernt werden. Im Verbund PROKOM 4.0 werden dafür Instrumente entwickelt und erprobt.

4.3.4 Regionales Kompetenzmanagement: eine Bergbauregion auf dem Weg in die digitale Zukunft

Vor dem Kreishaus in Recklinghausen steht seit 25 Jahren ein alter schwarzer Kohlewagen, eine Lore, gefüllt mit Kohlestücken aus einem der vielen Schächte des nördlichen Ruhrgebiets (◘ Abb. 4.1). Bergarbeiter haben darauf in den 1990er-Jahren die Konturen des Kreises Recklinghausen und seiner Städte gemalt. In jeder Stadt prangt das Symbol einer Zeche. Darunter der Schriftzug: „Kohle = Soziale Sicherheit". Am 18. Dezember 2015 ist der Bergbau im Kreis Recklinghausen endgültig Geschichte geworden. Als letzte Zeche stellte das Bergwerk Auguste Viktoria in Marl die Förderung ein.

Die Forderung der Bergleute nach sozialer Sicherheit war und ist verständlich. Denn der Strukturwandel hat dem Ruhrgebiet – insbesondere im Norden des Reviers – soziale Unsicherheit gebracht. Gleichzeitig symbolisiert der Kohlewagen aber auch ein Problem. In der Außenwahrnehmung, aber häufig auch in der Innenwahrnehmung erscheint die Emscher-Lippe Region – die

◘ Abb. 4.1 Kohlewagen aus den 1990er-Jahren vor dem Kreishaus in Recklinghausen

Städte des Kreises Recklinghausen und die Städte Gelsenkirchen und Bottrop – als eine altindustriell geprägte Bergbauregion mit dazu passenden Strukturen und Mentalitäten. Aus diesem Blickwinkel droht eine digitale Kluft zwischen den Regionen: Die Emscher-Lippe-Region erscheint als Verlierer.

In ihrem Buch *Viel erreicht – wenig gewonnen. Ein realistischer Blick auf das Ruhrgebiet* beschreiben Bogumil et al. (2012) die Funktionsweise regionaler Innovationssysteme. Innovationen entstehen demnach in einem Netzwerk von Personen, Unternehmen und anderen Einrichtungen durch Austausch von Wissen und Technologien. Neben diesen „harten" Faktoren spielen aber auch „weiche", kulturelle Faktoren, das sogenannte „regionale Innovationsmilieu" eine Rolle, die Einstellungen in der Bevölkerung, bei den Führungs- und Arbeitskräften sowie das Kommunikationsverhalten von wirtschaftlichen, politischen und anderen gesellschaftlichen Einrichtungen.

Nicht nur Bogumil et al. (2012, S. 55) bescheinigen dem Ruhrgebiet vor diesem Hintergrund eine „Atmosphäre steter Betreutheit" und einen „Geist der Immobilität", der einer „Kultur der Selbstständigkeit", die eine innovative Region auszeichne, im Wege stehe. Im Handlungsplan für die Initiative zur Fachkräftesicherung Nordrhein-Westfalen wird festgestellt, dass im Bewusstsein vieler Menschen in der Region Arbeit immer noch an die Großindustrie gekoppelt sei, verbunden mit einer männlichen Arbeitskultur:

> Insbesondere fehlt häufig jener ‚Unternehmergeist', der den modernen Facharbeiter vom früheren ‚Arbeiter' unterscheidet. Letzterer hatte Befehle auszuführen und das Denken dem Vorgesetzten zu überlassen. Zur Mentalität eines Facharbeiters oder einer Facharbeiterin gehört stattdessen, Ziele umzusetzen und den Weg dorthin selbst zu gestalten. (Region Emscher-Lippe, 2012, S. 14)

Was bedeutet „regionales Kompetenzmanagement" unter diesen Bedingungen und im Prozess der Digitalisierung? Im Verbund PROKOM 4.0 ist das Rhein-Ruhr-Institut zusammen mit dem DGB Emscher-Lippe und anderen regionalen Akteuren/-innen dieser Frage nachgegangen.

Eine Neuorientierung des regionalen Kompetenzmanagements setzt demnach voraus, nicht nur die Schattenseiten, sondern auch positive Effekte des Wandels wahrzunehmen und im Diskurs zu vermitteln. Das Ende des Bergbaus hat auch positive Effekte. Bisher waren wirtschaftliche Erfolge wie etwa Neuansiedlungen arbeitsmarktpolitisch weitgehend „unsichtbar", weil Zechenschließungen die Beschäftigungszahlen regelmäßig nach unten drückten. Nun werden solche Erfolge sichtbar. Hinzu kommt, dass der Bergbau große Industrie- und Gewerbeflächen hinterlässt, die in den nächsten Jahren auch für High-Tech-Ansiedlungen genutzt werden können.

Zusammen mit den Städten Gelsenkirchen und Bottrop wird der Kreis Recklinghausen demnächst als Region Emscher-Lippe von der Landesregierung auch aufgrund der wirtschaftlichen Problemlage als „Smart Region" gefördert. Digitalisierung soll danach für die Region als strategische Chance begriffen werden. Entsprechende Projekte sind in Vorbereitung. Auch das Konzept „Innovation City" der Stadt Bottrop zum klimagerechten Stadtumbau wird in den Kreis Recklinghausen und nach Gelsenkirchen transferiert. Und auch die viel gescholtene „Ruhrgebietsmentalität" hat ihre positive Kehrseite. Die Menschen hier haben Erfahrungen mit schwierigen Wandlungsprozessen und auch die in Ruhrgebietsunternehmen gepflegte Kultur der Mitbestimmung kann positive Auswirkungen haben.

Regionales Kompetenzmanagement bedeutet unter diesen Umständen und bezogen auf das Beispiel der Emscher-Lippe-Region:

4.3 · Kompetenzmanagement für die Facharbeit – Beispiele

1. Die Vernetzung relevanter Organisationen – Unternehmen, Verbände, Kammern, Gewerkschaften, Hochschulen, Schulen, Berufskollegs, Verwaltung, aber auch externe Experten/-innen – muss stärker gefördert werden. Instrumente sind Veranstaltungen, Workshops, Arbeitskreise.
2. Die für die Digitalisierung wichtigen Qualifikationen und Kompetenzen müssen in der Region gehalten und ausgebaut werden, in den Schulen, den Berufskollegs und den Hochschulen der Region. Ausbildungsgänge und technische Ausstattungen, die Digitalisierungsprozesse unterstützen, müssen weiter ausgebaut werden.
3. Auf einer „Route der Industriekultur" kann man liebevoll gepflegte Denkmale der Montanindustrie touristisch bewundern. Dabei wird gerne übersehen, dass zwischen den museal aufbereiteten Fördertürmen und Hochöfen hochmoderne Betriebe existieren. Die Emscher-Lippe-Region ist keine digitale Wüste. Die Zukunft muss aber auch sichtbar sein, z. B. durch eine „Route der Zukunftstechnologien" (Region Emscher-Lippe, 2012, S. 67) und durch einen regionalen Kompetenzatlas.
4. Nicht überall in der Region gibt es schnelles Internet. Ein entsprechender Ausbau der Infrastruktur ist die Voraussetzung für die weitere Digitalisierung der Region Emscher-Lippe mit ihren teils eher städtisch, teils eher ländlich geprägten Kommunen.
5. Für viele Menschen in der Emscher-Lippe-Region sind „Digitalisierung" und „Industrie 4.0" zurzeit keine drängenden Themen. Arbeitsplatzabbau, Arbeitslosigkeit und fehlende Ausbildungsplätze stehen im Mittelpunkt. Umso wichtiger ist es, regionales Kompetenzmanagement nicht als regionales Elitekonzept zu planen, sondern Formen der Bürgerbeteiligung zu nutzen. Der DGB Emscher-Lippe legt deshalb großen Wert darauf, zumindest die Betriebs- und Personalräte in die Diskussionen einzubinden. Dies ist mittlerweile auf mehreren Veranstaltungen geschehen. Die Diskussionen zeigen, dass „Industrie 4.0" mit Konzepten von „Arbeit 4.0" verbunden wird. Auch über das BMBF-Projekt „Zukunftsstadt" werden Formen der Bürgerbeteiligung zu diesem Thema organisiert (Kreis Recklinghausen, 2016).
6. Regionales Kompetenzmanagement muss als vernetztes Konzept entwickelt werden, ohne dass es von einer „Spinne im Netz" gesteuert wird. Es entwickeln sich vielmehr „Knoten" im Netz, die diese Steuerung dezentral übernehmen. In der Emscher-Lippe-Region stehen dafür u. a. regionale Steuerungsgremien, Projekte wie das BMBF-Projekt „Zukunftsstadt", das Berufskolleg Ostvest in Datteln, der DGB Emscher-Lippe, Kreis- und Stadtverwaltungen bereit. Beteiligt ist auch die Landesregierung durch gezielte Fördermaßnahmen. Dieses Netzwerk wird an Gestaltungskraft gewinnen, wenn weitere „Knoten" – Hochschulen, Kammern, Institute und vor allem Unternehmen – hinzukommen und öffentlich sichtbar werden. Eine Erfolgsbedingung ist Transparenz bei Aktivitäten und Zielen, die nicht unmittelbar gegeben ist, sondern hergestellt werden muss.

Fazit
Wie die digitale Zukunft der Facharbeit tatsächlich aussieht, lässt sich nicht eindeutig prognostizieren. Möglicherweise ist schon die Frage falsch gestellt, weil es nicht um die Facharbeit geht, sondern um unterschiedliche Entwicklungen für verschiedene Facharbeiten. Es sind auch nicht nur die technischen Innovationen, also Digitalisierung und Industrie 4.0, die alleine die Richtung im Sinne eines einzig richtigen Weges vorgeben. Man kann jedoch Kompetenzen beschreiben, die zumindest für viele der künftigen Facharbeitenden immer wichtiger werden. Das gleiche gilt für darauf bezogene Formen des betrieblichen, überbetrieblichen und regionalen Kompetenzmanagements.

> Dabei werden Netzwerke und das Management der Netzwerke immer wichtiger. Viele Facharbeitende werden in Zukunft noch stärker als bisher in Wertschöpfungsnetzwerke und Kundenbeziehungen eingebunden sein. Für die Unternehmen wird das Management dieser Netzwerke, auch bezogen auf die Kompetenzentwicklung ihrer Fachkräfte, eine Zukunftsaufgabe.
> Regionen spielen nach wie vor eine wichtige Rolle. Im Zuge der Digitalisierung und Globalisierung unterliegen sie zwar einem Bedeutungswandel, traditionelle Standortfaktoren (räumliche Nähe, regionale Absatzmärkte) verlieren an Bedeutung. Andere Standortfaktoren entscheiden aber nach wie vor darüber, ob eine Region für die Zukunft gerüstet ist oder nicht. Auch hier ist die Fähigkeit zur Netzwerkbildung und zum Netzwerkmanagement eine entscheidende Bedingung.

Weiterführende Literatur und Links

- Informationen zum Projekt „PROKOM 4.0 – Kompetenzmanagement für die Facharbeit in der High-Tech-Industrie": https://www.prokom-4-0.de/

Literatur

Berlin Partner für Wirtschaft und Technologie GmbH (2016). Industrie 4.0 in der Hauptstadtregion Berlin-Brandenburg. https://www.berlin-partner.de/fileadmin/user_upload/01_chefredaktion/02_pdf/publikationen/Industrie4.0_de.pdf. Zugegriffen: 20 April 2017.

Braverman, H. (1980). *Die Arbeit im modernen Produktionsprozess*. Frankfurt am Main, New York: Campus.

Dengler, K., & Matthes, B. (2015). Folgen der Digitalisierung für die Arbeitswelt. Substituierbarkeitspotenziale von Berufen in Deutschland. *IAB Forschungsbericht* 11, 1–33.

Bogumil, J., Heinze, R. G., Lehner, F., & Strohmeier, K. P. (2012). *Viel erreicht – wenig gewonnen. Ein realistischer Blick auf das Ruhrgebiet*. Essen: Klartext.

Bosch, G. (2016). Ist die industrielle Ausbildung ein Auslaufmodell? IAQ-Standpunkt 1/2016. http://www.iaq.uni-due.de/iaq-standpunkte/2016/sp2016-01.pdf. Zugegriffen: 20 April 2017.

Gebhardt, J., & Grimm, A. (2016). High-Tech-Strategie und Industrie 4.0. Auswirkungen auf Technik, Arbeit und Berufsbildung. *lernen & lehren* 1, 4–9.

Hartmann, F., & Mietzner, D. (2016). Industrie 4.0. Affinität von Branchen und Regionen. Working paper zum Projekt PROKOM 4.0. Teilprojekt Implementierung eines Foresightprozesses und Analyse regionaler Umsetzungsbedingungen. doi: 10.13140/RG.2.1.2452.5685.

Hirsch-Kreinsen, H. (2015). Einleitung: Digitalisierung industrieller Arbeit. In H. Hirsch-Kreinsen, P. Ittermann, & J. Niehaus (Hrsg.), *Digitalisierung industrieller Arbeit. Die Vision Industrie 4.0 und ihre sozialen Herausforderungen* (S. 9–30). Baden Baden: Nomos.

Kreft, U., & Uske, H. (2010). Die Kultur der IT-Arbeit. In G. Becke, R. Klatt, B. Schmidt, B. Stieler-Lorenz, & H. Uske (Hrsg.), *Innovation durch Prävention. Gesundheitsförderliche Gestaltung von Wissensarbeit* (S. 35–56). Bremerhaven: Verlag für neue Wissenschaft.

Kreis Recklinghausen (2016). Glückauf in die Zukunft. Vision 2030. Eine Zwischenbilanz des Projektes des Kreises Recklinghausen im Rahmen des BMBF-Programms „Zukunftsstadt" – Bausteine einer Vision 2030. http://www.risp-duisburg.de/files/glueckauf_in_die_zukunft_-_vision_2030.pdf. Zugegriffen: 20. April 2017.

Kuhlmann, M., & Schumann, M. (2015). Digitalisierung fordert Demokratisierung der Arbeitswelt heraus. In R. Hoffmann, & C. Bogedan (Hrsg.), *Arbeit der Zukunft. Möglichkeiten nutzen – Grenzen setzen* (S. 122–140). Frankfurt am Main, New York: Campus.

Nägele, L, Kortsch, T., Paulsen, H., Wiemers, D., Kauffeld, S., & Frerichs, F. (2015). *Zukunft im Blick: Trends erkennen, Kompetenzen entwickeln, Chancen nutzen. Drei Perspektiven auf die Zukunft des Handwerks. Ergebnisse aus dem projekt „Integrierte Kompetenzentwicklung im Handwerk" (In-K-Ha)*. Braunschweig: TU Braunschweig.

Literatur

Prognos (2016). *Prognos Zukunftsatlas 2016. Das Ranking der deutschen Regionen.* https://www.prognos.com/publikationen/zukunftsatlas-r-regionen/zukunftsatlas-r-2016/. Zugegriffen: 20. April 2017.

Promotorengruppe Kommunikation der Forschungsunion Wirtschaft – Wissenschaft (Hrsg.) (2013). *Deutschlands Zukunft als Produktionsstandort sichern. Umsetzungsempfehlungen für das Zukunftsprojekt Industrie 4.0.* Berlin: BMBF.

Region Emscher-Lippe (2012). *Strategische Fachkräftesicherung in der Emscher-Lippe-Region. Handlungsplan für die Initiative zur Fachkräftesicherung Nordrhein-Westfalen.* http://fachkraefteinitiative-nrw.de/einzelregionen/emscher-lippe-region/el-handlungskonzept-verabschiedete-fassung-2.pdf. Zugegriffen: 20 April 2017.

Schröder, C. (2016). *Herausforderungen von Industrie 4.0 für den Mittelstand.* Bonn: Friedrich-Ebert-Stiftung.

Taylor, F. W. (1913). *Die Grundsätze wissenschaftlicher Betriebsführung* (Reprint 1995). Weinheim: Beltz.

Tschiedel, R. (2015). Transbetriebliches Kompetenzmanagement. Zur Bedeutungsänderung regionaler Standortfaktoren. *PROKOMPakt,* 4. http://www.tat-zentrum.de/projekte/prokom/materialien/PROKOMpakt-04-2015.pdf. Zugegriffen: 20. April 2017.

Windelband, L. (2014). Zukunft der Facharbeit im Zeitalter „Industrie 4.0". *Journal of Technical Education* 2, 138–160.

Wirtschaftsförderung metropoleruhr (2016). Pressemitteilung Wirtschaftsbericht 2015. Zur Bedeutungsänderung regionaler Standortfaktoren. https://www.prokom-4-0.de/files/downloads/prokompakt-04-2015.pdf. Zugegriffen: 20. April 2017.

Womack, J. P., Jones, D. T., & Roos, D. (1991). *Die zweite Revolution in der Autoindustrie. Konsequenzen aus der weltweiten Studie des Massachusetts Institute of Technology.* Frankfurt am Main, New York: Campus.

Vernetztes Kompetenzmanagement: Schulungskonzept und Moderationsinstrumente zur kooperativen Entwicklung und Umsetzung von Innovationen in Regionen

Joachim Hafkesbrink, Janina Evers, Jan Knipperts

5.1 Megatrends: Neue Anforderungen an bestehende Strukturen – 54

5.2 Das Potenzial des Ansatzes der regionalen Innovationssysteme für offene Organisationen – 54

5.3 Regional Governance als Ansatz der Gestaltung regionaler Innovationen – 56

5.4 Moderationsinstrumente zur Steuerung vernetzten Kompetenzmanagements – 60
5.4.1 Problemanalyse und Schaffung einer Transitionsarena – 60
5.4.2 Entwicklung einer langfristigen Vision und möglicher Entwicklungspfade – 60
5.4.3 Umsetzung von Projekten und Experimenten – 61
5.4.4 Evaluierung – 61

5.5 Weiterbildung „Innovatives Regionalmanagement im demografischen Wandel" – 62

Literatur – 63

© Springer-Verlag GmbH Deutschland 2018
M. Bornewasser (Hrsg.), *Vernetztes Kompetenzmanagement*,
Kompetenzmanagement in Organisationen,
https://doi.org/10.1007/978-3-662-54954-4_5

Zusammenfassung

Der demografische Wandel und die Digitalisierung sind zwei Megatrends, die je nach Region anders ausfallen und somit auch spezifische Herausforderungen an das regionale Innovationssystem stellen. Zur Entwicklung und Etablierung eines regionalen Innovationssystems zum demografischen Wandel ist Regional Governance relevant, die dazu beiträgt, zentrale Einrichtungen und Experten/-innen zum demografischen Wandel zu vernetzen und somit den demografischen Wandel in Regionen gemeinsam zu gestalten.

Für die Umsetzung einer Regional Governance ist Moderation nötig, die einer entsprechenden Qualifizierung bedarf. Der Beitrag diskutiert den Prozess des vernetzten Kompetenzmanagements vor dem Hintergrund der Trends des demografischen Wandels und der Digitalisierung. Im Fokus liegen hierbei Ansätze des Projekts TRANSDEMO. Diese werden durch die Betrachtung von Möglichkeiten ergänzt, welche die Digitalisierung für derartige Kooperations- und Vernetzungsprozesse bietet.

5.1 Megatrends: Neue Anforderungen an bestehende Strukturen

Der demografische Wandel ist wie die Digitalisierung ein Megatrend, der je nach Region unterschiedlich ausfällt und somit auch spezifische Anforderungen an die Gestaltung von Strukturen und Prozessen eines regionalen Innovationssystems stellt. Zur Entwicklung und Etablierung eines regionalen Innovationssystems zum demografischen Wandel ist Regional Governance relevant, die dazu beiträgt, zentrale Akteure/-innen als kompetente Expertenorganisationen zum demografischen Wandel zu vernetzen. Für die Umsetzung einer Regional Governance ist Moderation zentral, die einer entsprechenden Qualifizierung bedarf.

Der vorliegende Beitrag diskutiert die Moderationsinstrumente und das Weiterbildungskonzept, welche als zentrale Ergebnisse des Projekts TRANSDEMO (http://www.transdemo-projekt.de/) entwickelt und in der Region NiederRhein pilothaft umgesetzt werden. Diese Projektergebnisse stellen gleichzeitig Lösungen zur Gestaltung des demografischen Wandels in Regionen dar. Hierfür stellt sich die Frage, wie das Weiterbildungskonzept und der Handlungsleitfaden, welcher die Moderationsinstrumente umfasst und nach einem spezifischen Muster kombiniert, in Regionen implementiert und institutionalisiert werden können, um langfristig Kompetenzen zur Vernetzung von Einrichtungen aufzubauen und Innovationen zum demografischen Wandel kooperativ zu entwickeln und umzusetzen. Diese Fragestellung wird im vorliegenden Beitrag anhand der kooperativen Entwicklung und Umsetzung der Projektergebnisse als **Innovationen** und deren **Institutionalisierung in Regionen** bearbeitet.

Zunächst werden die zentralen theoretischen Grundlagen in Form der regionalen Innovationssysteme und der Regional Governance diskutiert und vorgestellt, bevor das Schulungskonzept und die Moderationsinstrumente in diesen theoretischen Kontext eingebettet und deren pilothafte Umsetzung dargestellt werden.

5.2 Das Potenzial des Ansatzes der regionalen Innovationssysteme für offene Organisationen

Der demografische Wandel hat regional unterschiedliche Auswirkungen. Insofern ist die regionale Gestaltung des demografischen Wandels durch innovative Lösungen zentral, wobei hier die **Vernetzung** verschiedener **Kompetenzen** relevant ist, um auf die tief greifenden Auswirkungen von Demografie zu reagieren. Ein Konzept für die Vernetzung von Kompetenzen ist der **Ansatz der regionalen Innovationssysteme**, der explizit davon ausgeht, dass innovative Lösungen in einem Netzwerk verschiedener Organisationen mit unterschiedlichen und sich ergänzenden Kompetenzen entstehen können.

Wichtiger Motor für die Genese von Innovationen sind selbst in Zeiten von Digitalisierung und einer Zunahme von grenzüberschreitenden virtuellen Kooperationen insbesondere auch die regional verfügbaren Wissensinfrastrukturen, Zugang zu materiellen und immateriellen Dienstleistungen (Kapital, Beratung etc.; Wagner u. Ziltener, 2008) und die Konstellation von und der Zugang zu Innovationsakteuren in sogenannten „Regional Ecosystems" (EU, 2016 und z. B. das Regional Ecosystems Scoreboard der EU). Diese sollen mit ihren clusterspezifischen Rahmenbedingungen eine möglichst fruchtbare quervernetzte Zusammenarbeit zwischen den Akteuren/-innen fördern. Hier erweist sich regionale Nähe als wichtiger Impulsgeber für den Knowhow-Transfer (vgl. hierzu bereits Hellmer, 1999).

Vor dem Hintergrund des von Henry Chesbrough (2003) angestoßenen aktuellen Forschungsfelds „Open Innovation" spricht man im regionalen Kontext von einer „Orchestrierung von Open Innovation Netzwerken" (Launonen, 2015), d. h. von einer spezifischen, gezielt konzipierten regionalen Governance zur Förderung von offenen Innovationen. Open Innovation – im klassischen Verständnis – kann allgemein als die Einbeziehung externer Akteure/-innen in den Innovationsprozess einer Organisation verstanden werden (Hafkesbrink u. Schroll, 2010), wobei üblicherweise zwischen Nutzung und Verwertung externen Wissens (Inbound) und Verwertung nicht selbstgenutzten internen Wissens nach außen (Outbound) unterschieden wird (Michelino et al., 2014). Genau dies ist u. a. Ziel einer Orchestrierung bzw. Governance von regionalen Open Innovation Ecosystems: die Förderung eines offenen Klimas für den Wissensaustausch bzw. -transfer sowie für die Kooperation zwischen den (regionalen) Innovationsakteuren/-innen. Hierzu müssen regional verfügbare Kompetenzen in Wirtschaft, Wissenschaft und Zivilgesellschaft sowie bei den Intermediären offengelegt und vernetzt werden.

Gerade für KMU stellt Open Innovation eine Möglichkeit dar, trotz ihrer begrenzten Ressourcen Ideen umzusetzen, für die sie im Tagesgeschäft üblicherweise zu wenig Zeit haben (Rahe, 2015). Hierfür müssen diese KMU über grundlegende Kompetenzen im Innovationsmanagement (z. B. Ansätze zum Projektmanagement und zum Management für Forschung und Entwicklung) verfügen, sich aber darüber hinaus auf eine spezifische Art und Weise gegenüber anderen Wissensträgern (z. B. Intermediären, Lieferanten, Kundeneinrichtungen, Universitäten, Beratungsunternehmen) öffnen, um an einem intensiven Wissensfluss von außen nach innen sowie vice versa teilhaben zu können (Hafkesbrink u. Kirkels, 2016). Diese spezifischen **Open-Innovation-Kompetenzen** (Hafkesbrink et al., 2010) transparent zu machen und zu fördern, ist eine wichtige Aufgabe im Rahmen der Orchestrierung von Open-Innovation-Netzwerken.

Unter Orchestrierung versteht man „einen Prozess, in dem Bedingungen geschaffen und unterstützt werden, die Innovationen ermöglichen und dauerhaft erhalten" (Launonen, 2015, S. 199, übersetzt aus dem Englischen), wobei – so der Stand der Forschung – mehr über die Prozesse des Innovationsmanagements als über die Prozesse der Orchestrierung bekannt ist (Launonen, 2015). Aus der Sicht der Governance-Akteure/-innen, die die Orchestrierung vorantreiben, sind dabei sowohl individuelle, organisationale und Netzwerkkompetenzen relevant. Die Operationalisierung der jeweiligen Orchestrierungskompetenzen erfolgt in folgenden drei Dimensionen (Launonen, 2015, S. 200, übersetzt aus dem Englischen):

- Wissensmobilität (Knowledge Mobility) beschreibt „die Leichtigkeit, mit der Wissen geteilt, erworben und im Netzwerk eingesetzt werden kann".
- Anwendbarkeit von Innovationen (Innovation Appropriability) ermöglicht es den am Prozess beteiligten Unternehmen, die generierten Innovationen gewinnbringend zu nutzen.
- Netzwerkstabilität meint die „auf Wachstum abzielende dynamische Stabilität, die auch beim Ein- und Austritt von Netzwerkteilnehmern/-innen erhalten bleibt".

Für die Funktion des Orchestrierers ist dabei die Ambivalenz zwischen der Öffnung des Innovationsprozesses aus Unternehmenssicht und dem berechtigten Schutzinteresse des geistigen Eigentums im Rahmen der Schaffung von Appropriability-Regimen (formelle Regimes wie Patentschutz, Gebrauchsmusterschutz sowie informelle Regimes wie etwa Leadtime-Konzepte, organisationale Maßnahmen des Wissensschutzes durch Geheimhaltung etc.; Hurmelinna-Laukkanen, 2009) eine besondere Herausforderung. Es stellt sich damit die Frage, mit welchen Maßnahmen im Sinne der Schaffung von geeigneten Rahmenbedingungen der Orchestrierer sicherstellt, dass die an einem Netzwerk teilnehmenden Unternehmen sich gleichzeitig für offene Innovationsprozesse öffnen, ohne dass deren geistiges Eigentum (Intellectual Property Rights) und Sicherungsinteressen verletzt werden. Klar ist, dass dies nur in einer Atmosphäre des Vertrauens und unter Einsatz erfahrener Orchestrierer mit ausgeprägten Verhandlungs- und Ausgleichserfahrungen zum Ziel führt (▶ Kap. 2).

Für das Weiterbildungskonzept und den Handlungsleitfaden zum (regionalen) Transition Management sind die Ergebnisse zu den Orchestrierungskompetenzen insoweit bedeutsam, als Open Innovation (neben der Förderung von z. B. geschlossenen kollaborativen Innovationsvorhaben) ein wichtiges Gestaltungsfeld regionaler Innovationssysteme ist. Entsprechende Kompetenzen zu vernetzen und zur Zusammenarbeit zu motivieren, ist demnach Aufgabe der Moderation. Um diese langfristig zu institutionalisieren, ist zentral, dass die Moderation durch eine im Netzwerk mitgestaltete Weiterbildung und den Handlungsleitfaden unterstützt wird. Das hierfür grundlegende theoretische Rahmenkonzept der Regional Governance wird im folgenden Abschnitt vorgestellt.

5.3 Regional Governance als Ansatz der Gestaltung regionaler Innovationen

Wie eingangs bereits kurz angerissen, ist die Vernetzung von Kompetenzen und Akteuren und die Förderung regionaler Innovationen relevant, um die Auswirkungen des demografischen Wandels zu gestalten. Dies wird bereits dadurch zwingend notwendig, dass der demografische Wandel ein hoch komplexes, stark mit anderen Problemlagen verflochtenes und zudem quer zu den Organisationsstrukturen staatlicher (und anderer hierarchisch organisierter und an administrative Grenzen gebundener) Akteure/-innen liegendes Handlungsfeld darstellt (Diller, 2002). Einen wesentlichen Faktor bilden hierbei die mit der Entwicklung verbundenen regionalen Disparitäten, da die Auswirkungen der demografischen Veränderungen je nach demografischer, sozialer und wirtschaftlicher Ausgangslage von Region zu Region und auch zwischen einzelnen Kommunen sehr unterschiedlich ausfallen. Ohne dass die vorhandenen Strukturen und Eigenschaften der jeweiligen Region in der Gestaltung von Maßnahmen des demografischen Wandels und zur Stärkung der regionalen Innovationsfähigkeit mit einfließen, können diese keine nachhaltige Wirkung entfalten (Ducki et al., 2015). Für die Gestaltung werden daher kleinräumige, regionalisierte Konzepte benötigt, um die spezifischen Herausforderungen der jeweiligen Region angemessen angehen zu können (Stopper, 2008). Eine übergeordnete und sektoral ausgerichtete, staatliche Regionalpolitik stößt hier an ihre Grenzen, Erfolg versprechender erscheinen Ansätze aus den Regionen selbst, die das Wissen möglichst vieler betroffener Akteure/-innen in die Entscheidungs- und Gestaltungsprozesse mit einbeziehen. Angesichts des Handlungsdrucks durch die demografischen Veränderungen kommt es auf regionaler Ebene dazu, dass sich die betroffenen Akteure zu Akteursgemeinschaften zusammenschließen, um ihre Ressourcen zu bündeln, gemeinsame Schwerpunkte zu setzen und Synergien auszuschöpfen (Evers u. Knipperts, 2015). Die Gestaltung des demografischen Wandels und die Stärkung der regionalen Innovationsfähigkeit angesichts der damit verbundenen strukturellen Umbrüche stellen so ein klassisches Feld für die Herausbildung vielfältiger Formen von Kooperationen und Netzwerke dar, die insbesondere bei Beteiligung politischer Akteure/-innen das Potenzial besitzen, sich zu alternativen und problemadäquateren Formen der regionalen Selbststeuerung zu entwickeln (Fürst, 2010). Regionen können so über diese Akteursgemeinschaften eine eigenständige Handlungsfähigkeit entfalten und zu Impulsgebern und Moderatoren der notwendigen Innovationen und Anpassungsprozesse werden (Ducki et al., 2015).

Angesichts von Herausforderungen wie dem demografischen Wandel, der Umwelt- und Nachhaltigkeitspolitik sowie der Globalisierung und eines sich verstärkenden internationalen Wettbewerbs erfuhren so Netzwerke und Kooperationen zwischen den relevanten öffentlichen bzw. politischen sowie Akteuren/-innen aus anderen Bereichen wie Unternehmen, Kammern, Verbänden und Bürgergruppen in den vergangenen beiden Jahrzehnten einen enormen Aufschwung als neue Form der regionalen Steuerung und Gestaltung. Sie ersetzen dabei nicht die bestehenden staatlichen Strukturen, sondern ergänzen die staatliche Steuerung dort, wo angesichts immer komplexerer Problemlagen, z. B. den Folgen des demografischen Wandels, alternative und über administrative Grenzen hinausgehende Strukturen erforderlich werden, um den Herausforderungen angemessen begegnen zu können (Benz u. Dose, 2010). Neben den bestehenden staatlichen Strukturen, mit ihrer „harten" hierarchisch organisierten Steuerungsform, stehen somit „weiche", auf Verhandlung basierende Steuerungsformen zwischen formal gleichberechtigen Akteuren/-innen, die sich in einer Vielzahl von Netzwerken, Bündnissen, Initiativen mit mehr oder weniger festen und dauerhaften Rechtsformen und mit unterschiedlichem zeitlichem Wirkungsauftrag ausdrücken können (Kröcher, 2013).

Um diese komplexen Steuerungsstrukturen beschreiben und analysieren zu können, bedarf es daher eines analytischen Ansatzes, der entsprechende Kategorien liefert und den Fokus auf die Art und Weise legt, wie regionale Organisationen und Einrichtungen zusammenwirken (Benz u. Fürst, 2003). Hier etablierte sich „Regional Governance" als Konzept und Begriffsschema zur Analyse weicher Steuerungsformen und der Interdependenzbewältigung zwischen staatlichen und gesellschaftlichen Akteuren/-innen. Regional Governance meint dabei eine langfristig und nachhaltig angelegte Zusammenarbeit zur regionalen Selbststeuerung. Eine begrenzte Zusammenarbeit in Projekten fällt nicht darunter (Fürst, 2010).

Im Projekt TRANSDEMO wurde zur Etablierung von Governance-Strukturen eine Transitionsarena gegründet. Diese umfasst zentrale Akteure/-innen aus der Region, z. B. Intermediäre und Unternehmen. In dieser Transitionsarena wurden mit Blick auf die kooperativ identifizierten Gestaltungsfelder
- Fachkräfteengpässe und strukturelle Arbeitslosigkeit,
- Employer/Employee-Branding und Bewerber/-innen-Pools sowie
- Vereinbarkeit von Familie, Beruf und Pflege

innovative Projekte und Experimente umgesetzt. Diese umfassen z. B. die Themen Fachkräftesicherung in der Region NiederRhein, Employer-Branding oder Migration und Integration (Evers et al., 2017).

Die Transaktionskosten einer Regional Governance sind dabei allerdings deutlich höher als bei einer rein projektbezogenen Zusammenarbeit, denn Kooperation bedeutet, zumindest für einen Teil der beteiligten Akteure/-innen, auch Autonomie- und Souveränitätsverluste (Stopper, 2008). Die beteiligten Akteure/-innen stammen mitunter aus gänzlich verschiedenen Bereichen (beispielsweise Wirtschaft, Kommunalpolitik, Zivilgesellschaft) mit unterschiedlichen und unter Umständen sogar gegensätzlichen Handlungslogiken und Interessen. Dies gilt insbesondere vor dem Hintergrund, dass es sich um freiwillige Kooperationen handelt, bei denen jedem der Teilnehmenden auch immer die Ausstiegsoption offensteht. Daher kommen Formen einer projektorientierten Zusammenarbeit in der Praxis sehr häufig vor. Regional Governance kann sich dabei durchaus auf diese Projekte beziehen, dann allerdings auf übergeordneter Ebene, wo durch diese Kooperation auch die Querkoordination zwischen Einzelprojekten bearbeitet werden kann (Fürst, 2010). Beispiele sind hier z. B. die zahlreichen Kooperationen zwischen Kammern, Unternehmen und politischen Akteuren/-innen, die verschiedene lokale Projekte zur Wirtschaftsförderung in ihrer Region fördern und initiieren. Auch können sich aus einzelnen Projekten langfristige und stärker institutionalisierte Formen der Zusammenarbeit im Sinne einer Regional Governance entwickeln.

Die im Vergleich zu anderen Formen der kollektiven Kooperation deutlich schwierigere Zusammenarbeit sorgt dafür, dass eine Regional Governance nur dort entsteht, wo sie für die Akteure/-innen klare Handlungsvorteile gegenüber anderen Formen der Zusammenarbeit und der politischen Steuerung bietet, etwa weil flexibler und direkter mit den Betroffenen zusammengearbeitet werden kann, weil die Informalität geschätzt wird, die es möglich macht, Themen und Lösungen außerhalb der üblichen Arenen (wie Runde Tische oder Lenkungskreise) und des Parteienwettbewerbs zu diskutieren und Ähnliches (Fürst, 2010). Für eine funktionierende Regional Governance müssen daher klare Anreizstrukturen zur Zusammenarbeit bestehen, verbunden mit einer gegenseitigen Akzeptanz der beteiligten Akteure/-innen (Plamper, 2006). In der Praxis ist daher eine Regional Governance oft eingebettet in festere institutionelle Strukturen und neigt zu einer sich verstärkenden Institutionalisierung, um der Zusammenarbeit ein höheres Maß an Verlässlichkeit zu geben (Fürst, 2010). Eine häufigere Vorgehensweise ist hier, Kooperationen und Netzwerke in festere Rechtsformen zu überführen.

Auch wenn hier die großen Herausforderungen, die eine netzwerkartige Zusammenarbeit von unterschiedlichen regionalen Akteuren mit sich bringt, nur exemplarisch und knapp angerissen werden können, so verdeutlichen sie doch, dass gerade eine langfristige Regional Governance auch immer eine Form des Managements benötigt. Auch wenn Zweckbündnisse und Kooperationen von betroffenen Akteuren/-innen vergleichsweise schnell entstehen, ergibt sich eine Regional Governance zumeist nicht von alleine. Sie muss bewusst geschaffen werden (Plamper, 2006), z. B. durch konkrete Impulse von Transition Managern/-innen und Moderation (Evers et al., 2017). Dies ist keine triviale Aufgabe, denn schließlich gilt es, eine vertrauensvolle Zusammenarbeit unter Akteuren/-innen mit eigenen, mitunter gegenläufigen Interessen und Handlungsmöglichkeiten zu erreichen.

Eine geeignete Form des Managements von langfristigen Kooperationen und Übergangsprozessen bietet das an der Universität Rotterdam zur Steuerung von komplexen Übergangsprozessen im Umwelt und Nachhaltigkeitsbereich entwickelte Transition Management (Kern u. Howlett, 2009). Durch vergleichsweise geringe Anpassungen eignet es sich ebenfalls sehr gut als Managementmodell für eine Regional Governance zur Stärkung regionaler Innovationspotenziale und zur Gestaltung des demografischen Wandels (Evers u. Knipperts, 2015).

Die unterste Ebene, die Mikroebene des Transition Managements, wird von den Unternehmen und ihren Beschäftigten gebildet. Aufgrund konkreten Handlungsdrucks wie beispielsweise einem deutlichen Fachkräftemangel in bestimmten Branchen (Regionalagentur NiederRhein, 2011), werden hier neue oder alternative Lösungen zum demografischen Wandel entwickelt. Die Umsetzung und Verbreitung der entstandenen Innovation macht einen Übergang auf die nächsthöhere Ebene nötig. Diese Mesoebene besteht typischerweise aus verschiedenen Akteuren/-innen wie anderen Unternehmen, Verwaltungen, Behörden etc., bei denen die

5.3 · Regional Governance als Ansatz der Gestaltung regionaler Innovationen

Umsetzung der neuen Idee auf Widerstände treffen kann. Auf dieser Ebene sind starre Regelsysteme und Strukturen vorherrschend, die kaum Raum für alternative Ideen lassen. Noch stärker sind die zu überwindenden Widerstände auf der Makroebene, die aus all denjenigen gesellschaftlichen Prozessen besteht, die nicht direkt beeinflusst werden können. Dies sind beispielsweise die bestehende Infrastruktur, soziale Werte, die politische Kultur etc. (Geels u. Schodt, 2010). Um einen grundlegenden Veränderungsprozess zu erreichen, müssen Innovationen über alle drei Ebenen hinweg umgesetzt werden, und zwar durch den Transitionsprozess, für dessen Management der Ansatz entwickelt wurde. Grundlage und Initiatorin des Prozesses ist dabei die Kooperation derjenigen Akteure/-innen, die bereits in den zu bearbeitenden Handlungsfeldern tätig geworden sind. Der langfristige Prozess verläuft in einer mehrstufigen Vorgehensweise über mehrere idealtypische Entwicklungsetappen, die sich in nur leicht angepasster Form auch auf die Entwicklung einer Regional Governance anwenden lassen (Evers u. Knipperts, 2015).

Zu Beginn befinden sich Akteursgemeinschaft und Veränderungsprozess in der sogenannten Start- oder auch „Take-off-Phase". Für die betroffenen Akteure entsteht ein zunehmender Leidens- und Handlungsdruck, der zu einer Suche nach neuen Problemlösungen führt. Dies führt wiederum zu zunehmenden Spannungen zwischen der Mikro- und Makroebene, wo etablierte Regeln und Strukturen den neuen Vorgehensweisen entgegenstehen (Geels u. Schodt, 2010). Übertragen auf Kooperationsprozesse und Regional Governance kommt es aufgrund des zunehmenden Handlungsdrucks und der hohen Kosten und Hürden bei der Problemlösung durch einzelne Akteure/-innen, zu neuen Kooperationen und alternativen Steuerungsformen im Handlungsbereich (Fürst, 2010). Nachdem sich die betroffenen Akteure/-innen zusammengeschlossen haben, wird nun angestrebt, die Akteursgemeinschaft so effektiv wie möglich zu gestalten, indem möglichst alle für die Problemlösung wesentlichen Akteure/-innen in die Kooperation mit eingebunden werden (Fürst, 2010). Im Transition Management ist hier die Gründung einer **Transitionsarena** vorgesehen, d. h. ein Ort, an dem die für die Entwicklung von Lösungsstrategien wesentlichen Akteure/-innen zusammenkommen und der diesen die Möglichkeit liefert, sich zu vernetzen und auszutauschen. Hier sollen in informeller Umgebung die einzelnen Interessenlagen ausgetauscht und die Basis für das zukünftige gemeinsame Handeln geschaffen werden. Ziel ist zunächst die Entwicklung einer gemeinsamen Problemdefinition sowie Zukunftsvision und möglicher Wege, diese zu erreichen. Es folgt die Koordination von ersten gemeinsamen Projekten, um einen Veränderungsprozess in diesem Sinne anzustoßen (Rotmans u. Loorbach, 2010). Das Transition-Management-Modell sieht hier bewusst die Möglichkeit für die Durchführung von Projekten vor, um mögliche Entwicklungsoptionen zu finden und um unterschiedliche Vorgehensweisen erproben zu können. Ziel ist, dass sich die am besten geeignet erscheinende Lösung am Ende durchsetzen kann (Loorbach u. Rotmans, 2006). Für die Adaption des ursprünglich mit Blick auf technische Transitionsprozesse entwickelten Modells im Bereich des demografischen Wandels gilt es insbesondere, die „Experimente" stärker als Studien zur Ermittlung von Best Practices im In- und Ausland und deren Übertragung zu fassen. Dennoch sind auch hier durchaus Einzelprojekte und Modellvorhaben möglich (Evers u. Knipperts, 2015; Hafkesbrink et al., 2015). Diese evolutionäre Vorgehensweise bedingt entsprechend umfangreiche Möglichkeiten von Evaluation und Monitoring. Insbesondere muss hierbei neben der Beobachtung der Projekte auch erfasst werden, welchen Weg der gesamte Transitionsprozess nimmt und ob die entwickelten Innovationen auch zu den gewünschten Veränderungen führen (Loorbach u. Rotmans, 2006). Wie eingangs für eine Regional Governance aufgezeigt, wird für die Initiierung und Umsetzung des Gesamtprozesses, die Umsetzung der einzelnen Phasen und nicht zuletzt für die erfolgreiche Zusammenarbeit der Akteure/-innen in der Transitionsarena eine leistungsfähige Steuerung und Moderation benötigt.

5.4 Moderationsinstrumente zur Steuerung vernetzten Kompetenzmanagements

Um den demografischen Wandel in Regionen zu gestalten, ist nach den oben genannten Voraussetzungen Moderation relevant, welche die jeweiligen Phasen des Transition Managements umsetzt (Evers et al., 2017) und dazu beiträgt, kooperativ Innovationen zum demografischen Wandel zu entwickeln. Hierfür sind den verschiedenen Phasen des Transition Managements folgend sowohl Kenntnisse der Region und der regionalen Ausgangssituation, Moderationskenntnisse, Kenntnisse des Projektmanagements und der Evaluation relevant. Somit erfolgt eine Rahmung für die Entwicklung der Instrumente, die dem Transition-Management-Zyklus (▶ Abschn. 5.3) folgt und jeweils unterschiedliche Instrumente zur Steuerung der Vernetzung von Akteuren/-innen vorschlägt. Im Folgenden werden die Instrumente und deren Einbindung in die jeweiligen Phasen des Transition Managements im Sinne eines Handlungsleitfadens erläutert.

5.4.1 Problemanalyse und Schaffung einer Transitionsarena

In einem ersten Schritt ist die Moderation dafür zuständig, sich einen relativ umfassenden Überblick über die Region zu verschaffen (Roorda et al., 2014). Hierfür können mittels des Instruments der Regionalanalyse Statistiken und öffentlich zugängliche Daten über Institutionen und Projekte zum demografischen Wandel in der Region recherchiert werden. So ist z. B. für die Region NiederRhein das Thema Fachkräftesicherung durch einen Handlungsplan konkretisiert worden, der fünf Anwendungsfelder identifiziert, in denen mit Bezug zum demografischen Wandel Aktionen geplant sind (Regionalagentur NiederRhein, 2011): Fachkräftemonitoring, Fachkräftegewinnung, Fachkräfteentwicklung, Fachkräfte(re)aktivierung sowie Erhöhung der Arbeitgeberattraktivität.

Um in der Folge eine Transitionsarena aufzubauen, kann das Instrument der Stakeholderanalyse ergänzend eingesetzt werden, mit dem unterschiedliche Interessenlagen der Akteure/-innen analysiert und durch die Moderation geprüft werden, ob und inwiefern einzelne Akteure/-innen effektiv und effizient zusammenarbeiten können. Es geht zudem darum, die Beziehungen zwischen verschiedenen Akteuren/-innen und Inhalten der Regionalanalyse abzubilden, um ein stimmiges Gesamtbild für die Zusammenstellung und Zusammenarbeit der Transitionsarena zu erreichen (Roorda et al., 2014).

Für das Projekt TRANSDEMO zeigten sich hierbei insbesondere die Vernetzung zentraler Akteure/-innen mit jeweils spezifischen Kompetenzen und Projekte sowie Fragestellungen der Fachkräftesicherung in der Region als relevant (Evers et al., 2017).

5.4.2 Entwicklung einer langfristigen Vision und möglicher Entwicklungspfade

Die Instrumente der zweiten Phase zielen auf die Steuerung von Zielerreichungsprozessen in der Transitionsarena. Hier geht es darum, Gruppenprozesse zu gestalten und diese in eine Ziel- und Leitbildformulierung einfließen zu lassen, die auf der Regionalanalyse aufbaut. Die Ergebnisse des Analyseprozesses können im Rahmen eines Impulses in das Kick-off-Treffen der Transitionsarena eingebracht werden und somit die Diskussion anstoßen (Roorda et al., 2014). Die vorangestellte Regionalanalyse ermöglicht es der Moderation, Diskussionsbeiträge mit dem regionalen Kontext zu verbinden. So wurden in der Transitionsarena Gestaltungsfelder identifiziert (Fachkräfteengpässe und strukturelle Arbeitslosigkeit; Employee-/Employer-Branding; ▶ Abschn. 5.3), die sich mit dem Handlungsplan Fachkräftesicherung für die Region NiederRhein (Regionalagentur NiederRhein, 2011) verbinden lassen.

Gleichzeitig ist die Moderation dafür zuständig, Akteure/-innen in der Region für die Mitarbeit und Mitgestaltung des demografischen Wandels in einer Transitionsarena zu motivieren. Ohne die Offenlegung von Wissen zum demografischen Wandel ist die Entwicklung von Innovationen zur Gestaltung desselben kaum möglich. Hier zeigt sich die Kompetenz der Moderation: Ist es möglich, Wissensbestände zu teilen, eigene Interessen möglicherweise zugunsten einer gemeinsamen Lösungsfindung zurückzustellen und hierdurch passende und von vielen Akteuren/-innen getragene Innovationen zu entwickeln? Hierfür sollten die Aktivitäten der Transitionsarena durch Öffentlichkeitsarbeit unterstützt werden. Diese kann auch digital erfolgen. Die Transitionsarena sollte offen für Input aus der Region sein, der ggf. durch Öffentlichkeitsarbeit angeregt wird.

5.4.3 Umsetzung von Projekten und Experimenten

Nachdem die Ziele und Entwicklungspfade gemeinsam definiert wurden, sollte die Moderation dazu anregen, ggf. in kleineren Gruppen konkrete Experimente und Projekte zu entwickeln und diese auch umzusetzen. Hierfür sind Instrumente des Projektmanagements und der Projektsteuerung relevant, die dazu beitragen, neue Lösungen zu entwickeln und zu realisieren. Diese können sich z. B. auf definierte Gestaltungsfelder beziehen, die vorab noch nicht im Fokus der regionalen Gestaltung des demografischen Wandels waren (wie Employer-Branding) oder auch auf innovative Projekte, die gänzlich neue Lösungen pilotieren.

Die Instrumente der Moderation und der Öffentlichkeitsarbeit müssen entsprechend angepasst werden. In dieser Phase des Transitionsprozesses stehen die konkrete Entwicklung und Implementierung neuer Lösungen zum demografischen Wandel im Fokus. Die Projekte und Experimente werden in kleineren Gruppen oder einzelnen Unternehmen pilothaft umgesetzt und von der Moderation punktuell begleitet. Eine Rückbindung in die Transitionsarena sollte durch regelmäßige Workshops oder durch eine Homepage erfolgen. Digitale Medien können so dabei unterstützen, fortlaufende Aktivitäten darzustellen und Aufmerksamkeit in der Region zu erzeugen.

5.4.4 Evaluierung

Das Transition Management sieht die Evaluierung und fortlaufende Anpassung der Aktivitäten zum demografischen Wandel vor. Bezug nehmend auf die Evaluierung von Maßnahmen zur Gestaltung des demografischen Wandels sollten bereits zu Beginn der Umsetzung des Transitionsprozesses auf die Notwendigkeit und den Nutzen der Evaluierung hingewiesen und konkrete Indikatoren entwickelt werden (siehe hierzu auch Evers et al., 2017). Der Prozess wird durch die Moderation offen gestaltet, sodass er anpassungsfähig für neue Erkenntnisse oder neue Themenschwerpunkte ist. Dieses explorative Vorgehen führt dazu, dass Änderungen möglich sind, indem neue und aktuelle Themen aufgenommen werden.

Um langfristig kooperative Projekte und Experimente in Regionen umzusetzen und hierdurch Demografie zu gestalten, sollten auch der Handlungsleitfaden und die Weiterbildung kooperativ in Regionen entwickelt werden. Dies stärkt, so eine These des Projekts TRANSDEMO, sowohl durch eine entsprechende Öffentlichkeitswirksamkeit als auch durch die Beteiligung zentraler Akteure/-innen die Passfähigkeit der zentralen Projektergebnisse zur regionalen Ausgangssituation und trägt somit zur Institutionalisierung bei. Neben dem in diesem Abschnitt vorgestellten

Handlungsleitfaden ist die Weiterbildung zentral, die Regionalmanager/-innen dabei unterstützt, ein innovatives Regionalmanagement im demografischen Wandel umzusetzen. Diese wird im folgenden Abschnitt vorgestellt.

5.5 Weiterbildung „Innovatives Regionalmanagement im demografischen Wandel"

Eine wesentliche Voraussetzung für einen funktionierenden und langfristig wirksamen Prozess des Transition Managements liegt darin, dass es gelingt, als impulsgebende Einrichtung einen Bottom-up-Prozess in der Region zu initiieren und zu moderieren. Hierbei ist stets zu berücksichtigen, dass der Zutritt in und der Austritt aus der Transitionsarena freiwillig und jederzeit möglich sind und die beteiligten Akteure/-innen durchaus gegensätzliche Handlungslogiken und Eigeninteressen besitzen. Bezüglich der Orchestrierung von Kompetenzen (▶ Abschn. 5.2) ist somit von einer dynamischen Netzwerkstabilität auszugehen, d. h., die Transitionsarena kann hinsichtlich ihrer Akteure/-innen jederzeit wachsen oder schrumpfen, was Folgen für das vernetzte Kompetenzmanagement hat. Hier müssen gemeinsame Schwerpunkte und Synergieeffekte identifiziert werden. Eine vertrauensvolle Zusammenarbeit zwischen den Akteuren/-innen zu entwickeln und ein hohes Maß an Kompromissfähigkeit zwischen ihnen zu erreichen, ist daher eine unumgängliche Aufgabe eines Transition Managers, die spezielle Kenntnisse und ein ausgeprägtes „Fingerspitzengefühl" verlangt.

Die Aufgabe der Organisation der Transitionsarena und der die Durchführung begleitenden Moderation sind anspruchsvoll. Daher wird im Rahmen des Projekts TRANSDEMO ein Weiterbildungskonzept entwickelt und die Schulung pilothaft angeboten, um Akteure/-innen aus dem Bereich des Regionalmanagements und der Regionalentwicklung mit dem Ansatz des Transition Managements vertraut zu machen und die nötigen Kenntnisse und Kompetenzen für die Aufgabe der Durchführung zu vermitteln. In themenbezogenen und praxisnah gestalteten Modulen werden die Teilnehmenden dafür sensibilisiert, welche demografischen, sozioökonomischen, regionalpolitischen und wirtschaftlichen Aspekte für die Gestaltung eines Transition Managements im Bereich demografischer Wandel und regionale Innovationsfähigkeit mitberücksichtigt werden müssen. Sie lernen, wie relevante Akteure/-innen identifiziert und der laufende Prozess moderiert und begleitet werden kann. Der Lehr- und Lernprozess wird erfahrungs- und handlungsorientiert sowie prozesshaft gestaltet. Die Module orientieren sich entsprechend an dem idealtypischen Prozessablauf, beginnend mit Zugängen zum demografischen Wandel und seinen regionalen Auswirkungen, über Regional- und Stakeholderanalysen bis hin zur Theorie und Praxis von innovativem Regionalmanagement.

Fazit
Für eine langfristige Entwicklung und Umsetzung von Innovationen zum demografischen Wandel in Regionen sind, so der Ausgangspunkt des vorliegenden Beitrags, sowohl eine Vernetzung von Kompetenzen in Regionen relevant als auch ein gemeinsamer Austausch in einem moderierten Netzwerk, wozu Orchestrierungskompetenzen notwendig sind. Der Beitrag hat diese These in den Kontext offener Innovationen sowie der Regional Governance für vernetztes Kompetenzmanagement eingebettet. Hieraus können spezifische Moderationsinstrumente und deren Einbindung in einen Handlungsleitfaden sowie ein

Weiterbildungskonzept abgeleitet werden, die jeweils diskutiert wurden, und einerseits auf die Kompetenzen der Netzwerkmitglieder zur Entwicklung offener Innovationen sowie andererseits auf die Kompetenz der Netzwerkmoderation bezogen sind.

Die Vernetzung von Kompetenzen in Regionen, so konnte gezeigt werden, kann somit langfristig gestaltet und gesteuert werden. Dies ist zentral, da insbesondere in einem Netzwerk sich ergänzender Akteurseinrichtungen Wissenstransfer und somit Innovationsfähigkeit unterstützt wird (Blättel-Mink u. Ebner, 2009; Fritsch, 2013). Kompetenzen in Regionen zu vernetzen bedarf – neben der bereits beschriebenen Moderation und Kompetenzentwicklung – auch digitaler Unterstützungsinstrumente. Diese führen dazu, trotz begrenzter zeitlicher, personeller und finanzieller Ressourcen der beteiligten Akteure/-innen Kommunikation und Wissensaustausch aufrechtzuerhalten. Die Digitalisierung kann somit auch dabei unterstützen, Akteure/-innen beständig in einem kommunikativen Austauschprozess zu begleiten.

Literatur

Benz, A., & Dose, N. (2010). *Governance – Regieren in komplexen Regelsystemen*. Wiesbaden: VS Verlag für Sozialwissenschaften.

Benz, A., & Fürst, D. (2003). Region – „Regional Governance" – Regionalentwicklung. In B. Adamaschek, & M. Pröhl (Hrsg.), *Regionen erfolgreich steuern. Regional Governance – von der kommunalen zur regionalen Strategie* (S. 11–66). Gütersloh: Verlag Bertelsmann Stiftung.

Blättel-Mink, B., & Ebner, A. (2009). Innovationssysteme im wissenschaftlichen und gesellschaftlichen Diskurs. In B. Blättel-Mink, & A. Ebner (Hrsg.), *Innovationssysteme. Technologie, Institutionen und die Dynamik der Wettbewerbsfähigkeit* (S. 11–26). Wiesbaden: VS Verlag für Sozialwissenschaften.

Chesbrough, H. (2003). *Open innovation: the new imperative for creating and profiting from technology*. Boston: Harvard Business School Press.

Diller, C. (2002). *Zwischen Netzwerk und Institution. Eine Bilanz regionaler Kooperationen in Deutschland*. Opladen: Leske + Budrich.

Ducki, A., Welter, F., & Günther, J. (2015). Neue Kooperationsformen und regionale Identitäten. In S. Jeschke, A. Richert, F. Hees, & C. Jooß (Hrsg.), Exploring Demographics: Transdisziplinäre Perspektiven zur Innovationsfähigkeit im demografischen Wandel (S. 93–100). Wiesbaden: Springer Spektrum.

European Union (EU). (2016). Regional Innovation Ecosystems – Learning from the EU's Cities and Regions. http://cor.europa.eu/en/documentation/brochures/Documents/Regional-innovation-ecosystems/Regional-innovation-ecosystems.pdf. Zugegriffen: 21. April 2017.

Evers, J., & Knipperts, J. (2015). Vernetzung und Kooperation: Soziale Innovationen im demografischen Wandel. In G. Becke, P. Bleses, F. Frerichs, M. Goldmann, B. Hinding, & M. K. W. Schweer (Hrsg.), *Zusammen – Arbeit – Gestalten. Soziale Innovationen in sozialen und gesundheitsbezogenen Dienstleistungen* (S. 109–124). Wiesbaden: Springer VS.

Evers, J., Hafkesbrink, J., Stuhldreier, J., & Joormann, W. (2017). Erfolgsbedingungen von Transition Management zum zielorientierten Wandel regionaler Innovationssysteme – Das Beispiel der Region NiederRhein (S. 173–198). In R. Kleinfeld, J. Hafkesbrink, & J. Stuhldreier, J (Hrsg.), *Innovatives Regionalmanagement im demografischen Wandel*. Wiesbaden: Springer VS.

Fritsch, M. (2013). Das regionale Innovationssystem. In P. Pasternack (Hrsg.), *Regional gekoppelte Hochschulen. Die Potenziale von Forschung und Lehre für demografisch herausgeforderte Regionen (HoF-Handreichungen 2)* (S. 15–19). Halle-Wittenberg: Institut für Hochschulforschung (HoF).

Fürst, D. (2010). Regional Governance. In A. Benz, & N. Dose (Hrsg.), *Governance – Regieren in komplexen Regelsystemen* (S. 49–68). Wiesbaden: VS Verlag für Sozialwissenschaften.

Geels, F. W., & Schodt, J. (2010). The dynamics of transitions: a socio-technical perspective. In J. Grin, J. Rotmans, & J. Schodt (Eds.), *Transitions to sustainable development. New directions in the study of long term transformative change* (pp. 11–104). New York: Routledge.

Hafkesbrink, J., & Kirkels, Y. (2016). Open Innovation in SMEs. In A. L. Mention, A. P. Nagel, J. Hafkesbrink, & J. Dąbrowska (Eds.), *Innovation Education Reloaded: Nurturing Skills for the Future. The Open Innovation Teaching Handbook*. Lappenranta, Finland: OI-Net – The Open Innovation network.

Hafkesbrink, J., & Schroll, M. (2010). Organizational competences for open innovation in small and medium sized enterprises of the digital economy. In J. Hafkesbrink, H.-U. Hoppe, & J. Schlichter (Eds.), *Competence Management for Open Innovation – Tools and IT support to unlock the innovation potential beyond company boundaries* (pp. 31–56). Lohmar: Josef Eul.

Hafkesbrink, J., Hoppe, H.-U., & Schlichter, J. (Hrsg.) (2010). *Competence Management for Open Innovation – Tools and IT support to unlock the innovation potential beyond company boundaries*. Lohmar: Josef Eul.

Hafkesbrink, J., Evers, J., Knipperts, J., Spitzner, G., & Wöhrmann, T. (2015). *Transition-Management-Modell „Demografischer Wandel und Innovationsfähigkeit. Zwischenbericht im Projekt Transdemo – Innovative Strategien zur Gestaltung des demografischen Wandels*. Duisburg: RIAS – Rhein-Ruhr Institut für angewandte Systeminnovation e.V.

Hellmer, F., Friese, C., Kollros, H., & Krumbein, W. (1999). *Mythos Netzwerke. Regionale Innovationsprozesse zwischen Kontinuität und Wandel*. Berlin: edition Sigma.

Hurmelinna-Laukkanen, P. (2009). The availability, strength and efficiency of appropriability mechanisms protecting investments in knowledge creation. *International Journal of Technology Management* 45, 282–555.

Kern, F., & Howlett, M. (2009). Implementing transition management as policy reforms: a case study of the Dutch energy sector. *Policy Sciences* 42, 391–408.

Kröcher, U. (2013). *Bedeutungsgewinn regionaler Kooperationsprozesse - von was, für wen, mit welchen Nebenwirkungen?* Köln: Deutsche Gesellschaft für Supervision.

Launonen, P. (2015). Determinants for Orchestrating Open Innovation Networks. In P. Lappalainen, M. Markkula, & H. Kune (Eds.), *Orchestrating Regional Innovation Ecosystems* (pp. 199–208). Otavan Kirjapaino Oy, Finland: Aalto University, Laurea University of Applied Sciences and Built Environment Innovations RYM Ltd.

Loorbach, D., & Rotmans, J. (2006). Managing transitions for sustainable development. In X. Olsthoorn, & A. J. Wieczorek (Eds.), *Understanding industrial transformation: views from different disciplines* (pp. 187–206). Dordrecht: Springer.

Michelino, F., Caputo, M., Cammarano, A., & Lamberti, E. (2014). Inbound and outbound open innovation: organization and performances. *Journal of Technology Management & Innovation* 9(3), 65–82.

Plamper, H. (2006). Regional Governance: eine Managementaufgabe. In R. Kleinfeld, H. Plamper, & A. Huber (Hrsg.), *Regional Governance* (Bd. 2, S. 361–380). Göttingen, Osnabrück: V&R unipress, Universitätsverlag Osnabrück.

Rahe, M. (2015). Innovationsnetzwerke – gelebte Open Innovation. *Photonik* 1, 20–22.

Regionalagentur NiederRhein (2011). *Handlungsplan Region NiederRhein*. Bottrop: Fachkräfteinitiative NRW, G.I.B. – Gesellschaft für innovative Beschäftigungsförderung mbH.

Roorda, C., Wittmayer, J., Henneman, P., van Steenbergen, F., Frantzeskaki, N., & Loorbach, D. (2014). *Transition-Management in städtischen Räumen: Leitfaden*. Rotterdam: DRIFT, Erasmus Universität Rotterdam.

Rotmans, J., & Loorbach, D. (2010). Towards a better understanding of transitions and their governance: a systemic and reflexive approach. In J. Grin, J. Rotmans, & J. W. Schodt, (Eds.), *Transitions to sustainable development. New directions in the study of long term transformative change* (pp. 105–199). New York: Routledge.

Stopper, J. (2008). Demografischer Wandel und interkommunale Kooperation – Problemwahrnehmungen und Handlungsorientierungen in der Kommunalpolitik. In H. Heinelt, & A. Vetter (Hrsg.), *Lokale Politikforschung heute* (S. 283–300). Wiesbaden: VS Verlag für Sozialwissenschaften.

Wagner, K. & Ziltener, A. (2008). Das regionale, offene Innovationssystem als Wachstumsmotor für KMU. *Innovation Management* 5, 92–95.

Fortschritt durch aktive Kollaboration in offenen Organisationen

*Christopher Münzberg, Dominik Weidmann, Simon Kremer,
Alexander Lang, Martin Burgenmeister, Udo Lindemann, Sabine Pfeiffer*

6.1 Herausforderung: Anpassung der Organisationsgrenzen – 66

6.2 Definition der offenen Organisation – 67

6.3 Konzept zur gezielten Öffnung von Organisationen – 68

6.4 Kollaboration in offenen Organisationen – 70
6.4.1 Auslöser für Offenheit – 71
6.4.2 Auswirkungen von Kollaboration in offenen Organisationen – 71
6.4.3 Leitfaden zur Unterstützung von Kollaboration in offenen Organisationen – 73

6.5 Ableitung von Handlungsempfehlungen zur optimalen Einstellung des Offenheitsgrades in Unternehmen – 75
6.5.1 Begriffsdefinitionen – 75
6.5.2 Beschreibung der Methode zur Ableitung von Handlungsempfehlungen für den idealen Offenheitsgrad – 76
6.5.3 Realer Offenheitsgrad und das Säulenmodell – 76
6.5.4 Ermittlung des idealen Offenheitsgrades über die Ausprägungen der sich verändernden Faktoren – 77

Literatur – 79

© Springer-Verlag GmbH Deutschland 2018
M. Bornewasser (Hrsg.), *Vernetztes Kompetenzmanagement*,
Kompetenzmanagement in Organisationen,
https://doi.org/10.1007/978-3-662-54954-4_6

Zusammenfassung

Das Verbundforschungsprojekt RAKOON – Fortschritt durch aktive Kollaboration in offenen Organisationen – entwickelt ausgehend von der Definition einer offenen Organisation ein Konzept zur gezielten Öffnung von Organisationen. Es werden die Kollaboration in offenen Organisationen betrachtet und Handlungsempfehlungen zur Erreichung des idealen Offenheitsgrades vorgestellt. Im Mittelpunkt dieser Themen stehen u. a. ein Leitfaden zur Kollaboration in offenen Organisationen sowie das Säulenmodell zur Visualisierung der Kollaboration von Unternehmen.

6.1 Herausforderung: Anpassung der Organisationsgrenzen

Im Mittelpunkt des Verbundforschungsprojektes RAKOON stehen Herausforderungen, die sich aus dem demografischen Wandel und verkürzten Innovationszyklen ergeben. Der demografische Wandel heißt: Die Altersstruktur in Deutschland verändert sich. Ebenso schrumpft die Bevölkerungszahl. Kürzere Innovationszyklen bedeuten für Organisationen: Technische Produkte müssen schneller bei hoher Qualität für einen globalen Markt entwickelt werden. Diese beiden Herausforderungen führen dazu, dass lebensphasenabhängige individuelle Bedürfnisse der Mitarbeitenden mit den Anforderungen von Organisationen an ihre Beschäftigten vereint werden müssen. Um diesen Herausforderungen zu begegnen, betrachtet RAKOON, wie Unternehmen gezielt ihre Organisationsgrenzen anpassen können. Heute eher „geschlossene" Organisationen mit geringer interner und externer Kollaboration sollen sich öffnen und so zu offenen Organisationen werden. Diese führen zu Chancen auf Mitarbeitenden- und Unternehmensseite wie eine flexiblere Produktentwicklung, effizientere Kompetenznutzung und dadurch zufriedenere Beschäftigte.

Das Verbundprojekt ist ein Konsortium aus Ingenieurwissenschaft (Technische Universität München), Soziologie (Universität Hohenheim und Institut für Sozialwissenschaftliche Forschung München e. V.) und Pädagogik (Ludwig-Maximilians-Universität München). Ebenso sind zwei IT-Unternehmen (CAS Software AG und kunst-stoff GmbH) als Verbundpartner bei der Entwicklung von Softwareprototypen beteiligt.

Durch diese interdisziplinäre Zusammensetzung konzentriert sich das Projekt bei der Betrachtung von Unternehmen mit seinen Mitarbeitenden auf den Entwicklungsprozess von technischen Produkten, die benötigten Kompetenzen und deren Entwicklung. Betriebswirtschaftliche und juristische Aspekte wie die Projektsteuerung oder der Umgang mit Nutzerdaten werden nicht betrachtet. In der Projektarbeit werden zwei Ziele verfolgt:
1. Entwicklung eines Modells der offenen Organisation
2. Entwicklung von Maßnahmen zum Kompetenzmanagement und zur Weiterentwicklung in offenen Organisationen

Dieses Kapitel adressiert das erste Ziel. In ▶ Kap. 9 steht das zweite Ziel im Fokus.

Die folgenden Abschnitte stellen drei ausgewählte Ergebnisse des Verbundprojektes vor. In ▶ Abschn. 6.2 wird eine Definition von offenen Organisationen erarbeitet und ein Konzept für offene Organisationen präsentiert. Der ▶ Abschn. 6.3 thematisiert die strategische Öffnung von Unternehmen und die unterschiedlichen Formen von Kollaboration von Unternehmen. Es wird der Offenheitsgrad diskutiert und das dazugehörige Offenheitsmodell vorgestellt. Der ▶ Abschn. 6.4 behandelt einen Leitfaden zur Kollaboration in offenen Organisationen. Dieser thematisiert Auslöser, Chancen und Herausforderungen und nennt Strategien und Maßnahmen zur Unterstützung der Kollaboration.

6.2 Definition der offenen Organisation

Zur Zeit der Industrialisierung im 18. und 19. Jahrhundert etablierte Frederick Taylor strikte hierarchische Organisationen, die die Massenfertigung und Distribution von Gütern unterstützten (Ashkenas et al., 2002). Diese Organisationen waren stark von ihren jeweiligen Führungspersonen abhängig (Foster, 2014). Im Verlauf des 20. Jahrhundert waren besonders die Größe eines Unternehmens, dessen Spezialisierung und eine klare interne Rollenverteilung entscheidende Faktoren, damit Unternehmen erfolgreich sind. Seit Mitte des 20. Jahrhunderts haben sich diese Faktoren verändert. Nun wird von Unternehmen hauptsächlich Geschwindigkeit, Flexibilität, Integrationsfähigkeit und Innovationspotenzial gefordert. Um diesen neuen Kriterien gerecht zu werden, ist eine Veränderung der Organisationsformen von hierarchischen hin zu dezentralisierten Systemen zu beobachten (Ashkenas et al., 2002). Dezentralisierte Organisationen sind agiler und können sich dementsprechend unter Druck schneller den gegebenen Randbedingungen anpassen (Foster, 2014).

Ein Ansatz für mehr Flexibilität von Organisationen ist die Öffnung der organisatorischen Grenzen. Bereits in den frühen 1990er-Jahren wurde Offenheit als Unternehmensprinzip untersucht (Dorn, 1993), aber auch neuere Ansätze wie Crowdsourcing (Howe, 2008) oder Open Innovation (Chesbrough, 2006b) adressieren dieselbe zugrunde liegende Thematik. Der Trend geht in Richtung kontinuierlicher und adaptiver Anpassung (Öffnen und Schließen) organisatorischer Grenzen an die sich verändernden strategischen, technischen und kompetitiven Randbedingungen (Lakhani et al., 2013). Es existieren unterschiedliche organisatorische Grenzen – sowohl vertikal als Manifestation von Hierarchien als auch horizontal zwischen funktionalen Bereichen. Externe Grenzen trennen die Organisation von ihrer Umgebung, geografische Grenzen hingegen beschreiben die Grenzen zwischen verschiedenen Märkten und Kulturen (Ashkenas et al., 2002).

Whitehurst (2015) beschreibt offene Organisationen als sich sowohl innerhalb als auch außerhalb der Organisation engagierende partizipative Gemeinschaften. Sie reagieren schneller auf Chancen und haben Zugang zu Ressourcen und Talenten sowohl innerhalb als auch außerhalb der Organisation. Offene Organisationen motivieren und befähigen Mitarbeitende, auf allen Ebenen verantwortlich zu handeln – sie tragen somit dazu bei, den Forderungen nach einem unternehmerisch und eigeninitiativ handelnden Beschäftigten (entsprechend des Idealtypus des „Arbeitskraftunternehmers"; Voß u. Pongratz, 2004) gerecht zu werden. Foster (2014) beschreibt offene Organisationen als Peer-Interaktion, die organisatorische, kulturelle und Generationsgrenzen überschreitet, um mit anderen zu kollaborieren, um ein Endprodukt herzustellen und um Pläne, Quellmaterialien und Dokumentationen frei innerhalb der Organisation zu teilen. Volberda (2011) fokussiert dabei die Kombination aus internen und externen Ressourcen, um einen größtmöglichen Vorteil zu erreichen. Ressourcen sind hier Kapital, Wissen und Fertigkeiten.

Diese Interpretationen zeigen, dass bei offenen Organisationen die Steuerung organisationaler Grenzen, das Teilen von Ressourcen und die Art der Zusammenarbeit wesentliche Kernpunkte sind. Darauf aufbauend und unter Beachtung des Forschungskontextes wird im Forschungsprojekt RAKOON die offene Organisation wie folgt definiert: Offene Organisationen verfolgen das langfristige Ziel, über die situative Anpassung der internen und externen Organisationsgrenzen Mehrwert für die Organisation zu generieren. RAKOON fokussiert die Öffnung des Produktentstehungsprozesses auf den Dimensionen Personen und Wissen.

Der Ansatz von offenen Organisationen baut auf den Ideen des Open-Innovation-Ansatzes auf und erweitert diese. Open Innovation zielt besonders auf die Integration und Kombination von internen und externen Ideen in den Innovationsprozess ab (Chesbrough, 2006b) und dabei speziell auf die Integration von Nutzer- und Zuliefererunternehmen (von Hippel, 2005). Das

Konzept der offenen Organisation umfasst vor allem das Management von organisatorischen Grenzen und nicht allein die Integration von Wissen, sondern auch von Wissensträgern und -trägerinnen. Damit einher geht zudem ein Perspektivenwechsel: Gefordert ist ein reflexiver Umgang mit den polaren Paaren Offenheit/Geschlossenheit und Flexibilität/Stabilität, gepaart mit einem ganzheitlichen Blick auf die Organisation (Porschen-Hueck u. Huchler, 2016). Eine erfolgreichere Umsetzung von Öffnungsstrategien und -maßnahmen ist wahrscheinlicher, wenn diese nicht einfach Top-down auf die Organisation heraufgesetzt werden, sondern ein Einbezug möglichst vieler organisationaler Ebenen stattfindet. Entscheidend ist ferner – gerade bei sehr offenen Unternehmen – das gezielte Setzen von „Stabilitätsankern", um etwa einem Identitätsverlust des Unternehmens entgegenzuwirken.

6.3 Konzept zur gezielten Öffnung von Organisationen

Im Rahmen des Verbundprojektes RAKOON ist ein Konzept für offene Organisationen entstanden, das die verschiedenen Aspekte des Verbundprojektes in Zusammenhang bringt. Dieses in ◘ Abb. 6.1 dargestellte Konzept sensibilisiert für das Thema der offenen Organisation im Kontext der Produktentwicklung. Auf der einen Seite sollen Wissenschaftler das grundlegende Verständnis zur offenen Organisation besser nachvollziehen und dementsprechend Forschungsschwerpunkte

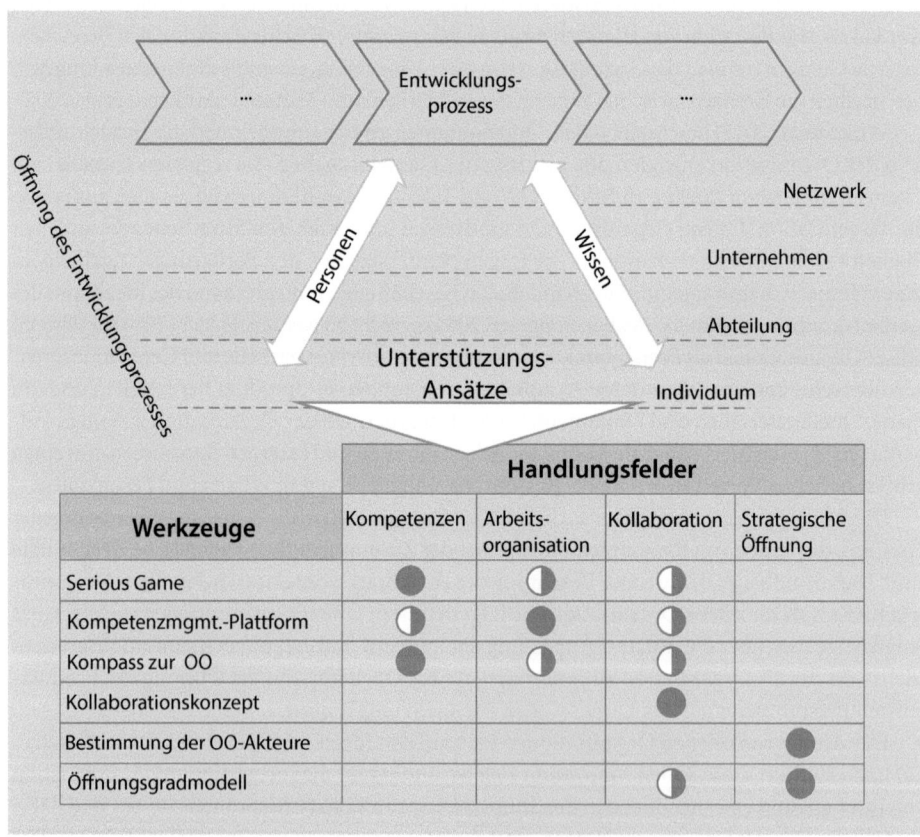

◘ **Abb. 6.1**   Konzept für offene Organisationen. *OO* offene Organisation

identifizieren können. Auf der anderen Seite soll das Konzept Beschäftigten auf dem Weg, die organisatorischen Grenzen ihres Unternehmens gezielt anzupassen, unterstützen. Dafür werden Handlungsfelder aufgezeigt, die sowohl aus theoretischen Vorüberlegungen als auch aus der Analyse der im Projekt erhobenen Empirie abgeleitet sind. In einer frühen Phase des Projektes wurde der Ist-Zustand bezüglich vorhandener und potenziell Erfolg versprechender Öffnungsformen, beteiligter Akteure/-innen und benötigter Kompetenzen (vgl. ▶ Kap. 2) entlang des Entwicklungsprozesses in drei Unternehmen unterschiedlicher Größe aus verschiedenen Branchen erhoben (Maschinenbau, Softwareentwicklung, Spieleentwicklung). Hierzu wurden umfangreiche Interviews mit Mitarbeitenden und Führungskräften durchgeführt, die sich schwerpunktmäßig mit in den Unternehmen vorhandenen Öffnungsformen, der internen und externen Kollaboration und benötigten Kompetenzen befassten. Dabei wurde jeweils die Entwicklungsgeschichte eines konkreten Produktes nachvollzogen.

Das dargestellte Konzept fokussiert den Entwicklungsprozess, der – abhängig von der jeweiligen Prozessphase – durch eine gezielte Anpassung der organisatorischen Grenzen unterstützt wird. Die **organisatorischen Grenzen** sind in vier Ebenen gegliedert, mit einem immer enger werdenden Fokus. Auf der ersten Ebene werden interorganisationale Kooperationen von Unternehmensnetzwerken beschrieben, auf den beiden folgenden Ebenen intraorganisationale Kooperationen (von unternehmensbezogen hin zu abteilungsbezogen). Auf der untersten Ebene geht es um die Zusammenarbeit von Individuen, wobei diesen besondere Aufmerksamkeit zukommt, da sie hohen Einfluss auf die anderen Ebenen haben. Die Öffnung kann in jedem Prozessschritt auf den jeweiligen Ebenen in beide Richtungen erfolgen, nach innen und außen, und kann dementsprechend nach der Richtung der Öffnung sowie der wirkenden Ebene klassifiziert werden. Die zwei wesentlichen betrachteten **Öffnungsdimensionen** sind dabei Personen (aktive Personaleinbindung) und Wissen (Wissens- und Ideenaustausch), die durch Methoden und Strategien über verschiedene Organisationsebenen hinweg umgesetzt werden. Zwar sind diese beiden Dimensionen nicht komplett voneinander zu trennen, doch lassen sich verschiedene Öffnungsformen anhand der Dimension differenzieren, auf die sie jeweils primär abzielen.

Unter aktiver Personaleinbindung werden beispielsweise klassische, eher niedrig qualifizierte Leiharbeit (Arbeitnehmerüberlassung), die Einbindung von freien Mitarbeitenden (Freelancer), Personalaustausch mit anderen Unternehmen sowie das Zurückgreifen auf externe Dienstleistungsunternehmen (etwa im Bereich von Entwicklungs- bzw. Ingenieursdienstleistungen) zusammengefasst. Bei diesen Öffnungsformen spielt das Thema Integration eine zentrale Rolle: Über Arbeitnehmerüberlassung und Werkverträge beschäftigte Personen sehen sich oftmals mit im Vergleich zu Personen mit Direktanstellung geringeren Partizipationsmöglichkeiten (Stimmrecht, Vertretung durch Betriebsrat etc.) und Privilegien konfrontiert. Um einer Spaltung der Belegschaft entgegenzuwirken, gilt es hier, besonderes Augenmerk auf die Arbeitsbedingungen und die Ausgestaltung der Kooperation mit derartig eingebundenen Arbeitskräften zu richten. Insbesondere bei längerfristigen unternehmensübergreifenden Personalaustauschbeziehungen ist hier die Notwendigkeit eines vernetzten Kompetenzmanagements zu betonen, das auch die Kompetenzen externer Beschäftigten abbilden kann.

Die zweite Öffnungsdimension – der Wissens- und Ideenaustausch mit externen Einrichtungen – beinhaltet beispielsweise Öffnungsformen wie Crowdsourcing, strategische Netzwerke und Allianzen zwischen Unternehmen, Hochschulkooperationen, die frühzeitige Einbeziehung von Kundenunternehmen und Lern-/Ausbildungsallianzen. Obwohl es auch hierbei zu temporärer (in der Regel aber schwächerer) Einbindung von externem Personal kommen kann, steht die Genese von Wissen und Ideen eindeutig im Vordergrund.

In der Empirie konnten dabei drei verschiedene **organisationale Öffnungsstrategien** identifiziert werden. Geplante Öffnung beschreibt strategische Entscheidungen zu mehr Offenheit, die

„von oben herab" etabliert werden und möglichst genau geplant und kontrolliert werden sollen. Als konkrete Form ist hier oftmals Transnationalisierung – etwa in Form von Offshoring oder der Zusammenarbeit mit ausländischen Dienstleistungsunternehmen – zu beobachten. Vorbereitende Öffnung schafft Rahmenbedingungen, die explizit offene Situationen und Arbeitsprozesse vorsehen, überlässt jedoch den Mitarbeitenden deren konkrete Ausgestaltung. So soll Offenheit angestoßen werden, ohne diese jedoch im Detail zu planen. Agilität ist ein Paradebeispiel für diesen Typus. Sich einlassende Öffnung schließlich umfasst (möglicherweise implizite und/oder unbewusst eingesetzte) Strategien, die auf ein Maximum an Offenheit abzielen. Gerade kleinere Firmen stützen sich zum Teil stark auf „Zusammenarbeit auf Zuruf" und kooperieren spontan und bedarfs- und gegenstandsorientiert (situativ). Klassische Projektmanagementtools rücken hierbei in den Hintergrund.

Das Konzept beinhaltet ferner sechs verschiedene **Werkzeuge**, die im Rahmen des Forschungsprojektes entwickelt wurden. Diese Werkzeuge unterstützen die gezielte Öffnung der Organisation und adressieren dabei unterschiedliche Aspekte der Öffnung. ◘ Abb. 6.1 zeigt die Themenfelder Kompetenzen, Arbeitsorganisation, Kollaboration und strategische Öffnung und ordnet die Werkzeuge diesen Themenfeldern zu. Die sechs entwickelten Werkzeuge können folgendermaßen kurz beschrieben werden:

- Serious Game: spielerische Kompetenzentwicklung
- Kompetenzmanagementplattform: Management der Kompetenzen mit Projektbezug
- Kompass für offene Organisationen: Hintergrundinformation zum Management von offenen Organisationen
- Kollaborationskonzept: Unterstützung zur situationsspezifischen Kollaboration in offenen Organisationen
- Bestimmung der Akteure/-innen: Methode zur Identifikation geeigneter Partnerunternehmen in offenen Organisationen
- Offenheitsgradmodell: Unterstützung bei der Definition des optimalen Offenheitsgrades in jedem Prozessschritt

Die folgenden beiden Abschnitte stellen zwei dieser Werkzeuge aus dem Konzept für offene Organisationen vor. Beide Werkzeuge unterstützen die Kollaboration in offenen Organisationen. In ▶ Abschn. 6.4 wird als erstes Werkzeug ein Leitfaden zur Unterstützung der direkten Zusammenarbeit in offenen Organisationen vorgestellt. Das zweite Werkzeug – das Offenheitsgradmodell – wird in ▶ Abschn. 6.5 präsentiert. Es adressiert die Bestimmung des aktuellen und optimalen Offenheitsgrades eines Unternehmens und betrachtet die Risiken bzw. Schäden und Chancen bzw. Benefits, die sich aus der Kollaboration in offenen Organisationen ergeben.

6.4 Kollaboration in offenen Organisationen

Die Ausgestaltung der Zusammenarbeit von Mitarbeitenden beeinflusst das Ergebnis von Produktentwicklungsprojekten entscheidend und ist ein Erfolgsfaktor für Organisationen. Auch in traditionellen Organisationsstrukturen führen gegenseitige Abhängigkeiten und Komplexität von Kollaborationsaspekten – z. B. Rollenentwicklung und Beziehungen zwischen Mitarbeitenden – zu Herausforderungen. Änderungen in den organisatorischen Strukturen von Unternehmen beeinflussen die Zusammenarbeit. Im Prozess von einer geschlossenen zu einer offenen Organisation steigen die Anzahl der beteiligten Personen, die Komplexität von Projekten und die Einflussbereiche von Entscheidungen. Gleichzeitig ändert sich die Art der Kollaboration: Kommunikations- und Informationstechnologien erlauben unmittelbaren, weltweiten Wissensaustausch, z. B.

in Teams, die zusammen an Innovationen arbeiten und dabei keinen gemeinsamen Arbeitsplatz haben. Darüber hinaus bestehen Teams aus abteilungsübergreifenden Teilnehmenden, Personen im Ruhestand arbeiten als Wissensträger und Unternehmen integrieren andere Organisationen gleichberechtigt zum Zwecke der Kooperation in ihre Organisation. Dies führt z. B. zur steigenden Bedeutung von Werten wie Transparenz und Vertrauen. Daher ist es wichtig, Strukturen nicht nur auf einem übergeordneten Unternehmenslevel, sondern auch hinsichtlich der Kollaboration zu gestalten.

Ausgehend von einer kurzen Erklärung des Verständnisses von Kollaboration beschreibt dieser Abschnitt
- Auslöser für Offenheit,
- Auswirkungen von Kollaboration in offenen Organisationen und
- einen Leitfaden zur Unterstützung von Kollaboration in offenen Organisationen.

Zusammenfassend werden situationsspezifische Informationssuche und anschließendes Kollaborationsdesign unterstützt. Die Definition „eines" Kollaborationskonzeptes für offene Organisationen ist dabei nicht zielführend, da dies von einer Vielzahl spezifischer Einflussfaktoren abhängig ist. Vielmehr wird ein Überblick zur systematischen Gestaltung von Kollaborationsstrategien in offenen Organisationen gegeben.

Kollaboration beschreibt die Zusammenarbeit mehrerer Personen oder Gruppen als ergebnisoffenen Prozess, bei dem non-summative Teameffekte erzielt werden (Kriz u. Nöbauer, 2008). Somit geht Kollaboration über reine Koordination und Kommunikation hinaus. Teams sind dabei klassischerweise durch folgende Eigenschaften charakterisiert (Haug, 2009; Kriz u. Nöbauer, 2008): Gemeinsames Ziel, Synergie, Heterogenität, Verantwortung, Selbstorganisation und Führung. Beim Teilen von Wissen und Ressourcen über Unternehmensgrenzen hinweg ist der Fokus auf Aufgaben und Verantwortlichkeiten innerhalb traditioneller Teams nicht mehr ausreichend. Kontakte und Zusammenarbeit mit externen oder flexiblen Teilnehmenden gewinnen an Bedeutung.

6.4.1 Auslöser für Offenheit

◘ Abb. 6.2 fasst die Auslöser für die Öffnung von Organisationen in vier Clustern zusammen: Globalisierung, gesellschaftliche Änderungsprozesse, Kommunikationstechnologien und Produkt-/Produktionstechnologien. Die Verbindung der vier Bereiche führt zu steigender Komplexität (erfordert externe Offenheit) und der Herausforderung, interne Kräfte gegenüber Wettbewerbern/-innen zu bündeln (interne Offenheit). Digitalisierung hat hierbei einen starken Einfluss auf alle anderen Auslöser (z. B. verstärkte Globalisierung) und gilt daher als Katalysator für die Öffnung der Zusammenarbeit in offenen Organisationen.

6.4.2 Auswirkungen von Kollaboration in offenen Organisationen

Die ◘ Abb. 6.3 und ◘ Abb. 6.4 präsentieren identifizierte Auswirkungen von Kollaboration in offenen Organisationen für Unternehmen und Individuen, die durch die zuvor beschriebenen Auslöser verursacht werden. Die Effekte teilen sich auf in Chancen und Risiken. Des Weiteren unterscheiden sich diese auf Unternehmens- und Mitarbeitendenebene. Chancen sind grundsätzlich positiv und ergeben sich automatisch durch die Öffnung von Unternehmen. Auf der anderen Seite erfordern Risiken Maßnahmen, um negative Effekte zu verhindern und sie in

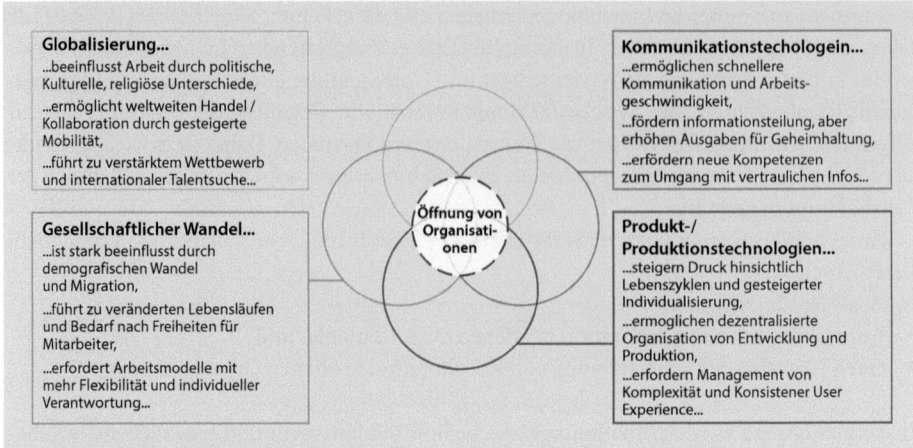

☐ Abb. 6.2 Auslöser für Offenheit

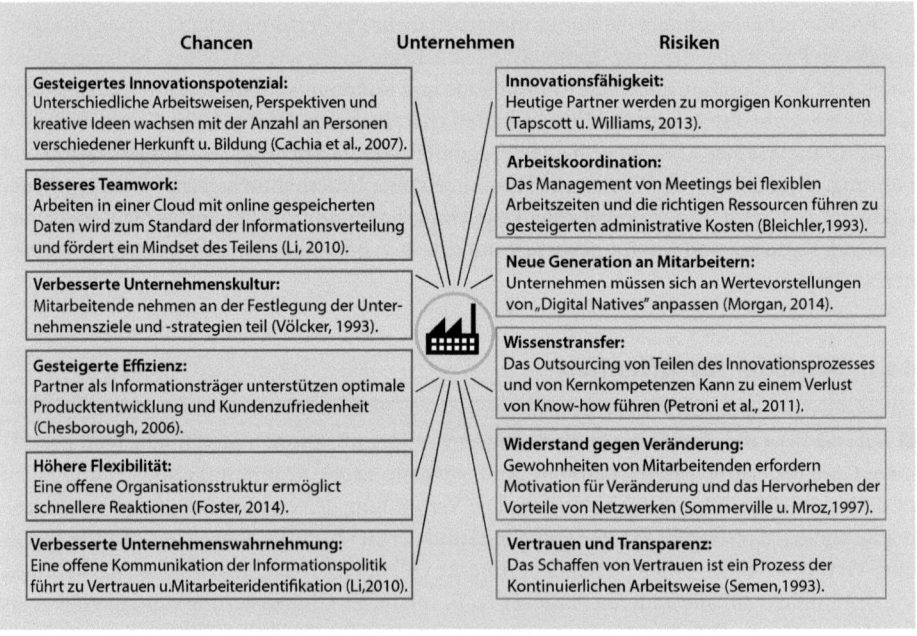

☐ Abb. 6.3 Auswirkungen von Kollaboration in offenen Organisationen (Unternehmen)

positive Auswirkungen zu übertragen. Chancen und Risiken in einer Zeile stehen in Bezug zueinander (z. B. „gesteigertes Innovationspotenzial" und „Fähigkeit nachhaltig zu innovieren"). Auf Unternehmensebene ergeben sich sechs Cluster von Chancen und Risiken. Für Individuen stehen vier Cluster auf jeder Seite. Herausforderungen für Mitarbeitende konzentrieren sich auf die benötigten Kompetenzen für die Zusammenarbeit in offenen Organisationen: Framework-, Play- und Care-Kompetenz (▶ Kap. 9).

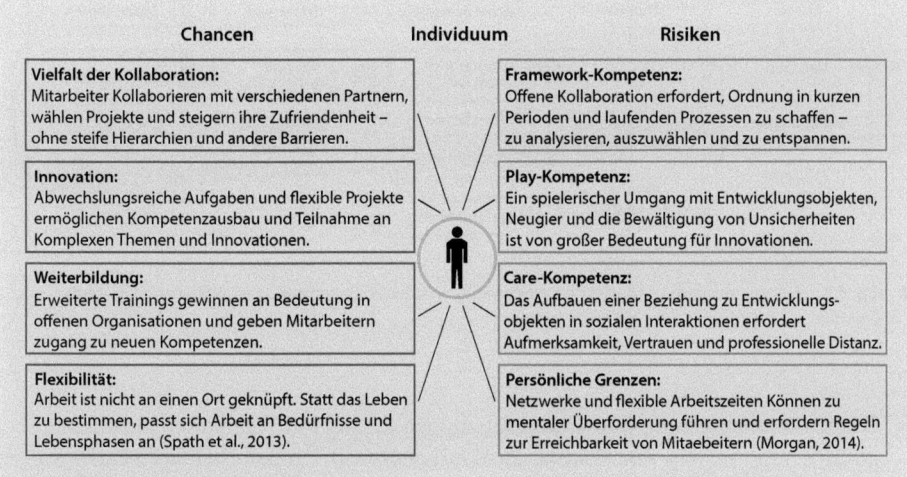

◘ Abb. 6.4 Auswirkungen von Kollaboration in offenen Organisationen (Individuum)

6.4.3 Leitfaden zur Unterstützung von Kollaboration in offenen Organisationen

Der im Folgenden vorgestellte Leitfaden präsentiert Anforderungen und Möglichkeiten offener Kollaboration und soll Unternehmen im Öffnungsprozess unterstützen. Die ◘ Abb. 6.5 zeigt die Struktur des Leitfadens zur situationsspezifischen Informationsbeschaffung und Kollaborationsplanung. Die kompletten Inhalte des Leitfadens sind unter http://www.openorganisation.de/ zu finden. Die Öffnungsebenen und -themen strukturieren Anforderungen, verknüpfte Strategien und Maßnahmen. Der Leitfaden adressiert: „Strategen" (S) bei der gezielten Suche nach Öffnungsansätzen auf bestimmten Ebenen; „Anwender" (A) beim Bedarf nach konkreten Maßnahmen für spezifische Anforderungen; „Novizen" (N) auf der Suche nach grundlegenden Möglichkeiten langfristiger Öffnung. Zunächst ist die Organisationsebene auszuwählen, auf der die Öffnung durchgeführt werden soll (Netzwerk, Unternehmen, Abteilung, Individuum). Davon ausgehend ist der Fokus der Öffnung zu wählen. Für „Netzwerk", „Unternehmen" und „Abteilung" sind folgende drei Themengebiete vorgesehen:

- Werte: Anforderungen an Veränderung persönlicher Werte (z. B. bezüglich Führung, kultureller Unterschiede, generationenübergreifender Kollaboration)
- Information und Kommunikation: Anforderungen an Informationsfluss (z. B. Ressourcen, Barrieren)
- Arbeitsgestaltung: Anforderungen an Workflow und Prozesse (z. B. Art der Arbeit, Arbeitszeit)

Auf der Ebene „Individuum" ersetzen zwei spezifischere Themen den Block „Information und Kommunikation":
- Kompetenzen: Nicht Ressourcen, sondern Kompetenzen zur Nutzung der richtigen Tools und zur Umsetzung von Offenheit sind entscheidend (z. B. Sprachen- und Netzwerkfähigkeiten).

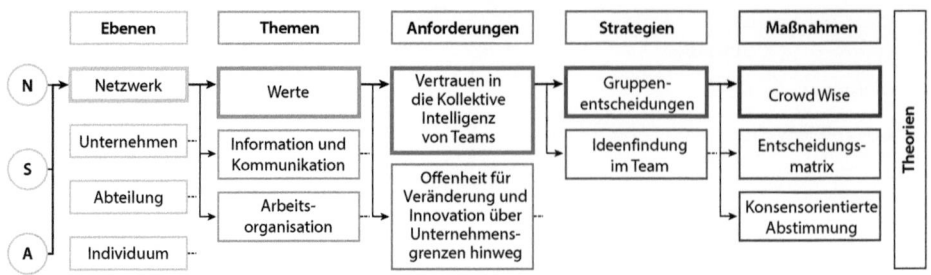

Abb. 6.5 Auszug aus dem Leitfaden für Kollaboration in offenen Organisationen. *N* Novize, *S* Stratege, *A* Anwender

- Teamzusammensetzung: Die richtige Zusammensetzung von Teams ermöglicht eine positive Informations- und Kommunikationskultur (z. B. Diversity Management).

Öffnungsebenen und Themengebiete definieren den Rahmen des Leitfadens. Die Planung und Gestaltung offener Organisationen bringt allerdings auch konkrete Anforderungen mit sich. Auf Basis der Auslöser sowie der Chancen und Herausforderungen konnten 86 Anforderungen im Stand der Forschung identifiziert werden. So führen z. B. die Herausforderungen „Arbeitskoordination" und „Vertrauen und Transparenz" zur Anforderung „Vertrauen auf die kollektive Intelligenz von Teams". Alle Anforderungen sind nach Ebenen und Themen kategorisiert. Beschreibungen aller Anforderungen sind online zu finden. Die ◘ Abb. 6.5 zeigt beispielhaft die Anforderungen für den Pfad „Netzwerk – Werte":

- Vertrauen auf die kollektive Intelligenz von Teams: Bei offener Kollaboration in Netzwerken erfolgen Zusammenarbeit und Entscheidungsfindung über Unternehmensgrenzen hinweg. Besonders die Managementebene muss Zuversicht entwickeln, dass Entscheidungen mit dem Einbezug vielfältiger Stakeholdereinrichtungen zum Wohle der Organisation ausfallen. Methoden für objektive und schnelle Entscheidungsprozesse können hierbei unterstützen.
- Offenheit für Veränderung und Innovation über Unternehmensgrenzen hinweg: Arbeiten in Netzwerken erfordert eine offene Einstellung, um strategische Verbesserungsmöglichkeiten mit Partnerunternehmen zu diskutieren, Ideen von außen aufzunehmen und von Personen außerhalb des eigenen Unternehmens zu lernen.

Die zwei priorisierten Anforderungen pro Pfad (30 Anforderungen) werden mit Strategien zur langfristigen Umsetzung adressiert (z. B. „Gruppenentscheidungen", „Ideengenerierung in Teams"). Die Anwendung einer einzelnen Strategie ist jedoch nicht sinnvoll. Zum Beispiel adressiert die Strategie „Gruppenentscheidungen" auf der Netzwerkebene auch die Anforderung „attraktives Arbeitsumfeld" auf Abteilungsebene und kann mit der Strategie „Open Mindset" auf der Ebene Individuum verknüpft werden. Die Verbindungen der 56 Strategien (2–4 pro Anforderung) sind ebenfalls online dokumentiert.

Nach der Auswahl einer bestimmten Strategie werden schließlich passende Maßnahmen angeboten – von Methoden bis hin zu pragmatischen Leitlinien. Jede der 126 Maßnahmen (Auszug in ◘ Abb. 6.5; komplette Dokumentation online) ist dabei ihrerseits wieder mit Strategien und Maßnahmen auf anderen Organisationsebenen verknüpft. Dadurch wird ein ganzheitliches Kollaborationsdesign angestrebt.

6.5 Ableitung von Handlungsempfehlungen zur optimalen Einstellung des Offenheitsgrades in Unternehmen

In diesem Abschnitt wird eine Methode zur Bestimmung des idealen Offenheitsgrades für Unternehmen und Handlungsempfehlungen zur Erreichung des idealen Offenheitsgrades vorgestellt. Diese Methode besteht aus einem Modell, das über die Messung der internen und externen Kollaboration einem Unternehmen einen realen Offenheitsgrad zuordnet. Der zweite Teil der Methode besteht aus einem Berechnungsalgorithmus, der über die Betrachtung von Risiken und Chancen den idealen Offenheitsgrad errechnet. Mithilfe der Differenz zwischen realem und idealem Offenheitsgrad werden die umzusetzenden Handlungsempfehlungen ermittelt.

6.5.1 Begriffsdefinitionen

Zum besseren Verständnis der Überlegungen, die dem Modell und der Berechnungsmethode zugrunde liegen, werden folgende Grundannahmen und Begriffe für diesen Abschnitt definiert: Betrachtet wird ausschließlich der Produktentwicklungsprozess in Unternehmen des deutschen Mittelstands. Kollaboration ist dabei die Zusammenarbeit mit internen und externen Kollaborationspartnerunternehmen. Unter Öffnung eines Unternehmens wird die Veränderung in der Kollaboration innerhalb und außerhalb des Unternehmens verstanden.

Das im Verbundprojekt entwickelte Säulenmodell (◘ Abb. 6.6) visualisiert die Kollaboration zwischen den Unternehmen. Dabei steht jede Säule für einen Kollaborationspartner, wobei die Höhe der Säulen die Intensität der Kollaboration zwischen den Partnerunternehmen darstellt. Die Intensität besteht aus den beiden Aspekten „Häufigkeit der Zusammenarbeit" und „Vertrauen der Partner untereinander".

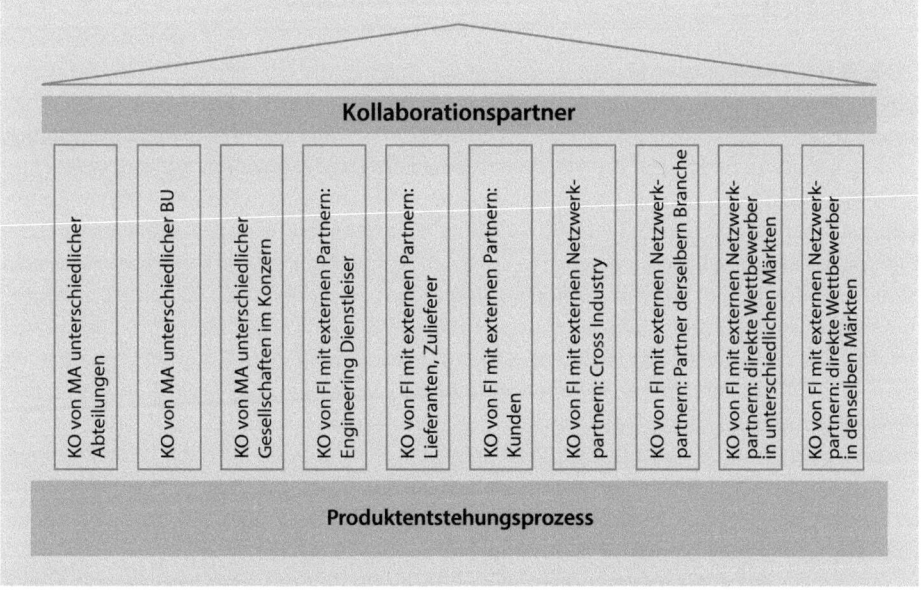

◘ **Abb. 6.6** Säulenmodell zur Visualisierung der internen und externen Kollaboration in Unternehmen. *BU* Business Unit, *MA* Mitarbeitender, *KO* Kollaboration, *FI* Firmen

Die Gesamtheit der Ausprägung der einzelnen Säulen des Säulenmodells gibt die Offenheitsstrategie (hier die Ausprägung der Zusammenarbeit mit allen externen und internen Partnereinrichtungen) eines Unternehmens an.

Der Offenheitsgrad ergibt sich aus der Summe über alle Ausprägungen der Kollaborationsintensität aller Kollaborationsunternehmen im Säulenmodell. Das Säulenmodell dient dabei zur Ermittlung des realen Offenheitsgrades eines Unternehmens.

Um den idealen Offenheitsgrad zu errechnen, werden zusätzlich Chancen und Risiken in der Zusammenarbeit mit den einzelnen Partnerunternehmen im Rahmen von Interviews bei Unternehmen abgefragt. Dabei wird definiert, dass Risiken zu Beginn eines Projektes bewertet und nach Eintreten im Projekt zu Schäden werden. Chancen werden ebenfalls zu Beginn eines Projektes bewertet und werden nach Eintreten zu Benefits.

6.5.2 Beschreibung der Methode zur Ableitung von Handlungsempfehlungen für den idealen Offenheitsgrad

Wird in Unternehmen die Entscheidung getroffen, den Offenheitsgrad zu optimieren, helfen die aufgrund der Methode erarbeiteten Handlungsempfehlungen bei der Umsetzung. Zur Ableitung der Handlungsempfehlungen werden der reale und der ideale Offenheitsgrad miteinander verglichen. Dabei wird der reale Offenheitsgrad in Interviews mit den Unternehmen über die Kollaboration mit internen und externen Partnereinrichtungen direkt gemessen und der ideale Offenheitsgrad über eine Chancen- und Risikobetrachtung errechnet. Um möglichst spezifische Handlungsempfehlungen zu erhalten, werden idealer und realer Offenheitsgrad auf die einzelnen Kollaborationseinrichtungen und die einzelnen Prozessschritte im Produktentwicklungsprozess heruntergebrochen.

6.5.3 Realer Offenheitsgrad und das Säulenmodell

Das in ◘ Abb. 6.6 dargestellte Säulenmodell zeigt zehn interne und externe Kollaborationseinrichtungen, die ggf. gemeinsam an einem Entwicklungsprojekt arbeiten. Die ersten drei Säulen geben dabei die Zusammenarbeit innerhalb des Unternehmens, die folgenden vier die Zusammenarbeit mit Partnerunternehmen und die letzten drei Säulen die Zusammenarbeit mit Peers wieder.

In einer Online-Befragung von 100 Industrieunternehmen konnten vier Gruppen von Unternehmen identifiziert werden, die ähnliche Offenheitsstrategien verfolgen und über ähnliche Unternehmenseigenschaften verfügen. Bei der ersten Gruppe handelt es sich um die sogenannten „Großen Kooperativen". Signifikante Eigenschaften sind hier ein überdurchschnittliches Wachstum und überdurchschnittliche internationale Präsenz. Bei der zweiten Gruppe handelt es sich um die „Eigenständigen Selbstsicheren". Dies sind vor allem jüngere Unternehmen mit eher geringerem Wachstum, die vor allem in Deutschland und der Europäischen Union tätig sind. Die dritte Gruppe sind die „Jungen Wilden". Dies sind ebenfalls vor allem jüngere Unternehmen mit geringem Profit, die vor allem im Dienstleistungssektor tätig sind. Bei der letzten Gruppe, den „Traditionell Verschlossenen", handelt es sich um ältere Unternehmen mit vergleichsweise geringem Umsatz im überwiegend produzierenden Bereich. Die Online Befragung diente zur Validierung des Säulenmodells.

Zur Bestimmung des realen Offenheitsgrades wird im Rahmen eines Interviews in einem Unternehmen die Kollaborationsintensität innerhalb eines bestimmten Projektes und dort innerhalb jedes auftretenden Prozessschrittes des Produktentwicklungsprozesses abgefragt. Dieser

Wert wird je Kollaborationspartner mit dem im Folgenden zu errechnenden Wert des idealen Offenheitsgrades verglichen. Aus der Differenz werden anschließend die Handlungsempfehlungen abgeleitet.

6.5.4 Ermittlung des idealen Offenheitsgrades über die Ausprägungen der sich verändernden Faktoren

Der ideale Offenheitsgrad eines Unternehmens kann nicht gemessen werden. Dieser wird im Rahmen der in Unternehmen zu führenden Interviews über die Ausprägung der sich verändernden Faktoren berechnet:
- Qualität des relevanten Wissens im Unternehmen
- Quantität des relevanten Wissens im Unternehmen
- Nutzung der internen Kompetenzen und der Kompetenzen des Partnerunternehmens
- Geschwindigkeit des Entwicklungsprozesses
- Anpassungsfähigkeit des Entwicklungsprozesses
- Performance des Entwicklungsprozesses
- Nutzungserlebnis
- Absatzvolumen des entstandenen Produktes
- Projektkosten
- Image des Unternehmens
- Marktposition des Unternehmens
- Rechtssituation

Durch die Zusammenarbeit mit den einzelnen Kollaborationsunternehmen verändern sich diese Faktoren. Es sind immer positive Ausprägungen (Chancen) und negative Ausprägungen (Risiken) beobachtbar. Über das entwickelte Berechnungsmodell (algebraischer Algorithmus) ergibt sich der ideale Offenheitsgrad je Prozessschritt und Kollaborationspartner mit einem Wert zwischen 0 und 100 %. Zur Ableitung der Handlungsempfehlungen wird dieser nun mit dem realen Offenheitsgrad ins Verhältnis gesetzt. Auf diese Weise können besonders kritische Kollaborationsverhältnisse identifiziert werden. Schließlich werden in diesen Kollaborationsverhältnissen – priorisiert über die Maxima der Abweichungen zwischen Risiko und Chance – die zu optimierenden Themenfelder identifiziert und im Rahmen von Workshops mit den Unternehmen die passenden Maßnahmen entwickelt.

Abweichungen zwischen realem und idealem Offenheitsgrad sind nicht ungewöhnlich. Viele Unternehmen müssen aufgrund ihres Geschäftsmodells, ihrer Stellung in der Wertschöpfungskette oder der strategischen Ausrichtung durch das Management mit Kollaborationsunternehmen sehr offen zusammenarbeiten, obwohl sie sich der eigentlich großen Risiken bewusst sind. In einem solchen Fall käme es zu Abweichungen zwischen realem und idealem Offenheitsgrad.

An folgendem Beispiel wird die Vorgehensweise verdeutlicht. Für ein Unternehmen der Automobilindustrie wurde im Prozessschritt „Verstehen und Dokumentieren der Kundenanforderungen" in der Kollaboration mit fremden Business Units (2. Säule von links im Säulenmodell), hier einem Werk in China, bei der Entwicklung einer Fahrzeugkomponente der reale Offenheitsgrad von 75 % gemessen. Nach Auswertung aller Risiken und Chancen bei dieser Zusammenarbeit ergab sich ein Wert von 55 % für den idealen Offenheitsgrad, berechnet nach dem algebraischen Algorithmus. Die Zusammenarbeit ist also deutlich offener als sie nach der Risiko- und Chancenabwägung sein sollte. Hohe Abweichungen bestehen bei den sich verändernden Faktoren: Geschwindigkeit des Entwicklungsprozesses (starke Abweichung),

> **Aus strategischer Sicht ist eine Reduktion der Kollaboration nicht möglich.**
> **Maßnahmen im Bereich Kollaboration mit dem Werk in China:**
>
> | Priorität 1: | **Projektkosten** | Maßnahmen: |
> |---|---|---|
> | Risiken: | Mehraufwand durch koordination, langwierige Prozesse | Optimierungen im Bereich Projektmanagement Von Anfang an bessere Integration notwendiger |
> | Schäden: | Höhere Projektkosten | Kompetenzen |
>
> | Priorität 1: | **Performance des Entwicklungsprozesses** | Maßnahmen: Bessere Koordination über neues IT System |
> |---|---|---|
> | Risiken: | Durch die Integration fremder Ressourcen Zeitverluste und Mehraufwand zur Koordination | Bessere Definition von Prozessen Schulung von Mitarbeitenden in China in den Bereichen Projektmanagement und Prozessverständnis |
> | Schäden: | Ineffizientere Prozesse, Verzogerung beim Markteintritt | |
>
> | Priorität 2: | **Geschwindigkeit des Entwicklungsprozesses** | Maßnahmen: Nochmalige Effizienzoptimierung von Prozessen |
> |---|---|---|
> | Risiken: | Zeitverlust durch Integration externer Ressourcen | an den Schnittstellen Stärkere Bindung von Mitarbeitenden an den Schnittstellen andie Zentrale durch verstärkte |
> | Schäden: | Vergrößerung der Time-to-Market, Produkte werden später auf den Markt gebracht | Umsetzung der Rotationsstrategie |

Abb. 6.7 Handlungsempfehlungen am Beispiel eines Unternehmens der Zulieferindustrie, im Prozessschritt „Verstehen und Dokumentieren der Kundenanforderungen" in der Kollaboration mit fremden Business Units

Performance des Entwicklungsprozesses (starke Abweichung) und Projektkosten (mäßige Abweichung). In ● Abb. 6.7 sind die in einem Workshop mit dem Unternehmen erarbeiten Maßnahmen für die drei Themenstellungen dargestellt.

> **Fazit**
> Damit Organisationen proaktiv agieren können, müssen sie zunächst Veränderungen in ihrem Umfeld und in der Gesellschaft erkennen. Sinnvolle und tatsächlich umsetzbare Öffnungsformen müssen anschließend mithilfe einer Chancen-Risiken-Analyse bestimmt werden, um auf dieser Basis eine passende Strategie entwickeln zu können. Hierbei können der in RAKOON entwickelte Kollaborationsleitfaden oder die Handlungsempfehlung zur Bestimmung des Offenheitsgrades unterstützen. Dementsprechend ist entscheidend, dass offene Organisationen nicht zwangsweise den größtmöglichen Offenheitsgrad anstreben, sondern unter Berücksichtigung der Unternehmensgröße, Branche etc. einen passenden Grad wählen. Dieser kann je nach Abteilung oder Projekt auch innerhalb einer Organisation variieren.
> Eine einmalige Entscheidung zur Öffnung und Festlegung einer Strategie ist jedoch nicht ausreichend. Öffnung verlangt nach ständiger Reflexion und situativer Anpassung der organisationalen Grenzen bzw. ihrer Durchlässigkeit, um langfristige Erfolge zu ermöglichen. Dabei sollte Öffnung nicht lediglich von oben erzwungen werden, sondern unter Einbezug möglichst vieler organisationaler Ebenen geschehen – bis hin zur Shopfloor-Ebene in produzierenden Betrieben.
> RAKOON kann mithilfe der entwickelten Werkzeuge und Methoden einen entscheidenden Beitrag dazu leisten, Unternehmen fit für aktuelle Herausforderungen zu machen und auf

den Weg hin zur offenen Organisation gezielt zu unterstützen. Allerdings sollten auch die so ermittelten Maßnahmen stets im spezifischen Kontext des jeweiligen Unternehmens betrachtet werden. Zu diesem Zweck liefert der OO-Kompass für offene Organisationen weiterführende Hintergrundinformationen und Best-Practice-Beispiele zu den Themen Führung, Arbeitsorganisation und Kompetenzen.

Literatur

Ashkenas, R. N., Ulrich, D., Jick, T., & Kerr, S. (2002). *The boundaryless organization: Breaking the chains of organizational structure*. San Francisco, CA.: Jossey-Bass.

Bleicher, K. (1993). Die neue Offenheit – Strategien, Strukturen und Kulturen im Wandel. In B. Dorn (Hrsg.), *Unternehmensprinzip Offenheit: Grundlagen für offene Organisationen und Kooperationen* (S. 55–74). Bonn, Paris: Addison-Wesley.

Cachia, R., Compañó, R., Da Costa, O. (2007). Grasping the potential of online social networks for foresight. *Technological Forecasting and Social Change* 74(8), 1179–1203.

Chesbrough, H. W. (2006a). *Open business models: How to thrive in the new innovation landscape*. Boston, Massachusetts: Harvard Business School Press.

Chesbrough, H. W. (2006b). *Open innovation: The new imperative for creating and profiting from technology*. Boston, Massachusetts: Harvard Business School Press.

Dorn, B. (1993). *Unternehmensprinzip Offenheit: Grundlagen für offene Organisationen und Kooperationen*. Bonn, Paris: Addison-Wesley.

Foster, P. A. (2014). *The open organization: A new era of leadership and organizational development*. Burlington, VT: Gower.

Haug, C. V. (2009). *Erfolgreich im Team*. München: Deutscher Taschenbuch Verlag.

von Hippel, E. (2005). *Democratizing innovation*. Cambridge, Massachusetts: MIT Press.

Howe, J. (2008). *Crowdsourcing: Why the power of the crowd is driving the future of business*. New York: Crown Business.

Kriz, W. C., & Nöbauer, B. (2008). *Teamkompetenz – Konzepte, Trainingsmethoden, Praxis*. Göttingen: Vandenhoeck & Ruprecht.

Lakhani, K. R., Lifshitz-Assaf, H., & Tushman, M. (2013). Open innovation and organizational boundaries: task decomposition, knowledge distribution and the locus of innovation. In A. Grandori (Ed.), *Handbook of economic organization. Integrating economic and organization theory* (pp. 355–382). Northampton, MA.: Edward Elgar Publishing.

Li, C. (2010). *Open leadership: how social technology can transform the way you lead*. San Francisco: Jossey-Bass.

Morgan, J. (2014). *The future of work: Attract new talent, build better leaders, and create a competitive organization*. Hoboken: Wiley.

Petroni, G., Venturini, K., Verano, C. (2011). Open innovation and new issues in R&D organization and personnel managemen. *The International Journal of Human Resource Management* 23(1), 147–173.

Porschen-Hueck, S., & Huchler, N. (2016). Offene Organisation: Anforderungen, Strategien, Kompetenzen. *PERSONALquarterly* 2(16), 9–15.

Semen, B. (1993). Offenheit als Basis für partnerschaftliche Führung und Motivation. In B. Dorn (Hrsg.), *Unternehmensprinzip Offenheit: Grundlagen für offene Organisationen und Kooperationen* (S. 259–291). Bonn, Paris: Addison-Wesley.

Somerville, I.; Mroz, J. E. (1997). New competencies for a new world. In F. Hesselbein, F., M. Goldsmith, & R. Beckhard (Eds.), *The organization of the future* (pp. 65–78). San Francisco: Jossey-Bass.

Spath, D., Ganschar, O., Gerlach, S., Hämmerle, M., Krause, T., & Schlund, S. (2013). *Produktionsarbeit der Zukunft – Industrie 4.0*. Stuttgart: Fraunhofer IAO.

Tapscott, D., & Williams, A. D. (2013). *Radical openness – four unexpected principles for success*. New York, NY: TED Conference.

Völcker, U. (1993). Offenheit durch Informationstechnologie. In B. Dorn (Hrsg.), *Unternehmensprinzip Offenheit: Grundlagen für offene Organisationen und Kooperationen* (S. 17–33). Bonn, Paris: Addison-Wesley.

Volberda, H. W. (2011). *Strategic management: Competitiveness and globalization: concepts and cases*. Stamford, USA: South-Western Cengage Learning.

Voß, G. G., & Pongratz, H. (Hrsg.) (2004). *Typisch Arbeitskraftunternehmer? Befunde der empirischen Arbeitsforschung*. Berlin: Edition Sigma.

Whitehurst, J. (2015). *The open organization: Igniting passion and performance*. Boston, Massachusetts: Harvard Business Review Press.

Wandlungsfähiges, marktplatzbasiertes Kompetenznetzwerk für die Automobil- und Zulieferindustrie

Jens Schütze, Manuela Krones, Jörg Strauch, Egon Müller

7.1 Strukturelle Herausforderungen – 82

7.2 Verbundprojekt PLUG+LEARN – 82
7.2.1 Projektansatz – 82
7.2.2 Partnereinrichtungen im Verbund – 84

7.3 Kompetenzmodelle im Unternehmen – 85
7.3.1 Bedeutung – 85
7.3.2 Zweck und Ansätze – 85
7.3.3 Konstruktion von Kompetenzmodellen in der Praxis – 86

7.4 Entwicklung von Kompetenzprofilen – 86

7.5 Gestaltungsmodell für die Automobilindustrie – 88

Literatur – 91

© Springer-Verlag GmbH Deutschland 2018
M. Bornewasser (Hrsg.), *Vernetztes Kompetenzmanagement*,
Kompetenzmanagement in Organisationen,
https://doi.org/10.1007/978-3-662-54954-4_7

Zusammenfassung

Die Automobil- und Zulieferindustrie sieht sich mit ständig steigenden Anforderungen an das betriebliche Kompetenzmanagement konfrontiert, die aus demografischen Herausforderungen, gesetzlichen Vorgaben, Marktverschiebungen und Kundenanforderungen resultieren. Um diesen gerecht zu werden, finden verschiedene Kompetenzmodelle Anwendung, die in Systematiken mehr oder weniger komplexer Kompetenzprofile untersetzt werden. Die dabei verfolgten Gestaltungsansätze sind höchst unterschiedlich. Auf der Basis von theoretischen Überlegungen, empirischen Befunden und Best-Practice-Erfahrungen aus der Automobilbranche wurde im BMBF-Verbundprojekt PLUG+LEARN ein allgemeingültiges, generisches Gestaltungsmodell entworfen, welches eine zielgruppenspezifische Entwicklung bzw. Umgestaltung von anforderungsgerechten Kompetenzprofilen ermöglicht. Das Modell ist Basis von Personalmanagementprozessen bei Volkswagen und Continental Automotive und erfährt dadurch eine ständige Erprobung und Weiterentwicklung.

7.1 Strukturelle Herausforderungen

Die Automobil- und Zulieferindustrie wird von verschiedenen strukturellen Herausforderungen geprägt. Die exponentielle Zunahme von Produktionskapazitäten in Asien führt zu Preisdruck und Standortnachteilen in Europa, ebenso erhöhen Kundenanforderungen und gesetzliche Vorgaben, z. B. zur Abgasreduzierung, den Innovationsdruck enorm. Gleichzeitig steht die Branche vor erheblichen demografischen Herausforderungen wie dem Fachkräftemangel und Veränderungen in der Altersstruktur der Beschäftigten, denen sie beispielsweise mittels modularer Teilqualifizierung für Geringqualifizierte und der (Re-)Integration leistungsgewandelter Mitarbeitender begegnet. Damit die Beschäftigten den steigenden fachlichen Anforderungen in immer kürzer werdenden Innovationszyklen und veränderten Produktionsstrukturen gerecht werden können, ist ein geeignetes Kompetenzmanagement notwendig.

Grundsätzlich verfügen sowohl die sogenannten Erstausrüster (auch Original Equipment Manufacturer genannt) als auch die meisten Zulieferer in der deutschen Automobilindustrie über ein mehr oder weniger differenziertes betriebliches Kompetenzmanagement. Aufgrund veränderter Rahmenbedingungen ergeben sich aber ununterbrochen neue Anforderungen, die zu Neu- oder Umgestaltungsprozessen bei Kompetenzmodellen und -profilen führen.

Nachfolgend werden zunächst der PLUG+LEARN-Ansatz sowie die Struktur der Partnerunternehmen des Verbundprojektes dargestellt und weiterhin erste Projektergebnisse in Form eines Gestaltungsmodells zur Entwicklung anwendungsgerechter Kompetenzprofile erläutert. Fortführende Projektergebnisse zur Gestaltung von Kompetenzmodulen für den unternehmensübergreifenden Austausch finden sich in ▶ Kap. 12, zu Anreizsystemen im virtuellen Marktplatz eines Kompetenznetzwerks in ▶ Kap. 13.

7.2 Verbundprojekt PLUG+LEARN

7.2.1 Projektansatz

Ausgehend von den im vorherigen Abschnitt dargestellten Anforderungen an ein modernes betriebliches Kompetenzmanagement wurde eine innovative Projektidee entwickelt. Im Fokus des Projektes „PLUG+LEARN – wandlungsfähiges, marktplatzbasiertes Kompetenznetzwerk für die Automobil- und Zulieferindustrie" steht die Konzipierung und Gestaltung eines Systems

7.2 · Verbundprojekt PLUG+LEARN

zur arbeitsprozessbezogenen, demografiesensiblen Kompetenzentwicklung, welches nicht nur hohen Ansprüchen bezüglich Flexibilität und Modularität genügen soll, sondern dem darüber hinaus systematisch ein hoher Grad an Wandlungsfähigkeit implementiert wird.

Wie bereits in ▶ Kap. 2 dargestellt, wird die Vernetzung als zentrales Mittel angesehen, um Kompetenzerwerb und -entwicklung auf die neuen Anforderungen zuzuschneiden. Mögliche Herausforderungen, die sich bei diesem Prozess ergeben können, wurden in ▶ Kap. 3 diskutiert. Das grundsätzliche Ziel des Verbundprojektes bestand infolgedessen darin, Kompetenzen in der automobilen Wertschöpfungskette zu bündeln und Synergieeffekte zu realisieren. Es wurden PLUG+LEARN-Kompetenzmodule entwickelt, die analog zur Softwaretechnologie (Plug-and-Play – „Anschließen und loslegen") eine neuartige Strukturierung und Anwendung von Kompetenzen beinhalten. Dazu wurden Qualifizierungsobjekte der Unternehmenspraxis mit situationsadäquaten Lernmethoden auf Basis sogenannter Wandlungsbefähiger (▶ Kap. 12) hinsichtlich ihrer Universalität, Mobilität, Skalierbarkeit, Modularität und Kompatibilität genutzt. Dieses Prinzip konnte bereits erfolgreich bei der wandlungsfähigen Fabrik „PLUG+PRODUCE" (Hildebrand, 2005) zur Anwendung gebracht werden.

Das Projektergebnis besteht im Aufbau eines PLUG+LEARN-Marktplatzes (◘ Abb. 7.1) als Demonstrator (Testumgebung) sowie in einem generalisierten Konzept für die Nutzung des PLUG+LEARN-Prinzips zur Kompetenzentwicklung. Mit der systematisch entwickelten Wandlungsfähigkeit des Kompetenznetzwerks und seiner Bestandteile wird bezweckt, Synergieeffekte in der betrieblichen Kompetenzentwicklung in qualitativ höherem Maß zu erschließen. Die Konzeption des PLUG+LEARN-Marktplatzes (▶ Kap. 13) ist darauf gerichtet, in der automobilen Wertschöpfungskette den Kompetenzentwicklungsanbietern und -nachfragern auf Unternehmensebene ein effektives und effizientes Interagieren zu ermöglichen. Auf dem PLUG+LEARN-Marktplatz werden wandlungsfähige Module zur Kompetenzentwicklung angeboten, (gemeinsam) entwickelt, ausgetauscht, ausgewählt und erworben. Mit der implementierten Wandlungsfähigkeit wird gesichert, dass sowohl eine breitere Nutzung erstellter Kompetenzmodule gegeben ist als auch die Anpassung an spezifische betriebliche Kompetenzanforderungen mit geringerem Aufwand erfolgen kann. Damit können die materiellen und immateriellen Kompetenzentwicklungsressourcen der Netzwerkunternehmen effizienter genutzt werden, wovon insbesondere KMU profitieren.

Die Neuartigkeit des Forschungsansatzes besteht darin, dass Prinzipien und Erfahrungen der intensiven Forschung und Entwicklung zu wandlungsfähigen Produktionssystemen (Morales, 2003) systematisch auf den Bereich der arbeitsprozessbezogenen Kompetenzentwicklung

◘ Abb. 7.1   „PLUG+LEARN"-Kompetenznetzwerk der Automobil- und Zulieferindustrie

adaptiert werden und eine spezifische Weiterentwicklung durchgeführt wird. Hierzu erfolgte die Konzipierung eines offenen, hierarchielosen Kompetenznetzwerks, welches auf die Bedürfnisse einer arbeitsprozessintegrierten, demografiesensiblen Kompetenzentwicklung ausgerichtet ist. Die implementierte Wandlungsfähigkeit birgt das Potenzial für die effiziente Nutzung von materiellen und nichtmateriellen Kompetenzentwicklungsressourcen der vernetzten Partnerunternehmen. Immanenter Bestandteil der Forschung ist die Absicherung eines nachhaltigen Betriebes des Kompetenznetzwerks (Müller, 2007).

7.2.2 Partnereinrichtungen im Verbund

In das Kernteam des Verbundprojektes wurden verschiedene Unternehmen der automobilen Wertschöpfungskette eingebunden – sowohl vonseiten der Automobilhersteller als auch der Automobilzulieferer. Diese wurden von zwei Forschungseinrichtungen methodisch und konzeptionell unterstützt. ◘ Tab. 7.1 gibt einen Überblick über die Aufgaben der einzelnen Partnereinrichtungen.

Weiterhin waren als Umsetzungspartner beteiligt:
— Automobilcluster Ostdeutschland GmbH (ACOD), Leipzig
— Industrie- und Handelskammer (IHK) Südwestsachsen
— Sächsische Energieagentur - SAENA GmbH, Dresden
— Verein Deutscher Ingenieure (VDI), Westsächsischer Bezirksverein

Über diese wurden Kontakte zu weiteren potenziellen Partnereinrichtungen aufgebaut, die eine effiziente und nachhaltige Stärkung der Innovationsfähigkeit sowie eine möglichst lange Beschäftigungsfähigkeit der Belegschaft anstreben.

◘ Tab. 7.1 Aufgabe der Projektpartner in der Umsetzungskette

Projektpartner	Aufgabe
Technische Universität Chemnitz	Technologische Entwicklung von PLUG+LEARN-Modulen und Gesamtkonzept
Hochschule für Technik und Wirtschaft Dresden	Konzeption von PLUG+LEARN-Kompetenznetzwerk und -marktplatz
Volkswagen Bildungsinstitut GmbH, Zwickau	Modellhafte Entwicklung und Erprobung des PLUG+LEARN-Konzeptes zur Kompetenzentwicklung bei einem Automobilhersteller – Integration des „PLUG+LEARN"-Prinzips in die Kompetenz(v)ermittlung aus Sicht eines Bildungsdienstleisters
Continental Automotive GmbH, Werk Limbach-Oberfrohna	Modellhafte Entwicklung und Erprobung des PLUG+LEARN-Konzeptes zur Kompetenzentwicklung bei einem Automobilzulieferer – arbeitsprozessintegrierte Kompetenzentwicklung für Arbeit an komplexen Anlagen
Ingenieurgesellschaft für Gebäude-, Flächen- und Anlagenmanagement mbH (IGF), Chemnitz	Entwicklung und Erprobung softwarebasierter PLUG+LEARN-Kompetenzmodule – Adaption moderner Informations- und Kommunikationstechnologien für die Kompetenzentwicklung

7.3 Kompetenzmodelle im Unternehmen

7.3.1 Bedeutung

Basierend auf einer Online-Umfrage, an der sich 4.700 Führungskräfte aus 83 Ländern beteiligten, kam die Boston Consulting Group (2008) zu folgender Aussage:

> Es geht um die Gewinnung, Entwicklung und Bindung aller Mitarbeiter mit hohem Potenzial – egal ob Manager, Spezialisten oder einzelne Mitarbeiter – auf allen Organisationsebenen. Unternehmen könnten schon bald feststellen, dass es leichter ist, Kapital zu beschaffen […]. (zit. nach Erpenbeck et al., 2013, S. 3f.)

Dies macht mehr als deutlich, welche Bedeutung Kompetenzen, Kompetenzmodelle und Kompetenzprofile im Rahmen eines betrieblichen Kompetenzmanagements heute bereits haben und in Zukunft besitzen werden. Ebenso kommen Rausch und Stürmer (2011) zu der Erkenntnis, dass Kompetenzmodelle „Zukunftsmodelle" sind, die zentraler Bestandteil jeder Unternehmensstrategie sein sollten. Sie sind Basis eines jeden systematischen Kompetenzmanagements.

7.3.2 Zweck und Ansätze

Kompetenzmodelle haben den Zweck, die Struktur, Stufung und Entwicklung von Kompetenzen in einer Organisation zu erfassen, welche für die Anforderungsbewältigung in bestimmten Kontexten erforderlich sind (Klieme u. Leutner, 2006, S. 880) und gleichzeitig einen einheitlichen Sprachgebrauch im Unternehmen zu gewährleisten (Erpenbeck et al., 2013, S. 16). Dabei ist die Unterscheidung zwischen generalisierten und spezialisierten Kompetenzmodellen möglich, die zumeist aus je 10–40 Kompetenzen bestehen. Erstgenannte beschreiben ein einziges Modell für eine Organisation, in welchen deren zentrale Kompetenzen abgebildet sind. Spezialisierte Modelle hingegen existieren für einzelne Bereiche der Organisation und umfassen eine jeweils spezielle Auswahl an Kompetenzen, die aber meistens eine Schnittmenge der allgemein zentralen Kompetenzen darstellen (Erpenbeck et al., 2013., S. 11). Ebenso ist eine Unterscheidung möglich, ob alle Kompetenzen vollständig erfasst werden sollen oder nur die kritischen für die jeweilige Organisation. Der Vorteil der erstgenannten Variante liegt in deren Präzision, welche die Linienfunktionen als notwendig erachten. Der Vorteil der zweiten Variante besteht dagegen in der größeren Praktikabilität, die der Anwendung und Akzeptanz in der Organisation zuträglich ist (Grote et al. 2012, S. 46).

Grote et al. (2012, S. 19f.) beschreiben drei perspektivische Ansätze zur Entwicklung eines Kompetenzmodells:

- Beim **wertebasierten Ansatz** (Values Based Approach) bilden die Normen und Werte des Unternehmens die Basis der Kompetenzmodellierung. Somit ist dieser Ansatz weniger wissenschaftsgetrieben und systematisch, sondern verstärkt durch das (Top-)Management geprägt.
- Der **forschungsbasierte Ansatz** (Research Based Approach) hingegen umfasst die Suche nach „Zusammenhängen zwischen bestimmten Kompetenzmerkmalen einerseits und besonderen Leistungen und erfolgreichem Verhalten andererseits" bei Führungskräften, beispielsweise mithilfe von Behavioral-Event-Interviews. Die Vorteile dieses Ansatzes bestehen in der „Verankerung der Kompetenzen in aktuellem Verhalten" sowie der

höheren „Legitimierung". Als nachteilig zu bewerten ist die Unsicherheit, ob die bisherigen relevanten Kompetenzen auch zukünftig zwingend dieselben sein werden.
- Im dritten, dem **strategiebasierten Ansatz** (Strategy Based Approach), werden die Kompetenzanforderungen für Mitarbeitende als auch Führungskräfte „anhand der Unternehmensstrategie und der antizipierten Erfordernisse der geplanten Unternehmensentwicklung", somit anhand der Erfordernisse der Zukunft, abgeleitet. Diese „Zukunftsgeleitetheit" wird als Vorteil des Ansatzes bewertet. Als potenziellen Nachteil hingegen sehen sie die Möglichkeit von Falscheinschätzungen zukünftiger Entwicklungen sowie falsch abgeleiteter Kompetenzen, da die Analyse kaum auf bereits vorhandenen Tätigkeiten basiert und somit ungenauer ist.

7.3.3 Konstruktion von Kompetenzmodellen in der Praxis

Erpenbeck et al. (2013) haben allgemeine Grundlinien herausgearbeitet, nach denen Unternehmen im Allgemeinen bei der Entwicklung von Kompetenzmodellen vorgehen. In einem ersten Schritt werden von den Unternehmen ein oder mehrere Pools an Kompetenzen zusammengestellt, welche die in der Zukunft erforderlichen Kompetenzen abdecken. Innerhalb eines Kompetenzpools erfolgt nun eine hierarchische Ordnung der Kompetenzen unter Basisbegriffen – häufig den Erpenbeckschen Kompetenzbereichen, welchen Teilkompetenzen in Form von Listen zugeordnet werden. In einem dritten Schritt „werden die Kompetenzanforderungen für unterschiedliche Personengruppen, etwa Führungsebenen und Führungsbereiche, wesentliche Jobgruppen, Dienstleister, Zulieferer usw. quantitativ und qualitativ differenziert gefordert und abgefragt" (Erpenbeck et al., 2013, S. 28f.). Schließlich folgt die Bewertung der Kompetenzstärke durch mehrere Personen in Form von Skalen mit unterschiedlicher Breite, wobei die Nutzung von Ratingverfahren aufgrund ihrer hohen Ergebnisrealität für die Einschätzung bei den Unternehmen überwiegen.

7.4 Entwicklung von Kompetenzprofilen

Kompetenzprofile beinhalten nach Lattke und Sgier (2012, S. 8f.)

> Beschreibungen derjenigen Kompetenzen, die zur Ausübung einer bestimmten Berufsrolle […] erforderlich sind. Sie können sich auf eine konkrete Berufsposition in einer einzelnen Einrichtung beziehen oder auch auf eine einrichtungsübergreifend relevante Berufsrolle.

In der Literatur existieren dabei eine Reihe von oftmals synonym verwendeten Begriffen für Kompetenzprofile, darunter Anforderungsprofile, Stellenbeschreibungen, Qualifizierungsprofile, Stellenbilder oder Jobprofile (Grote et al., 2012, S. 48; Olesch u. Paulus, 2000, S. 30ff.). Um den Kompetenzentwicklungsbedarf einer Person zu bestimmen, wird in Unternehmen das Soll-Profil – die Auflistung aktueller und zukünftiger Anforderungen – mit dem Ist-Profil – der Einschätzung der tatsächlich umgesetzten Anforderungen – der jeweiligen Person miteinander verglichen. Das Profil für eine Stelle oder Soll-Profil kann dabei nach Olesch und Paulus (2000, S. 31ff.) wie folgt erarbeitet werden:
- Definition des Leitzieles der Stelle: „Wie sieht das Ergebnis aus, wenn der Stelleninhaber [bzw. die Stelleninhaberin] die Stelle optimal ausfüllt?"
- Ableitung der Hauptziele der Stelle: „Welche Teilziele müssen erreicht werden, damit das Leitziel realisiert werden kann?"

7.4 · Entwicklung von Kompetenzprofilen

- Formulierung der Schlüsselaufgaben der Stelle: „Was [muss] der Stelleninhaber[/die Stelleninhaberin] tun […], um die Hauptziele zu erreichen?"
- Ableitung der Anforderungen der Stelle, dabei Unterteilung nach den Erpenbeckschen Kompetenzbereichen: „Welche Kompetenzen bzw. Qualifikationen muss ein Stelleninhaber[eine Stelleninhaberin] mitbringen, um die Schlüsselaufgaben erfolgreich zu bewältigen, also um die Hauptziele zu erreichen?"

Für den sinnvollen Vergleich der Anforderungen der Stelle mit den Kompetenzen einer Person schlagen Olesch und Paulus (2000, S. 41) parallele Beurteilungsstufen vor (◘ Tab. 7.2). Aus diesem Abgleich, der Kompetenzbeurteilung, lässt sich schließlich der bereits erwähnte Kompetenzentwicklungsbedarf einer Person ableiten.

Im Zusammenhang mit der Kompetenzbeurteilung sind damit verbundene mögliche Verzerrungen und Abweichungen zwischen vorhandenen und wahrgenommenen Kompetenzausprägungen zu berücksichtigen. North und Kau (2005) weisen darauf hin, dass sowohl die Selbst- als auch die Fremdeinschätzung immer zu einem gewissen Grad subjektiv sind, insbesondere wenn sich diese nicht mithilfe von Fakten begründen lassen. Dabei ist folgende Unterscheidung der Verzerrungen möglich (North u. Kau, 2005, S. 56ff.):

- Beurteilungstäuschungen: „Phänomen der interpersonellen Wahrnehmung […], [bei dem] der Beurteiler von seiner eigenen Wahrnehmung überlistet [wird] und […] die Welt mit ‚anderen Augen' [sieht]", z. B. Phänomene wie erster Eindruck, Milde- oder Zeiteffekt
- Beurteilungsverschiebungen: bewusste Verzerrung der Beurteilung durch den Beurteiler je nach beurteilter Person, z. B. Phänomene wie Hierarchie-, Nähe- oder Gönnereffekt
- Strategisches Beurteilen: Einschätzungen, die dem Kalkül entspringen, „zu einem späteren Zeitpunkt einen Vorteil zu erreichen bzw. Nachteile zu vermeiden", z. B. Phänomene wie Dünkel- oder Rückenwindeffekt

◘ **Tab. 7.2** Beispielskala für Soll- und Ist-Profil

Stufe	Anforderung	Kompetenz
6	Die Stelle erfordert einen Inhaber/eine Inhaberin, der auf diesem Gebiet zu den Besten überhaupt zählt.	Die Kompetenz findet sich in dieser Ausprägung nur bei ganz wenigen Personen überhaupt.
5	Die Stelle erfordert eine weit überdurchschnittliche Ausprägung der Kompetenz.	Die Ausprägung dieser Kompetenz liegt weit über dem Durchschnitt.
4	Die Stelle erfordert eine hohe Ausprägung der Kompetenz.	Die Kompetenz tritt in der praktischen Anwendung deutlich hervor.
3	Die Stelle erfordert diese Kompetenz von Anfang an.	Die Kompetenz ist in der praktischen Anwendung erkennbar.
2	Die Kompetenz sollte nach kurzer Einarbeitung vorhanden sein.	Die Kompetenz ist erkennbar, die praktische Anwendung fehlt noch.
1	Die Kompetenz ist nicht unmittelbar erforderlich, aber nützlich.	Die Kompetenz lässt sich mit wenig Aufwand in absehbarer Zeit entwickeln.
0	Die Kompetenz wird für diese Stelle nicht benötigt.	Die Entwicklung der Kompetenz ist mit hohem Aufwand verbunden.

7.5 Gestaltungsmodell für die Automobilindustrie

Um den zukünftigen Herausforderungen gerecht zu werden, die sich aus technologischem Fortschritt, demografischer Entwicklung sowie aus geänderten Markt- und Kundenanforderungen ergeben, wurden allgemeingültige Anforderungen an die Gestaltung von Kompetenzprofilen definiert. Diese basieren auf drei Informationsquellen:

- **Theoretische Grundlagen** zum Kompetenzmanagement (Dahm, 2007; Dimitrova, 2008; Erpenbeck, 2007; Erpenbeck et al., 2013; Grote et al., 2012; Lattke u. Sgier, 2012).
- **Empirische Befunde** bei den Projektpartnern VW-Bildungsinstitut Zwickau und dem Continental Automotive Werk Limbach-Oberfrohna.
- **Best-Practice-Beispiele** von Daimler (Rust u. Meyer, 2013), Porsche (Verch u. Limpächer, 2013) und Audi (Balzer et al., 2013; Eichler u. Anić, 2012) auf Erstausrüsterseite sowie iwis (Bodensteiner u. Neininger, 2012) und Bosch (Schlichting, 2013) auf Zuliefererseite.

Die ◻ Abb. 7.2 gibt einen Überblick über die im Projekt PLUG+LEARN entwickelte Vorgehensweise zur Gestaltung von anforderungsgerechten Kompetenzprofilen. Die einzelnen Schritte des Gestaltungsmodells werden nachfolgend erläutert und die verschiedenen Optionen zur Ausgestaltung diskutiert.

I. Klares Begriffsverständnis

1. **Kompetenzen, Qualifikationen, Wissen und Fertigkeiten:** Wesentliche Voraussetzung für ein konsistentes Kompetenzmodell ist die Klarheit über die verwendeten Begriffe (vgl. ▶ Abschn. 2.3). Kompetenzen werden nach Erpenbeck (2007, S. XI; unter Bezugnahme auf Kappelhoff, 2004) als „in Entwicklungsprozessen entstandene, generalisierte Selbstorganisationsdispositionen komplexer, adaptiver Systeme – insbesondere menschlicher Individuen – zu reflexivem, kreativem, Problemlösungshandeln in Hinblick auf allgemeine

---

I. Klares Begriffsverständnis
1. Kompetenzen, Qualifikationen, Wissen und Fertigkeiten
2. Kompetenzbereiche
3. Kompetenzmessung bzw. -bilanzierung

II. Festlegung des Kompetenzmodells
1. Generalisiertes versus spezialisiertes Kompetenzmodell
2. Welche Kompetenzen werden in das Kompetenzmodell aufgenommen?
   a) Art der Kompetenzen
   b) Anzahl an Kompetenzen
   c) Herleitung der Kompetenzen

III. Entwicklung der Kompetenzprofile
1. Für jede Stelle individuell oder pro Berufsgruppe?
2. Festlegung des Soll-Profils
3. Festlegung des Ist-Profils
4. Vergleich von Soll- und Ist-Profil – Ableitung des Kompetenzentwicklungsbedarfs

◻ **Abb. 7.2** Gestaltungsmodell zur Entwicklung von anforderungsgerechten Kompetenzprofilen

Klassen von komplexen, selektiv bedeutsamen Situationen (Pfaden)" beschrieben. Sie schließen dabei die Begriffe der Qualifikation, Wissen und Fertigkeiten (Erpenbeck, 2007) mit ein, lassen sich jedoch nicht ausschließlich darauf reduzieren. Stattdessen werden diese Begriffe durch die Handlungsfähigkeit erweitert, welche es ermöglicht, in offenen, unsicheren und/oder komplexen Situationen durch z. B. Regeln, Normen und/oder Werte entsprechend reagieren zu können (Erpenbeck, 2007, S. XII). Diese mehr verhaltenstheoretisch – und somit nicht eigenschaftstheoretisch – gerichtete Auffassung des Kompetenzbegriffs teilt die Mehrheit der Autoren (Erpenbeck et al., 2013, S. 14).

2. **Kompetenzbereiche:** Die Kompetenzen eines Individuums können verschiedenen Kompetenzbereichen zugeordnet werden. Im deutschsprachigen Raum hat sich die ursprünglich vierteilige Klassifizierung nach Erpenbeck und Heyse (1996, S. 19f.) etabliert, welche in neueren Modellen häufig aufgegriffen wird, mitunter bei variierter Benennung:
   - Unter Fachkompetenz und Methodenkompetenz subsumieren die Autoren „spezifische berufliche Kenntnisse und Fertigkeiten […] sowie situationsübergreifend einsetzbare kognitive Fähigkeiten zur Problemstrukturierung und -lösung und zur Entscheidungsfindung."
   - Sozialkompetenz dagegen äußert sich „in kommunikativen und kooperativen Verhaltensweisen. Notwendige Voraussetzungen dazu sind die Fähigkeiten und Fertigkeiten (social skills) zur Optimierung von Interaktions- und Gruppenprozessen zur erfolgreichen Realisierung von Plänen und Zielen."
   - Unter personaler Kompetenz verstehen sie „solche persönlichkeitsbezogenen Dispositionen wie Einstellungen, Werthaltungen und Motive, die das Arbeitshandeln von einer übergeordneten Ebene aus beeinflussen."
   - Weiterbildung unterstützt hier besonders „die Fähigkeiten zur Selbstwahrnehmung, Entfaltung, eines realistischen Selbstkonzeptes und zum Selbstlernen".

   Diese vier Kompetenzbereiche ergeben dann zusammen die berufliche Handlungskompetenz. In neueren Modellen werden diese vier Bereiche mitunter durch weitere ergänzt, u. a. durch interkulturelle Kompetenz oder Managementkompetenz (Olesch u. Paulus, 2000, S. 47f.).

3. **Kompetenzmessung bzw. -bilanzierung:** Kompetenzbilanzen umfassen die „Erfassung, Bewertung und Anerkennung von Kompetenzen, die eine Person im Laufe von formalen, aber auch nonformalen und informellen Lernprozessen erworben hat" (Grote et al., 2012, S. 29). Dabei werden im Besonderen auch außerhalb des Arbeitslebens erworbene Kompetenzen erfasst wie aus Hausarbeit oder ehrenamtlichem Engagement resultierende Kompetenzen. Populäre Verfahren zur Kompetenzerfassung als Teil der Kompetenzbilanzierung stellen in Deutschland der ProfilPass, KODE® sowie KODE®X dar. Insgesamt stellen Kompetenzbilanzen eine Möglichkeit dar, Kompetenzen vergleichbar zu machen (Grote et al., 2012., S. 31).

II. Festlegung des Kompetenzmodells

1. **Generalisiertes versus spezialisiertes Kompetenzmodell:** Kompetenzmodelle werden als generalisiertes (für das gesamte Unternehmen) bzw. als spezialisiertes (für einzelne Bereiche des Unternehmens) Modell entworfen. Die Entscheidung erfolgt unter Abwägung von Einheitlichkeit versus Präzision bei besonders kritischen Unternehmensbereichen (Verch u. Limpächer, 2013).

2. Kompetenzen, die in das Kompetenzmodell aufgenommen werden:
   a. **Art der Kompetenzen:** Zumeist wird auf dies Kompetenzbereiche von Erpenbeck zurückgegriffen (Fach-, Methoden-, Sozial-, personale Kompetenz), z. B. bei der Audi

Handelsorganisation (Balzer et al., 2013). Teilweise werden aber auch andere Begriffe verwendet, z. B. Prozess- und Methodenkompetenz bei Daimler (Verch u. Limpächer, 2013), kognitive und methodische Kompetenz bei Porsche (Rust u. Meyer, 2013), überfachliche Kompetenz bei der Audi AG (Eichler u. Anić, 2012) oder Selbstkompetenz bei iwis (Bodensteiner u. Neininger, 2012).

b. **Anzahl an Kompetenzen:** Im Allgemeinen werden 10–40 Kompetenzen erfasst (Erpenbeck et al., 2013), was sich in Hinblick auf die Praktikabilität und Akzeptanz im Unternehmen als sinnvoll und erfolgreich erwiesen hat. Die Daimler AG setzt dem gegenüber auf 98 Kompetenzen (Verch u. Limpächer, 2013) und erreicht dadurch eine höhere Präzision. Eine weitere Gestaltungsmöglichkeit besteht in der vollständigen Erfassung aller Kompetenzen oder aber nur der kritischen Kompetenzen.

c. **Herleitung der Kompetenzen:** Zur Herleitung der Einzelkompetenzen wird auf ▶ Abschn. 7.3 verwiesen.

III. Entwicklung der Kompetenzprofile

1. **Für jede Stelle individuell oder pro Berufsgruppe:** Grundsätzlich können Kompetenzprofile für jede Stelle individuell oder pro Berufsgruppe festgelegt werden. Es erfolgt eine Abwägung zwischen Präzision und Übersichtlichkeit (einfachere Anwendung für Vorgesetzte).
2. **Festlegung des Soll-Profils:** Hier werden die minimal erforderlichen Kompetenzen an Personen auf dieser Stelle definiert:
   - Die Kompetenzen werden, wie in ▶ Abschn. 7.3 beschrieben, hergeleitet. Anschließend erfolgt die Einordnung der erforderlicheren Kompetenzen, üblicherweise in Kompetenzbereiche, ggf. auch noch in Kompetenzgruppen bzw. -felder.
   - Weiterhin ist die genaue Beschreibung der Einzelkompetenzen durchzuführen: „Beobachtungskriterium für Einzelkompetenz" (Bodensteiner u. Neininger, 2012, S. 137ff.) bzw. „genaue Definition des beobachtbaren Verhaltens/Verhaltensanker" (Balzer et al., 2013, S. 56ff.)
   - Für den späteren Abgleich mit dem Ist-Profil ist eine Festlegung der Ausprägungen einer jeden Kompetenz erforderlich.
   - Wer sollte ein Soll-Profil definieren? Hierfür werden Mitarbeitende empfohlen, die die zu betrachtende Stelle sehr gut kennen. Für die Sicherstellung der methodischen Exaktheit ist die Zusammenarbeit mit der Personalabteilung anzuraten.
3. **Festlegung des Ist-Profils:** Es wird eine Aufstellung der Kompetenzen, über die eine Person aktuell verfügt, erstellt:
   - Diese beruht in der Regel auf der Messung der (gezeigten) Kompetenzen. Die verwendete Skala umfasst üblicherweise 3–5 Stufen und sollte mit den Ausprägungen im Soll-Profil übereinstimmen. Welche Messverfahren gibt es? Man unterscheidet zum einen zwischen qualitativen Verfahren (z. B. Mitarbeitergespräch, Profilinterview) und quantitativen Verfahren (z. B. Ratings) sowie zum anderen zwischen Fremd- und ggf. Selbsteinschätzung. Zwischen der Genauigkeit des Messverfahrens und dem damit verbundenen Aufwand sollte eine Abwägung erfolgen.
   - Weiterhin sollten mögliche Verzerrungen bei der Kompetenzbeurteilung (Beurteilungstäuschungen, Beurteilungsverschiebungen, strategisches Beurteilen) Beachtung finden (vgl. ▶ Abschn. 7.4).
4. **Vergleich von Soll- und Ist-Profil – Ableitung des Kompetenzentwicklungsbedarfs:** Üblicherweise finden Gespräche mit den Mitarbeitenden zur Bestimmung des Kompetenzentwicklungsbedarfs statt. Es sollte Festlegungen zur Häufigkeit des Gesprächs

(jährlich/halbjährlich), zum Grad der Vorbereitung auf das Gespräch durch die Führungskraft sowie zu den Follow-ups der besprochenen Qualifizierungsmaßnahmen bis zum nächsten Gespräch geben. Ein einheitlicher Beurteilungsbogen ist empfehlenswert.

Fazit

Das vorgestellte Gestaltungsmodell zur Entwicklung anwendungsgerechter Kompetenzprofile dient in erster Linie dazu, Anhaltspunkte und Entscheidungshilfen bei der Neu- bzw. Umgestaltung von Kompetenzprofilen in der Automobil- und Zulieferindustrie zu geben. Es vereinigt in sich theoretisch formulierte Anforderungen aus der Fachliteratur mit empirisch erhobenen Befunden und Best-Practice-Erfahrungen aus der Automobilbranche und wurde von den beiden Praxispartnern im Projekt, dem Volkswagen Bildungsinstitut in Zwickau und dem Continental Automotive Werk in Limbach-Oberfrohna, bei ausgewählten Personalmanagementprozessen erprobt. Auch wenn es auf den ersten Blick trivial erscheinen könnte, ist es für die betriebliche Praxis von erheblichem Nutzen, da es eine strukturierte Vorgehensweise für die Kompetenzprofilentwicklung aufzeigt und Vergleichsmöglichkeiten zu Wettbewerbern bietet. Es wurde im Projektverlauf dazu genutzt, konkrete Kompetenzprofile bei den Praxispartnern zielgruppenspezifisch zu entwickeln und/oder weiterzuentwickeln. Dies erlaubte es den beteiligten Projekt- und Umsetzungspartnern aus der Industrie, die wesentliche Treiberinstitutionen in Kompetenzmanagementprozessen einer automobilen Werkschöpfungskette verkörpern, sich den eingangs genannten strukturellen Herausforderungen besser zu stellen.

Weiterführende Literatur und Links

- Forschungsprojekt „PLUG+LEARN – Wandlungsfähiges, marktplatzbasiertes Kompetenznetzwerk für die Automobil- und Zulieferindustrie": http://www.plug-and-learn.org
- Krones, M., Schütze, J., Strauch, J., & Müller, E. (2016). PLUG+LEARN – Wandlungsfähiges, marktplatzbasiertes Kompetenznetzwerk für die Automobil- und Zulieferindustrie. In GfA (Hrsg.), *62. Kongress der Gesellschaft für Arbeitswissenschaft, RWTH Aachen, 2.–4. März 2016* (Kap. C.9.10). Dortmund: GfA-Press.
- Krones, M., Strauch, J., Schütze, J., & Müller, E. (2015). PLUG+LEARN – Lehren und Lernen mit wandlungsfähigen Kompetenzmodulen. In H. Meier (Hrsg.), *Lehren und Lernen für die moderne Arbeitswelt, 28. Forschungsseminar HAB 2015* (S. 82–97). Berlin: GITO.
- Krones, M., Strauch, J., Schütze, J., & Müller, E. (2016). Zukunftsorientierte Weiterbildung durch PLUG+LEARN. Lehren und Lernen mit wandlungsfähigen Kompetenzmodulen. *Industrie 4.0 Management* 32(3), 35–38.
- Schütze, J., Krones, M., Strauch, J., & Müller, E. (2015). Gestaltungsmodell zur Entwicklung anforderungsgerechter Kompetenzprofile in der Automobil- und Zulieferindustrie. In E. Müller (Hrsg.), *Planung und Betrieb von Produktionssystemen im digitalen Zeitalter. Vernetzt planen und produzieren – VPP2015. Wissenschaftliche Schriftenreihe des Institutes für Betriebswissenschaften und Fabriksysteme* (Sonderheft 21, S. 155–164). Chemnitz: Technische Universität.

Literatur

Balzer, C., Enczmann, D., & Nicolai, C. (2013). Selbstlernkompetenz als zentraler Stellhebel für nachhaltige Mitarbeiterqualifizierung in der deutschen Audi Handelsorganisation. In J. Erpenbeck, L. von Rosenstiel, & S. Grote (Hrsg.), *Kompetenzmodelle von Unternehmen. Mit praktischen Hinweisen für ein erfolgreiches Management von Kompetenzen* (S. 45–68). Stuttgart: Schäffer-Poeschel.

Bodensteiner, S., & Neininger, A. (2012). iwis – Kompetenzmanagement in einem mittelständischen Unternehmen der Automobilzulieferindustrie, Lernkultur als Erfolgsfaktor. In S. Grote, S. Kauffeld, & E. Frieling (Hrsg.), *Kompetenzmanagement. Grundlagen und Praxisbeispiele* (2. Aufl., S. 133–158). Stuttgart: Schäffer-Poeschel.

Dahm, J. (2007). Handlungsorientiertes Kompetenz-Profiling. In J. Erpenbeck, & L. von Rosenstiel (Hrsg.), *Handbuch Kompetenzmessung. Erkennen, verstehen und bewerten von Kompetenzen in der betrieblichen, pädagogischen und psychologischen Praxis* (2. Aufl., S. 666–684). Stuttgart: Schäffer-Poeschel.

Dimitrova, D. (2008). *Das Konzept der Metakompetenz. Theoretische und empirische Untersuchung am Beispiel der Automobilindustrie.* Wiesbaden: Gabler.

Eichler, D., & Anić, D. (2012). Kompetenzmanagement bei Audi. Analyse, Entwicklung und Einsatz von Kompetenzen. In S. Grote, S. Kauffeld, & E. Frieling (Hrsg.), *Kompetenzmanagement. Grundlagen und Praxisbeispiele* (2. Aufl., S. 57–72). Stuttgart: Schäffer-Poeschel.

Erpenbeck, J. (2007). KODE®. Kompetenz-Diagnostik und -Entwicklung. In J. Erpenbeck, & L. von Rosenstiel (Hrsg.), *Handbuch Kompetenzmessung. Erkennen, verstehen und bewerten von Kompetenzen in der betrieblichen, pädagogischen und psychologischen Praxis* (2. Aufl., S. 489–503). Stuttgart: Schäffer-Poeschel.

Erpenbeck, J., & Heyse, V. (1996). Berufliche Weiterbildung und berufliche Kompetenzentwicklung. In Arbeitsgemeinschaft QUEM (Hrsg.), *Kompetenzentwicklung '96. Strukturwandel und Trends in der betrieblichen Weiterbildung* (S. 15–152). Münster: Waxmann.

Erpenbeck, J., von Rosenstiel, L., & Grote, S. (2013). Einleitung. Kompetenzmodelle als Zukunftsmodelle. In J. Erpenbeck, L. von Rosenstiel, & S. Grote (Hrsg.), *Kompetenzmodelle von Unternehmen. Mit praktischen Hinweisen für ein erfolgreiches Management von Kompetenzen* (S. 1–32). Stuttgart: Schäffer-Poeschel.

Grote, S., Kauffeld, S., Billich-Knapp, M., Lauer, L., & Frieling, E. (2012). Implementierung eines Kompetenzmanagementsystems. Phasen, Vorgehen und Stolpersteine. In S. Grote, S. Kauffeld, & E. Frieling (Hrsg.), *Kompetenzmanagement. Grundlagen und Praxisbeispiele* (2. Aufl., S. 35–56). Stuttgart: Schäffer-Poeschel.

Hildebrand, T. (2005). *Theoretische Grundlagen der bausteinbasierten, technischen Gestaltung wandlungsfähiger Fabrikstrukturen nach dem PLUG+PRODUCE Prinzip. Wissenschaftliche Schriftenreihe des Institutes für Betriebswissenschaften und Fabriksysteme* (Heft 44). Chemnitz: Technische Universität.

Kappelhoff, P. (2004). *Kompetenzentwicklung in Netzwerken. Die Sicht der Komplexitäts- und allgemeinen Evolutionstheorie.* Wuppertal: Bergische Universität.

Klieme, E., & Leutner, D. (2006). Kompetenzmodelle zur Erfassung individueller Lernergebnisse und zur Bilanzierung von Bildungsprozessen. Beschreibung eines neu eingerichteten Schwerpunktprogramms der DFG. *Zeitschrift für Pädagogik* 52(6), 876–903.

Lattke, S. & Sgier, I. (2012). Von Kompetenzprofilen und Qualifikationsrahmen. Ansätze zur Professionalisierung der Erwachsenenbildung in Europa. In I. Sgier, & S. Lattke (Hrsg.), *Professionalisierungsstrategien der Erwachsenenbildung in Europa* (S. 7–16). Bielefeld: Bertelsmann.

Morales, R. H. (2003). *Systematik der Wandlungsfähigkeit in der Fabrikplanung.* Düsseldorf: VDI.

Müller, E. (Hrsg.) (2007). *Sonderforschungsbereich (SFB) 457: Hierarchielose regionale Produktionsnetze. Theorien, Modelle, Methoden und Instrumentarien. Abschlussbericht 2006.* Chemnitz: Technische Universität.

North, K, & Kau, R. (2005). *Kompetenzmanagement in der Praxis. Mitarbeiterkompetenzen systematisch identifizieren, nutzen und entwickeln.* Wiesbaden: Gabler.

Olesch, G., & Paulus, G. J. (2000). *Innovative Personalentwicklung in der Praxis. Mitarbeiter-Kompetenz prozessorientiert aufbauen.* München: Beck.

Rausch, M., & Stürmer, O. (2011). *Die Wahrheit über Kompetenzen. Das Zukunfts-Gen im 21. Jahrhundert?* Deggendorf: Ebner.

Rust, H., & Meyer, M. (2013). Talent- und Kompetenzmanagement bei Porsche. In J. Erpenbeck, L. von Rosenstiel, & S. Grote (Hrsg.), *Kompetenzmodelle von Unternehmen. Mit praktischen Hinweisen für ein erfolgreiches Management von Kompetenzen* (S. 147–156). Stuttgart: Schäffer-Poeschel.

Schlichting, C. (2013). Das Kompetenzmodell der Bosch-Gruppe. In J. Erpenbeck, L. von Rosenstiel, & S. Grote (Hrsg.), *Kompetenzmodelle von Unternehmen. Mit praktischen Hinweisen für ein erfolgreiches Management von Kompetenzen* (S. 245–260). Stuttgart: Schäffer-Poeschel.

The Boston Consulting Group (2008). *Creating People Advantage. Bewältigung von HR-Herausforderungen bis 2015. Executive Summary auf Deutsch.* Boston, MA: The Boston Consulting Group, Inc. und World Federation of Personnel Management Associations.

Verch, D., & Limpächer, S. (2013). Kompetenzmanagement bei der Daimler AG. Konzernforschung und Mercedes-Benz Cars Entwicklung. In J. Erpenbeck, L. von Rosenstiel, & S. Grote (Hrsg.), *Kompetenzmodelle von Unternehmen. Mit praktischen Hinweisen für ein erfolgreiches Management von Kompetenzen* (S. 87–100). Stuttgart: Schäffer-Poeschel.

Prozessintegriertes und austauschbasiertes Kompetenzmanagement

Manfred Bornewasser, Martin Kloyer

8.1 Prozessreorganisation und Kompetenzentwicklung – 94

8.2 Vernetzte Kompetenzentwicklung durch Learning on the Job – 95
8.2.1 Lernen als Mechanismus, um zu Kompetenz zu gelangen – 95
8.2.2 Lernen als Erwerb von Wissen, Ausbildung als Erwerb von praktischen Fähigkeiten – 96
8.2.3 Das Bild des alten Lernens: Wissen wird von Autoritäten jenseits des Arbeitsplatzes eingetrichtert – 96
8.2.4 Visionen für das neue Lernen: Kompetenzerwerb in vernetzten Strukturen direkt am Arbeitsplatz – 97
8.2.5 Arbeitsplatz wird zum Lernplatz und Führungskräfte werden zu Dienstleistenden für ihre Beschäftigten – 98

8.3 Vier Komponenten eines Learning on the Job im Unternehmen – 98
8.3.1 Ansetzen am Prozess – 99
8.3.2 Ist-Soll-Analyse – 100
8.3.3 Vernetzung – 101
8.3.4 Veränderung des Führungskraft-Beschäftigten-Verhältnisses – 102

8.4 Ist Learning on the Job ein geeignetes Modell für eine betriebsnahe Fort- und Weiterbildung? – 103

Literatur – 105

© Springer-Verlag GmbH Deutschland 2018
M. Bornewasser (Hrsg.), *Vernetztes Kompetenzmanagement*,
Kompetenzmanagement in Organisationen,
https://doi.org/10.1007/978-3-662-54954-4_8

Zusammenfassung

Die Arbeitswelt verändert sich mit bemerkenswerter Geschwindigkeit. Demografischer Wandel, Globalisierung und Digitalisierung gelten als zentrale Verursacher. Diese stellen für Wirtschaft und Verwaltung einerseits und Beschäftigte andererseits beträchtliche Herausforderungen dar und erzeugen Anpassungsdruck. Dieser geht in zwei Richtungen: innerbetriebliche Reorganisation der Prozesse und Kompetenzentwicklung. Arbeitsprozesse und Arbeitsorganisation müssen somit zumindest in Teilen neugestaltet sowie die Kompetenzen weiterentwickelt und auf die veränderten Arbeitsprozesse zugeschnitten werden. Basierend auf einer kurzen Erläuterung des Kompetenzbegriffs wird ein Modell zur arbeitsplatznahen oder arbeitsintegrierten Kompetenzentwicklung vorgestellt. Es besteht aus vier Bausteinen, die im Einzelnen vorgestellt werden und als Grundlage für ein modernes, digital gestütztes Learning on the Job anzusehen sind.

8.1 Prozessreorganisation und Kompetenzentwicklung

Die Digitalisierung führt nach Auffassung vieler Fachleute vornehmlich zu veränderten Abläufen der Geschäftsprozesse, aber auch zum Einsatz neuartiger Assistenzsysteme bis hin zu kollaborativen Robotern. Dabei bedeutet die Veränderung der Arbeitsorganisation meist auch eine Veränderung des konkreten Arbeitshandelns. Wie nicht anders zu erwarten, wird deshalb gerade von der betrieblichen Fort- und Weiterbildung ein zentraler Beitrag bei der Anpassung erwartet (Seeber et al., 2013; Zink, 2015).

Im Verbundprojekt PIKOMA (Prozessintegriertes Kompetenzmanagement durch Lernen in Organisationen) wurde aus diesem Grund ein dialogischer Austausch gestartet, der die Prozessanalyse sowie eine betriebsnahe Konzeption der Kompetenzentwicklung als zentrale Bausteine für eine moderne Anpassungsstrategie zum Gegenstand hatte. Durch diesen Dialog konnte den bereichsspezifischen Besonderheiten der Digitalisierung mit ihrer Tendenz zur organisationsinternen und -externen Vernetzung zwischen Arbeitsplätzen, technischen Aggregaten und sozialen Partnern/-innen Rechnung getragen werden. Prozessanalyse und Kompetenzentwicklung sind aber auch selbst wieder von dieser Technik betroffen: Durch digitale Vernetzung und Konnektivität können beide Elemente profitieren. Vernetzung und Konnektivität werden zukünftig gerade auch für die betriebsnahe oder prozessintegrierte Kompetenzentwicklung und damit für ein Lernen direkt am Arbeitsplatz in dem Sinne genutzt, dass jedes Unternehmen und jede Verwaltungsbehörde eine spezifische Fort- und Weiterbildung anbieten kann, die ganz spezifisch auf die eigenen technischen und organisatorischen Geschäfts- und Arbeitsprozesse zugeschnitten ist.

Im Zentrum des Verbundprojekts PIKOMA standen konkrete Arbeitsprozesse innerhalb zweier beteiligter Organisationen. Diese Arbeitsprozesse sollten unter Mitwirkung von Beschäftigten beider Organisationen und unter Einsatz moderner Verfahren zur Prozessmodellierung einer detaillierten Analyse unterzogen werden, um sie sodann unter Effizienzgesichtspunkten verbessert gestalten und erproben zu können. Dies erforderte vom Ansatz her auch begleitende Maßnahmen der Kompetenzentwicklung, um die Analyse, die Reorganisation und die Umsetzung von neu gestalteten Prozessen anschließend praktisch bewältigen zu können. Prozessanalyse, Reorganisation, Kompetenzentwicklung und Erprobung von digitalen Assistenzsystemen stellten damit die zentralen Elemente der Arbeit im Verbundprojekt dar.

8.2 Vernetzte Kompetenzentwicklung durch Learning on the Job

Ein zentrales Ziel von PIKOMA bestand darin, in einem intern vernetzten Verbund einen prozess- und arbeitsplatznahen Kompetenzerwerb zu ermöglichen und dadurch effizientere Geschäftsprozesse bzw. effizienteres Arbeitshandeln zu gestalten. Durch die Reflexion der eigenen Prozesse und die Reorganisation der Arbeitsabläufe sollte seitens der Betroffenen ein Bewusstsein dafür geweckt werden, wirtschaftlicher zu agieren und mittels des Einsatzes digitaler Medien ein neues Verhaltensrepertoire zu entwickeln.

Der Arbeitsplatz wird infolge der digitalen Vernetzung zunehmend auch zu einem Lernplatz, an dem nicht mehr allein über kompetentes Verhalten geredet, sondern an dem es zudem direkt geschult wird. Dieses Lernen wird als Learning on the Job bezeichnet. Es erfüllt mehrere Kriterien:

- Es ist praxisnah.
- Es lässt die Beschäftigten am Arbeitsplatz verbleiben.
- Es ist über ein digitales Netz innerhalb (und bei Wunsch auch außerhalb) des Betriebs vermittelt.
- Es ist mehr an Erfahrungen anderer Personen in ähnlicher Situation als an abstraktem Buchwissen orientiert.
- Es ist direkt ausgerichtet auf konkrete Verhaltensprobleme am Arbeitsplatz.
- Es zielt weniger auf formelle Zertifikate ab.
- Es findet in einem strukturierten technischen Umfeld statt.
- Es setzt in weiten Teilen auf informelle Lernprozesse.

Am konkreten Arbeitsplatz muss bei einer solchen Konzeption ein passendes Lerndesign bereitgestellt und seine Nutzung gefördert werden. Learning on the Job stellt dabei nicht nur ein Beispiel für vernetztes Kompetenzmanagement dar, sondern ist auch ein Kontrastprogramm zum traditionellen Learning off the Job, das durch externe Institutionen angeboten wird. Beide Programme werden vorab kurz skizziert, wobei der Begriff des Lernens häufig mit dem des Wissenserwerbs und der der Ausbildung mit dem Fertigkeitserwerb verknüpft ist. Beide Formen des Erwerbs werden gegenübergestellt und die Rolle der Lehrenden beim Learning off the Job sowie der Fachkräfte beim Learning on the Job herausgestellt. Daran anschließend wird in vier Punkten näher auf die Einführung eines vernetzten Learning on the Job am Beispiel eines Wirtschaftsunternehmens eingegangen (▶ Abschn. 8.3).

8.2.1 Lernen als Mechanismus, um zu Kompetenz zu gelangen

Die Entwicklung von Kompetenz setzt Lernen voraus. In der Psychologie bedeutet Lernen, auf einen Reiz hin eine bestimmte Reaktion zu zeigen, z. B. wenn ein Signal ertönt, dann soll ein definierter Hebel umgelegt werden. Dabei kann zwischen eher reflexartigem und kontrolliertem oder operantem Lernen differenziert werden (Lefrancois, 2015). Beim operanten Lernen steht nicht der Reflex, sondern die Reflexion im Zentrum. Es wird zwischen Signalen diskriminiert (nur auf bestimmte Signale wird reagiert) und explizit darauf geachtet, dass die Verstärkung nur dann erfolgt, wenn eine bestimmte Art der Ausführung der Reaktion erfolgt ist. Vergleichbar wird generalisiert: Nicht nur auf ein ganz bestimmtes Signal, sondern auch auf viele andere, bedeutungsmäßig vergleichbare Signale hin erfolgt die gelernte Reaktion. Verhalten wird dadurch plastischer und flexibler. Es erschließt sich nicht nur eine einzige Reaktion, sondern ein ganzer Horizont von Reaktionen. Durch Lernen werden somit vielgleisige Dispositionen zum Verhalten geschaffen. Lernen erscheint damit als eine dauerhafte Verhaltensänderung auf der Grundlage von Übung und Erfahrung (Ericsson, 1998; Kirchhöfer, 2004).

Qualifizierung beschreibt den formalen Prozess, in dem durch Lernen bestimmte Verhaltensweisen geschult werden. Im Begriff der Qualifizierung schwingen die Anweisung, die Verbesserung, die überwachte Ausführung und die Rückmeldung durch die Lehrkraft mit. Die Lehrkraft mit ihrer Autorität qualifiziert, die gefügigen Lernenden entwickeln Routine, erwerben dadurch Erfahrung und machen schließlich immer weniger Fehler. Qualifizierung ist einseitig angeleitete Ausbildung von Kompetenz und Performanz, die durchaus reflektiert, aber meist an einem distanzierten Lernort und damit jenseits des konkreten Arbeitsplatzes mit seinen spezifischen Anforderungen erfolgt. Durch Lernen in der Schule oder in der beruflichen Ausbildung wird man im wahrsten Sinne des Wortes vorbereitend qualifiziert, später und anderenorts umfassender zu beschreibende Tätigkeiten in bestimmter Güte auszuüben (Kauffeld, 2006).

8.2.2 Lernen als Erwerb von Wissen, Ausbildung als Erwerb von praktischen Fähigkeiten

Lernen erfolgt oftmals als Wissenserwerb. Der Lehrende vermittelt begrifflich das, was man über einen Gegenstand, einen Prozess oder ein Ereignis wissen sollte. Wissen bildet die Basis für die Kompetenzentwicklung. Ausbildung wird verstärkt über praktisches Üben erworben, ist eng am Verhalten z. B. durch Vormachen und Nachmachen ausgerichtet und liegt damit ganz nahe am Arbeitsprozess (man spricht auch von prozessintegriertem Lernen oder von Lernen im Prozess der Arbeit; Kirchhöfer, 2004) und am Arbeitsplatz (deshalb Learning on the Job).

Aber nicht nur das konkrete Handeln (das Was), sondern auch die Modalität des Handelns (das Wie, z. B. effizient) kann geschult werden. Es reicht oftmals nicht aus, etwas nur zu machen, sondern es kommt darauf an, Arbeitsaufgaben rasch, effizient oder fehlerfrei auszuführen. Vom Kompetenten erwartet man, dass eine bestimmte Modalität des Handelns beherrscht wird (also z. B. kostenvermeidend, fehlerfrei und ohne unnötige Zeitverluste arbeitet). Kompetenz geht damit über die reine Handlungsfähigkeit hinaus (North et al., 2013).

8.2.3 Das Bild des alten Lernens: Wissen wird von Autoritäten jenseits des Arbeitsplatzes eingetrichtert

Lernen im Sinne von sich Qualifizieren impliziert eine strukturierte Lernsituation, die durch folgende Merkmale geprägt ist:
- Unabhängig vom konkreten Arbeitsplatz erfolgt der Aufbau eines Wissens- und Verhaltensrepertoires, welches vom Lernenden kognitiv beherrscht werden soll und auch für ausgewählte schwierige Situationen eine Problemlösung bereithält.
- Lernen bleibt in der Ebene des Abstrakten. Dazu passt das schulische Lehrmodell, wonach ein Lehrender zur gleichen Zeit viele Lernende aus unterschiedlichen Arbeitskontexten ausbildet. Die Ausbildung praktischen Handelns erfordert mehr Nähe und direkte Zuwendung zum einzelnen Lernenden und den von ihm zu bewältigenden Arbeitsprozessen.
- Lehrende steuern den Lernprozess, Lernen ist fremdorganisiert. Die Lehrenden vermitteln Wissen und bestätigen durch formelle Rückmeldesysteme den Lernfortschritt. Lehren ist dadurch weitgehend an Macht gebunden.

8.2 · Vernetzte Kompetenzentwicklung durch Learning on the Job

- Die Lehrenden sind Autorität, Lernen ist eine Angelegenheit der unerfahrenen Lernenden, die von Lehrenden Unterstützung erfahren können. Lernen erfolgt damit in einer Situation der asymmetrischen Kommunikation. Ob gelernt wird, hängt stark von der Motivation der Lernenden ab.
- Abstrakte Kenntnisse und Wissen sind Angelegenheit der Schule. Die konkreten Fertigkeiten und das praktische Handeln sind Angelegenheit der Praxis. Buchwissen und konkretes Verhaltenswissen stehen einander gegenüber und müssen durch spezifische Transferleistungen aufeinander bezogen werden. Hier besteht eine Lücke, die in der Regel von der Praxis aktiv geschlossen werden muss.

◘ Abb. 8.1 fasst diese Merkmale zusammen. Kollektives Lernen im Klassenverband erfolgt durch Eintrichterung, wobei völlig offenbleibt, ob und wie dieser Lernstoff in der Praxis eingesetzt wird. Vielfach wurde mit diesem Bild auch die Hoffnung vermittelt, dass die so vermittelten Inhalte von lebenslanger Geltung sind. Man legte sich einen Wissensvorrat an und wollte davon ein Leben lang profitieren.

8.2.4 Visionen für das neue Lernen: Kompetenzerwerb in vernetzten Strukturen direkt am Arbeitsplatz

Diese Vorstellung einer unbegrenzt langen Geltung hat sich als überholt erwiesen. Heute entwickelt sich das Wissen in rasantem Tempo. Dabei erhalten sich einzelne Wissensbestände (z. B. die Grundrechenarten), anderes Wissen, besonders das wichtige Produktions- und Methodenwissen, veraltet jedoch immer schneller. Es lohnt folglich immer weniger, mühsam Vorräte an solchem Wissen anzulegen. Stattdessen muss mehr Wert darauf gelegt werden, dass man fortlaufend sein Wissen erneuert. Das ist die Idee des lebenslangen Lernens. Das gilt nicht nur für die Beschäftigten, sondern ebenso für Unternehmen und Verwaltungseinrichtungen.

Eine wesentliche Größe hierbei ist die digitale Vernetzung, denn sie hilft, das traditionelle Lernen zu ergänzen. Durch die technologische Vernetzung können nunmehr viele Personen als Lehrende, Kollegen/-innen oder Erfahrene einbezogen werden (jede Person im Netz kann ihre Auffassung kundtun und zum Lernerfolg beitragen). Ferner geht auch mehr Initiative von den Lernenden aus, die das Netz nutzten, um selbst Meinungen einzuholen oder sich angesichts eines Problems helfen zu lassen. Man nutzt letztlich die Kompetenz oder die Erfahrung

◘ **Abb. 8.1** Nürnberger Trichter: Ein Lehrer bringt sein Wissen in die Köpfe vieler Schüler (Zeichnung: Uli Olschewski)

der Netzwerkteilnehmenden, um seine aktuellen Probleme zu lösen. Lernen ist nicht länger nur fremdorganisiert, sondern zunehmend selbstorganisiert, aber nicht als eine Serie von Lehrveranstaltungen off the Job, sondern als ein arbeitsplatznaher Erfahrungsaustausch unter z. B. Beschäftigten aus vergleichbaren Berufsfeldern und unter Nutzung von Artefakten. Vorbild könnten hierbei von der Grundstruktur her die sogenannte „Communities of Practice" sein (Wenger, 1998), sofern sie auf Instrumente wie Wikis zurückgreifen.

8.2.5 Arbeitsplatz wird zum Lernplatz und Führungskräfte werden zu Dienstleistenden für ihre Beschäftigten

Learning on the Job ergibt sich nicht von selbst, sondern setzt eine bestimmte betriebliche Umgebung und passende Vorgesetztenstrukturen voraus. Das betrifft den Arbeitsplatz, der auch Lernplatz sein muss, aber auch das Netz, in das der einzelne Arbeitsplatz eingebunden ist, z. B. über Wikis, Endgeräte und Monitore, auf denen Verhalten vorgegeben und aufgezeichnet und zum Anlass für Beratungen über Verbesserungen genutzt wird. Ferner muss Lernen angeregt werden. Hier spielen dann Vorgesetzte eine entscheidende Rolle, aber nicht als Lehrer/-in, sondern als Impulsgeber/-in oder Moderator/-in: Die Führungskraft wird zu einer Art Dienstleistendem. Führungskräfte werden zu Lernbegleitenden, die die lernenden Beschäftigten bestmöglich unterstützen (Lerche u. Gruber, 2011).

Ein schönes Beispiel für einen solchen, das Lernen unterstützenden Dienstleister stellt der bekannte Fußballtrainer Ralf Rangnick dar, der seinerzeit RB Leipzig betreute. Er beschreibt in der Frankfurter Allgemeinen Sonntagszeitung vom 12.02.2016 seinen Job wie folgt:

> » Ich sehe Trainer, aber auch Sportdirektoren, als Dienstleister. Wir müssen den Spielern jeden Tag die Chance geben, sich zu verbessern. Das ist mein Selbstverständnis. Und dann geht es um die Werkzeuge, die einem dafür zur Verfügung stehen. Für mich ist vollkommen klar, dass die Videoanalyse eines der wichtigsten Tools ist, um Spieler zu verbessern. Denn das funktioniert unabhängig von der Sprache, Nationalität und Kultur. Die eigene Spielidee über Video zu verbessern – das ist eine entscheidende Komponente. Wir haben beim Training mittlerweile einen Monitor direkt neben dem Platz. Und ein moderner Coach braucht als Werkzeuge auch die passende, regelmäßige und authentische Kommunikation und Führungsstärke für eine junge, aufgeschlossene, intelligente Spielergeneration (Horeni, 2016, S. 3)

Das Selbstverständnis der Führungskräfte als Dienstleister/-innen, die Wege aufzeigen und Hindernisse beseitigen, das Werkzeug der Verhaltensaufzeichnung und der Videoanalyse, die mediale Unterstützung durch Monitore sowie die direkte Ansprache der einzelnen Teilnehmenden sind entscheidende Komponenten dieses Ansatzes. Vorausgesetzt wird dabei elaboriertes Grundwissen sowie Entwicklungsbereitschaft der Lernenden. Beides zu fördern und zu entwickeln, stellt die Aufgabe von Führungskräften dar (Weibler, 2016).

8.3 Vier Komponenten eines Learning on the Job im Unternehmen

Learning on the Job bedeutet, den Arbeitsplatz zu einem Lernplatz zu machen, d. h., man ermöglicht es den Beschäftigten, direkt hin und her zu pendeln zwischen dem beruflichen Handeln und dem Lernen und Verbessern dieses beruflichen Handelns. Das konkrete berufliche Handeln ist damit Ausgangspunkt des Lernens und dieses Lernen schlägt sich direkt in einem verbesserten

Handeln nieder. Das ist die tiefere Bedeutung des Konzepts „on the Job", wie es hier verwendet wird. Lernen wird Teil des Arbeitsprozesses, erfolgt zumeist informell und quasi zeitgleich oder zeitnah mit der Arbeit und sogar am gleichen Ort. Betrachten wir ein Beispiel:

Beispiel
Wenn man die Aufgabe hat, einen Behälter zu reinigen, so vollzieht sich eine Abfolge von Tätigkeiten, z. B. das Aufschrauben eines Deckels, das Entfernen des Deckels, das Inspizieren des Innenraums des Behälters, das Feststellen von Verschmutzungen an kritischen Stellen und vieles mehr. Jeder einzelne dieser Schritte ist mehr oder weniger ausführlich vermittelt und durch Erfahrungsbildung gefestigt worden. Man kann das. Allerdings zeigt die betriebliche Praxis oftmals, dass immer wieder Fehler bei der Reinigung gemacht werden: Man nutzt falsche Werkzeuge, legt die Schrauben falsch ab, übersieht Verschmutzungen oder setzt falsche Reinigungsmittel ein. Der Reinigungsprozess wird folglich nicht beherrscht, es kommt zu Verzögerungen und teilweise zu gravierenden Mängeln.
Von daher wird ein systematisches Lernprogramm installiert, welches einmalig vorab oder auch wiederholt eingestreut vermittelt wird: Bevor der Behälter aufgeschraubt wird, ruft die Arbeitskraft z. B. über ein mobiles Endgerät eine kurze Instruktion über die einzusetzenden Werkzeuge und über die Lage der kritischen Verschraubungen ab. Hier werden Wissen und Erfahrungen quasi neu aufgefrischt. Durch einen kleinen Videofilm wird auf dem Endgerät zudem gezeigt, wie die Werkzeuge am Behälterdeckel anzusetzen sind, ohne dass z. B. die Schraubköpfe beschädigt werden. Es gibt somit kurz eingestreute Lernepisoden, die die einzelnen Arbeitsschritte des Reinigens optimieren und dadurch zu einer besseren Modalität des gesamten Arbeitshandelns beitragen. Der Reinigungsprozess setzt sich damit aus einem ausführenden Arbeits- und einem vorbereitenden Lernprozess zusammen. Beide bilden eine kognitive und motorische Einheit.

Ein solches Lernprogramm wurde im Kontext der Einführung eines Programms zur Total Productive Maintenance (TPM) entworfen, in dem es darauf ankommt, dass die entsprechenden Beschäftigten in der Produktionsphase selbstständig eine fortlaufende und autonome Instandhaltung der technischen Anlagen betreiben (Matyas, 2005). Eine solche präventive Instandhaltung wurde bislang nicht praktiziert. Die präventive und autonome Instandhaltung während der Produktionsphase umfasst dabei insbesondere Tätigkeiten wie das tägliche Inspizieren von kritischen Anlagenteilen, das Ölen und Schmieren, das Reinigen der äußeren Anlageteile und ihrer unmittelbaren Arbeitsumgebung, die Entsorgung von überflüssigen Materialien sowie das Dokumentieren dieser Leistungen. Ziel ist eine vollständige Beherrschung dieser autonomen Instandhaltungsprozesse.

Im Folgenden werden die vier zentralen Bestandteile des konzipierten Learning on the Job erläutert. Hierbei sollte beachtet werden, dass es sich nicht um die Darstellung eines allgemein gültigen Struktur- oder Referenzmodells handelt, wie es etwa Plorin (2016) für die Lernfabrik vorgelegt hat. Vielmehr werden hier zunächst einmal nur Erfahrungen aus der Praxis strukturiert, die einer weiteren theoretischen Durchdringung bedürfen.

8.3.1 Ansetzen am Prozess

Learning on the Job setzt unmittelbar an den konkreten Arbeitsvollzügen als Elemente von betrieblichen Leistungsprozessen an. So könnte etwa der Start des Prozesses „autonomes Instandhalten" dort gegeben sein, wo die Werkenden die Ankunft am Aggregat (schriftlich oder elektronisch) dokumentieren, und der Endpunkt des Prozesses dort liegen, wo die Werkenden eigene Leistungen in einem Formular ankreuzen und dieses Formular unterschreiben.

In der Prozessanalyse (Bornewasser et al., 2014) wird möglichst genau beschrieben, was zwischen Prozessbeginn und Prozessende an Prozessschritten und Tätigkeiten (z. B. Inspizieren, Schmieren) allein vom einzelnen Beschäftigten oder in Interaktion mit anderen Personen (z. B. Kunde/-in, Kollegen/-innen aus anderen Abteilungen, Lieferanten) ausgeübt wird. Diese Beschreibung wird in ein Prozessmodell mit Prozessschritten überführt, welches in symbolischer Form die ablaufenden Prozesse visualisiert. Dieses Modell ist dann Ausgangspunkt für alle weiteren Prozessverbesserungen.

Viele Beschäftigte, Facharbeitende und selbst Vorgesetzte wissen oftmals nicht genau, wie ein Leistungsprozess abläuft, noch weniger wissen sie, wie produktiv oder wertschöpfend ein solcher Prozess gestaltet ist. Das gilt selbst dann, wenn dieser Prozess schon tausende Male abgelaufen ist. Deshalb erscheint es wichtig, sich den eigenen Prozess immer wieder bewusst zu machen und seine genaue Struktur inklusive ihrer Mängel zu erkennen. Bei diesem Vorgehen werden deshalb die Beschäftigten beteiligt und können ihre Sichtweisen einfließen lassen. Von erheblichem Vorteil ist es, wenn man die analysierten Prozesse videografiert und das fertiggestellte Modell dann noch einmal im laufenden Betrieb auf Stimmigkeit überprüft.

8.3.2 Ist-Soll-Analyse

Die Prozessanalyse schafft Transparenz, macht aktuelle Mängel für jedermann sichtbar und schafft Bereitschaft, zukünftig mehr Produktivität, höhere Qualität oder schlankere Abläufe zu schaffen. Die Analyse des Ist-Zustands schafft damit den ersten Schritt auf dem Weg zu einer Verbesserung. Wichtig ist, dass herausgearbeitete Defizite von möglichst vielen Beschäftigten erkannt und auch gegenüber z. B. Vorgesetzten anerkannt werden. Erkenntnis und Anerkenntnis sind der Impuls für die reflektierte und nachhaltige Veränderungsbereitschaft. Sodann muss der Nutzen von Veränderungsmaßnahmen aufgezeigt werden. Ohne Einsicht in den Nutzen entsteht keine Akzeptanz und sind viele Veränderungsmaßnahmen von Anfang an zum Scheitern verurteilt (Venkatesh et al., 2003). Defizite und Nutzen müssen deutlich erkennbar sein, um Widerstände gering zu halten.

Der Ist-Soll-Vergleich lebt von der Gegenüberstellung eines defizitären sowie eines verbesserten Zustands. Methodisch liegt der Königsweg in der Bildung einer Arbeitsgruppe, die sich detailliert mit den relevanten Ist- und Soll-Prozessen beschäftigt. Für Geschäftsleute ergeben sich hier zwei wichtige Punkte: Das Ziel der Veränderungen muss den Beschäftigten möglichst klar vor Augen geführt werden, und der Nutzen der Maßnahmen muss letztlich auch objektiv ausweisbar sein. „Was wollen Sie erreichen?" und „Wie können Sie feststellen, dass Sie das Ziel erreicht haben?": Möglichst klare Antworten auf diese beiden Fragen sind unerlässlich. Das Ziel wird möglichst konkret, am besten in Kennzahlen festgelegt (z. B. Gesamtanlageneffektivität über 95 %), aber der Weg dorthin bleibt offen (vgl. zur Zielvereinbarung generell Watzka, 2011).

Es reicht dabei nicht aus, nur das Ziel zu verkünden, sondern dieses Ziel muss auch auf konkrete Verhaltensweisen heruntergebrochen werden. Wenn es um eine präventive Instandhaltung geht, dann muss auch angegeben werden, durch welche Tätigkeiten diese Art der Instandhaltung realisiert werden soll:

- Einen ersten Hinweis im TPM gibt der Begriff „autonom": Die Produktionsbeschäftigten sollen in ihrem Arbeitsprozess selbst Instandhaltungstätigkeiten während der Produktionskampagne ausüben, also damit auch in Eigenregie entscheiden, wann und wie die Wartung der technischen Aggregate erfolgt.
- Festzulegen ist, welche Tätigkeiten zu einer solchen autonomen Instandhaltung zu zählen sind (etwa das Reinigen, das Inspizieren, das Schmieren, das Ölen und das Dokumentieren), wo die Grenzen der Autonomie liegen und wie professionelle Instandhaltungskräfte heranzuziehen sind.

- Schließlich müssen Randbedingungen geschaffen werden, damit die intendierte autonome Instandhaltung erfolgreich umgesetzt werden kann. Das gilt in technischer (Zugänglichkeit, Ergonomie), in arbeitsorganisatorischer (Zuständigkeitsregelungen, Reinigungsstandards, Datenverfügbarkeit) und in qualifikatorischer Hinsicht (z. B. mehr Sorgfalt, mehr Technikaffinität).

Learning on the Job bezieht sich somit nicht allein auf Tätigkeiten, sondern auch auf die Regeln, die für diese Tätigkeiten aufgestellt werden, sowie die Gestaltung der organisatorischen Bedingungen am jeweiligen Arbeitsplatz. Dabei sollte beachtet werden, dass es nicht reicht, nur die unmittelbar Ausführenden zu schulen. Learning on the Job betrifft auch die jeweilig Vorgesetzten in Ingenieurs- oder Meisterpositionen, die indirekt betroffen sind, weil sie alle ggf. erforderliche Ergänzungsmaßnahmen treffen müssen, also z. B. die erforderlichen Datenbanken pflegen, Risiken eines Anlagenausfalls einschätzen oder aber auch die entsprechenden Reparaturen personell organisieren müssen.

8.3.3 Vernetzung

Traditionelles Lernen erfolgt in sozialen Verbänden, die aus einer Lehrkraft und vielen Lernenden bestehen. In diesem Sinne könnte eine Leitungskraft eine Gruppe von Beschäftigten in einem Workshop zusammenziehen, um ihnen die Grundlagen der präventiven Instandhaltung, z. B. mittels Richtlinien des Vereins Deutscher Ingenieure (VDI), zu vermitteln. Zur weiteren Absicherung des Lernerfolges könnten auch an den technischen Aggregaten Plakate aufgehängt werden, die auf z. B. die 5S-Methode aus dem Toyota-Programm (Sortiere aus, Stelle ordentlich hin, Säubere, Standardisiere, Selbstdisziplin und ständige Verbesserung) oder auf die Durchführungsregeln für Inspektionen verweisen.

Erkennbar wird, dass auch mit solchen Lernprozessen bereits relativ kleine soziale Netzwerke geschaffen werden, die aber immer noch stark durch traditionell kommunikative Lernformen geprägt sind. Das trifft selbst noch auf sogenannte One-Point-Lessons (OPL) zu, die im Kontext von TPM zum Einsatz kommen (▶ Exkurs).

Exkurs

One-Point-Lessons (OPL)

Eine OPL dient z. B. dazu, sogenannte Standard Operating Procedures (SOP) oder vergleichbare Vorgaben zu vermitteln. Hierunter sind sehr knappe und stark auf ein bestimmtes Verhalten eingeengte Lernanweisungen oder Unterrichtslektionen zu verstehen. Sie sind möglichst einfach und eingängig verfasst. Sie werden z. B. von einem Arbeitsteam auf Plakaten festgehalten, die am jeweiligen Arbeitsort platziert werden und von Arbeitnehmenden ohne viel Aufwand genutzt werden können, um sich vor Ausübung etwa einer Inspektion, eines Filterwechsels oder eines Ölens noch einmal über den Ablauf und die Dokumentation zu informieren. In diesem Sinne stellen OPL kommunikative Hilfsmittel dar, an denen man sich direkt am Arbeitsplatz orientieren kann. Je geringer der Aufwand für den Werkenden ist, desto besser lässt sich die OPL anwenden. Von daher verbieten sich etwa Ordner mit verschiedenen OPL oder weit entfernte Kantinen oder Umkleideräume als Informationsorte. Da ein konkretes Verhalten beeinflusst werden soll, bietet sich immer eine möglichst große Nähe zum konkreten Arbeitsplatz an. Ferner gilt: Eingängige Bilder, Grafiken, Symbole (80 %) und vor allem wenig Text (grafische Elemente: 80 %, Text: 20 %) fördern die Bereitschaft, OPL zu beachten.

Vernetzungen können durch analoge Kommunikation getragen sein, sie können aber auch digital durch Informationsübertragung zwischen Sendern und Empfängern erfolgen. In diesem Sinne wird im Betrieb ein Netz von mehr oder weniger aktiven Informationseinheiten geschaffen: Zum Beispiel kann eine Maschine über sogenannte Sensoren und Aktoren Information über den inneren, nicht sichtbaren Zustand einer Zuleitung in einem Aggregat an einen zentralen Empfänger senden (das ist die Grundlage der Reliability Centered Maintenance, RCM; Rausand, 1998), der diese Botschaft dann an Beschäftigte vor Ort weiterleitet. Benötigt wird zum Empfang ein mobiles Endgerät, das mit allen relevanten Informationsquellen verknüpft ist. Vergleichbar kann nun der autorisierte Beschäftigte vor Ort z. B. die Konstruktionszeichnung, Daten zu den zuletzt erfolgten Reparaturen oder auch Angaben zu den erforderlichen Instandhaltungswerkzeugen abrufen, indem er sie explizit per Tablet anfordert oder indem sie via eines QR-Codes sofort übertragen werden. Dieses Abrufen oder Nutzen von QR-Codes impliziert immer noch ein aktives Tun: Dieses aktive Tun kann auch weiter reduziert werden, indem etwa Informationen mittels der Beacon-Technologie automatisch auf das mobile Endgerät gespielt werden, sobald der Beschäftigte sich einem spezifischen Aggregat nähert.

Ein wichtiges digitales Informationsmedium innerhalb des vernetzten Betriebs bilden sogenannte Wikis. In einem solchen Wiki etwa für den Instandhaltungssektor können z. B. alle für diesen Bereich interessanten Erfahrungen, Kontakte, Informationsquellen, Expertisen etc. gesammelt werden, können Bilder von typischen Fehlern an den technischen Aggregaten, Diagramme zu erfolgreichen Vorgehensweisen bei der Reparatur oder auch Hinweise auf rasch für Ersatz sorgende Lieferanten eingestellt werden. Es kann aber auch ein Erfahrungsaustausch zwischen Instandhaltungs- und Produktionsbeschäftigten geführt werden.

Kernidee eines solchen digitalen Werkzeugs ist es, das Wissen verschiedenster Quellen zusammenzutragen und es so zu fokussieren, dass sich daraus dann – ohne Eingreifen einer übergeordneten Stelle – eine optimale Problemlösung für einzelne Nutzende ergibt. Die Nutzenden entnehmen Information, geben aber im Gegenzug auch Information in das System hinein (Letzteres wird jedoch eher selten getan). Dabei sollte es möglichst wenig externe Regulationen oder Beschränkungen durch das Management geben (▶ Kap. 11).

8.3.4 Veränderung des Führungskraft-Beschäftigten-Verhältnisses

Bei digitaler Vernetzung entsteht ein neuartiges Verhältnis von Führungskräften und Beschäftigten, weil die direkte Kommunikation in den Hintergrund und die Information in den Vordergrund rückt. Durch die digitale Vernetzung verlieren die persönlichen Kontakte, die Kopräsenz, die Nähe und die einseitige und immer über die Führungskräfte laufende Arbeitsinstruktion an Bedeutung. Vernetzung ermöglicht dezentrales Arbeiten und Lernen. Führungskräfte werden nur noch einbezogen, wenn Entscheidungen getroffen werden müssen, nicht wenn es um Routinehandeln geht (wobei auch komplexe Tätigkeiten wie etwa ein Umrüsten oder ein aufwendigeres Reparieren durch Vernetzung immer weiter auf den normalen Werkenden verlagert werden kann). Die Selbstorganisation hingegen wird aufgewertet, teilweise auch durch Unterstützung von digitalen Assistenzsystemen. Learning on the Job wird zu einem fortlaufenden, erfahrungsbasierten Trial- und Error-Prozess, weil das erworbene Wissen direkt in Handeln umgesetzt werden kann. Das ist der zentrale Vorteil des Learning on the Job. Man erkennt selbst, ob die

Anforderungen mit dem eigenen Handeln zu erfüllen oder ob weitere Informationen erforderlich sind. Aus der Performanz als sichtbar gemachter Kompetenz wird selbstorganisiert abgeleitet, welche weiteren Lernprozesse erforderlich sind (▶ Kap. 2).

Führungskräfte müssen lernen, sich auf diese neue Rolle einzustellen. Sie sind nicht mehr automatisch die Wissenden oder überlegene Instruierende. Sie werden mehr und mehr zu Beobachtenden und Dienstleistenden. Sie offerieren aus sich heraus oder angeregt durch Prozessfehler oder Nachfragen der Beschäftigten Lernangebote und zeigen auf, wo Chancen liegen, sich zu verbessern und das Können zu optimieren. Führungskräfte verlieren dadurch vorübergehend an Autorität, können diese jedoch als Dienstleistender wieder zurückgewinnen, wenn Beratungen oder Anregungen zum Erfolg führen. Zu diesem Rollenwandel gehört sicherlich auch, dass die Fortbildung der Beschäftigten verstärkt in den Mittelpunkt aller Führungstätigkeiten rückt, ebenso die Gestaltung des Arbeitsplatzes als Lernplatz, der stärker als zuvor die Reflexion des eigenen beruflichen Handelns sowie darauf bezogener Lernprozesse ermöglicht. Hier kann erneut die Digitalisierung hilfreich sein, indem z. B. über Lichtsignale Rückmeldungen gegeben, Fehler angezeigt und Fehlerkurven aufgezeigt werden. Aber auch solche Instrumente erfordern zuvor Investitionen in die Prozesskontrolle.

Nicht nur Führungskräfte werden mit einem veränderten Rollenverständnis konfrontiert sein, auch Beschäftigte werden erkennen müssen, dass ihnen ein höheres Maß an Selbstverantwortung zukommt, und sie müssen bereit sein, dieses anzunehmen. Der Impetus zur Kompetenzentwicklung kommt zunehmend aus den Beschäftigten. Jedoch schaffen Unternehmen und Führungskräfte die Rahmenbedingungen. Führungskräfte werden dadurch zu Wegbereitenden, die Beschäftigte und das Team zum gemeinsamen organisationalen Ziel führen. Von daher verändern sich Aufgaben sowohl in Bezug auf die Schaffung von optimalen Lern- und Arbeitsbedingungen am Arbeitsplatz als auch in Bezug auf die Zielverdeutlichung. Der Coach gibt den Teammitgliedern zu erkennen, wo Schwächen des Einzelnen oder des Teams liegen und wie diese Schwächen abgebaut werden können. Er kann die Verbesserung nicht befehlen, er kann nur aufzeigen, inspirieren und anregen sowie darauf hoffen, dass das Team seine Ratschläge akzeptieren und umsetzen kann.

8.4 Ist Learning on the Job ein geeignetes Modell für eine betriebsnahe Fort- und Weiterbildung?

Learning on the Job kann nicht jegliche Art der Fort- und Weiterbildung ersetzen, allerdings wird sich diese Art der hochgradig individualisierbaren, verhaltensspezifischen Fortbildung in Unternehmen mit zunehmender Digitalisierung weiter verbreiten und das extern angebotene Learning off the Job ergänzen. Dabei bietet das Learning on the Job den Vorteil, dass sowohl Unternehmen als auch Beschäftigte ein gemeinsames Interesse und einen gemeinsamen Inhalt haben, auf den sich die Fortbildung konzentriert. Ferner kann über Führungskräfte eine permanente Unterstützung erfolgen, sodass auch die sozioemotionalen Aspekte des Lernens nicht ganz entfallen. Hier zeigt sich eine deutliche Überlegenheit gegenüber rein internetbasierten Angeboten.

Die betriebliche Fortbildung steht zudem in der Regel vor einem doppelten Problem: Sie muss sich stark an den inhaltlichen Bedürfnissen orientieren, die sich aus den betrieblichen Anforderungen ergeben, und sie darf zu keiner gravierenden Störung der betrieblichen Abläufe führen. Das betriebliche Interesse nimmt damit einen hoch priorisierten Rang ein. Deshalb liegt es nahe, die Fort- und Weiterbildung vornehmlich auf aktuelle, betrieblich relevante Aspekte zu fokussieren und die Beschäftigten kurzfristig und immer wieder neu zu Experten und Expertinnen für die sich ändernden, eigenen betrieblichen Abläufe zu machen. Dies auch deshalb, weil sichere Prognosen über den Kompetenzbedarf ebenso wenig möglich sind wie ein Kompetenzerwerb auf Vorrat. In diesem Sinne besteht umgekehrt kein ausgeprägtes Interesse der Betriebe daran, eine inhaltlich breite Fort- und Weiterbildung zu forcieren, die per definitionem schon in weiten Teilen irrelevant für die eigene konkrete Situation ist. In diesem Sinne erscheint ein Learning on the Job durchaus den betrieblichen Interessen zu entsprechen und erhöht dadurch auch gleichzeitig die Wahrscheinlichkeit, dass die Beschäftigten dem Unternehmen erhalten bleibt.

Das hier vorgestellte Modell zum Learning on the Job setzt seinen Ausgangspunkt in der Prozessanalyse und damit in relativ kleinteiligen Elementen komplexerer Systeme. Dies könnte zu der Vermutung Anlass geben, dass z. B. ausgebildete Fachkräfte keine solche Fortbildung brauchen, sodass Learning on the Job zu einer Angelegenheit für Anzulernende oder kurzfristig zu integrierende Zeitarbeitnehmende wird. Diese Auffassung verkennt, dass auch Fachkräfte einerseits ihre Prozesse nicht beherrschen und vielfältige Verschwendungen erzeugen, andererseits sich aber auch schwertun, die Ursachen für Defizite aufzudecken und verbesserte Prozessabläufe zu entwickeln. Dabei liegen diese Defizite oftmals weniger in den technischen als vielmehr in den modalen, etwa den ökonomischen Aspekten der eigenen Tätigkeit. Von daher überrascht es auch wenig, dass Prozessanalyse in vielen Unternehmen keine Selbstverständlichkeit darstellt. Das bedeutet jedoch, dass in vielen Unternehmen bereits der erste Bestandteil der Konzeption eines Learning on the Job noch nicht gegeben ist.

Vergleichbare Verhältnisse bestehen auch hinsichtlich der Vernetzung. Sie ist in vielen Unternehmen bei Weitem noch nicht so weit fortgeschritten, wie dies diverse Broschüren zu Digitalisierung und Industrie 4.0 vermuten lassen. Auch ein betriebsintern vernetztes Lernen findet nur selten statt, weil die personellen und technischen Voraussetzungen noch nicht gegeben sind. Es gibt sowohl in Verwaltungseinrichtungen als auch in Wirtschaftsunternehmen meist zu wenig qualifiziertes Personal in den technischen Bereichen, es gibt zu wenig Investitionen in die technischen Voraussetzungen und es gibt bemerkenswert oft auch seitens der Leitungen zu wenig Einsicht in die Notwendigkeit, sich verstärkt auf digitale Verhältnisse einlassen zu müssen. Konnektivität ist immer noch eher ein Schlagwort als eine Realität.

Weitgehend unklar ist, welche Kompetenzen mittels Learning on the Job zu realisieren sind. Im vorliegenden Beispiel wird der Anwendungsbereich stark auf praktisches Tun im industriellen Kontext eingeengt. Es ist aber anzunehmen, dass auch komplexere, selbst z. B. Abstimmungen und Entscheidungen beinhaltende Tätigkeiten oder gar Dienstleistungsprozesse, die eine gewisse Standardisierung erlauben, auch über digitale Medien vermittelt werden können. Wo solche Standardisierungsmöglichkeiten nicht mehr gegeben und vermehrt etwa Beratungen erforderlich sind, dürfte das Learning on the Job seine Grenze finden.

Die im vorgeschlagenen Modell vereinten Elemente sind mit erheblichen Kosten in den Komponenten Prozessanalyse, Vernetzung und Dienstleistung verbunden. Dabei sind nicht allein die finanziellen Aufwendungen erheblich, sondern vor allem auch die organisatorischen Veränderungen, die häufig genug von Widerstand begleitet sind. Zusätzlich muss dringend daran gearbeitet werden, wie ein Learning on the Job von unabhängigen Stellen zertifiziert werden kann, sodass diese Lernanstrengungen auch bei einem Wechsel des Arbeitsplatzes nutzbar gemacht werden können.

> **Fazit**
>
> PIKOMA war ein Versuch, verschiedene Organisationen zu einem Austausch über Arbeitsprozesse zusammenzuführen, um daraus auch in Bezug auf die Kompetenzentwicklung wechselseitig Anregungen zu erhalten und Vorteile zu erzielen. Angesichts der mit hoher Geschwindigkeit. erfolgenden Veränderungen der Arbeitsprozesse bedarf es dringend einer Anpassung der zukünftigen Kompetenzprofile sowie einer Neuausrichtung der Kompetenzentwicklung, da bestehende Kompetenzen und praktizierte Formen der betrieblichen Weiterbildung nicht mehr ausreichen. Die Neuausrichtung konzentriert sich zum einen auf eine Priorisierung des Könnens gegenüber dem Wissen, zum anderen auf eine Integration von Arbeits- und Lernort. Beide Aspekte werden in einem Konzept des Learning on the Job zusammengeführt: Digital vermittelt werden zunehmend Anleitungen für praktisches Handeln direkt am Arbeitsplatz, deren zentrale Implikationen sowie Vor- und Nachteile kritisch erörtert wurden. Für jedes Unternehmen stellt sich angesichts der zunehmenden Vernetzung die Frage, wie ein solcher Ansatz im eigenen Unternehmen umgesetzt werden kann und ob die erforderlichen Kosten und der erwartete Nutzen in einem angemessenen Verhältnis darstellbar sind.

Literatur

Bornewasser, M. Frenzel, S., & Tombeil, A.-S. (2014). *Produktiv Dienstleisten. Ein Leitfaden zur Prozessgestaltung mit dem 3-Komponenten-Modell für Dienstleistungen.* Stuttgart: Fraunhofer IAO.

Ericsson, K. A. (1998). Expertenperformanz aus wissenschaftlicher Sicht. Folgerungen für optimales Lernen und Kreativität. In H. Gembris, R. Kraemer, & G. Maas (Hrsg.), *Üben in musikalischer Praxis und Forschung* (S. 79–110). Augsburg: Wissner.

Horeni, M. (2016). „Wir spielen nicht Monopoly, wenn wir aufsteigen". FAZ. http://www.faz.net/aktuell/sport/fussball/bundesliga/2-liga-trainer-ralf-rangnick-ueber-konzept-von-rb-leipzig-14056424.html. Zugegriffen: 26. April 2017.

Kauffeld, S. (2006). *Kompetenzen messen, bewerten, entwickeln. Ein prozessanalytischer Ansatz für Gruppen.* Stuttgart: Schäffer-Poeschel.

Kirchhöfer, D. (2004). *Lernkultur Kompetenzentwicklung – Begriffliche Grundlagen.* Berlin: EMS.

Lefrancois, G. R. (2015). *Psychologie des Lernens.* Berlin, Heidelberg: Springer.

Lerche, T., & Gruber, H. (2011). Design und Entwicklung von Online-Lernangeboten für die Hochschule. In P. Klimsa, & L. J. Issing (Hrsg.), *Online-Lernen. Handbuch für Wissenschaft und Praxis* (2. Aufl., S. 401–411). Oldenbourg: Wissenschaftsverlag GmbH.

Matyas, K. (2005). *Taschenbuch Instandhaltungslogistik. Qualität und Produktivität steigern* (2.Aufl.). München, Wien: Carl Hanser.

North, K., Reinhardt, K., & Sieber-Suter, B. (2013). *Kompetenzmanagement in der Praxis. Beschäftigtenkompetenzen systematisch identifizieren, nutzen und entwickeln. Mit vielen Fallbeispielen.* Wiesbaden: Springer Gabler.

Plorin, D. (2016). Gestaltung und Evaluation eines Referenzmodells zur Realisierung von Lernfabriken im Objektbereich der Fabrikplanung und des Fabrikbetriebs. Dissertationsschrift in der wissenschaftlichen Schriftenreihe des Instituts für Betriebswissenschaften und Fabriksysteme. Heft 120. Chemnitz: TU Chemnitz.

Rausand, M. (1998). Reliability Centered Maintenance. *Reliability Engineering and System Safety* 60, 121–132.

Seeber, S., Wolter, A., Döbert, H., Kerst, C., Becker-Stoll, F., & Seitz, C. (2013). Bildung. In J. Rump, & N. Walter (Hrsg.), *Arbeitswelt 2030. Trends, Prognosen, Gestaltungsmöglichkeiten* (S. 93–122). Stuttgart: Schäffer-Poeschel.

Venkatesh, V., Morris, M. G., Davis, G. B., & Davis, F. D. (2003). User Acceptance of Information Technology: Toward a Unified View. *MIS Quarterly* 27(3), 425–478.

Watzka, K. (2011). *Zielvereinbarungen in Unternehmen – Grundlagen, Umsetzung, Rechtsfragen.* Wiesbaden: Gabler.

Weibler, J. (2016). *Personalführung* (3. Aufl.). München: Franz Vahlen.

Wenger, E. (1998). *Communities of Practice: Learning, Meaning and Identity.* Cambridge: Cambridge University Press.

Zink, K. J. (2015). Digitalisierung der Arbeit als arbeitswissenschaftliche Herausforderung: Ein Zwischenruf. *Zeitschrift für Arbeitswissenschaft* 69, 227–232.

Zentrale Herausforderungen eines vernetzten Kompetenzmanagements

Kapitel 9   Kompetenzen für Innovationsarbeit in der offenen Organisation: Management und Aneignung – 109
Stephanie Porschen-Hueck, Norbert Huchler, Stefan Sauer, Christian Krakowski, Tatjana Streit, Claudia Müller-Kreiner

Kapitel 10   Innovationsorientierende Technikfolgenabschätzung zur Erarbeitung von Handlungsoptionen für kleine und mittelständische Unternehmen – 123
Robert Tschiedel, Frank Hartmann

Kapitel 11   Konzipierung und Implementation von Wikis – 135
Stefan Frenzel, Antonia Speerforck, Dominic Bläsing

Kapitel 12   Methode Modularisierung – Kompetenzmodule für den unternehmensübergreifenden Austausch – 147
Manuela Krones, Jens Schütze, Egon Müller

Kapitel 13   Ein Marktplatz für ein Kompetenznetzwerk: Wie er funktioniert und wie man ihn baut – 161
Katrin Wieczorek, Rüdiger von der Weth, Alexander Werner, Nils Dähne

Kapitel 14   Zur zukünftigen Bedeutung einer „Künstlichen Kompetenz" – 175
Veit Hartmann

Kapitel 15   Vernetztes Kompetenzmanagement – Anforderungen und Ausblick – 187
Manfred Bornewasser

Kompetenzen für Innovationsarbeit in der offenen Organisation: Management und Aneignung

Stephanie Porschen-Hueck, Norbert Huchler, Stefan Sauer, Christian Krakowski, Tatjana Streit, Claudia Müller-Kreiner

9.1 Erfahrungsbasierte Kompetenzen – 110

9.2 Erfahrungsbasiertes Kompetenzmanagement – 113
9.2.1 Technologieauswahl – 115
9.2.2 Evaluation des Kompetenzmanagement- und Kollaborationssystems – 116
9.2.3 Weiterentwicklung des Systems – 117

9.3 Serious Game „Eddies Teambuilding" – 117
9.3.1 Beschreibung – 117
9.3.2 Evaluation – 119

Literatur – 120

© Springer-Verlag GmbH Deutschland 2018
M. Bornewasser (Hrsg.), *Vernetztes Kompetenzmanagement*,
Kompetenzmanagement in Organisationen,
https://doi.org/10.1007/978-3-662-54954-4_9

Zusammenfassung

Vor dem Hintergrund steigender Anforderungen an Flexibilität und Innovationsfähigkeit öffnen Organisationen ihre Innovationsprozesse. Mit Open-Innovation-Ansätzen, branchenübergreifenden strategischen Allianzen und Innovationsnetzwerken wird versucht, die gemeinsame Entwicklung und Nutzung von Innovationen zu ermöglichen (z. B. Chesbrough, 2003). Je nach strategisch beabsichtigter und arbeitsorganisatorisch realisierter Öffnung bewegen sich Unternehmen damit in Richtung einer „offenen Organisation", wie sie im Mittelpunkt des Projektes RAKOON – Fortschritt durch aktive Kollaboration in Offenen Organisationen – steht (Porschen-Hueck u. Huchler, 2016; ▶ Kap. 6). Die Zusammenarbeit in den vernetzten Innovationsvorhaben ist anspruchsvoll. Das liegt nicht zuletzt an der „doppelten Offenheit" der Innovationsarbeit in sich öffnenden Organisationen: Zum einen ist die Innovationsarbeit an sich eine weitgehend offene Tätigkeit, da mit ihr auch immer eine Reise ins Unbekannte verbunden ist. Zum anderen gehen mit der Öffnung der Organisation von Innovationsprozessen auch komplexere Anforderungen an Steuerungs-, Koordinations- und Kollaborationsleistungen über die Organisationsgrenzen hinweg einher. Die Praxis zeigt, dass damit spezifische Ungewissheiten verbunden sind, die mittels erfahrungsgeleiteter Kompetenzen bearbeitet werden können. Diese werden im Rahmen des Projektes RAKOON unterstützt. In einem der beiden Fälle geschieht dies durch ein lebensphasensensibles und erfahrungsbasiertes Kompetenzmanagement, das die Zusammenstellung passender Projektteams unterstützt, in dem anderen Fall durch einen spielerischen Lernansatz.

Für ▶ Abschn. 9.1 sind verantwortlich: Dr. Stephanie Porschen-Hueck, Dr. Norbert Huchler und Dr. Stefan Sauer vom ISF München – Institut für Sozialwissenschaftliche Forschung. Für ▶ Abschn. 9.2 sind verantwortlich: Christian Krakowski und Tatjana Streit, CAS Software AG. Für ▶ Abschn. 9.3 ist verantwortlich: Claudia Müller-Kreiner, Ludwig-Maximilians-Universität München.

9.1 Erfahrungsbasierte Kompetenzen

Innovationsarbeit in sich öffnenden Organisationen erfordert eine Vermittlung von Flexibilität und Stabilität bzw. von Offenheit und Geschlossenheit und den verantwortlichen Umgang mit steigender Komplexität sowie erhöhten Flexibilitätsanforderungen. Fachliche Expertise muss in sich permanent ändernden Kontexten bei begrenzter Planbarkeit eingebracht und die dabei entstehende wachsende Ungewissheit eingefangen werden. Dafür benötigen Beschäftigte erfahrungsbasierte Kompetenzen. Als situierte berufliche Qualifikation zeichnen sich diese durch Erfahrungsbezug und die Unterfütterung durch implizites (Erfahrungs-)Wissen (Nonaka u. Takeuchi, 2012; Polanyi, 1985), Könnerschaft (Neuweg, 2005) sowie Reflexion im Handeln aus (Schön, 1983). Erfahrungsbasierte Kompetenzen ermöglichen insbesondere eine Arbeitsweise, die handlungs- und gegenstandsvermittelt ist und sich durch eine empathische Bezugnahme auf Interaktionsparteien und Arbeitsgegenstände auszeichnet (Böhle et al., 2004). Diese Kompetenzen umfassen leibliche Erkenntnismöglichkeiten im praktischen Handeln (Böhle u. Porschen, 2010). Damit gehen sie über kognitiv-rationales Handeln hinaus (Weinert, 2001). Zentral für ihre Entwicklung ist ein situiertes Lernen, beispielsweise im Rahmen von sogenannten „Communities of Practice" (aktuell z. B. Ortmann, 2014), aber auch eine Sensibilisierung für das „Erfahrung-Machen" im Arbeitsprozess. Für den Erwerb erfahrungsbasierter Kompetenzen ist zudem nicht nur ein Lernen in der Arbeit, sondern auch ein Lernen durch Arbeit grundlegend (Bauer et al., 2012).

Für die Innovationsarbeit in der offenen Organisation wurden von den sozialwissenschaftlichen Forschungspartnern, dem ISF München e. V. in Kooperation mit der Universität Hohenheim, auf der Basis von drei ausführlichen Betriebsfallstudien und langjähriger einschlägiger

Forschungsexpertise folgende drei Kompetenzen herausgearbeitet (Porschen-Hueck u. Huchler, 2016):
1. Create-/Play-Kompetenz
2. Care-Kompetenz
3. Framework-Kompetenz

Im Folgenden werden diese Kompetenzen als **OO-Kompetenzen** bezeichnet. Die OO-Kompetenzen (◘ Tab. 9.1) stehen jeweils schwerpunktmäßig für einen besonderen Arbeitsgegenstand mit Blick auf den Arbeitsinhalt, die Arbeitskooperation und die Arbeitsorganisation sowie für unterschiedliche Funktionen im Innovationsprozess wie Aktion, Commitment und Einbettung. Sie nutzen verschiedene Medien wie Kreativität, Emotion und Ordnung sowie dazugehörige Formen des Handelns. In Innovationsprozessen vermitteln sie – auf kreativer, emotionaler und organisationaler Ebene – zwischen dem situationsspezifisch notwendigen Maß an Offenheit und Geschlossenheit. In Reorganisationsprozessen in Richtung „Öffnung" stehen sie für die notwendigen Prozesselemente Veränderung, soziale Vermittlung und Strukturbildung.

Die **Create-/Play-Kompetenz** ist die „Innovationskernkompetenz". Sie zeichnet sich durch eine künstlerische und spielerische Bezugnahme auf den Arbeitsinhalt aus. Ihr Medium ist die Kreativität. Zu ihr gehören Offenheit für Unbekanntes, Sensibilität für neue Möglichkeiten sowie ein produktiver Umgang mit Unberechenbarkeit und Irritationen, Krisen und Störungen. Der spielerische Zugang steht für die Vertiefung in die Situation und Materie und für eine „zweckhafte Absichtslosigkeit". Mit der Create-/Play-Kompetenz ist aber auch das Bedürfnis verbunden, sich persönlich auszudrücken. Insgesamt gehen hier Arbeitsästhetik, ein kreativer Umgang mit dem Arbeitsgegenstand und der persönliche Ausdruck der Agierenden Hand in Hand. Die Pole der Create-/Play-Kompetenz sind (ungreifbare) Utopie und (reine Umsetzungs-)Praktik. Eine hohe Create-/Play-Kompetenz drückt sich in der professionellen Vermittlung dieser Pole aus.

Die **Care-Kompetenz** steht für Aufmerksamkeit, Achtsamkeit sowie Anerkennung in Arbeitskooperationen und bei sozialen Interaktionen, aber auch im Umgang mit Arbeitsgegenständen. Für sie bedarf es der Fähigkeiten Gespür, Vertrauen, Empathie, Perspektivenwechsel und die Herstellung einer angemessenen Bindung. Dem Medium Emotion kommt hier eine erkenntnisunterstützende Funktion zu. Denn durch das „Sich-Einlassen" auf das Gegenüber und den Arbeitsgegenstand werden Eigenheiten des Arbeitsgegenstands ersichtlich und ein sozialer bzw. nachhaltiger Umgang unterstützt. In Bezug auf die soziale Dimension ist die Care-Kompetenz eine Voraussetzung für Kommunikation auf Augenhöhe und für die Integration der verschiedenen Ansprechpersonen. Sie ermöglicht die soziale Vermittlung der Ergebnisse der Create-/Play- sowie der Framework-Kompetenz. Sie ist auch als Selbstsorge und Sorge für andere (oder anderes) zu verstehen. Eine hohe Care-Kompetenz zeichnet sich durch eine professionelle Vermittlung der Pole Nähe und Distanz (zu Menschen und Arbeitsgegenständen) aus.

Framework-Kompetenz steht für Pragmatismus sowie Funktionalität und heißt, eine Struktur in der Auseinandersetzung mit einem konkreten laufenden (Arbeits-)Prozess herzustellen, ohne von diesem zu stark zu abstrahieren (Vermeidung von einseitiger „Verobjektivierung", Formalisierung, Bürokratisierung). Die hinter der Framework-Kompetenz stehenden Fähigkeiten Analyse, Selektion und Abwägung kommen demnach im praktischen Tun zum Tragen. Gemeinsam mit der Care-Kompetenz sorgt die Framework-Kompetenz für die organisationale Anschlussfähigkeit der Create-/Play-Kompetenz und damit die Einbettung des Kreativprozesses. Sie zeichnet sich durch die Vermittlung der (Gegen-)Pole Prozess („ordnen") und Struktur („verfestigen") aus.

Die ◘ Tab. 9.1 zeigt die erfahrungsbasierten Kompetenzen in und für die offene Organisation mit ihren verschiedenen Bezügen auf.

◘ **Tab. 9.1** Erfahrungsbasierte Kompetenzen in und für offene Organisationen – Innovationsarbeit zwischen Flexibilität und Stabilität

OO-Kompetenzen	Create-/Play	Care	Framework
Arbeitsgegenstand	Arbeitsinhalt und Innovation: Was?	Arbeitskooperation und Kommunikation: Mit wem?	Arbeitsorganisation und Prozesse: Wie?
Funktion im Innovationsprozess	Aktion	Commitment	Einbettung
Form des Handelns	Agieren	Interagieren	Koordinieren
Medium	Kreativität	Emotion	Ordnung
Umgang mit Offenheit	Kreativ offener oder geschlossener	Emotional offener oder geschlossener	Organisational offener oder geschlossener
Professionelle Balance der (Orientierungs-)Pole	Utopie – Praktik	Nähe – Distanz	Prozess – Struktur
Umgang mit offenen Organisationsstrukturen	Veränderung	Vermittlung	Strukturierung

Vor dem Hintergrund heterogener Entwicklungsprozesse, die in der Regel nicht linear, sondern flexibel und offen verlaufen (Böhle et al., 2012), sind die OO-Kompetenzen nicht auf eine Entwicklungsphase beschränkt, sondern für jeden Schritt relevant. Sie stehen als Metakompetenzen für die Besonderheiten des Umgangs mit der „doppelten Offenheit". Damit ergänzen sie Kompetenzprofile einzelner Berufsgruppen oder Ressourcen- und Kompetenzbasen von Kooperationspartnern in einem Netzwerk (Burr u. Stephan, 2011).

Die Kompetenzen können bei Individuen, Teams oder der ganzen Organisation verortet werden. Ihre Kompetenz im Umgang mit Innovationsarbeit in offenen Organisationen erweisen einzelne Beschäftigte durch die professionelle Vermittlung der Pole Utopie und Praktik, Nähe und Distanz sowie Prozess und Struktur. In Teams können sich Beschäftigte mit ihren jeweiligen individuellen Ausprägungen ergänzen und gemeinsam eine Balance zwischen Offenheit und Geschlossenheit herstellen. In der Organisation wird der Ausgleich zwischen den Polen in der Regel durch die funktional arbeitsteilige Differenzierung in verschiedene Bereiche hergestellt. Insgesamt spricht eine Ausprägung in Richtung Offenheit für eine hohe Ambiguitätstoleranz (Situationen aushalten können). Eine Ausprägung in Richtung Geschlossenheit steht für Festlegung und praktische Umsetzung (Beschluss und Gestaltung der Situationen).

Die Potenziale der OO-Kompetenzen können sich in Abhängigkeit von der vorliegenden Unternehmensstruktur und -kultur sowie der Arbeits- und Organisationsgestaltung individuell besser oder schlechter entfalten. Die Notwendigkeit einer förderlichen bzw. rahmenden „Ermöglichungskultur" spiegelt sich in den bisherigen Veröffentlichungen zur offenen Organisation wider. Als Maximen einer zeitgemäßen Innovationskultur werden vor allem Selbstorganisation, Partizipation, Respekt für Fähigkeiten und Wissen, Wissensallmende, Diversität und ein bejahendes positives (Arbeits-)Umfeld aufgegriffen (Foster, 2014; Whitehurst, 2015). Je nach Realisierung dieser Ansprüche und je nach der tatsächlichen Lernförderlichkeit der Arbeitsumgebung sind damit auch Potenziale zur Förderung der OO-Kompetenzen gegeben.

Prinzipiell sind die OO-Kompetenzen wegen ihres informellen Charakters und des starken lebensweltlichen Bezuges nicht ohne Weiteres „objektivierbar" und damit auch schwer „messbar" (Sevsay-Tegethoff, 2004, S. 275f.). Standardisierte Fragen können in erster Linie Tendenzen der OO-Kompetenzen aufzeigen, d. h., ob diese eher in Richtung Offenheit oder Geschlossenheit tendieren. Einen genauen Aufschluss darüber können aber erst das konkrete Arbeitshandeln und (Projekt-)Erfahrungen bzw. Ergebnisse geben.

Das im Folgenden vorgestellte „erfahrungsbasierte" Kompetenzmanagementsystem stellt eine nützliche IT-basierte Entscheidungshilfe zur Verfügung, die auf der Erfassung von Erfahrungen in Projektbiografien und ihrem „Matching" mit Projektsteckbriefen beruht (Huchler et al., 2014).

9.2 Erfahrungsbasiertes Kompetenzmanagement

Die immer höheren Anforderungen an die Strukturierung und Arbeitsweise von offenen Organisationen lassen sich ohne spezialisierte IT-Unterstützung kaum noch bewältigen. In diesem Abschnitt wird der Weg von diesen Anforderungen zu einem optimierten IT-System beschrieben, das sich öffnende Unternehmen bei der Verwaltung und Nutzung der Kompetenzen ihrer Beschäftigten unterstützen soll. Auf der Grundlage der Untersuchungsergebnisse zum Umgang mit Kompetenzen und zum Kollaborationsaspekt in offenen Organisationen konnten Ziele für ein IT-gestütztes Kompetenzmanagement- und Kollaborationssystem definiert werden. Dabei waren insbesondere folgende Erkenntnisse leitend:

- Fachkompetenzen sind für die optimale Teamzusammensetzung nicht allein entscheidend. Metakompetenzen, Schlüsselkompetenzen, informelle Kompetenzen, persönliche Leistungen und Ressourcen kommen bisher im Kontext von Beschäftigtenkompetenzen kaum zum Tragen.
- Unternehmen sind zunehmend mit der Thematik von diskontinuierlichen und atypischen Erwerbsbiografien ihrer Beschäftigten konfrontiert. Um die richtigen Entscheidungen zu treffen, ist die Kenntnis von Wunscharbeitszeiten und weiteren persönlichen Rahmenbedingungen zunehmend von Bedeutung. Diese Informationen müssen im Kontext des Gesamtgeschehens für alle Beteiligten transparent sein.
- Das Erfahrungswissen von Personen und dessen Gegenstandsbezug werden in bisherigen Systemen unzureichend abgebildet.
- Offene Organisationen benötigen eine Plattform für Kollaboration und Kommunikation.
- Die Anforderungen aus Sicht des Datenschutzes und der Sicherheit müssen technisch unterstützt werden.
- Das zu realisierende System unterstützt Projekt- und Personalverantwortliche bei der Suche nach passenden Kandidaten mit einem definierten Kompetenzprofil, trifft jedoch selbst keine Entscheidungen.

Die Anforderungen wurden im Rahmen von Workshops mit Experten detailliert besprochen, aufgenommen und priorisiert. Ausgangspunkt war stets die Kundschaft. Das Betrachten des Zielsystems aus der Perspektive des Endanwendenden ist eine der zentralen Maßnahmen zur Konzeption und Entwicklung von Lösungen, die eine hohe Akzeptanz genießen (Moser, 2012). Die Ergebnisse dieser Workshops wurden als User-Stories dokumentiert. User-Experience-Experten/ -innen erstellten auf Basis der User-Stories erste Entwürfe, die anschließend mit den fachlichen Experten/-innen besprochen wurden. Dieses Verfahren wurde iterativ so lange durchgeführt, bis alle am Prozess Beteiligten die Lösungsvorschläge abgenommen hatten.

Im nächsten Schritt des Entwicklungsprozesses wurde vom Lösungsarchitekten ein Basismodell (◘ Abb. 9.1) erstellt, dessen Elemente im Folgenden kurz vorgestellt werden:
- **Personen** mit ihren Stammdaten stehen im Zentrum des Modells.
- **Kompetenzen** für offene Organisationen können Personen zugeordnet werden. Die Menge der Kompetenzen ist für jedes Einsatzszenario des Systems frei definierbar.

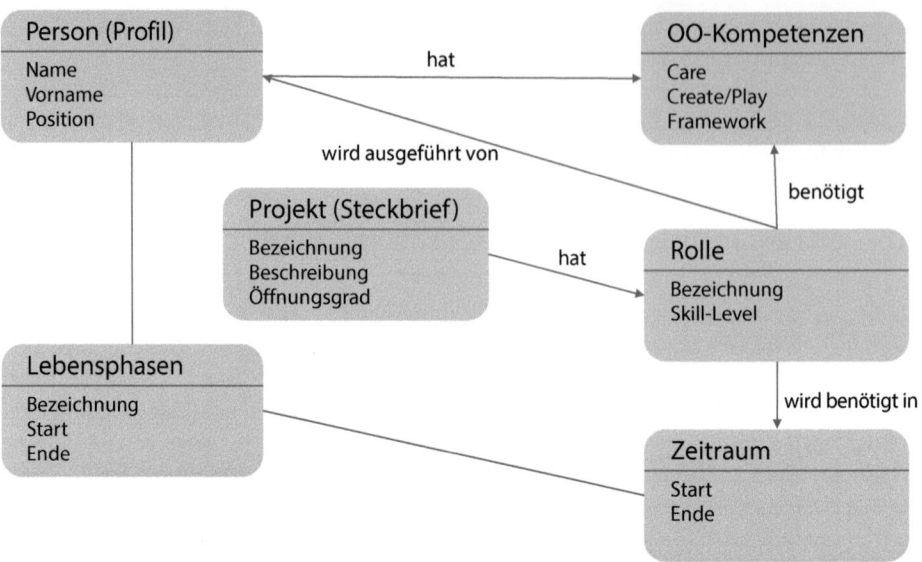

◘ Abb. 9.1 Basismodell des Kompetenzmanagementsystems

- **Projekte** samt Projektsteckbriefen bilden den Rahmen zum Suchen und Zuordnen von (potenziellen) Beschäftigten.
- **Rollen** sind die zu besetzenden Positionen im Rahmen eines Projektes. Den Rollen können Kompetenzen zugeordnet werden, die in diesem Fall als Anforderungen zu verstehen sind. Wichtig hierbei ist, dass es sich um dieselbe Menge von Kompetenzen handelt wie bei den Personen. Nur so kann das System automatisiert passende Kandidaten finden und vorschlagen. Darüber hinaus können jeder Rolle auch Zeiträume zugeordnet werden, die wiedergeben, wann die Rolle im Rahmen des Projektes mit welchen Anteilen benötigt wird.
- **Lebensphasen** werden als eigene Entität im Basismodell aufgenommen, um der Anforderung der Abbildung von diskontinuierlichen Lebensläufen gerecht zu werden.

Die Verfeinerung des Basismodells im Rahmen des nächsten Entwicklungsschritts führt zu detaillierten Attributlisten für alle Entitäten des Basismodells. Die Beschreibung der Elemente des Basismodells lässt bereits erahnen, welches Potenzial für ein automatisiertes Vorschlagswesen darin schlummert: das Matching der Kompetenzen von Personen mit den Kompetenzen, die für eine Rolle gefordert werden. Wir skizzieren im Folgenden eine einfache Variante eines solchen Matching-Algorithmus (◘ Abb. 9.2).

Das Verfahren iteriert über die in einer Rolle oder Position geforderten Kompetenzen (Menge K) mit positiven Mindestanforderungen. Ist der individuelle Erfüllungsgrad j_k einer Kompetenz k aus K (j_k, z. B. 0 für „Kompetenz ist nicht vorhanden", 1 für „Grundlagen", 2 für „Fortgeschritten", 3 für „Profi") für eine Kompetenz größer oder gleich der Mindestanforderung (m_k) für diese Kompetenz, so betrachten wir diese als erfüllt ($i = 1$). Wenn nicht, bilden wir das Verhältnis zwischen Erfüllungsgrad und Mindestanforderung ab (Ergebnis $i < 1$). Die Ergebnisse werden für alle Kompetenzen mit dem entsprechenden Gewicht (p_k, z. B. 1 für „nicht wichtig", 2 für „wichtig", 3 für „sehr wichtig") multipliziert und aufsummiert (I). Zum Schluss wird das Ergebnis durch die Summe der Gewichte dividiert.

Es wird eine Architektur angestrebt, die es erlaubt, verschiedene Algorithmenvarianten abzubilden, die den spezifischen Anforderungen des jeweiligen Szenarios gerecht werden. Insbesondere sollen temporale Aspekte wie der Lebensphasenbezug (zeitliche Verfügbarkeit von Kompetenzen) und Aspekte des Erfahrungswissens berücksichtigt werden.

9.2 · Erfahrungsbasiertes Kompetenzmanagement

$$l = 0;$$

$$\mathbf{for}(k : K)$$

$$\{$$

$$\mathbf{if}(j_k \geq m_k) \, i = 1;$$

$$\text{else } i = \frac{j_k}{m_k};$$

$$l = l + p_k * i;$$

$$\}$$

$$result = \frac{1}{\Sigma_k p_k}$$

Abb. 9.2 Matching-Algorithmus

Der Matching-Algorithmus wurde so konzipiert, dass er bezüglich zweier verschiedener Perspektiven funktioniert: Projekt- oder Personalverantwortliche suchen Personen zu einer Rolle mit einem definierten Profil, oder Beschäftigte suchen zu ihnen passende Rollen in Projekten mit offenen Positionen.

9.2.1 Technologieauswahl

Bei der Wahl der Plattform wurde darauf geachtet, dass die formulierten Anforderungen bestmöglich unterstützt werden können. Die CAS-SmartDesign-Plattform bringt diese Unterstützung mit. Einige ihrer zentralen Eigenschaften:
- **Cloud-Fähigkeit:** Die Plattform unterstützt in gleichem Maße Cloud- und On-Premises-Szenarien.
- **Generisches Datenmodell:** Das Datenmodell der Plattform kann ohne Programmierung um weitere Entitäten (Objekte) und Feldattribute pro Entität erweitert werden. Dafür stehen komfortable Werkzeuge (Database-Designer) zur Verfügung.
- **Generischer Verknüpfungsmechanismus:** Die Plattform erlaubt das Verknüpfen beliebiger Datensätze untereinander. Diese Eigenschaft kann verwendet werden, um die Anforderung „Abbildung von Erfahrungswissen" umzusetzen. Mithilfe dieses Mechanismus können alle bereits durchgeführten Projekte samt Beschreibungen und Steckbriefen mit den Stammdatensätzen von Personen verknüpft werden. Dadurch wird transparent, was eine Person bereits im Projektumfeld geleistet hat.
- Unterstützung für **Kollaboration:** Die gewählte Plattform bringt eine Reihe von Basisfunktionalitäten zur Unterstützung von Kollaboration mit. Es steht eine zentrale Datenbasis zur Verfügung, sodass alle Nutzer entsprechend den konfigurierten Berechtigungen auf gemeinsame Datenbestände zugreifen können. Ein Nachrichtensystem sowie Funktionen für den Versand von Serienbriefen und Serien-E-Mails unterstützen die Kommunikation zwischen Benutzern.
- Das System hilft bei der Erfüllung der Anforderungen im Bereich **Sicherheit und Datenschutz**: Es verfügt über einen integrierten Authentifizierungsmechanismus, der

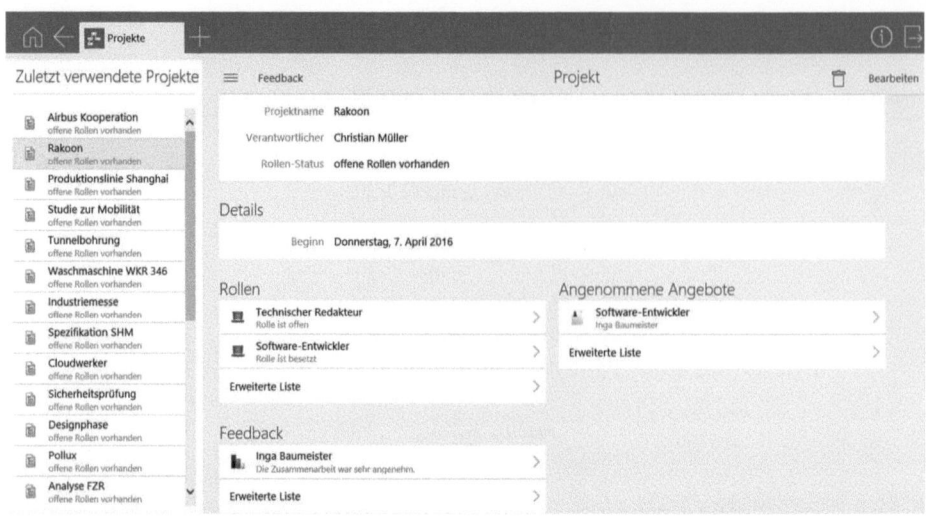

Abb. 9.3 Detailansicht eines Projektes (eigene Darstellung)

alle aktuell relevanten Sicherheitsrichtlinien (Verschlüsselung etc.) unterstützt. Darüber hinaus kann über ein leistungsfähiges Rollen- und Berechtigungssystem feingranular (bis auf Feldebene) konfiguriert werden, welcher Nutzer auf welche Daten lesend und/oder schreibend Zugriffsrechte erhält.

— **Einfachheit, Mobilität:** Die Client-Technologie des gewählten Frameworks unterstützt Endanwender/-innen durch eine auf Apps basierende hohe Benutzerfreundlichkeit (◘ Abb. 9.3). Der Client funktioniert auf verschiedenen Display-Größen von Mobiltelefonen über Tablets bis zu großen Arbeitsplatzbildschirmen.
— **Konfigurierbarkeit:** Eine hohe Kundenzufriedenheit kann erreicht werden, wenn das System fähig ist, sich an die individuellen Bedürfnisse der Kunden anzupassen:
  a. Datenmodell: Kunden können eigene Felder ohne Programmierung hinzufügen.
  b. Prozesse, Abläufe: Die Workflows können individuell angepasst werden.
  c. Rollen- und Berechtigungssystem: Alle Daten und Aktionen können spezifisch für bestimmte Personen und Personengruppen freigeschaltet werden.
  d. Benutzeroberfläche: Listen, Sichten, Menüs etc. können für einzelne Personen oder Personengruppen angepasst werden.

9.2.2 Evaluation des Kompetenzmanagement- und Kollaborationssystems

Ein zentraler Baustein der Evaluation sind Workshops mit Experten/-innen, die bereits über mehrjährige Erfahrung mit dem Thema „Kompetenzmanagement" verfügen. Trotz vieler Verbesserungsmöglichkeiten im Detail konnte festgestellt werden: Das kooperative Arbeiten auf einer gemeinsamen Datenbasis ist eine solide Basis für die Prozesse in offenen Organisationen. Ebenfalls als besonders relevant haben sich der Umgang mit Kompetenzen für offene Organisationen, der Lebensphasenbezug und die Abbildung von Erfahrungswissen bestätigt. Kontrovers diskutiert wurden dagegen Ansätze zur Bewertung von Personen. Dieses Thema ist abhängig von der jeweiligen Organisationskultur und von Datenschutzregelungen, die unterschiedlich umgesetzt sind.

Im Rahmen eines weiteren Evaluationsschritts wird das System durch die Personalabteilung der CAS Software AG begutachtet. Dabei wird insbesondere der Aspekt der Abbildung von Erfahrungswissen aufgegriffen, der auch Impulsgeber für ein parallel laufendes Vorhaben (myWay@CAS) war. Im Rahmen des myWay@CAS-Programms sollen alle Elemente, die zur persönlichen Weiterentwicklung der Beschäftigten beitragen, IT-technisch erfasst und unter Berücksichtigung der Datenschutzbestimmungen übersichtlich dargestellt werden.

9.2.3 Weiterentwicklung des Systems

Die Evaluation des entwickelten IT-Systems hat gezeigt, welches Potenzial in dem verfolgten Ansatz steckt. Zudem konnte eine ganze Reihe von Verbesserungsvorschlägen identifiziert werden.

Die erfassten Daten über den Kompetenzbedarf könnten genutzt werden, um unternehmensübergreifende Statistiken zu erstellen. Diese Statistiken könnten z. B. die Frage beantworten, welche Kompetenzen in Summe im nächsten Quartal, Halbjahr oder Jahr benötigt werden. Personalabteilungen könnten damit ihre Strategie anpassen und die benötigte Kompetenz entweder durch entsprechende Weiterbildungen oder durch das Schaffen passender Positionen auf- bzw. ausbauen.

Eine weitere Erkenntnis ist, dass die meisten personenbezogenen Daten in existierenden Social-Media-Systemen bereits vorliegen. Um den Pflegeaufwand für die einzelnen Mitarbeiter möglichst gering zu halten, wäre hierbei eine Import- oder Abgleichfunktion hilfreich.

9.3 Serious Game „Eddies Teambuilding"

Über das Kompetenzmanagementsystem hinaus wurde zur Sensibilisierung und Förderung der Kompetenzen in der Innovationsarbeit in offenen Organisationen zudem von Bildungswissenschaftlern der Ludwig-Maximilians-Universität München sowie dem Berliner Gamedesigner kunst-stoff ein Organisations- und Kompetenzentwicklungstool in Form eines Serious Game entwickelt. Es kann beispielsweise als Kick-off-Schulung zu Beginn einer Organisationsentwicklungsmaßnahme eingesetzt werden.

9.3.1 Beschreibung

Die Aufgabe der spielbasierten Lernanwendung zur Kompetenzerweiterung in offenen Organisationen ist wie folgt zu definieren: Es fokussiert die Veränderung der mentalen Modelle zum Thema Offenheit bzw. Kollaboration und damit eine gezielte Vernetzung der einzelnen Akteure/-innen innerhalb eines Unternehmens. Der Fokus liegt auf der Erweiterung von (Handlungs-) Optionen. Es wird angestrebt, die Beteiligten für das Handeln im (Büro-)Alltag zu sensibilisieren und deutlich zu machen, dass es von Vorteil sein kann, sich innerhalb oder außerhalb des Unternehmens zu vernetzen, Lernallianzen zu gründen, Communities of Practice zu bilden (vgl. North et al., 2004), eine „Lernende Organisation" (Senge, 1993) zu sein, systemisch zu denken, sich für Neues und Anderes zu öffnen, um dadurch flexibler auf aktuelle Änderungen reagieren zu können und konkurrenzfähig zu bleiben.

Um dem „Shift from Teaching to Learning" (Frank, 2009; Garris et al., 2002), also dem Sprung von linearer Wissensaneignung zu aktivem Lernen gerecht zu werden, wurde eine situierte problembasierte Lernumgebung gewählt, die in Form eines Online-Browser-Games realisiert wurde und gleichzeitig auch Blended-Learning-Elemente enthält. Die Vorteile einer solchen Lernumgebung bestehen darin, dass den Lernenden ermöglicht wird, Fähigkeiten zur Problemlösung und Strategien zu entwickeln, die ihnen helfen, sich zukünftig selbstorganisiert Wissen anzueignen (Reinmann-Rothmeier u. Mandl, 2006). Der Vorteil von Game-Based-Learning, also der Präsentation des zu lösenden Problems als Spiel, liegt vor allem in der Möglichkeit, die Lerninhalte in alltagsnahen Kontexten zu rezipieren (folglich Learning on/near the Job) und dadurch eine intensivere Auseinandersetzung des/der Lernenden zu fördern sowie die Offenheit gegenüber Veränderungen zu begünstigen (Bischof, 2013). Träges Wissen wird vermieden und tieferes Lernen ermöglicht (vgl. die Studien von Coller u. Scott, 2009; Reusser, 2005; Schmidt et al., 2006). Der/die Lernende hat die Möglichkeit, Offenheit bzw. offenes Verhalten spielerisch anzuwenden und sich risikolos in einer digitalen Realität auszuprobieren.

Das Ziel des Spiels ist die Veränderung mentaler Modelle. Den Lernenden werden im Spiel Probleme präsentiert, die nur durch aktive Kollaboration mit den anderen Spielenden gut zu lösen sind. Das Setting ist ein zu renovierendes Haus (◘ Abb. 9.4), in dem verschiedene Gewerke Renovierungsarbeiten bestmöglich realisieren sollen. Die Rollen werden den Spielern als Fabeltiere präsentiert, um etwaige Ähnlichkeiten mit real existierenden Personen zu vermeiden und dem sensiblen Umfeld eines Arbeitsalltags in einem Unternehmen gerecht zu werden. Ein weiterer Vorteil ist, dass Fabeltiere bestimmte menschliche Charakterzüge persiflieren. Überspitzungen sind ohne das Risiko der Verletzung von persönlichen Gefühlen möglich, und der Spielspaß wird gesteigert.

Des Weiteren wurden während der Konzeptionierung sogenannte „Critical Incidents" eingearbeitet, die aus den im Rahmen des Projektes geführten qualitativen Leitfadeninterviews mit Fokusunternehmen gewonnen wurden. Sie treten während des Spiels unerwartet auf und zwingen den Spielenden dazu, ad hoc Entscheidungen zu treffen. Unter Critical Incidents werden Situationen im Arbeitsleben zusammengefasst, die als besonders schwierig oder als besonders erfolgreich beschrieben werden (Göbel, 2003). Im Serious Game werden diese Critical Incidents repräsentiert durch private und berufliche Verpflichtungen der Rollen sowie durch ungeplante Umwelteinflüsse.

Abschließend ist zu erwähnen, dass es im Spiel auch eine Meta- und Lernebene gibt, die den Lernenden eine vielfältige Auswahl an didaktisch ansprechenden und multimedial vorbereiteten

◘ Abb. 9.4 Gesamtansicht Haus und alle Fabeltier-Rollen des Spiels (mit freundlicher Genehmigung der kunststoff GmbH)

Materialien anbietet, um sich aktiv und selbstgesteuert Lerninhalte rund um Themen wie Organisationsentwicklung, Offenheit und Kollaboration anzueignen (nach den Prinzipien der Ermöglichungsdidaktik nach Arnold, 2012).

9.3.2 Evaluation

Da in dem hier beschriebenen Serious Game der Fokus auf der Veränderung mentaler Modelle liegt, befasst sich auch die Evaluation in erster Linie mit der Analyse dieses Effekts. Hierzu werden Techniken übernommen bzw. entwickelt, die die Qualität von mentalen Modellen messbar und damit vergleichbar machen (Ifenthaler, 2014; McClure et al., 1999). Zusätzlich wird der Kompetenzfragebogen smK72 genutzt, der Verbesserungen der Sozial- und Methodenkompetenzen der Lernenden aufzeigen soll (Frey u. Balzer, 2007). Zur Erfassung der OO-Kompetenzen kann auf einen Teil dieses validierten Fragebogens zurückgegriffen werden. Das Serious Game wird von verschiedenen Teams aus unterschiedlichen Organisationen unterschiedlicher Branchen und Organisationsformen gespielt und evaluiert.

Die Ergebnisse der Evaluation belegen, dass das Serious Game „Eddies Teambuilding" bereits als Demonstrator Wirkung zeigt und sich die mentalen Modelle der Versuchspersonen zum Positiven verändern, ebenso werden soziale und methodische Kompetenzen gefördert. Das Konstrukt der Zusammenarbeit wird von den Beteiligten detaillierter und vielfältiger betrachtet, zudem werden die damit zusammenhängenden Elemente verzweigter, vernetzter und qualitativ besser.

Insgesamt sind und bleiben (noch) einige Fragen im Themengebiet der Serious Games und im Bereich der Weiterbildung zur offenen Organisation unbeantwortet, die in zukünftigen Forschungen berücksichtigt werden sollten: Bei vertiefenden Analysen zum Thema Kompetenzförderung in offenen Organisationen sollten weitere Skalen gebildet werden, die zusätzlich die Innovationsstärke von Organisationen abfragen und zudem die Spielaffinität testen. Auch der Einfluss der Erfahrung mit selbstgesteuertem Lernen wurde in der bestehenden Forschung nicht erfasst und sollte zukünftig über eine valide Skala abgefragt werden. Eine zweite Post-Testung beispielsweise vier Wochen nach Beendigung der Weiterbildung wäre eine weitere wünschenswerte Ergänzung, um auch etwaige Langzeiteffekte und spätere (Lern-)Effekte zu berücksichtigen.

Es bleibt festzuhalten, dass für eine Organisationsentwicklungsmaßnahme hin zu einer offenen und vernetzten Organisation viel Zeit und Ressourcen eingeplant werden müssen. Derlei Innovationen benötigen zudem eine Philosophie der ganzheitlichen Organisationsentwicklung. So kann die Wahrnehmung des komplexen Zusammenspiels der Elemente einer Organisation speziell beim Thema Zusammenarbeit und Vernetzung nur einen ersten Schritt darstellen. Die Fähigkeit, sich selbst einzuschätzen und offen gegenüber sich selbst zu sein, ist eine der wertvollsten Grundlagen für offenes Arbeiten (Keese u. Keese, 1996). Diese zu fördern, benötigt innovative didaktische Methoden, wie sie z. B. durch die Adaption des spielbasierten Lernens auf Kontexte der Organisationsentwicklung möglich werden.

> **Fazit**
> Die Öffnung von Organisationen zielt nicht nur auf bereichsübergreifende, sondern auch auf unternehmensübergreifende Kollaboration und schließt den Einbezug von Kunden/-innen ebenso ein wie Open-Source-Entwicklungen oder die Nutzung der „Crowd". Auf den Umgang mit der Öffnung sind Unternehmen bislang nur bedingt systematisch vorbereitet. Der Artikel zeigt auf, dass hier bestimmte übergreifende Kompetenzen, die

OO-Kompetenzen, eine besondere Rolle spielen. Für deren Management und Förderung werden hilfreiche Tools vorgestellt, die ihren ersten Praxistest innerhalb von Unternehmensorganisationen bestanden haben und jeweils in Form eines Demonstrators für die vernetzte Arbeit bereitstehen. Die marktreife Realisierung wäre der nächste konsequente Schritt, für den jedoch noch einige Hürden zu überwinden sind. Zudem bleibt für die Begleitung von Öffnungsprozessen die Auseinandersetzung mit den Gestaltungsebenen Arbeitsbedingungen, Arbeitsorganisation, Führung, Schnittstellen, Qualifikation und Kultur unabdingbar. Über das Kompetenz- und Kollaborationssystem sowie das Serious Game, das mit passenden Methoden auf didaktischer und inhaltlicher Ebene spielerisch und offen auf das Thema der Organisationsentwicklung hin zu einer offeneren Kollaboration vorbereitet, hinaus kann hierfür ein begleitender Kompass für die offene Organisation eine Orientierungshilfe geben (in Vorbereitung).

Weiterführende Literatur und Links
- Open Organisation – Verbundprojekt „RAKOON": Fortschritt durch aktive Kollaboration in offenen Organisationen: http://www.openorganisation.de/

Literatur

Arnold, R. (2012). *Ermöglichen. Texte zur Kompetenzreifung*. Baltmannsweiler: Schneider.

Bauer, H. G., Hemmer-Schanze, Ch., Munz, C., & Wagner, J. (2012). Innovationsarbeit lernen. Lernkonzept und Rahmenbedingungen. In F. Böhle, M. Bürgermeister, & S. Porschen (Hrsg.), *Innovation durch Management des Informellen - künstlerisch, erfahrungsgeleitet, spielerisch* (S. 189–210). Berlin, Heidelberg: Springer.

Bischof, F. (2013). Innovation durch Gamification. Der Einsatz von Spielelementen in Arbeitskontexten. *Organisations-Entwicklung 2*, 42–46.

Böhle, F., & Porschen, S. (2010). Körperwissen und leibliche Erkenntnis. In R. Keller, & M. Meuser (Hrsg.), *Körperwissen* (S. 53–67). Wiesbaden: VS Verlag für Sozialwissenschaften.

Böhle, F., Pfeiffer, S., & Sevsay-Tetgethoff, N. (Hrsg.) (2004). *Die Bewältigung des Unplanbaren. Fachübergreifendes erfahrungsgeleitetes Arbeiten und Lernen*. Wiesbaden: VS Verlag für Sozialwissenschaften.

Böhle, F., Bürgermeister, M., & Porschen-Hueck, S. (2012). *Innovation management by promoting the informal. Artistic, Experience-based, Playful*. Berlin, Heidelberg: Springer Gabler.

Burr, W., & Stephan, M. (2011). Kompetenzbasierte Kooperationen in der Wertschöpfungskette – am Beispiel der Glasfasernetzausrüsterbranche. In D. von der Oelsnitz, & W. Güttel (Hrsg.), *Jahrbuch Strategisches Kompetenz-management: Kooperationsorientierte Kompetenzen* (Bd. 5, S. 103–127). München, Mering: Rainer Hampp.

Chesbrough, H. W. (2003). *Open innovation: the new imperative for creating and profiting from technology*. Boston: Harvard Business Review Press.

Coller, B. D., & Scott, M. J. (2009). Effectiveness of using a video game to teach a course in mechanical engineering. *Computers & Education 53*, 900–912.

Foster, Ph. A. (2014). *The open organization. a new area of leadership and organizational development*. Tennessee: Gower.

Frank, G. (2009). Spielen oder die Lust zu lernen. In J. Sieck (Hrsg.), *Kultur und Informatik. Serious Games* (S. 143–156). Boizenburg: Hülsbusch.

Frey, A., & Balzer, L. (2007). Beurteilungsbogen zu sozialen und methodischen Kompetenzen – smk72. In J. Erpenbeck, & L. von Rosenstiel (Hrsg.), *Handbuch Kompetenzmessung. Erkennen, verstehen und bewerten von Kompetenzen in der betrieblichen, pädagogischen und psychologischen Praxis* (S. 348–359). Stuttgart: Schäffer-Poeschel.

Garris, R., Ahlers, R., & Driskell, J. E. (2002). Games, motivation, and learning. A research and practice model. *Simulation & Gaming 33*, 441–467.

Göbel, K. (2003). Critical Incidents – aus schwierigen Situationen lernen. Vortrag im Rahmen der Fachtagung Lernnetzwerk Bürgerkompetenz, 17./18. Dezember 2003 in Bad Honnef. http://www.dipf.de/de/forschung/projekte/pdf/biqua/critical-incidents-2013-aus-schwierigen-situationen-lernen. Zugegriffen: 28. April 2017.

Literatur

Huchler, N., Porschen-Hueck, S., & Sauer, S. (2014). Rakoon Kompetenzmanagementsystem (KMS): Konzeptvorschlag auf Basis von Literatur und Empirie. Arbeitspapier. http://www.openorganisation.de/images/Veroeffentlichungen/Huchler_et_al_2014_Rakoon_Kompetenzmanagementsystem_KMS.pdf. Zugegriffen: 28. April 2017.

Ifenthaler, D. (2014). Toward automated computer-based visualization and assessment of team-based performance. *Journal of Educational Psychology* 106, 651–665.

Keese, H., & Keese, D. (1996). *Humane Arbeitswelt in profitorientierten Unternehmen. Organisations- und Personalentwicklung mit themenzentrierter Interaktion*. Mainz: Matthias-Grünewald-Verlag.

McClure, J., Sonak, B., & Suen, H. (1999). Concept maps assessment of classroom learning. Reliability, validity, and logistical practicality. *Journal of Research in Science Teaching* 36, 475–492.

Moser, C. (2012). *User Experience Design: Mit erlebniszentrierter Softwareentwicklung zu Produkten, die begeistern*. Berlin, Heidelberg: X.media.press.

Neuweg, G. H. (2005). Implizites Wissen als Forschungsgegenstand. In J. Rauner (Hrsg.), *Handbuch Berufsbildungsforschung* (S. 581–588). Bielefeld: Bertelsmann.

Nonaka, J., & Takeuchi, H. (2012). *Die Organisation des Wissens. Wie japanische Unternehmen eine brachliegende Ressource nutzbar machen*. Frankfurt am Main: Campus.

North, K., Franz, M., & Lembke, G. (2004). Wissenserzeugung und -austausch in Wissensgemeinschaften. Communities of Practice. In Arbeitsgemeinschaft Betriebliche Weiterbildungsforschung (Hrsg.), *QUEM-report. Schriften zur beruflichen Weiterbildung* (Heft 85). Berlin: Arbeitsgemeinschaft Betriebliche Weiterbildungsforschung.

Ortmann, G. (2014). Können und Haben, Geben und Nehmen. Kompetenzen als Ressourcen: Organisation und strategisches Management. In A. Windeler, & J. Sydow (Hrsg.), *Kompetenz. Sozialtheoretische Perspektiven* (S. 19–107). Wiesbaden: Springer VS.

Polanyi, M. (1985). *Implizites Wissen*. Frankfurt am Main: Suhrkamp.

Porschen-Hueck, S., & Huchler, N. (2016). Offene Organisation. Anforderungen, Strategien, Kompetenzen. *PERSONALquarterly* 16, 9–15.

Reinmann-Rothmeier, G., & Mandl, H. (2006). Unterrichten und Lernumgebungen gestalten. In A. Krapp, & B. Weidenmann (Hrsg.), *Pädagogische Psychologie. Ein Lehrbuch* (S. 613–658). Weinheim, Basel: Beltz.

Reusser, K. (2005). Problemorientiertes Lernen – Tiefenstruktur, Gestaltungsformen, Wirkung. *Beiträge zur Lehrerbildung* 23, 159–182.

Schmidt, H., Vermeulen, L., & van der Molen, H. (2006). Longterm effects of problem-based-learning. A comparison of competencies acquired by graduates of a problem-based and a conventional medical school. *Medical Education* 40, 562–567.

Schön, D. (1983). *The Reflective Practitioner. How Professionals think in Action*. Farnham: Ashgate.

Senge, P. (1993). Die fünfte Disziplin – die lernfähige Organisation. In G. Fatzer (Hrsg.), *Organisationsentwicklung für die Zukunft. Ein Handbuch* (S. 145–178). Köln: Edition Humanistische Psychologie.

Sevsay-Tegethoff, N. (2004). Ein anderer Blick auf Kompetenzen. In F. Böhle, S. Pfeiffer, & N. Sevsay-Tegethoff (Hrsg.), *Die Bewältigung des Unplanbaren. Fachübergreifendes erfahrungsgeleitetes Arbeiten und Lernen* (S. 267–286). Wiesbaden: VS Verlag für Sozialwissenschaften.

Weinert, F. E. (Hrsg.) (2001). *Leistungsmessungen in Schulen*. Weinheim, Basel: Beltz.

Whitehurst, J. (2015). *Open organization. Igniting passion and performance*. Boston: Havard Business Review Press.

Innovationsorientierende Technikfolgenabschätzung zur Erarbeitung von Handlungsoptionen für kleine und mittelständische Unternehmen

Robert Tschiedel, Frank Hartmann

10.1 Es geht um mehr Mitwirkung – 124

10.2 Technikfolgenabschätzung als wissenschaftliche Beratung zur Entscheidungsfindung – 125

10.3 Technikfolgenabschätzung als prozessintegriertes Gestaltungsinstrument – 126

10.4 Innovationsorientierende Technikfolgenabschätzung konkret – 128

10.5 Zum Einbezug globaler Veränderungen der sozialen Umfeldbedingungen – 129

Literatur – 132

© Springer-Verlag GmbH Deutschland 2018
M. Bornewasser (Hrsg.), *Vernetztes Kompetenzmanagement,*
Kompetenzmanagement in Organisationen,
https://doi.org/10.1007/978-3-662-54954-4_10

Zusammenfassung

Über die Auswirkungen der fortschreitenden Digitalisierung und Automatisierung auf das Kompetenzmanagement in kleinen und mittleren Unternehmen (KMU) besteht ein hohes Maß an Unsicherheit. Technikfolgenabschätzung scheint eine Lösung anzubieten, versteht sie sich doch als wissenschaftliches Verfahren, Auswirkungen technischer Entwicklungen zu identifizieren und rechtzeitigen Einfluss zu ermöglichen (z. B. Petermann, 1999). Innovationsorientierende Technikfolgenabschätzung will Technikentwicklung mitgestalten (z. B. Steinmüller et al., 1999).

Nach einem Aufriss der Ausgangssituation folgt in diesem Beitrag eine Darstellung wichtiger Aspekte von Technikfolgenabschätzung als prognostisches Verfahren zur Schaffung von Grundlagen für Entscheidungsbefugte und führt zum Konzept einer innovationsorientierenden Technikfolgenabschätzung als Instrument der partizipativen Innovationsgestaltung und zur Skizze einer arbeitsorientierten (einschließlich Erwerb von Innovations- und Gestaltungskompetenz) Anwendungsmöglichkeit auf Digitalisierungs- und Automatisierungsprozesse in KMU.

Eine Darstellung zur notwendigen Berücksichtigung damit noch nicht erfasster sozialer Innovationen bildet den Schluss des Beitrags am Beispiel einer Maker-Bewegung.

10.1 Es geht um mehr Mitwirkung

In diesem Beitrag geht es um die methodenorientierte Begründung und Konzipierung „partizipativer Digitalisierung und Automatisierung" vor allem in KMU und damit um die Beteiligung hier vor allem von Facharbeitenden am Kompetenzmanagement.

Auch KMU müssen zum Erhalt der Wettbewerbsfähigkeit die in ihrem Umfeld auftretenden Veränderungen stets erfolgreich in ihren Teil des Wertschöpfungsprozesses integrieren, in Produktionsverfahren, Produkte, Organisation, Marketing und fast alle anderen Geschäftsbereiche.

Aktuell sehen sich Unternehmen in Deutschland einer Reihe von „Megatrends" gegenüber, vor allem fortschreitender Globalisierung, dem demografischen Wandel, der Energiewende und dem Aufkommen neuer sozialer Bewegungen und Beziehungsformen. Hinzu kommt die rasant voranschreitende Digitalisierung und Automatisierung aller Lebensbereiche, die direkt und indirekt Arbeit und Organisation aller Unternehmen herausfordern und gravierend verändern, weshalb dieser Prozess mit Recht als (vierte) industrielle Revolution (Industrie 4.0) bezeichnet wird.

Gemeint ist damit eine umfassende digitale Vernetzung auch aller eingesetzten materiellen Komponenten (Internet der Dinge, cyber-physische Systeme), ausgestattet mit künstlicher Intelligenz. Die Deutschland-Chefin von IBM, Martina Koederitz, geht im April 2016 davon aus, dass weltweit bald 20 Milliarden Objekte vernetzt sein werden (Wenzel, 2016).

Befürworter und Befürworterinnen dieser Entwicklung sehen hierin ein großes wirtschaftliches Potenzial. Dabei besteht in der inzwischen überbordenden öffentlichen Diskussion eine große Ungewissheit über gesellschaftliche Auswirkungen wie rechtliche Rahmenbedingungen, Datensicherheit, Arbeitsstrukturen, gesundheitliche Folgen und eben auch Kompetenzanforderungen (Gebhardt u. Grimm, 2016).

Von der Hoffnung auf ein arbeitsfreieres und selbstbestimmteres Leben in Wohlstand und im Einklang mit der Natur auf der einen Seite und der Angst vor verstärkter Ausbeutung durch das Finanzkapital an monotonen, gesundheitsgefährdenden, sozial immer weniger abgesicherten Arbeitsplätzen, ja dem Verlust der Arbeit an „den Roboter" auf der anderen Seite reichen die Nuancen der häufig hochemotional geführten Diskussion (zum Überblick z. B. Pfeiffer, 2015).

Mit Anleihen aus den Programmen „Humanisierung des Arbeitslebens", „Sozialverträgliche Technikgestaltung" (von Alemann u. Schatz, 1986) sowie Kontroversen, die es insbesondere um die „künstliche Intelligenz" auch schon seit einigen Jahrzehnten gibt (vgl. z. B. Friedrichs u. Schaff, 1982), versuchen Forschende, diese neue Entwicklung zu analysieren, ergänzt um Versuche, durch aktuelle Studien die Datenbasis zu verbessern (vgl. z. B. Fraunhofer IAO, 2013; Hannover Messe, 2015). Staatliche Stellen rufen (nationale) Ziele aus, legen Förderprogramme auf und lassen Kompetenzzentren entstehen. Dabei ist inzwischen auch die Frage nach der „Arbeit 4.0" Diskussionsgegenstand (BMAS, 2015; BMBF, 2016; BMWi, 2016; ITA Institut für Technikfolgenabschätzung, 2015).

Noch zu wenig im Blick ist, dass Erfolge von Unternehmen häufig auf der Mitwirkung von Mitarbeitenden beruhen mit ihren Qualifikationen und Kompetenzen, ihrer Motivation und Loyalität und ihrer Mitgestaltungsbereitschaft und -fähigkeit bei technischen und sozialen Innovationen. Zu wenig Beachtung finden auch die Konsequenzen für die nicht in Gesetzen, Vorschriften, Tarifverträgen etc. festgelegten Erfolgsbedingungen („Gute Arbeit", „Neue Qualität der Arbeit") einschließlich Nachhaltigkeit in den globalen Lieferketten (Bley et al., 2015). Eklatant vernachlässigt wird, dass diese qualitativen Arbeitsbedingungen per Industrie 4.0 auf Maschinen und Algorithmen übergehen müssen, die künftig selbst entscheiden und lernen werden (Hartmann u. Tschiedel, 2016). Der Begriff der „künstlichen Kompetenz" (Hartmann, 2015) verweist darauf, dass das Produktionssystem auf eine rasch wechselnde, nicht mehr ortsgebundene Neukonstellation von zwischen Menschen und Maschinen „geteilter Kompetenz" (Müller, 1993) hinausläuft. Wer setzt denn dann ein? Wer betreibt das Netzwerkmanagement? Inwieweit löst es möglicherweise einen Teil des klassischen Unternehmensmanagements ab? Kommt es zum „Plattform-Kapitalismus"? (Augustin, 2016).

Demjenigen, der in dieser unübersichtlichen Situation Entscheidungen treffen muss, dürfte es entgegenkommen, wenn jemand offeriert, erst einmal genauer zu klären, was denn kommt und welche Folgen zu erwarten sind. Dazu bietet sich – nicht nur vom Begriff her – Technikfolgenabschätzung an. Aber was ist das? Und wie geht das?

10.2 Technikfolgenabschätzung als wissenschaftliche Beratung zur Entscheidungsfindung

Technikfolgenabschätzung ist Anfang der 1970er-Jahre in Deutschland als wissenschaftlich fundiertes Instrument eingeführt worden zur Abschätzung der vor allem indirekten und unbeabsichtigten Folgen neuer Technologien und damit zur Herstellung von Entscheidungsgrundlagen für Unternehmen und Politik (Dierkes u. Staehle, 1973).

Auch wenn es kein Standardverfahren gibt, tauchen doch einige Untersuchungsschritte regelmäßig auf:
1. Beschreibung der Technologie („technology push") oder des durch Technikentwicklung/Technikwahl zu lösenden Problems („demand pull")
2. Bestimmung, Eingrenzung, Auswahl der zu untersuchenden Auswirkungsfelder (ökonomisch, ökologisch, sozial)
3. Bestimmung der wichtigen Folgen in den Feldern
4. Beschreibung möglicher gesellschaftlicher Resistenz oder Rezeptivität
5. Prüfung der Ergebnisse
6. Berichterstattung, Präsentation der Ergebnisse an den Auftraggeber, Initiator, Finanzier

Eingesetzt werden verschiedenste empirische Methoden.

Wissenschaftsanalytisch handelt es sich um prognoseorientierte empirische Forschung, die versucht, auch komplexe Grund-Folge-Ketten zu berücksichtigen. Wissenschaftstheoretisch und gesellschaftstheoretisch ist sie eingebunden in ein dezisionistisches Weltbild des Verhältnisses von Wissenschaft und Entscheidenden, wobei Letzteren die Formulierung der Aufgabenstellung zukommt und die Entscheidung über die Verwendung der Ergebnisse des zeitlich dazwischenliegenden „werturteilfreien" wissenschaftlichen Prozesses. Diese Sichtweise impliziert häufig die Vorstellung, dass es für ein Problem aus einem Sachzwang heraus **eine** beste Lösung gibt („one best way" – Technokratie).

Wegen grundsätzlicher wissenschaftstheoretischer Probleme und der Überforderung der Prognosekapazitäten und wegen des parteiischen Einsatzes von Wissenschaft in den großen gesellschaftlichen Konflikten (z. B. Atomenergie) trat „Technikbewertung" auf den Plan, die man aber auch als empirische Wissenschaft zu organisieren versuchte und die es sogar bis zu einer VDI-Richtlinie, der VDI 3780 (VDI, 1991) gebracht hat (zur legitimatorischen Funktion vgl. Tschiedel, 1987).

Technikfolgenabschätzung als Prognoseinstrument entfernt sich so zwar von technikdeterministischen Ansätzen in Richtung Szenarioentwicklung (Steinmüller, 1999), ist aber immer noch verbunden mit der Vorstellung, dass unternehmerische und politische Entscheidungen einer wissenschaftlich fundierten Prognose bedürftig und fähig sind, bleibt also „konsequentialistisch" (Grunwald, 2015). Ihre wissenschaftstheoretische Legitimation findet diese gewandelte Strategie in diskurstheoretischen Ansätzen (Habermas, 1971).

Die Entwicklung korrespondiert mit der wachsenden Verfügbarkeit von EDV-Kapazitäten. Mit den Möglichkeiten der Analyse großer Datenmengen gibt es inzwischen eine interessante Diskussion über eine „hermeneutische Erweiterung", die Technikfolgenabschätzung auf eine metaphysische Dauerreflexion zu reduzieren (Schelsky, 1965) oder sie auch als ein zusätzliches Prognoseinstrument nutzbar zu machen, das an die Erfolge von Zukunftsforschern wie John Naisbitt (1982) unter den Bedingungen elektronischer Big-Data-Analysen anknüpfen könnte (zur Diskussion vgl. z. B. Grunwald, 2015).

Technikfolgenabschätzung versteht sich bei alledem von Anfang an als **interdisziplinäre** Forschung. Durch Beteiligung von Nichtforschenden an der Szenarioentwicklung und -bewertung entstehen Schlagwort und Praxis von **„Transdisziplinarität"**, was den Übergang zu einer Technikfolgenabschätzung öffnet, in welcher Wissenschaft im Extremfall „nur noch" so etwas wie „Wissenschaft on demand" ist.

10.3 Technikfolgenabschätzung als prozessintegriertes Gestaltungsinstrument

Technikfolgenabschätzung galt und gilt häufig in Politik und Wirtschaft als Technikverhinderung oder Innovationsverzögerung (zur Risikoforschung vgl. Renn, 1981). Dem trat der Arbeitskreis Technikfolgenabschätzung und Bewertung (AKTAB NRW) entgegen mit dem Konzept einer „Innovationsorientierten Technikfolgenabschätzung und -bewertung" (ITA – nicht zu verwechseln mit dem später vom BMBF eingeführten gleichlautenden Kürzel und dem „ITA Institut für Technikfolgenabschätzung" der Österreichischen Akademie der Wissenschaften).

Sie versteht sich als „methodisch gesichertes Verfahren zur Mitgestaltung von Innovationsprozessen unter der grundsätzlichen Bedingung von Unsicherheit. […] ITA berücksichtigt besonders den iterativen und häufig konfliktuellen Charakter von Innovationsprozessen und betont diskursive und beteiligungsorientierte Verfahren", heißt es in einer programmatischen Darstellung (Steinmüller et al., 1999, S. 129). Entgegen dem Postulat der Werturteilsfreiheit heißt es weiter: Sie „orientiert sich an Werten nachhaltiger Entwicklung. ITA ist […] der Versuch, sich zu einem praktisch handhabbaren Verfahren zur Mitgestaltung auch betrieblicher Innovationsprozesse zu entwickeln" (Steinmüller et al., 1999, S. 129). Damit nimmt die Bedeutung nachfrageorientierter („demand pull") bzw. problemlösungsorientierter (Nachhaltigkeitsorientierung) gegenüber technikinduzierten Fragestellungen zu. Technikfolgenabschätzung wird als ITA damit, wie es an anderer Stelle heißt, „vom ‚Wachhund zum Spürhund'" (Steinmüller et al., 1999, S. 130). Und ITA verabschiedet sich vom Glauben an den „one best way" und sieht Wissenschaft als **einen** Beitrag im Problemlösungsprozess. Die Feststellung der „grundsätzlichen Bedingung von Unsicherheit" lässt folgerichtig unterschiedliche, kontroverse wissenschaftliche Positionen zu.

Der ITA-Prozess selbst als transdisziplinäre Veranstaltung fügt dem Methodenensemble der prognostischen Wissenschaften solche des Projekt- und Netzwerkmanagements sowie Kreativitätstechniken hinzu, z. B. die Zukunftswerkstatt (Betroffenenbeteiligung; vgl. z. B. Jungk, 1978), die Planungszelle (Repräsentativität; vgl. z. B. Dienel, 2002) und die Planungswerkstatt (Beteiligung von Stakeholdern und Ausgegrenzten; vgl. z. B. Tacke, 1999). Es handelt sich jeweils um unterschiedlich aufwendig zu gestaltende Verfahren zur Erarbeitung von Problemlösungen außerhalb der „parlamentarisch-expertokratischen" Wege im Dreischritt von Kritik – Utopie – Realisierung. In einer positivistisch orientierten Community galt und gilt dies als unwissenschaftlich wie auch z. B. die Handlungsforschung. Inzwischen wiederholt sich die Debatte in gewisser Weise zum Thema „Transformative Wissenschaft" (Schneidewind et al., 2016).

Die Konsensorientierung dieser Verfahren führt zu erhöhter Akzeptanz mit dem Risiko einer mittels dominanten Inputs (finanzielle Mittel, aufbereitete Problem- und Lösungsdarstellungen etc.) „Akzeptanzerheischung" (Tschiedel, 1989b) für den einen oder anderen Lösungsweg (zur Akzeptanzforschung vgl. z. B. Jaufmann, 1999).

Da wir hier einen konkreten Anwendungsfall in KMU skizzieren wollen, sei dazu mit dem Objektinterview kurz ein im Rahmen von ITA weiterentwickeltes Instrument vorgestellt (Tschiedel, 1989a, 1999; berufswissenschaftlich erprobt z. B. durch Steffen, 2005). Es stellt eine bestimmte Technologie (das „Objekt"), z. B. eine einfache Werkzeugmaschine, ins Zentrum einer sogenannten Problemlösungskonstellation. Das zu lösende Problem sei die Herstellung eines Maschinenteils. Sie umfasst alle dieser Art der Problemlösung zuzuordnenden (qualitativen und quantitativen, beabsichtigten und unbeabsichtigten, primären und sekundären etc.) Bedingungen und Folgen: technische, ökonomische, juristische und soziale ebenso wie die Ausbildung der Maschinenführer, den Energieverbrauch etc.

Da die Zahl der zu einer solchen soziotechnischen Konstellation gehörigen Dimensionen und Elemente prinzipiell unendlich groß ist, muss für das Objektinterview eine Auswahl getroffen werden. Die als relevant erachteten Fragen werden in einen „Fragebogen an das Objekt" übertragen (daher der Name Objektinterview), z. B. an die Maschine: Welche Kompetenzen braucht derjenige, der dich fährt? Wie hat er sie erworben? Muss er sie regelmäßig erneuern? Gibt es entsprechende Angebote? Aber auch solche wie: Hast du Einfluss auf die Möglichkeiten der Vereinbarkeit von Familie und Beruf? Bist du genderneutral? Wem gehörst du? Wer setzt dich ein? In nächsten Schritten können dann Einzelaspekte vertieft werden.

Das Gleiche geschieht dann für mindestens eine zur Verfügung stehende oder geplante alternative Lösung hinsichtlich der dazugehörigen absehbaren Problemlösungskonstellationen (z. B. mit einer automatisierten Maschine im Zentrum), sodass Vergleiche möglich werden. Diese zeigen dann Handlungsbedarfe auf für den Fall, dass eine neue Technologie eingesetzt werden soll. Die Ergebnisse der Objektinterviews liefern Daten für eine Auswertung mit Methoden, wie sie in der beschreibenden und schließenden Statistik üblich sind.

Wie nun kann man sich einen arbeitsorientierten, innovationsorientierenden und innovationsgestaltenden Einsatz dieser Methode im Betrieb konkret vorstellen?

10.4 Innovationsorientierende Technikfolgenabschätzung konkret

Grundsätzlich treffen sich im Ziel, die fortschreitende Digitalisierung und Automatisierung im eigenen Betrieb zu gestalten, die Interessen von Belegschaft und Management. Aber dieser Grundkonsens führt nicht automatisch zu einem gemeinsamen Konzept im Detail, denn
- der im Wirtschaftssystem angelegte Widerspruch der Interessen ist damit nicht aufgehoben,
- Definitions- und Entscheidungsmacht über die Umsetzung sind nicht gleichverteilt und
- wie sich die eigenen Interessen in konkreten soziotechnischen Konstellationen manifestieren können, ist auf beiden Seiten weitgehend unbekannt.

Aus dieser Gemengelage wählen wir nur einen kleinen Ausschnitt. Wir fragen exemplarisch, wie – ohne Einbuße der Wettbewerbsposition des Unternehmens **und** im Interesse der Mitarbeitenden - Verschlechterungen der Arbeitsbedingungen vermieden oder Verbesserungen erreicht werden können, und zwar per ITA unter Einsatz des Objektinterviews. Dazu sind sinnvollerweise fünf Schritte und einige Zwischenschritte erforderlich:

- **Schritt 1: Bestandsaufnahme**
1. Gründung eines Projektteams
2. Möglichst genaue Formulierung des übergeordneten Ziels
3. Arbeitsplatz:
   a. Beschreibung, was einen guten Arbeitsplatz ausmacht
   b. Überführung in einen Fragebogen an „Objekte"
4. Möglichst genaue Formulierung der ersten Aufgabenstellung des Objektinterviews, z. B.: „Wo in unserem Betrieb gibt es bereits Digitalisierung/Automatisierung?"
5. Auswahl der zu untersuchenden „Objekte" und Konstellationen
6. Erhebungen: Achtung: Es geht um „Gute Arbeit" als Auswahlkriterium für die Fragen.
7. Wie wurde die Aufgabe und in welcher Problemlösungskonstellation vorher gelöst?
8. Vergleich der vorherigen und der neuen (digitalen) Problemlösung hinsichtlich Vor- und Nachteilen – für wen.

Zwischenschritt Präsentation und Optimierung (des Instruments) mit einem größeren Kreis von Mitarbeitenden
9. Anwendung auf weitere Objekte, um unterschiedliche Betriebsbereiche/Betroffene zu erreichen

Die folgenden Schritte können hier aus Platzgründen nur sehr verkürzt vorgestellt werden.

- **Schritt 2**
- Verfahren für eine „Reparatur" der erkannten Mängel finden und nutzen.
- Dazu andere Lösungsmöglichkeiten (z. B. in anderen Betrieben, Branchen, Ländern ...) kennenlernen.

- **Schritt 3**
- Anforderungen an die künftige Beschaffung und Implementation neuer Technologien formulieren (Pflichtenheft):
  a. Eigenschaften der Technik
  b. Einführung in den Betrieb, begleitende Maßnahmen (Qualifizierung, Arbeitszeiten, Gesundheitsvorsorge etc.)

Zwischenschritt Die Ergebnisse im Betrieb kommunizieren, diskutieren, eventuell schon mit Lieferanten, Kunden etc., da eine Ausdehnung auf das Wertschöpfungsnetzwerk erforderlich ist.

- **Schritt 4**
- Verstetigung und organisatorische Verankerung (z. B. Betriebsvereinbarung, ITA-Team), sodass ITA wesentliche Grundlage jeder betrieblichen Entscheidung wird und so strukturiert vorliegt, dass sie in Algorithmen eingebaut werden kann (Digitalisierung selbst partizipativ nutzend), die künftig selbstlernend Entscheidungen mit Auswirkungen auf die Arbeitsplätze treffen werden.
- ITA wird dadurch zu einem sich selbst fortschreibenden Prozess des Kompetenzerwerbs und -erhalts auch für die Mitarbeitenden in Sachen Innovations- und Mitgestaltungskompetenz on the Job.

- **Schritt 5**
- Etablierung und Verstetigung in den anderen Betrieben des Wertschöpfungsnetzwerks, da nur dann (s. o.) aus dem Wertschöpfungsnetzwerk schließlich ein Kompetenznetzwerk werden kann, das für ein zwischenbetriebliches und überbetriebliches Kompetenzmanagement offen ist.

Der Aufwand kann sehr unterschiedlich sein. Die Interessen, Ideen und Erfahrungen der Mitarbeitenden werden durch sie selbst in Innovationsprozesse eingebracht. Das kommt der Wettbewerbsfähigkeit des Betriebs zugute, der Akzeptanz, der Bereitschaft zur Weiterbildung und der Arbeitsmotivation und Arbeitsplatzzufriedenheit.

Unserer Erfahrung nach empfiehlt sich spätestens bei der Entwicklung betrieblicher Maßnahmen zur Beseitigung von Defiziten und insbesondere für ein erfolgreiches zwischenbetriebliches und überbetriebliches Kompetenzmanagement die Einsetzung eines externen Managements, das u. a. in der Lage ist, regionale und überregionale (analoge und digitale) Unterstützung einzubeziehen und als Trendscout die Rolle des „Spürhunds" (▶ Abschn. 10.3), zu übernehmen, das Aufgespürte zu bewerten, auf die Bedürfnisse des gemanagten Betriebs bzw. Verbundes anzupassen und dort fruchtbar einzubringen. Bis hierher ist das Ganze noch einigermaßen konventionell und letztlich nach und nach sogar über Plattformen digitalisierbar, soweit es um technische und lineare Markttrends geht.

Eine weit darüber hinausgehende Dimension von Fragestellungen ergibt sich, wenn soziale Innovationen prognostiziert und ins Kompetenzmanagement einbezogen werden sollen, die auf den ersten Blick nichts mit dem Wertschöpfungsnetzwerk zu tun zu haben scheinen und die mit einem rein betriebswirtschaftlichen und technikorientierten Blick des „Trendscouts", aber auch mit dem gewohnten „Betriebsratsblick" allzu leicht übersehen werden.

An einem spannenden aktuellen Beispiel wollen wir zum Schluss zeigen, dass und warum ein Kompetenzmanagementnetzwerk nicht nur, um im Bild zu bleiben, einen Hütehund braucht, sondern ganz dringend, wenn es wirklich innovativ bleiben will, einen Spürhund.

10.5 Zum Einbezug globaler Veränderungen der sozialen Umfeldbedingungen

Entwicklungen in den Unternehmensumfeldern mit Folgen für KMU werden nicht nur durch technologische oder politische Entwicklungen beeinflusst, sondern auch durch sich allmählich herausbildende und durchsetzende soziale Innovationen, die bisherige Transformationspfade gesellschaftlicher Entwicklung beeinflussen (Geels u. Schot, 2007; Haxeltine et al., 2016). So vollzieht sich beispielsweise die gegenwärtige Transformation des noch dominierenden Produktionssystems vor allem über die Digitalisierung der Industrie unter dem Schlagwort Industrie 4.0. Nahezu zeitgleich zeichnen sich aber auch soziale Innovationen jenseits dieses eher traditionellen Modernisierungspfades ab und fordern das bestehende Produktionsregionsregime heraus. Hierzu zählt beispielsweise die Maker-Bewegung, die im Vergleich dazu bisher nur in geringem Maße reflektiert wurde (Petschow et al., 2014).

Für KMU und Innovationsnetzwerke sowie regionale Multiplikatoren, die die Innovationsfähigkeit ihrer Unternehmen steigern wollen, ist es nicht nur wichtig, Trends und Folgen der internen Modernisierung des industriellen Produktionssystems zu identifizieren, zu bewerten und sich dementsprechend strategisch zu positionieren. Es ist auch wichtig, den gesamten Kontext zu verstehen, in dem sich die Transformation des Produktionssystems, einschließlich damit im Zusammenhang stehender Dienstleistungen, vollzieht. Es kommt für KMU darauf an, sich in den neu entstehenden Wertschöpfungsstrukturen zu positionieren und dafür entsprechende Kompetenzen aufzubauen. Hierfür bietet es sich an, im Verbundmanagement die entsprechende „Spürhundkompetenz" zunächst extern verfügbar zu machen. Diese ermöglicht das Eröffnen neuer Perspektiven, z. B. auf Arbeit jenseits eines auf klassische Erwerbsarbeit und Arbeitsorganisation fokussierten Ansatzes oder auf Kompetenzentwicklung in neuen sozialen Kontexten, etwa des kollaborativen Innovierens.

Dies soll am Beispiel der Maker-Bewegung etwas näher ausgeführt werden. Die folgenden Einschätzungen beruhen auf einer von einem der Autoren durchgeführten qualitativen, kategoriengeleiteten Inhaltsanalyse zur Maker-Bewegung in ausgewählten Massenmedien (Hartmann et al., 2016).

Bei der Maker-Bewegung handelt es sich um ein neues soziales Phänomen. Sie kann als Ausdruck einer neuen, demokratischen Innovationskultur verstanden werden, die darauf basiert, dass verschiedene digitale Fertigungstechnologien, einschließlich dafür entwickelter Software, auch für Laien zugänglich werden und die es ihnen ermöglichen, neue Produkte zu kreieren, vorhandene Designs weiterzuentwickeln und selbst herzustellen. Die digitalen Tools sind niedrigschwellig, d. h. leicht und von „Jedermann" erlernbar und in entsprechenden Werkstätten (FabLabs oder Maker Spaces) verfügbar (Deloitte, 2014). Neben diesen technischen Möglichkeiten ist es das besonders in der Do-it-yourself-Bewegung zum Ausdruck kommende Streben nach Selbstverwirklichung im „Machen", das eine Grundlage für die Innovationskultur der Maker-Bewegung bildet und deren demokratischen Anspruch andeutet. Dieser wird verstärkt durch die Intention der Maker-Bewegung, durch Kooperation bestehende Wirtschaftsstrukturen aufzubrechen und ein Gegengewicht zur Massenproduktion zu bilden.

Hierbei versteht sich die Maker-Bewegung ganzheitlich gesehen nicht nur als eine Bewegung, die technisch oder prozessbezogen eine neue Form des „Fabrizierens" hervorbringt. Vielmehr schließt der Prozess des „Machens" für viele Maker Reflexion sowie den Aufbau von Werten und Wissen bezogen auf Herstellungs-, Anwendungs- und Verwendungskontexte ein. Insofern geht die Maker-Bewegung mit ihren Ansprüchen weit darüber hinaus, Industrie und Gesellschaft zu revolutionieren, indem sie individuelle Produkte mit dem 3D-Drucker herstellt, sondern sie bezieht das Denken über die Anwendungen, Rollen und Werte im Prozess des Herstellens selbst mit ein. Ihr werden Prinzipien wie Empowerment und Inklusion zugeschrieben. Hinzu kommt, dass sie sich an einem partizipativen statt elitären Design orientiert. Sie unterscheidet sich damit deutlich von einer rein auf Technologie und Rationalisierung fokussierten Strategie, wie sie etwa im Kontext von Industrie 4.0 vorgetragen wird.

Neben der Innovationskultur der Maker dürfte es für das Kompetenzmanagement von KMU auch interessant sein herauszufinden, wie Maker arbeiten und lernen. Der Grad der

Selbstbestimmtheit und Möglichkeiten der Selbstverwirklichung sowie der Entwicklung von Kreativität spielen hier ebenso wie die Möglichkeit der freien Einteilung der Arbeitszeit und neue Formen der Verbindung von Arbeiten und Leben eine wichtige Rolle. Was die Problematik der Kompetenzen im Prozess der Digitalisierung betrifft ist hervorzuheben, dass die Maker Fähigkeiten aus dem Bereich der Digitalisierung mit solchen aus dem des Handwerkens verbinden, eine Kombination von digitalen Fähigkeiten und physischen Fertigkeiten. Hinzu kommt die Kompetenz der Maker zum kreativen, problemlösenden und kollaborativen Handeln. Damit geht die Art des Lernens von Makern einher, das als Vorbild für zukünftige Bildungsstrategien gesehen werden kann, wobei es nicht nur darum geht Menschen beizubringen, wie sie 3D-Modelle erstellen und drucken können, sondern darum, wie man sie dazu inspiriert, sich mit eigenen Kreationen an einer dezentralen Produktion zu beteiligen. Eine offene Herstellungskultur geht somit einher mit neuen Lernprozessen, die sich auf permanentes Verändern und Verbessern beziehen. In solchen Lehr- und Lernprozessen stehen das „[…] doing, sharing and mentoring, playing, exploring, and risk-taking" (Henseler, 2014) im Mittelpunkt.

Es gibt zahlreiche Hinweise darauf, dass die Maker-Bewegung einen hochgradig disruptiven Charakter bezogen auf die Wirtschaft hat. Da die Maker ihre eigenen Designs entwerfen, teilen, herstellen und ihre Eigentumsrechte kontrollieren, unterbrechen sie bisherige Herstellungsweisen, Verteilungs- und Verkaufsstrukturen. Hierbei spielen der Besitz bzw. der Zugang zu den entsprechenden Produktionsmitteln eine wichtige Rolle. Die Maker-Bewegung entwickelt sich gewissermaßen konträr zu den vorhandenen Wirtschaftsstrukturen und Innovationskulturen. Dies wird dadurch verstärkt, dass sie mit räumlich dezentraler Fabrikation in Zusammenhang gebracht wird. Dezentralisierung und Lokalisierung der Herstellungsprozesse werden vermutlich an Bedeutung gewinnen. Es wird auch von einer neuen Art des **Artisanal Manufacturing** gesprochen (Sturrock, 2015). Als eher integrative Komponente der Wirtschaft wird die Maker-Bewegung gesehen, wenn sie mit Entrepreneurship in Verbindung gebracht wird. Hierbei geht man von der Annahme aus, dass aus einzelnen Makern Unternehmensgründer und -gründerinnen werden, die ihre Ideen, Prototypen und Produkte vermarkten.

Das Netzwerkmanagement wird zu analysieren haben, wie sich integrierte Netzwerke (kurz: unternehmerische Netzwerke) auf die Nachfrage nach den Produkten des eigenen Wertschöpfungsnetzwerks auswirken werden, wobei wiederum Abgrenzungs- oder Integrations- und Adaptionsoptionen zu prüfen sind.

Innovationsorientierende Folgenabschätzung nimmt mögliche Zukünfte in den Blick. In diesem Zusammenhang stellt sich die Frage, welche Folgen die Maker-Bewegung generell und für KMU im Speziellen haben kann. Es zeichnet sich ab, dass das Spektrum dieser Folgen von der Erschließung neuer Anwendungen und der Entwicklung verbesserter Produkte über Veränderungen in Wirtschaftsstrukturen und modifizierte Produktionsweisen sowie damit verbundene Arbeitsprozesse bis hin zu generellen Wirkungen auf die Organisation der Produktion in der Zukunft reicht.

Wie umstritten oder auch wie gut oder schlecht mögliche Folgen der Maker-Bewegung zum heutigen Zeitpunkt auch immer antizipiert sein mögen, es handelt sich um „weiche Signale" für zukünftige Entwicklungen, die nicht nur für die Gesellschaft insgesamt, für die Forschungs-, Technologie- und Wirtschaftspolitik oder für Großunternehmen, sondern auch für KMU relevant sind. Solche Signale aufzuspüren und dann für KMU in geeigneter Weise aufzubereiten und mit ihnen in Handlungsstrategien umzusetzen, bleibt eine Herausforderung an die innovationsorientierende Technikfolgenabschätzung und das sie in relevanten Teilen organisierende Netzwerkmanagement.

> **Fazit**
> Wir empfehlen, begründet in den vorausgehenden Ausführungen, für die betriebliche Praxis
> - Objektinterviews und folgende Aktivitäten zur partizipativen Digitalisierung nach
>   ▶ Abschn. 10.4 durchzuführen,
> - sich – das ist in diesem Beitrag nicht ausgeführt – um regionale und überregionale Angebote zu bemühen und diese in die Analysen und die Neukomposition von internen und geteilten Kompetenzelementen zu integrieren und
> - gemeinsam mit anderen KMU ein Netzwerkmanagement zu organisieren, das die „Wachhund-" und die „Spürhundfunktion" integriert und dabei nicht zuletzt die Anregungen aus dem Beispiel zur Maker-Bewegung (▶ Abschn. 10.5) fruchtbar macht.

Literatur

von Alemann, U., & Schatz, H. (1986). *Mensch und Technik, Grundlagen und Perspektiven einer sozialverträglichen Technikgestaltung*. Opladen: Westdeutscher Verlag.

Augustin, G. (2016). Fortschritt ohne Panikmache. *Der Mittelstand* 3, 28.

Bley, N., Hartmann, V., & Orians, W. (2015). *CSR aus Sicht der Arbeitnehmerinnen und Arbeitnehmer. Ein Handbuch*. Acht: Achter Verlag.

Deloitte (2014). Impact of the Maker Movement. Report Maker Impact Summit December 2013. Maker Media. http://makermedia.com/wp-content/uploads/2014/10/impact-of-the-maker-movement.pdf. Zugegriffen: 28. April 2017.

Geels, F. W., & Schot, J. (2007). Typology of sociotechnical transition pathways. *Research Policy* 36, 399–417.

Bundesministerium für Arbeit und Soziales (BMAS). (2015). *Grünbuch Arbeiten 4.0*. Berlin: BMAS.

Bundesministerium für Bildung und Forschung (BMBF). (2016). *Zukunft der Arbeit*. Bonn: BMBF.

Bundesministerium für Wirtschaft und Energie (BMWi). (2016). *Arbeiten in der digitalen Welt*. Berlin: BMWi.

Dienel, P. C. (2002). *Die Planungszelle* (5. Aufl.). Wiesbaden: Westdeutscher Verlag.

Dierkes, M., & Staehle, K. W. (1973). *Technology Assessment*. Frankfurt am Main: Battelle-Institut e.V.

Friedrichs, G., & Schaff, A. (Hrsg.) (1982). *Auf Gedeih und Verderb. Mikroelektronik und Gesellschaft. Bericht an den Club of Rome*. Reinbek bei Hamburg: Rowohlt.

Fraunhofer IAO (2013). *Produktionsarbeit der Zukunft – Industrie 4.0*. Stuttgart: Fraunhofer IAO.

Gebhardt, J., & Grimm, A. (2016). High-Tech-Strategie und Industrie 4.0. Auswirkungen auf Technik, Arbeit und Berufsbildung. *lernen & lehren* 121(31), 4–9.

Grunwald, A. (2015). Die hermeneutische Erweiterung der Technikfolgenabschätzung. *KIT Technikfolgenabschätzung* 24(2), 65–69.

Habermas, J. (1971). Vorbereitende Bemerkungen zu einer Theorie der kommunikativen Kompetenz. In J. Habermas, & N. Luhmann (Hrsg.), *Theorie der Gesellschaft oder Sozialtechnologie* (S. 101–141). Frankfurt am Main: Suhrkamp.

Hannover Messe (2015). Industrie 4.0: So denkt die Wirtschaft. Whitepaper. http://files.messe.de/001-14/media/downloads/besucher/whitepaper-januar-2015-wie-weit-sind-wir.pdf?ns_campaign=hm15_NL5&ns_fee=0&src=asp-cu&typ=pdf&cid=4109. Zugegriffen: 28. April 2017.

Hartmann, V. (2015). Auf dem Weg zur künstlichen Kompetenz. *PROKOMpakt*, 2.

Hartmann, V., & Tschiedel, R. (2016). Betriebliches und überbetriebliches Management „künstlicher Kompetenz", Ein techniksoziologischer Blick auf Diskussion und Praxis. *lernen & lehren* 121(31), 10–16.

Hartmann, F., Mietzner, D., & Lahr M. (2016). Maker Movement as a Path of Digital Transformation?: Current Understanding and How it May Change the Social and Economic Environment. In G. Papanikos (Hrsg.), *Second Annual International Conference on Foresight, 2016 Athens, Greece* (S. 20–30). Athens: Atiner.

Haxeltine, A., Avelino, F., Pel, B., Dumitru, A., Kemp, R., Longhurst, N. Chilvers, J., & Wittmayer, J. M. (2016). Transformative Social Innovation Theory. TRANSIT: EU SSH.2013.3.2-1 Grant agreement no: 613169. http://www.transitsocialinnovation.eu/resource-hub/a-framework-for-transformative-social-innovation-transit-working-paper-5. Zugegriffen: 28. April 2017.

Henseler, C. (2014). The maker movement and the humanities: giving students a larger toolbox. Huffington Post. http://www.huffingtonpost.com/christine-henseler/the-maker-movement-and-th_b_6349514.html. Zugegriffen: 28. April 2017.

Literatur

ITA Institut für Technikfolgen-Abschätzung der Österreichischen Akademie der Wissenschaften (2015). *Industrie 4.0. Foresight & Technikfolgenabschätzung zur gesellschaftlichen Dimension der nächsten industriellen Revolution. Zusammenfassender Endbericht*. Wien: ITA Institut für Technikfolgen-Abschätzung.

Jaufmann, D. (1999). Technikakzeptanzforschung. In S. Bröchler, G. Simonis, & K. Sundermann (Hrsg.), *Handbuch Technikfolgenabschätzung* (S. 205–225). Berlin: Rainer Bohn.

Jungk, R. (1978). Statt auf den großen Tag zu warten … *Kursbuch 53*, 1–10.

Müller, R. A. (1993). KI und Menschenbild im Unternehmen. In Verein Deutscher Ingenieure (VDI). (Hrsg.), *Künstliche Intelligenz, Leitvorstellungen und Verantwortbarkeit: Diskussionsgrundlage* (Bd. 1, 2. Aufl., S. 105–121). Düsseldorf: VDI.

Naisbitt, J. (1982). *Megatrends*. New York: Warner Books.

Petermann, T. (1999). Technikfolgen-Abschätzung – Konstituierung und Ausdifferenzierung eines Leitbilds. In S. Bröchler, G. Simonis, & K. Sundermann (Hrsg.), *Handbuch Technikfolgenabschätzung* (S. 17–49). Berlin: Rainer Bohn.

Petschow, U., Ferdinand J. P., Dickel, S., Flämig, H., Steinfeldt, M., & Worobei, A. (2014). *Dezentrale Produktion, 3D-Druck und Nachhaltigkeit: Trajektorien und Potenziale innovativer Wertschöpfungsmuster zwischen Maker-Bewegung und Industrie 4.0*. Berlin: Institut für ökologische Wirtschaftsforschung.

Pfeiffer, S. (2015). Industrie 4.0 und die Digitalisierung der Produktion – Hype oder Megatrend? *Aus Politik und Zeitgeschichte 31*(32), 6–10.

Renn, O. (1981). Wahrnehmung und Akzeptanz technischer Risiken. Dissertation an der Universität Köln. http://dx.doi.org/10.18419/opus-7503. Zugegriffen: 28. April 2017.

Schelsky, H. (1965). Der Mensch in der wissenschaftlichen Zivilisation. In H. Schelsky (Hrsg.), *Auf der Suche nach Wirklichkeit* (S. 439–480). Düsseldorf, Köln: Diederichs.

Schneidewind, U., Singer-Brodowksi, M., Augenstein, K., & Stelzer, F. (2016). Pledge for a transformative science, a conceptual framework. Wuppertal Institut. https://epub.wupperinst.org/files/6414/WP191.pdf. Zugegriffen: 28. April 2017.

Steffen, N. (2005). Von der handverdrahteten Wechselschaltung zur Blackbox. In J. Pangalos, G. Spöttl, S. Knutzen, & F. Howe (Hrsg.), *Informatisierung von Arbeit, Technik und Bildung* (S. 77–88). Münster: LIT.

Steinmüller, K. (1999). Szenarien in der Technikfolgenabschätzung. In S. Bröchler, G. Simonis, & K. Sundermann (Hrsg.), *Handbuch Technikfolgenabschätzung* (S. 669–677). Berlin: Rainer Bohn.

Steinmüller, K., Tacke, K., & Tschiedel, R. (1999). Innovationsorientierte Technikfolgenabschätzung. In S. Bröchler, G. Simonis, & K. Sundermann (Hrsg.), *Handbuch Technikfolgenabschätzung* (S. 129–145). Berlin: Rainer Bohn.

Sturrock, C. (2015). Junk Nation? Portland's Makers are Betting on a Handcrafted Future. Huffington Post. http://www.huffingtonpost.com/carrie-sturrock/junk-nation-portlands-art_b_8857288.html. Zugegriffen: 28. April 2017.

Tacke, K. (1999). Planungswerkstatt. In S. Bröchler, G. Simonis, & K. Sundermann (Hrsg.), *Handbuch Technikfolgenabschätzung* (S. 679–686). Berlin: Rainer Bohn.

Tschiedel, R. (1987). Die mißbrauchte Autorität der Wissenschaft. In A. A. Guha, & S. Papcke (Hrsg.), *Entfesselte Forschung* (S. 87–105). Frankfurt am Main: Fischer.

Tschiedel, R. (1989a). Empirische Methoden der Techniksoziologie: Das Objektinterview. In J. Hochgerner, & A. Bammé (Hrsg.), *Technisierte Kultur* (S. 127–141). Wien: VWGÖ.

Tschiedel, R. (1989b). *Sozialverträgliche Technikgestaltung*. Opladen: Westdeutscher Verlag.

Tschiedel, R. (1999). Objektinterview. In S. Bröchler, G. Simonis, & K. Sundermann (Hrsg.), *Handbuch Technikfolgenabschätzung* (S. 687–695). Berlin: Rainer Bohn.

Verein Deutscher Ingenieure (VDI). (1991). *Technikbewertung. Begriffe und Grundlagen. VDI 3780*. Düsseldorf: VDI.

Wenzel, F.-T. (2016). Wir wollen keine künstlichen Menschen bauen: Martina Koederitz, Deutschland-Chefin von IBM, über lernende Computer und deren Einfluss auf Unternehmen, Gesundheit und unser Bildungssystem. *Frankfurter Rundschau*. http://www.fr.de/wirtschaft/ibm-wir-wollen-keine-kuenstlichen-menschen-bauen-a-344167. Zugegriffen: 28. April 2017.

Konzipierung und Implementation von Wikis

Stefan Frenzel, Antonia Speerforck, Dominic Bläsing

11.1	Wikis – eine Erfolgsgeschichte des Web 2.0 – 136	
11.2	Konzeptionelle Eigenschaften von Wikis – 137	
11.3	Wikis in Unternehmen – 138	
11.4	Akzeptanz von Wikis in Unternehmen – 139	
11.4.1	Akzeptanzbegriff – 139	
11.4.2	Individuelle Faktoren – 140	
11.4.3	Organisationale Faktoren – 141	
11.4.4	Konzeptionelle Faktoren – 141	
11.5	Zwei Fallbeispiele aus der Praxis zur Einführung eines Wikis – 141	
11.5.1	Fallbeispiel 1: Wirtschaftsunternehmen – 142	
11.5.2	Fallbeispiel 2: Öffentliche Verwaltung – 143	
	Literatur – 144	

© Springer-Verlag GmbH Deutschland 2018
M. Bornewasser (Hrsg.), *Vernetztes Kompetenzmanagement*,
Kompetenzmanagement in Organisationen,
https://doi.org/10.1007/978-3-662-54954-4_11

Zusammenfassung

Das Management des betrieblichen Wissens ist eine Herausforderung, der sich Unternehmen in Zeiten von „Wissensgesellschaft" und „Enterprise 2.0" zunehmend stellen müssen. Bekräftigt wird dies durch die kürzlich erfolgte Änderung der ISO Norm 9001 für das Qualitätsmanagement, welche explizit den systematischen Umgang mit dem betrieblichen Wissen fordert. Dabei geht es zum einen darum, dass für den Ablauf aller Geschäftsprozesse notwendige Wissen zu bestimmen und zu erhalten. Zum anderen müssen durch die Unternehmen Möglichkeiten für dessen Vermittlung und Weiterentwicklung geschaffen werden. Wikis können hierbei eine wichtige Rolle einnehmen, da sie eine unkomplizierte Methode zur kollaborativen Erfahrungs- und Wissenssammlung darstellen. Trotz ihrer weiten Verbreitung wurde bislang der Frage, unter welchen Umständen Beschäftigte eines Unternehmens eine positive Einstellung gegenüber Wikis entwickeln und sie in der Folge auch praktisch anwenden, nur wenig Beachtung geschenkt. Diese Frage wird im folgenden Kapitel beleuchtet.

11.1 Wikis – eine Erfolgsgeschichte des Web 2.0

Der „Übergang zur Wissensgesellschaft" ist eine gängige Formulierung, um die technologisch bedingten gesellschaftlichen und wirtschaftlichen Veränderungen der letzten Jahrzehnte in einer kompakten Formel unterzubringen. Im Laufe der zweiten Hälfte des 20. Jahrhunderts verlagerte sich die Schaffung von Wettbewerbschancen aus dem Bereich der reinen Produktion in den der Innovation. Während Informations- und Kommunikationssysteme früher als Produktionsfaktoren angesehen wurden und der effektiven und effizienten Gestaltung von Arbeitsabläufen dienten, sind sie heute als eigenständige Wettbewerbs- und Erfolgsfaktoren etabliert (Lehner, 2006).

Dieser geistige Wandel wird vielfach begleitet von Bestrebungen, praktisch vermehrt innovative Technologien im Unternehmen einzusetzen, um Effizienz- und Produktivitätsgewinne zu erzielen. Vor allem internetbasierte Anwendungen, die eine Zusammenarbeit auch über Büro- oder gar Ländergrenzen hinweg ermöglichen, sind aus dem Arbeitsalltag kaum mehr wegzudenken. In jüngerer Zeit oft gebrauchte Stichworte in diesem Zusammenhang sind **Web 2.0** und **Enterprise 2.0**. Kernmerkmal ist die aktive Beteiligung der Nutzer, die auf über das Internet verfügbaren Plattformen selber Inhalte erzeugen, anstatt sie nur passiv zu konsumieren.

Unter dem Schlagwort Enterprise 2.0 wird die Implementation und Anwendung von Web-2.0-Technologien im organisationalen Kontext zur Erreichung der Unternehmensziele zusammengefasst. Der Wandel durch Enterprise-2.0-Anwendungen betrifft dabei nicht nur die technische Gestaltung des Arbeitsplatzes, sondern vor allem den Arbeitsalltag als solches. Anders als früher werden Workflows, Rollen und Verantwortlichkeiten nicht mehr im Vorhinein vorgegeben, sondern ergeben sich von selbst aus der entsprechenden Aufgabe (McAfee, 2009). Das zugrunde liegende Organisationsprinzip ist die Selbstorganisation (Eberspächer u. Holtel, 2010).

Ein prototypisches Beispiel für die Einbindung moderner Kommunikations- und Kompetenzmanagementinstrumente sind Wikis. 1995 von Ward Cunningham postuliert als „the simplest online database that could possibly work" (Leuf u. Cunningham, 2001, S. 15), hat sich das schnelle Web – Wiki steht im Hawaiianischen für „schnell" – spätestens mit der Einführung von Wikipedia zu einem weltweiten Erfolgsmodell entwickelt. In den letzten Jahren haben zunehmend auch Unternehmen das Anwendungspotenzial dieses Instruments erkannt. Bereits 2012 wurden in knapp einem Drittel der Unternehmen mit mehr als 500 Beschäftigten Wikis eingesetzt und immerhin noch in 14 % der KMU (Bitkom, 2012).

11.2 Konzeptionelle Eigenschaften von Wikis

Ein Wiki ist ein Content-Management-System, also eine Software zum Erstellen, Bearbeiten und Verwalten von Inhalten, das zumeist auf einem separaten Server in einem Computernetzwerk installiert wird und auf das beispielsweise mittels eines Webbrowsers von den Endgeräten aus zugegriffen werden kann. Meistens werden Wikis zum Verfassen von Texten verwendet.

Wikis haben einige charakteristische Eigenschaften, die sie von klassischen Websites bzw. Intranets, aber auch anderen Web-2.0-Anwendungen unterscheiden und ihren Mehrwert als Wissensplattformen ausmachen. Vier wichtige konzeptionelle Eigenschaften von Wikis sind (Leuf u. Cunningham, 2001):

- Einfach: Man soll sich schnell zurechtfinden und keine lange Einarbeitungszeit benötigen.
- Offen: Sollte ein Artikel unvollständig oder fehlerhaft sein, kann jeder diesen ändern oder einen neuen Artikel anlegen.
- Inkrementell: Artikel können Verknüpfungen zu anderen Artikeln enthalten, auch zu solchen, die noch nicht existieren. Es müssen nicht immer komplette Artikel angelegt werden.
- Organisch: Das Wiki wächst stetig durch Änderungen an bestehenden Artikeln und dem Hinzufügen neuer Artikel durch Nutzende.

Der Aufbau von Wikis ist in der Regel einfach und folgt den oben erwähnten Prinzipien. Es gibt Funktionen, um Artikel zu erstellen und zu bearbeiten. Bearbeitet werden können nicht nur eigene, sondern auch Artikel, die von anderen Nutzenden erstellt wurden, wobei keine Programmier- oder HTML-Kenntnisse (Hypertext Markup Language) erforderlich sind.

Aus den bisher beschriebenen Eigenschaften ergeben sich für die Praxis Konsequenzen, die in der Folge diskutiert werden.

- **Wikis haben keine hierarchische Struktur**

Anders als traditionelle Content-Management-Systeme sind die Inhalte von Wikis in der Regel nicht hierarchisch strukturiert. Die Navigation durch ein Wiki erfolgt nicht linear über verschiedene Ebenen, sondern assoziativ, da die Verknüpfungen nicht vorab festgelegt sind. Nutzer sollen sich von Seite zu Seite durch das Netz bestehender Artikel klicken (Leuf u. Cunningham, 2001). Durch neue Artikel und Verknüpfungen verändert sich die Navigationsstruktur fortlaufend.

Da zum Editieren keine spezielle Software notwendig ist und sich Inhalte im normalen Browser schnell und einfach erstellen lassen, heben Wikis die Unterscheidung zwischen Leser/-in und Autor/-in, Produzent/-in und Rezipient/-in sowie Frontend und Backend auf. Vorab werden keine formalen Rollen festgelegt, Rechte und Pflichten verteilen sich auf alle Nutzer/-innen (Moskaliuk, 2008b).

- **Wikis sind selbstorganisiert und freiwillig**

Aus der Offenheit der Struktur folgt, dass Inhalte und Strukturen, aber auch verbindliche Normen sich erst durch die aktive Verwendung von Wikis ergeben. In der Regel werden die Nutzenden nur durch ein gemeinsames Interesse an einem bestimmten Thema an das Wiki gebunden. Inhalte entwickeln sich so organisch entsprechend der Bedürfnisse ihrer Nutzenden (Stocker u. Tochtermann, 2010). Dieses Prinzip der Selbstorganisation verhindert naturgemäß auch Vorabkontrollen der veröffentlichten Inhalte.

Auch bleibt es den Nutzenden selbst überlassen, ob sie Artikel nur passiv konsumieren oder auch aktiv einen eigenen Beitrag leisten wollen. Das führt häufig zu einem Ungleichgewicht, das in der „90-9-1-Regel" zum Ausdruck kommt: 90 % der Nutzenden in Online-Communities tragen als „Lurker" kaum Inhalte bei, sie beschränken sich auf den Konsum. 9 % sind gelegentlich aktiv, aber nicht besonders produktiv. Nur 1 % der Nutzenden ist letztlich sehr aktiv und somit für die meisten Inhalte verantwortlich.

- **Wikis sind immer aktuell**

Wikis legen bei jeder Änderung einer Seite eine neue Version des Artikels an und speichern die alte Version in einer History. Es ist möglich, alte Versionen wiederherzustellen, beabsichtigte oder unbeabsichtigte Löschungen führen nicht zu Informationsverlusten. Hierdurch wird auch die Entwicklung der Inhalte dokumentiert. Aktuell sind Wiki-Inhalte auch insofern, als dass dort enthaltene Meinungen sich, so ihnen nicht widersprochen wird oder sie gar durch weitere Ergänzungen gestützt werden, nach und nach objektivieren und zu Fakten verdichten (Back et al., 2009). Insofern repräsentieren die Inhalte immer auch den aktuellen Stand einer Diskussion, auf kollektiverer Ebene sogar einen Common Sense oder gar einen (Unternehmens-)Wert.

11.3 Wikis in Unternehmen

Wissensarbeit funktioniert vor allem dann, wenn das in den Beschäftigten vorhandene Knowhow mit dem anderer Experten vernetzt und so neues Wissen geschaffen werden kann. Nur dann kann nicht hierarchisch, sondern situations- und kontextabhängig relevantes Wissen erfasst und abgerufen werden (Eberspächer u. Holtel, 2010). Leuf und Cunningham haben den Einsatz von Wikis in Unternehmen bereits vorweggenommen:

> Corporate groups […] can use these [collaborative discussion] servers to plan, execute, document, and follow up various projects. The servers may be teamoriented or work for the entire company or division. (Leuf u. Cunningham, 2001, S. 9)

Wikis sind zumeist selbstgesteuerte und offen zugängliche Wikis, an denen eine Vielzahl von Nutzenden freiwillig und unentgeltlich mitwirken. Bei den meisten Unternehmens-Wikis gelten diese Prinzipien nur eingeschränkt. Solche Wikis werden auch als fremdgesteuert bezeichnet (Moskaliuk, 2008a). Beispiele für typische Einschränkungen in Unternehmens-Wikis sind:
- Das Wiki ist nur einem beschränkten Nutzerkreis zugänglich.
- Im Wiki werden formale Rollen definiert. Es werden Administratoren/-innen, Moderatoren/-innen oder „Wiki-Gärtner/-innen" (Seibert et al., 2011) definiert, die bestimmte Pflichten und Rechte besitzen.
- Die Beteiligung an Unternehmens-Wikis ist nicht anonym. In Unternehmens-Wikis ist in der Regel eine Anmeldung mit dem Klarnamen notwendig. Gerade in Unternehmen kann die Sichtbarmachung der Teilnehmer/-innen die Benutzung des Wikis fördern (▶ Abschn. 11.4.4).
- Die Beteiligung am Wiki ist nicht freiwillig, und die Motivation zur Teilnahme ist eher extrinsisch denn intrinsisch (Warta, 2010).

Ungeachtet dieser Einschränkungen haben Wikis auch in Unternehmen eine Vielzahl von Vorteilen, die sie zu beliebten Web-2.0-Anwendungen machen. Sie fördern die Vernetzung und Kollaboration verschiedener Abteilungen, Experteneinrichtungen und Hierarchien und führen zu mehr Transparenz und Eigenverantwortlichkeit. Sinnvoll eingesetzt kann ihre hohe Flexibilität den Ansprüchen dynamischer Organisationen genügen. Allen Nutzungsbereichen von Wikis ist gemeinsam, dass Wissen dynamisch und fortlaufend aktualisierungsbedürftig ist (Müller u. Dibbern, 2006), weshalb sie in erster Linie hervorragende Instrumente des Wissensmanagement darstellen.

11.4 Akzeptanz von Wikis in Unternehmen

11.4.1 Akzeptanzbegriff

Eine wissenschaftliche Präzision des Akzeptanzbegriffs ist notwendig, aber keineswegs einfach. In der Literatur finden sich verschiedene Akzeptanzbegriffe, die wesentlich von der gewählten Forschungsperspektive abhängen. Neben einem soziologischen Akzeptanzbegriff existiert vor allem eine betriebswirtschaftliche Annäherung an das Thema, die jedoch auch wieder entsprechend einzelner Unterdisziplinen differenziert werden muss, etwa im Rahmen einer marketingwissenschaftlichen (Betz, 2003), absatztheoretischen oder organisationstheoretischen Sicht (Kollmann, 1998).

Die Fusion der beiden letzten Teilbereiche bezeichnet Kollmann (1998, S. 37) als „klassischen Akzeptanzforschungsansatz", bei dem jedoch die Frage im Vordergrund steht, wie bereits spezifizierte Produkte in Organisationen oder am Markt durchgesetzt werden können, während die zentrale Frage, wie das Nutzungspotenzial der Innovation verbessert werden kann, vernachlässigt bzw. außer Acht gelassen wird. Der klassische Akzeptanzbegriff bietet insofern nur eine dichotome Ausprägung der Akzeptanz in Ja oder Nein, während ein Akzeptanzbegriff, der modernen Nutzungsgütern gerecht wird, auch „Art und Ausmaß der Akzeptanz" fassen muss. Kollmann unterscheidet weiterhin eine Einstellungs- und eine Handlungs- sowie Nutzungsebene. Auf der Einstellungsebene erfordert Akzeptanz eine „rationale Handlungsbereitschaft" hinsichtlich der Nutzungsentscheidung, auf der Handlungs- bzw. Nutzungsebene auch eine aktive freiwillige, konkrete und problemorientierte Umsetzung dieser Bereitschaft (Kollmann, 1998, S. 67f.).

Akzeptanz und Nutzung von Wikis sind eng miteinander verbunden. Venkatesh und Kollegen (2003) beschreiben in ihrer „unified theory of acceptance and use of technology" (UTAUT; ◘ Abb. 11.1) die Einflussfaktoren auf die Nutzung neuer Technologien im organisationalen Rahmen. Dabei treffen sie keine Unterscheidung zwischen der Intention, eine Technologie zu

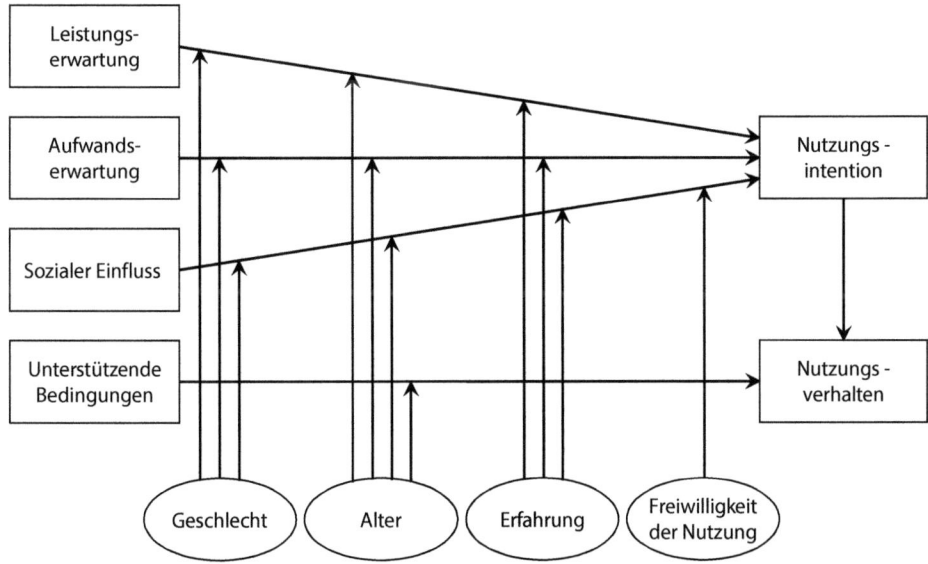

◘ Abb. 11.1   Das UTAUT-Modell

nutzen, und der Akzeptanz dieser Technologie, sondern begreifen beide Konstrukte als sich gegenseitig bedingend.

Die Faktoren, die das Verhalten der Beschäftigten am stärksten beeinflussen, sind die Leistungs- und Aufwandserwartung an die neue Technologie. Leistungserwartung bezieht sich darauf, welchen positiven Beitrag der Einsatz der Technologie auf die Arbeit selbst hat. Es kann sich dabei z. B. um wahrnehmbare physische oder psychische Entlastung handeln. Die Aufwandserwartung beinhaltet die Menge an Ressourcen jedweder Art, die Beschäftigte für die Nutzung bereitstellen müssen. Der Faktor sozialer Einfluss bemisst, inwieweit sich Beschäftigte durch für sie bedeutsame Personen beeinflusst fühlen. Unterstützende Bedingungen sind der Bereich, in dem die Organisation selbst eine entscheidende Rolle spielt. Dieser Faktor umfasst den Grad mit dem Beschäftigte glauben, dass die organisationale und technische Infrastruktur in der Lage ist, die Einführung der neuen Technologie zu unterstützen und zu einem positiven Abschluss zu bringen. Unter diesen Punkt fallen u. a. auch Faktoren des Betriebsklimas und der Offenheit für neue Innovationen im Unternehmen. Moderierenden Einfluss haben die Faktoren Alter, Geschlecht, Erfahrung der Beschäftigten und die Freiwilligkeit der Nutzung der neuen Technologie.

Die Einführung einer technischen Neuerung innerhalb eines Unternehmens ist ein komplexer Prozess. Der zeitliche Verlauf der Ausbreitung lässt sich dabei recht gut systematisieren. Rogers (1983) schlug dazu in seinem Basismodell der Innovation eine dreistufige Systematik vor, bestehend aus einer Phase, in der die Idee entsteht, gefolgt von einer Phase der Entwicklung und Testung der Idee und schließlich der Diffusion der technischen Innovation im Unternehmen.

Darauf aufbauend wurde eine Vielzahl weiterer Modelle entwickelt. Die Drei-Phasen-Variante besteht aus der Initiations-, Adaptions- und Diffusionsphase. Während der Initiationsphase kommt es in der Regel zu einem auslösenden Ereignis, welches die Einführung der neuen Technologie erforderlich macht. Ziel dieser vornehmlich kommunikativen Phase ist es festzulegen, wie die Einführung praktisch ablaufen soll und welche konkreten Ziele damit verbunden sein sollen. Während der Adaptionsphase soll die neue Technologie eingeführt und erstmalig durch die Beschäftigten genutzt werden. Nach erfolgreicher Implementierung der neuen Technologie innerhalb eines abgegrenzten Bereichs des Unternehmens kann es in der Diffusionsphase zur Ausbreitung der Technologie im Rest des Unternehmens kommen. Ziel während der Diffusionsphase ist es, Akzeptanz für die neue Technologie im gesamten Unternehmen zu schaffen und sie im großen Rahmen erfolgreich zu nutzen.

11.4.2 Individuelle Faktoren

Hackermeier (2012) untersuchte die Akzeptanz von Wikis bei einem Zuliefererunternehmen in der Automobilindustrie. Als besonders bedeutsam stellten sich dabei insbesondere die Kompatibilität mit den Arbeitsgewohnheiten der Beschäftigten, die Verbesserung von Organisation und Arbeitsabläufen sowie die intrinsische Motivation der Beschäftigten heraus. Wikis mussten für den einzelnen Beschäftigten „passen", sich gut in seine Tätigkeiten integrieren und helfen, diese möglichst effizient zu gestalten.

Eine weitere Triebfeder für die Akzeptanz von Wikis ist die damit verbundene Verbesserung der eigenen Reputation innerhalb der Organisation. Der wahrgenommene Nutzen für die eigene Reputation ist umso höher, je mehr Fachwissen einzelne Beschäftigte besitzen und über das Wiki sichtbar machen können. Zusätzlich hat sich gezeigt, dass die Überzeugung von der Wichtigkeit der Zusammenarbeit mit anderen Beschäftigten den wahrgenommenen Nutzen eines Wikis sowohl in Hinblick auf die wahrgenommene Verbesserung von Organisation und Arbeitsabläufen als auch der eigenen Reputation positiv beeinflusst (Majchrzak et al., 2006).

11.4.3 Organisationale Faktoren

Wikis funktionieren gut im Fall von schnell wachsenden User-Gruppen, beispielsweise bei Start-up-Unternehmen sowie bei Unternehmen mit häufig wechselnden Beschäftigten (Grudin u. Poole, 2010). Sie unterstützen die wiederholt auftretenden Einarbeitungen neuer Beschäftigter und dienen als Werkzeug zum schnellen Teilen von Informationen. Projekte oder Arbeitsgruppen innerhalb eines oder zwischen mehreren Organisationen nutzen Wikis als schnell verfügbare Infrastruktur für ihre temporäre Zusammenarbeit, ohne die bestehenden IT-Landschaften der jeweiligen Organisationen antasten zu müssen, was zumeist mit nicht unerheblichen Hürden verbunden wäre.

11.4.4 Konzeptionelle Faktoren

Die in ▶ Abschn. 11.2 beschriebenen Eigenschaften von Wikis unterscheiden sich deutlich von den Rahmenbedingungen der Arbeit in Unternehmen und Verwaltungen, die zumeist von Hierarchie und klar geregelten Verantwortlichkeiten gekennzeichnet sind. Es ist daher anzunehmen, dass sie in geeigneter Weise geändert oder ergänzt werden müssen, um ein Wiki zu einem Erfolg werden zu lassen. Es gibt jedoch auch Vorteile für Wikis in Organisationen im Vergleich zu öffentlichen, für jeden über das Internet erreichbaren Wikis. So ist Vandalismus, z. B. mutwilliges Löschen von Beiträgen anderer Beschäftigter, zwar eine häufig im Vorfeld von Wiki-Einführungen geäußerte Befürchtung, tritt jedoch in der Praxis kaum auf.

- **Anonymes Bearbeiten von Artikeln**

Unter Anonymität verstehen wir auf dieser Ebene das Fehlen der expliziten Angabe des Namens oder anderer die Identität aufdeckender Angaben in den von jeweilig Nutzenden veränderten und durch andere sichtbaren Seiten des Wikis.

Das Zulassen der anonymen Nutzung von Wikis ist in der Praxis selten zu finden, obwohl es auch hierfür Beispiele gibt. Hackermeier (2012) untersuchte u. a. ein anonym nutzbares Wiki in einer Entwicklungsabteilung eines Automobilzulieferers. Aus Sicht des Unternehmens erschien dies als ein kritischer Punkt, aus Nutzersicht ergab sich ein gemischteres Bild.

- **Sichtbarmachung individueller Beiträge**

Das anonyme Bearbeiten von Wiki-Seiten, wie z. B. auf Wikipedia erlaubt, steht im Widerspruch zur im Arbeitskontext wichtigen Sichtbarmachung der individuellen Beiträge. In der Befragung von Yeo und Arazy (2012) äußerten sich die Nutzenden tendenziell positiv. Sie äußerten eine höhere Bereitschaft zur Mitarbeit, sofern ihre Beiträge auch ihnen als Person zugeschrieben werden können. Die Autoren/-innen motivieren damit Erweiterungen von MediaWiki, die Nutzerbeiträge quantifizieren und visualisieren.

11.5 Zwei Fallbeispiele aus der Praxis zur Einführung eines Wikis

Innerhalb des Verbundprojektes PIKOMA wurde der Einsatz von Wikis bei der Suiker Unie GmbH & Co. KG in Anklam und dem Landkreis Vorpommern-Greifswald erprobt. Der Einführungsprozess wird in der Folge näher beschrieben.

11.5.1 Fallbeispiel 1: Wirtschaftsunternehmen

Initiationsphase

Die Initiationsphase der Wiki-Einführung erstreckte sich von Ende 2014 bis etwa Februar 2015. Während eines ersten Treffens wurden zunächst die grundlegenden Ideen hinter einem Wiki vorgestellt und mögliche Anwendungsfelder identifiziert. Als mögliche Inhalte des Wikis wurden u. a. Anleitungen für Reparatur- und Wartungsarbeiten, Reparaturnotizen, Neuigkeiten und Verhaltensregeln bestimmt. Darüber hinaus wurden kritische Punkte wie die Einbeziehung von Datenschutzbeauftragten und die Schaffung der technischen Voraussetzungen diskutiert.

Beim darauffolgenden Workshop wurde das Wiki zusammen mit der unternehmensinternen Arbeitsgruppe konzeptioniert. Anfangs wurde der Anwendungsfall noch einmal so konkret wie möglich erarbeitet. Danach wurde ein Kategoriensystem bestimmt, welches die Artikel des Wikis später einzusortieren helfen sollte. Hierbei wurden die Kategorien „Unternehmen", „Bereiche", „Sektionen", „Produktion", „SAP" (Enterprise Resource Planning), „Technik" und „Hilfe" festgelegt. Diese sollten später auf der Startseite des Wikis das Finden von Artikeln erleichtern. Bis zum Februar 2015 wurde das Wiki installiert und entsprechend der gemeinsam entwickelten Vorgaben konfiguriert. Hierfür wurde die freie Software MediaWiki eingesetzt.

Adaptionsphase

Nach Abschluss der Initiationsphase im Februar 2015 wurde mit folgenden Maßnahmen versucht, die Nutzung des Wikis voranzutreiben:
A. Vorstellung des Wikis bei Betriebsversammlungen
B. Internes Marketing mit Plakat und Ankündigung von Schulungs-Workshops
C. 1. Schulungs-Workshop
D. 2. Schulungs-Workshop

Die Wirkung dieser Maßnahmen auf die Nutzung des Wikis ist in ◘ Abb. 11.2a über den einjährigen Evaluationszeitraum dargestellt. Eine Nutzung ist dabei definiert als eine IP-Adresse, von der aus ein Zugriff auf das Wiki erfolgte. Greift eine Person von derselben IP-Adresse aus innerhalb einer Woche mehrfach auf das Wiki zu, wird sie dabei nur einmal gezählt.

Es lässt sich feststellen, dass die Ankündigung auf der Betriebsversammlung (A) zu einem ersten Interesse am Wiki geführt hat, welches danach wie erwartet zunächst abflachte. Die Gründe hierfür dürften in den bis dahin fehlenden relevanten Inhalten liegen. Seit dem Aushängen eines Plakats und den Beschäftigtenschulungen (B, C und D) stieg die Nutzung stetig an.

Diffusionsphase

Die Veröffentlichung von Aushängen und Informationen der Geschäftsleitung im Wiki führten zu einem vermehrten Interesse auch außerhalb der ursprünglich involvierten zwei Meisterbereiche. Dies markiert damit den Übergang in die Diffusionsphase, also der zunehmenden Nutzung des Wikis durch die gesamte Belegschaft. Das Wiki konnte sich hier als Kommunikationsinstrument für unternehmensbezogene Informationen etablieren. Für die Zukunft bietet es sich an, die Integration in den Produktionsprozess voranzutreiben, um beispielsweise Maßnahmen der autonomen Instandhaltung zu unterstützen.

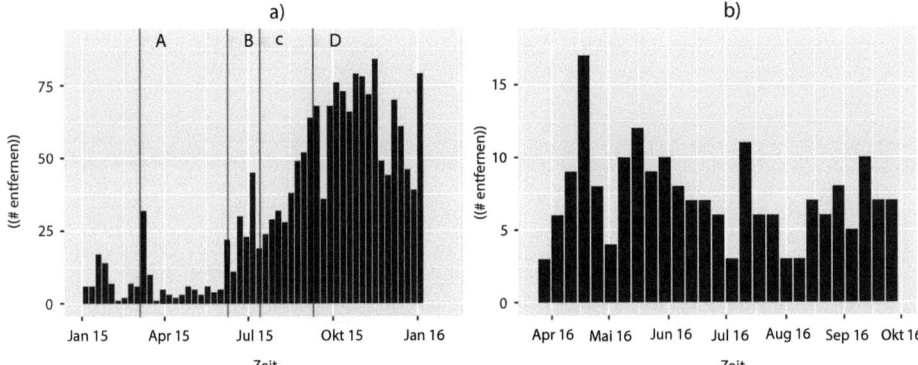

◘ Abb. 11.2 a Wöchentliche Anzahlen der Wiki-Nutzer des Pilot-Wikis der Suiker Unie GmbH & Co. KG und b des Dezernatswikis beim Landkreis Vorpommern-Greifswald

11.5.2 Fallbeispiel 2: Öffentliche Verwaltung

Initiationsphase

Während der Initiationsphase wurden zunächst grundlegende Anforderungen und Erwartungshaltungen betreffend betrieblicher Wissenssicherung und -verwertung geklärt, Best-Practice-Modelle im kommunalen Raum recherchiert und zum Teil vor Ort besichtigt. Als wesentliche Handlungserfordernisse wurden Einarbeitungen, Vertretungen, Wissensübergaben auf Führungsebene, Sicherung des Expertenwissens sowie Transparenz und Zugänglichkeit des amtsspezifischen Wissensbestands benannt. Im Rahmen eines Pilotversuchs wurde in einem Amtsbereich ein Wiki installiert und in Abstimmung mit der Führungsebene eine erste Systematisierung der Wissensbausteine vorgenommen. Die beteiligten Beschäftigten wurden für die Nutzung geschult und begleitet, erste Dokumentationen entstanden, Funktionalitäten wurden getestet und Schwachstellen identifiziert.

Adaptionsphase

Das eingeführte Pilotwiki wurde anhand der gesammelten Erfahrungen modifiziert, angepasst und im März 2016 in ein ämterübergreifendes Dezernatswiki umgewandelt. Das Dezernatswiki als kollaborativer Wissensspeicher enthält folgende Bausteine:
- Organisationswissen (allgemeine Abläufe, Grundlagen)
- Fachwissen je Amt/Organisationseinheit (produktspezifisches Wissen/Teilhaushalt/Aufgaben/Arbeitsabläufe)
- Erfahrungswissen je wesentlichem Arbeitsvorgang (Ist-Praxis)
- Prozesssteckbriefe und -modelle zu wesentlichen Abläufen (Soll-Praxis)

Die Nutzung des Dezernatswikis seit der Einführung ist in ◘ Abb. 11.2b dargestellt.

Diffusionsphase

Das Dezernatswiki wird perspektivisch verwaltungsübergreifend ausgerollt. Mithilfe des Instruments Wiki in der Verwaltung wird somit sukzessive durch die Beteiligten ein digitales Organisations-/Wissenshandbuch erstellt, in dem notwendige Wissensbausteine mit den jeweiligen

Arbeitsabläufen pragmatisch vernetzt sind. Die Systematik der prozessimmanenten Wissensdokumentation orientiert sich an den Geschäftsfeldern und Arbeitsabläufen der Verwaltung.

> **Fazit**
>
> **Tipps für die Einführung von Wikis**
> 1. Vor der Einführung sollte geprüft werden, ob ein Wiki überhaupt das geeignete Werkzeug für das jeweilige Unternehmen darstellt. Dies erfordert eine genaue Modellierung des Anwendungsfalls („Welches Problem soll gelöst werden?") und der Anforderungen an die jeweilige Software. Hierbei sollte abgewogen werden, ob die mit Wikis einhergehende Transparenz überhaupt gewünscht ist.
> 2. Es gibt unzählige Software-Lösungen, sowohl frei verfügbare also auch kommerzielle, die den Aufbau eines Wikis ermöglichen. Berücksichtigen Sie bei Ihrer Wahl die Kosten für Installation und Wartung. Holen Sie sich hier im Zweifel externen Rat.
> 3. Das Wiki sollte unter Einbezug der Beschäftigten so gut wie möglich an den Anwendungsfall angepasst werden. Erarbeiten Sie mit den Beschäftigten eine Liste von Anforderungen und eine Grundstruktur, z. B. den Aufbau der Startseite und eine Liste von Kategorien, denen jeder Artikel zugeordnet werden soll.
> 4. Vermeiden Sie Verdopplungen von bereits an anderer Stelle (z. B. auf Netzlaufwerken) gespeicherten Inhalten. Binden Sie diese stattdessen durch Verknüpfungen in Ihr Wiki ein.
> 5. Es reicht nicht, das Wiki auf allen Geräten zugänglich zu machen. Weisen Sie gesondert darauf hin, welche Aufgaben mit dem Wiki erledigt werden können und sollen. Es kann sinnvoll sein, eine Ansprechperson festzulegen.
> 6. Die soziale Unterstützung durch die Führungskräfte und die Beschäftigten ist von großer Bedeutung. Es sollte immer wieder auf den Nutzen des Wikis hingewiesen werden, und zwar ganz konkret in praktische Problemstellungen eingebettet.

Literatur

Back, A., Gronau, N., & Tochtermann, K. (2009). *Web 2.0 und Social Media in der Unternehmenspraxis. Grundlagen, Anwendungen und Methoden mit zahlreichen Fallstudien* (3. Aufl.). München: Oldenbourg Wissenschaftsverlag.

Betz, J. (2003). *Die Akzeptanz des E-Commerce in der Automobilwirtschaft. Ausmaß, Konsequenzen und Determinanten aus Sicht von Neuwagenkäufern.* Wiesbaden: Deutscher Universitäts-Verlag.

Bundesverband Informationswirtschaft, Telekommunikation und neue Medien e. V. (Bitkom). (2012). Social Media in deutschen Unternehmen. https://www.bitkom.org/Bitkom/Publikationen/Studie-Social-Media-in-deutschen-Unternehmen.html. Zugegriffen: 28. April 2017.

Eberspächer, J., & Holtel, S. (Hrsg.). (2010). Enterprise 2.0: Unternehmen zwischen Hierarchie und Selbstorganisation. Berlin, Heidelberg: Springer.

Grudin, J., & Poole, E. S. (2010). Wikis at work: success factors and challenges for sustainability of enterprise Wikis. *WikiSym '06: Proceedings of the 2006 international symposium on Wikis* (pp. 1–8). New York, NY, USA: ACM Press.

Hackermeier, I. (2012). Wiki im Wissensmanagement: Determinanten der Akzeptanz eines Web 2.0 Projektes innerhalb eines internationalen Zulieferers der Automobilindustrie. Dissertation. München: LMU.

Kollmann, T. (1998). *Akzeptanz innovativer Nutzungsgüter und -systeme. Konsequenzen für die Einführung von Telekommunikations- und Multimediasystemen.* Wiesbaden: Gabler.

Lehner, F. (2006). *Wissensmanagement. Grundlagen, Methoden und technische Unterstützung.* München: Hanser.

Leuf, B., & Cunningham, W. (2001). *The Wiki way. Quick collaboration on the Web.* Boston: Addison-Wesley.

Majchrzak, A., Wagner, C., & Yates, D. (2006). Corporate Wiki Users: Results of a Survey. In *WikiSym '06: Proceedings of the 2006 international symposium on Wikis* (pp. 99–104). New York, NY, USA: ACM Press.

Literatur

McAfee, A. P. (2009). Shattering the Myths About Enterprise 2.0. *Harvard Business Review* 87(11), 1–6.

Moskaliuk, J. (2008a). Anwendungsmöglichkeiten von Wikis. In J. Moskaliuk (Hrsg.), *Konstruktion und Kommunikation von Wissen mit Wikis. Theorie und Praxis* (S. 39–50). Boizenburg: Hülsbusch.

Moskaliuk, J. (2008b). Das Wiki-Prinzip. In J. Moskaliuk (Hrsg.), *Konstruktion und Kommunikation von Wissen mit Wikis. Theorie und Praxis* (S. 17–27). Boizenburg: Hülsbusch.

Müller, C., Dibbern, P. (2006). Selbstorganisiertes Wissensmanagement auf Basis der Wiki-Technologie – ein Anwendungsfall. *HMD Praxis der Wirtschaftsinformatik* 252, 45–54.

Rogers, E. (1983). *Diffusion of Innovations* (3rd ed.). New York: Free Press.

Seibert, M., Preuss, S., & Rauer, M. (2011). *Enterprise Wikis. Potenziale, Einführung, Stolperfallen, produktive und effiziente Nutzung.* Wiesbaden: Gabler.

Stocker, A., & Tochtermann, K. (2010). *Wissenstransfer mit Wikis und Weblogs. Fallstudien zum erfolgreichen Einsatz von Web 2.0 in Unternehmen.* Wiesbaden: Gabler.

Venkatesh, V., Morris, M. G., Davis, G. B., & Davis, F. D. (2003). User acceptance of information technology: toward a unified view. *Management Information Systems Quarterly* 27(3), 425–478.

Warta, A. (2010). Kollaboratives Wissensmanagement in Unternehmen. Indikatoren für Erfolg und Akzeptanz am Beispiel von Wikis. Dissertation. Konstanz: Universität Konstanz.

Yeo, M., & Arazy, O. (2012). What makes Corporate Wikis work? Wiki affordances and their suitability for corporate knowledge work. In K. Peffers, M. Rothenberger, & B. Kuechler (Hrsg.), *Design science research in information systems. Advances in theory and practice* (pp. 174–190). Berlin, Heidelberg: Springer.

Methode Modularisierung – Kompetenzmodule für den unternehmensübergreifenden Austausch

Manuela Krones, Jens Schütze, Egon Müller

12.1 Erfordernis der kontinuierlichen Weiterbildung – 148

12.2 Modularisierung in der Weiterbildung – 149

12.3 PLUG+LEARN-Methode zur Bildung von Kompetenzmodulen – 150

12.4 Wandlungsbefähiger in der Kompetenzentwicklung – 153

12.5 Beschreibung von Kompetenzmodulen – 155

12.6 Zusammenfassung und Ausblick – 157

Literatur – 158

Zusammenfassung

Durch die Wissensintensivierung der Gesellschaft und der hohen Innovationsgeschwindigkeit der Industrie entsteht ein zunehmender Qualifizierungsbedarf für die Beschäftigten in der Automobil- und Zulieferindustrie. Der Flexibilisierung von Lernangeboten hinsichtlich Lerninhalten und der Anpassung an verschiedene, heterogene Zielgruppen kommt dabei eine besondere Rolle zu. Die Modularisierung ist eine geeignete Methode, um die Passgenauigkeit zwischen Weiterbildungsangebot und Qualifizierungsbedarf zu steigern. Darüber hinaus sind weitere Eigenschaften zu berücksichtigen, die den Grad der Flexibilität bestimmen. Zur Spezifizierung dieser Eigenschaften wurden Charakteristika wandlungsfähiger Produktionssysteme auf den Bereich der Kompetenzentwicklung übertragen. Im Ergebnis entstanden Wandlungsbefähiger, die als Eigenschaften bei der Erstellung von Kompetenzmodulen integriert werden, um die Flexibilität und Anpassbarkeit eines Moduls zu begünstigen. Die PLUG+LEARN-Methode stellt eine systematische Vorgehensweise zur Entwicklung von Kompetenzmodulen unter Berücksichtigung der Zielgrößen Flexibilität und Wandlungsfähigkeit dar. Dabei werden ausgehend von einem konkreten Bedarf kompetenzorientierte Lernziele definiert, Rahmenbedingungen der Kompetenzentwicklung analysiert, Lerninhalte aufbereitet sowie geeignete didaktische Methoden ausgewählt und ausgeplant. Die Wandlungsbefähiger fließen insbesondere bei der Wahl von Methoden und Medien ein. Das langfristige Ziel besteht in der unternehmensübergreifenden Nutzung der Kompetenzmodule auf dem PLUG+LEARN-Marktplatz. Hierfür wird im vorliegenden Beitrag eine Beschreibungsstruktur für die Kompetenzmodule vorgestellt.

12.1 Erfordernis der kontinuierlichen Weiterbildung

Im Zusammenhang mit der Wissensintensivierung der Gesellschaft nimmt eine kontinuierliche Weiterbildung der Beschäftigten eine immer bedeutsamere Rolle ein. Innovationen der Technologie und Arbeitsorganisation in kürzer werdenden Zeiträumen stellen Unternehmen vor die Herausforderung, Kompetenzen anforderungsgerecht an eine zunehmend heterogene Zielgruppe zu vermitteln. Dies betrifft insbesondere die Automobil- und Zulieferindustrie, die von einer besonders hohen Innovationsgeschwindigkeit geprägt ist (ZEW, 2011). Die Passgenauigkeit zwischen Weiterbildungsangeboten und dem adressierten Teilnehmerkreis kann durch Modularisierung gesteigert werden (Demary et al., 2013).

Durch Modularisierung können Anpassungen – sowohl an einen geänderten Weiterbildungsbedarf als auch an die Vorkenntnisse der Teilnehmer – leichter vorgenommen werden (Dubs, 2003). Andererseits ist es möglich, dass die Ganzheitlichkeit von Bildungsangeboten reduziert wird oder unübersichtliche Bildungsangebote entstehen (Ghisla, 2005). Dementsprechend gehen mit der Modularisierung von Weiterbildungsangeboten verschiedene Vor- und Nachteile einher. Diese Effekte sowie vorhandene Konzepte zur Modularisierung werden in ▶ Abschn. 12.2 einführend beschrieben. Des Weiteren wird mithilfe von Modularisierung ein unternehmensübergreifender Austausch der Kompetenzmodule ermöglicht, der auf der Vernetzung und Erschließung von Synergien verschiedener Netzwerkpartner basiert (▶ Kap. 2).

Zur strukturierten Entwicklung von Kompetenzmodulen ist eine systematische Vorgehensweise erforderlich, die an den Anforderungen kompetenzorientierter Lernziele ausgerichtet ist. Daher wurde im Forschungsprojekt (vgl. ▶ Kap. 7) die sogenannte PLUG+LEARN-Methode entwickelt, die ausgehend von einem identifizierten Qualifizierungsbedarf die Entwicklung geeigneter Kompetenzmodule begleitet (▶ Abschn. 12.3).

Die Modularisierung von Lernangeboten ist eine wichtige Voraussetzung zur Steigerung der Flexibilität der Kompetenzentwicklung. Darüber hinaus sind jedoch weitere Aspekte zu betrachten, die im Forschungsprojekt PLUG+LEARN vor dem Hintergrund der Steigerung der Wandlungsfähigkeit von Bildungsangeboten adressiert werden. Auf diese sogenannten Wandlungsbefähiger wird in ▶ Abschn. 12.4 gesondert eingegangen. Wie Kompetenzmodule abgegrenzt und beschrieben werden können, zeigt ▶ Abschn. 12.5.

12.2 Modularisierung in der Weiterbildung

Allgemein versteht man unter einem Modul „eine Einheit bzw. ein Bauelement, welches Bestandteil eines größeren Ganzen ist, innerhalb dessen jedes Modul eine definierte Funktion hat" (Bohn et al., 2002, S. 4). Module repräsentieren dementsprechend einzelne Komponenten mit abgrenzbaren Funktionen. Durch Modularisierung werden flexible Anpassungen des Gesamtsystems an sich verändernde Rahmenbedingungen ermöglicht. Die Flexibilität eines Systems entsteht dabei dadurch, dass Potenziale hinsichtlich funktioneller, dimensionaler und struktureller Freiheitsgrade ausgeschöpft werden können (Hildebrand, 2005). Die Flexibilität resultiert also aus dem Hinzufügen, Entfernen, Austauschen, Verändern von einzelnen Modulen bzw. in der Anpassung von Verknüpfungen zwischen mehreren Modulen.

Ein Kompetenzmodul beschreibt ein standardisiertes Lernangebot zum Erwerb spezifischer Kompetenzen (Deißinger, 1996). Dabei wird ein Kompetenzmodul durch einen inhaltlichen Schwerpunkt charakterisiert; zudem ist es in sich abgeschlossen, kann aber dennoch einem übergeordneten System zugewiesen werden (Verbarg, 2013).

Die Modularisierung von Bildungsangeboten findet auf verschiedenen vertikalen Betrachtungsebenen statt (Kamin u. Knispel, 2007): Auf der untersten Ebene befinden sich die Lernmodule, die einzelne Lernziele abdecken und aus verschiedenen Elementen (z. B. Texten, Bildern, Präsentationen) zusammengesetzt sein können. Anschließend erfolgt eine Kombination von Lernmodulen zu Bildungsprodukten, die ein gesamtes Lernfeld repräsentieren. Der Begriff des Lernfelds wird häufig im Kontext der Modularisierung von Ausbildungsgängen verwendet. Darunter versteht man eine thematische Einheit, die sich an einer beruflichen Problemstellung oder einem Handlungsablauf orientiert, beispielsweise die Instandsetzung von technischen Anlagen (Sekretariat der Kultusministerkonferenz, 2011). Auf oberster Ebene können Bildungsprodukte zu Bildungsangeboten kombiniert werden (z. B. Ausbildungsgang).

Mit der Modularisierung von Weiterbildungsangeboten werden verschiedene Zielsetzungen verfolgt. Mögliche Vorteile der Modulbildung umfassen (Ghisla 2005; Pilz 2009; Verbarg 2013):

- Anpassung von Angeboten an veränderte Bedarfe (z. B. aufgrund technischer Entwicklung oder arbeitsorganisatorischer Veränderungsprozesse)
- Transparenz hinsichtlich der Vergleichbarkeit verschiedener Qualifikationen
- Anpassung an unterschiedliche Voraussetzungen der Teilnehmenden
- Motivation durch inhaltlich und zeitlich abgegrenzte Einheiten
- Steigerung der Effizienz durch mehrfache Verwendung der Module
- Synergieeffekte durch höhere Auslastung von Bildungsangeboten

Andererseits wird möglicherweise die Übersichtlichkeit des Bildungsangebotes durch die Vielzahl an Kombinationsmöglichkeiten reduziert, womit eine Überforderung der beteiligten lernenden Personen eintreten könnte (Ghisla, 2005). Weitere Herausforderungen entstehen dadurch, dass zwar eine bessere Nachfrageorientierung der Bildungsangebote erreicht wird, aber daraus auch die Gefahr der Tendenz zu Kurzausbildungen und dementsprechenden Reduzierung des Bildungsniveaus resultiert (Dubs, 2003). Schließlich ist festzustellen, dass bei einem modularisierten

Bildungsangebot die zielführende Kombination der Module ein Schlüsselkriterium für den Lernerfolg darstellt.

Es können drei verschiedene Formen der Modularisierung unterschieden werden (Dubs, 2003): Beim **Differenzierungskonzept** bilden die Kompetenzmodule thematisch abgegrenzte Blöcke, deren Zusammenfassung ein aggregiertes Gesamtkonzept darstellt. Im Rahmen des **Erweiterungskonzeptes** werden bestehende Aus- und Weiterbildungsformate um optionale, ebenfalls thematisch abgegrenzte Blöcke ergänzt. Das **Singularisierungskonzept** schließlich ermöglicht eine hinsichtlich Auswahl und Reihenfolge flexible Kombination eigenständiger Kompetenzmodule.

12.3 PLUG+LEARN-Methode zur Bildung von Kompetenzmodulen

Im Rahmen des Forschungsprojektes PLUG+LEARN wurde basierend auf dem Stand der Wissenschaft zur Modularisierung von Weiterbildungsangeboten eine Methode zur Bildung von Kompetenzmodulen entwickelt, die nachfolgend beschrieben wird (◘ Abb. 12.1).

Ausgangspunkt der Methode ist die Beschreibung von kompetenzorientierten Lernzielen, die sich aus einem zuvor bestimmten Bedarf ableiten. Die Identifikation des Bedarfs kann beispielsweise durch den Soll-Ist-Vergleich von Kompetenzprofilen erfolgen (Schütze et al., 2015). Die Kompetenzorientierung der Zielsetzung wird erreicht, indem der Fokus auf die zu erwerbende Handlungsfähigkeit der Lernenden gelegt wird (Meyer, 2007). Kompetenzen zeichnen sich dadurch aus, dass sie Fähigkeiten und Fertigkeiten zum selbstorganisierten Handeln darstellen (Erpenbeck u. von Rosenstiel, 2007). Daher besteht ein kompetenzorientiertes Lernziel in einer angestrebten Verhaltensänderung der Lernenden in bestimmten Handlungssituationen.

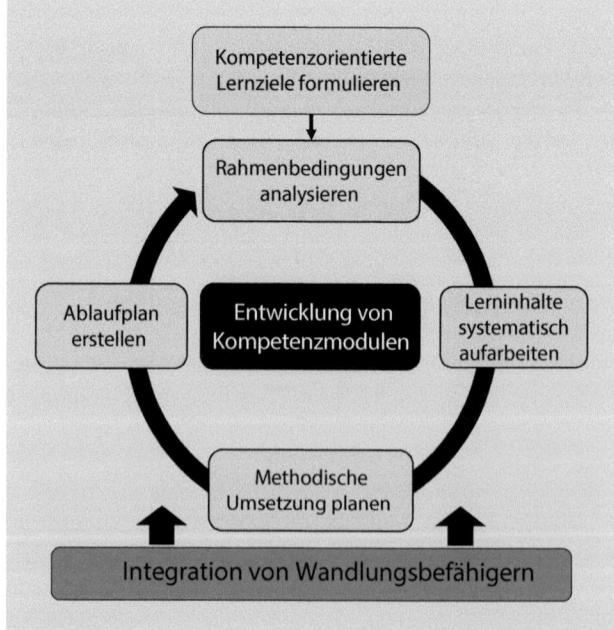

◘ **Abb. 12.1** Überblick PLUG+LEARN-Methode zur Konzeption und Entwicklung von Kompetenzmodulen

Gemäß dieser Handlungsorientierung können Lernziele aus einer Inhalts- und Handlungskomponente zusammengesetzt werden (Cursio u. Jahn, 2015). Die Inhaltskomponente wird durch ein Substantiv angezeigt und beschreibt den fachlichen oder überfachlichen Inhalt, auf den sich der Lernprozess bezieht. Die Handlungskomponente wird durch ein Verb beschrieben und zeigt die Interaktion der Lernenden mit dem Inhalt an.

Der Abstraktionsgrad der Lernziele wird anhand der Taxonomie kognitiver Lernziele nach ◘ Tab. 12.1 beschrieben.

Nach der Festlegung der Lernziele sind mehrere Schritte zur Entwicklung des Kompetenzmoduls, die ggf. iterativ durchlaufen werden können, erforderlich. Zunächst werden die Rahmenbedingungen analysiert, die insbesondere den Teilnehmerkreis, die verfügbare Zeit, das Budget und die verfügbare mediale Ausstattung betreffen. Für die adressatengerechte Ausgestaltung der Weiterbildungsangebote kommt dem bildungssoziologischen Hintergrund der Teilnehmenden eine wichtige Rolle zu. Als Orientierungsrahmen für die Analyse der potenziellen Teilnehmenden wird das Modell der Sinus-Milieus herangezogen (Sinus Institut, 2016; Tippelt et al., 2008).

Nach der Analyse der Rahmenbedingungen folgt die systematische Aufbereitung der Lerninhalte. Das Ziel dieses Schrittes besteht darin, die eingangs formulierten Lernziele zu konkretisieren und daraus detaillierte Lerninhalte abzuleiten. Hierfür bietet es sich an, das zu vermittelnde Wissen in deklaratives und prozedurales Wissen einzuteilen (Niegemann et al., 2008). Deklaratives Wissen bezeichnet das Wissen über Sachverhalte, während prozedurales Wissen Fertigkeiten, Abläufe und Funktionen beinhaltet (Kerres, 2013). Prozedurales Wissen lässt sich

◘ **Tab. 12.1** Taxonomie kognitiver Lernziele (in Anlehnung an Cursio u. Jahn, 2015; ETH Zürich, 2013)

Stufe	Typische Verben	Beschreibung
Wissen	Nennen, angeben, darstellen	– Informationen wiedergeben – Konkrete Definitionen, Fakten und Merkmale kennen
Verstehen	Erläutern, beschreiben, skizzieren, herausstellen	– Sachverhalte erklären – Zusammenhänge erläutern – Beispiele anführen
Anwenden	Zuordnen, abstrahieren, vergleichen, einteilen	– Lösen eines Problems durch Wissenstransfer – Bearbeiten einer Aufgabenstellung
Analysieren	Unterscheiden, ermitteln, klassifizieren, überprüfen, beobachten, interpretieren, untersuchen, strukturieren, diskutieren	– Problem zerlegen – Struktur einer Aufgabe identifizieren – Zusammenhänge erkennen und Schlüsse ziehen
Evaluieren	Bewerten, entscheiden, hinterfragen, einschätzen, folgern	– Situationen anhand von Kriterien beobachten – Qualitative und quantitative Urteile treffen
Erschaffen	Entwerfen, entwickeln, erzeugen, anfertigen, konzipieren, gestalten	– Neue Struktur aus mehreren Elementen schaffen – Neue Lösungswege zur Problemlösung vorschlagen – Hypothesen aufstellen

zudem hinsichtlich seiner Beobachtbarkeit einteilen in komplett beobachtbare Handlungen, beobachtbare und nichtbeobachtbare Handlungen sowie ausschließlich nichtbeobachtbare Handlungen (Niegemann et al., 2008). Diese Einteilung ist besonders für die Überprüfung des Lernfortschritts relevant.

Die Aufbereitung der Wissensinhalte in Form von Lernsequenzen folgt einer deduktiven oder induktiven Inhaltsstruktur. Bei einer deduktiven Vorgehensweise werden zunächst abstrakte Begriffe und Prinzipien vermittelt, bevor anschließend konkrete Anwendungen aufgezeigt werden. Die induktive Inhaltsstruktur basiert auf der Demonstration konkreter Beispiele und der anschließenden Abstraktion allgemeiner Regeln. Der Vorteil der deduktiven Vorgehensweise liegt in der schnelleren Wissensvermittlung, während sich mit einem induktiven Vorgehen bessere Transferleistungen erzielen lassen (Niegemann et al., 2008).

Der nächste Schritt der PLUG+LEARN-Methode liegt in der Planung der methodischen Umsetzung. Hierzu werden entsprechend der beschriebenen Rahmenbedingungen geeignete didaktische Methoden ausgewählt und detailliert ausgearbeitet. Für Übersichten über didaktische Methoden wird auf weiterführende Literatur verwiesen (▶ Abschn. 12.6).

Die anwendbaren Methoden lassen sich wie in ◻ Abb. 12.2 dargestellt nach ihrer zeitlichen sowie räumlich-inhaltlichen Strukturierung einteilen. Die zeitliche Dimension beschreibt, ob das Lernen beim Eintritt oder Austritt bzw. während einer Anstellung erfolgt. Unter der räumlich-inhaltlichen Dimension wird die räumliche und/oder inhaltliche Verbindung zwischen Lern- und Arbeitssituation verstanden.

Die Berücksichtigung der analysierten Rahmenbedingungen bei der Auswahl und Gestaltung der didaktischen Methoden bezieht sich zum einen auf die verwendbaren Medien (beispielsweise IT-Infrastruktur für E-Learning), zum anderen auf die Lernpräferenzen verschiedener Zielgruppen. Zur Charakterisierung der Zielgruppe dient als grober Orientierungsrahmen der bildungssoziologische Hintergrund, der sich in der Einordnung in verschiedene Milieus widerspiegelt (◻ Tab. 12.2).

Der letzte Schritt der Methode beinhaltet die Erstellung eines Ablaufplans, d. h. die Beschreibung des zeitlichen Ablaufs der zu vermittelnden Inhalte. Zudem beschreibt der Ablaufplan die Lernziele, Hinweise zum Methoden- und Medieneinsatz und Möglichkeiten für Trainings- bzw. Teilnehmendenaktivitäten und wird daher auch als Trainingsleitfaden bezeichnet.

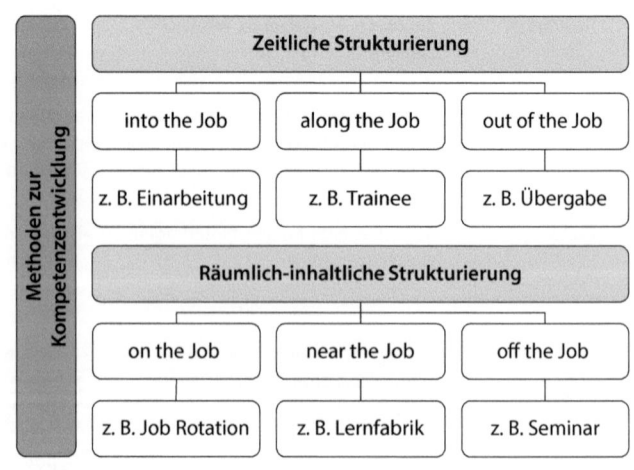

◻ Abb. 12.2 Einteilung von Methoden zur Kompetenzentwicklung (modifiziert nach Ulrich u. Vladova, 2015)

Tab. 12.2 Ausgewählte didaktische Leitlinien zur milieuspezifischen Angebotsplanung (nach Barz u. Tippelt, 2007)

Milieu	Didaktische Gestaltung
Gesellschaftliche Leitmilieus	
Etablierte	– Selbstgesteuerte Lernprozesse – Fachlicher Austausch – Inhaltsorientierung – Hohe Lerngeschwindigkeit
Postmaterielle	– Selbstgesteuerte und gruppendynamische Lernprozesse – Offenheit für innovative, interaktive Lehrmethoden
Moderne Performer	– Präferenz informeller Formen der Weiterbildung – Vielfältiger Medieneinsatz
Traditionelle Milieus	
Konservative	– Präferenz klassischer Vortrags- und Seminarmethoden – Hohe Bedeutung von Inhaltsorientierung und Wissensvermittlung
Traditionsverwurzelte	– Präferenz von Gruppenarbeit – Hohe Bedeutung von Praxisbezug – Individuelle Betreuung durch Dozenten
Mainstream-Milieus	
Bürgerliche Mitte	– Präferenz von Vorträgen – Distanziertes Verhältnis zu innovativen Methoden – Individuelle Betreuung durch Dozenten
Konsum-Materialisten	– Geringe Bereitschaft zu selbstgesteuerten Lernprozessen – Hohe Bedeutung von Kommunikation und persönlichen Kontakten
Hedonistische Milieus	
Experimentalisten	– Bevorzugung problem- oder projektbezogenen Lernens – Interaktive und gruppendynamische Lernprozesse – Affinität zu E-Learning
Hedonisten	– Erlebnisorientiertes Lernen – Hohe Bedeutung von Praxisbezug – Offenheit für informelle Formen der Weiterbildung

12.4 Wandlungsbefähiger in der Kompetenzentwicklung

Neben dem bereits dargestellten Modularisierungsansatz können weitere Prinzipien genutzt werden, die eine flexible Anpassbarkeit der Kompetenzmodule begünstigen. Zur Ableitung dieser Prinzipien wurden die Eigenschaften wandlungsfähiger Produktionssysteme auf den Bereich der Kompetenzentwicklung übertragen (Tab. 12.3). Die Wandlungsbefähiger werden bei der Entwicklung von Kompetenzmodulen nach der PLUG+LEARN-Methode während des gesamten Kreislaufs, insbesondere für die Auswahl geeigneter didaktischer Methoden und Medien, berücksichtigt und systematisch integriert. Das Ziel ihres Einsatzes besteht darin, dass Anpassungen der Kompetenzmodule an spezifische Anforderungen der Zielgruppe und/oder der Lerninhalte aufwandsarm ermöglicht werden.

Tab. 12.3 Wandlungsbefähiger der Kompetenzentwicklung (Krones et al., 2016)

Wandlungsbefähiger	Kategorie	Erläuterung
Universalität	Lernwerkzeuge	Integration verschiedener Lernwerkzeuge
	Objektbereich	Übertragbarkeit auf verschiedene Objektbereiche
	Inhalt	Dynamische Anpassungen des inhaltlichen Schwerpunktes
	Zielgruppe	Anpassbarkeit an verschiedene Zielgruppen
Mobilität	Lernort	Unabhängigkeit von festgelegtem Lernort
	Lernzeit	Unabhängigkeit von festgelegter Lernzeit
	Autarkiegrad	Unabhängigkeit von umgebender Infrastruktur
	Handhabbarkeit	Einfacher Standortwechsel möglich
Skalierbarkeit	Wissenstiefe	Anpassbarkeit des Detailgrades der Lerninhalte
	Zeitumfang	Flexibler zeitlicher Umfang
	Gruppengröße	Anpassbarkeit an verschiedene Gruppengrößen
Integrierbarkeit	Beschreibung	Standardisierte Modulbeschreibung
	Kombinierbarkeit	Einfache Zusammenstellung mit anderen Modulen
	Schnittstellen	Einheitliche Schnittstellen
Diagnostizierbarkeit	Vorprüfbarkeit	Eigenständige Überprüfbarkeit der Modulfunktion
	Rückmeldung	Rückkopplung über Lernerfolg der Teilnehmer

Mit der **Universalität** wird auf eine vielfältige Anwendbarkeit der Kompetenzmodule abgezielt, damit sie übergreifend in Unternehmensnetzwerken eingesetzt werden können. Die Vielfalt kann dabei entweder aus einer hohen Wiederverwendungsfähigkeit (z. B. allgemein gehaltene Ausgestaltung) oder einer hohen Adaptierbarkeit (d. h. aufwandsarme Anpassung an geänderte Anforderungen) resultieren. Universalität spiegelt sich in den Unterkategorien Lernwerkzeuge, Objektbereich, Inhalt und Zielgruppe wider. Kompetenzmodule mit vielfältigen Lernwerkzeugen gehen auf verschiedene Lerntypen ein und ermöglichen eine Wissensvermittlung aus verschiedenen Perspektiven (z. B. Verknüpfung von Textbeschreibungen mit Grafiken oder Videosequenzen). Die Module können für die Anwendung in verschiedenen Objektbereichen vorgesehen werden (z. B. Vermittlung von Analysekompetenz für verschiedene Planungsfelder). Der Inhalt eines Kompetenzmoduls kann je nach ausgewählter didaktischer Methode dynamisch an die Erfordernisse der Teilnehmenden angepasst werden (z. B. selektierbare Schwerpunkte für eine Gruppenarbeit). Auch die Eignung für verschiedene Zielgruppen wird bei der Universalität berücksichtigt.

Mobilität umfasst die Möglichkeit eines effektiven Standortwechsels. Damit wird eine höhere Unabhängigkeit von Lernort und/oder Lernzeit erreicht, wodurch selbstorganisiertes Lernen unterstützt werden kann. Dazu gehört der Autarkiegrad eines Moduls, d. h., welche infrastrukturellen Rahmenbedingungen zur Durchführung des Kompetenzmoduls erforderlich sind (z. B. IT-technische Ausstattung). Zudem wird für materielle Lernartefakte eine hohe Handhabbarkeit (u. a. Erforderlichkeit von Transporthilfsmitteln, Zerlegbarkeit) angestrebt.

Die **Skalierbarkeit** bezieht sich auf die dimensionale Flexibilität der Kompetenzmodule. Dies betrifft die Wissenstiefe, den Zeitumfang und die Gruppengröße des Moduls. Wenn der

Detailgrad des vermittelten Wissens variiert werden kann, sind Anpassungen an Vorkenntnisse der Teilnehmenden einfacher möglich (z. B. selbstgesteuertes Lernen). Die Flexibilität hinsichtlich des Zeitumfangs bietet sowohl Vorteile für den Anbieter eines Kompetenzmoduls (z. B. Personalverfügbarkeit des Trainingspersonals) als auch für den Nachfrager (z. B. Integration des Lernens in betriebliche Abläufe wie Teamrunden). Die Flexibilität der Gruppengröße erleichtert die Wiederverwendungsfähigkeit eines Kompetenzmoduls.

Unter **Integrierbarkeit** versteht man die Möglichkeit, Kompetenzmodule miteinander zu koppeln und zu Bildungsprodukten zu vereinigen. Dafür ist es erforderlich, die Module mit einer übersichtlichen Beschreibung anhand standardisierter Kriterien zu versehen (▶ Abschn. 12.5). Weiterhin wird die Integrierbarkeit dadurch beeinflusst, inwieweit ein Modul Anforderungen an die Kombinierbarkeit stellt (z. B. bestimmte Reihenfolge der Lernsequenzen erforderlich). Schließlich sind bei materiellen Lernartefakten die technischen Schnittstellen geeignet auszustatten (z. B. Medienversorgung, Anlagengröße).

Mit der **Diagnostizierbarkeit** wird eine Erfolgsbewertung in das Kompetenzmodul integriert, damit die Wirksamkeit möglichst schnell erkannt und ggf. erforderliche Anpassungsmaßnahmen rasch erfolgen können. Dazu zählt zum einen die Vorprüfbarkeit eines Moduls, d. h. die eigenständige Überprüfung der Funktionalität eines Kompetenzmoduls ohne Integration in ein übergeordnetes Bildungsprodukt. Zum anderen betrifft dies die Rückmeldung über den Lernerfolg der Teilnehmenden, die z. B. mithilfe von gegenseitigem Feedback zwischen den Teilnehmenden, einer Lernevaluation oder über Anmerkungen der Teilnehmenden (z. B. Kommentarfunktion bei E-Learning-Modulen) erfolgen kann.

12.5 Beschreibung von Kompetenzmodulen

Um die Integration von Kompetenzmodulen zu Bildungsprodukten zu ermöglichen sowie die Transparenz der Darstellung von Kompetenzmodulen zu erhöhen, ist eine Beschreibung der Module anhand standardisierter Kriterien erforderlich. Entsprechend der Abgrenzungen bei der Modulbildung kommen hierfür häufig Lernziel- und/oder Lerninhaltsbeschreibungen zum Einsatz (Deißinger, 1996). Ausführlichere Beschreibungen umfassen auch Teilnahmevoraussetzungen, den zeitlichen Umfang, Lernergebnisse, Lernformen, Lernorte sowie Art und Umfang der Prüfung (Verbarg, 2013). Bezüglich der Relevanz eines Moduls für das übergeordnete Bildungsprodukt bzw. Bildungsangebot können Muss-, Kann- und Sonderbausteine (z. B. Service, übergreifende Kommunikation) unterschieden werden (Kamin u. Knispel, 2007).

Es ist zu beachten, dass Module häufig keinen festgelegten zeitlichen Umfang aufweisen; vielmehr können Module von wenigen Lernstunden bis zu komplexen Kursangeboten mit mehreren 100 Lernstunden reichen (Verbarg, 2013). Bei der individuellen Festlegung des zeitlichen Umfangs können folgende Kriterien berücksichtigt werden:

— **Taxonomiestufe des Lernzieles:** Zwar können mit einem Kompetenzmodul mehrere Lernziele verfolgt werden; allerdings sollten diese eine einheitliche Taxonomiestufe (◘ Tab. 12.1) aufweisen.
— **Didaktische Methode:** Die Auswahl der didaktischen Methode beeinflusst den Umfang eines Kompetenzmoduls. Beispielsweise sollte bei Methoden mit hohem Interaktionsgrad ausreichend Spielraum für Redebeiträge der einzelnen Teilnehmenden vorgesehen werden.
— **Angebot und Nachfrage:** Die Kompetenzmodule sind für den unternehmensübergreifenden Einsatz auf einem Marktplatz konzipiert. Die Definition von Angebot und Nachfrage ist daher an die Einheit des Kompetenzmoduls gekoppelt. Der zeitliche Umfang sollte daher mit potenziellen Nachfragern kompatibel sein.

- **Erstellungsaufwand:** Die Kompetenzmodule sollten wirtschaftlich sinnvolle Einheiten darstellen. Daher ist der Erstellungsaufwand bei der Abgrenzung eines Moduls zu berücksichtigen.
- **Wiederverwendungsfähigkeit:** Das Ziel ist die effiziente Verwendung der Kompetenzmodule in einem Netzwerk. Die Ausgestaltung überschaubarer Module begünstigt deren Wiederverwendung.

Die Beschreibungskriterien für Kompetenzmodule im Kontext von PLUG+LEARN leiten sich aus den zuvor dargestellten Anforderungen ab und sind in ◘ Tab. 12.4 dargestellt.

Die **Nummer** dient zunächst der eindeutigen Identifikation des Kompetenzmoduls. Die Zuordnung zu einer übergeordneten, inhaltlich definierten **Kategorie** begünstigt das Auffinden des Moduls in einem kategoriengeleiteten System (z. B. Suche von Nachfragenden nach Kompetenzmodulen im Bereich „Fertigung und Technologie"). Die Verknüpfung mit **Schlagwörtern** folgt einem ähnlichen Ziel, erlaubt aber die freie Eingabe durch die Nutzenden.

Die **Kurzbeschreibung** des Moduls stellt die groben Inhalte dar und dient der kurzen Darstellung von Kompetenzmodulen in einer Übersichtsliste. Anhand der **Langbeschreibung** werden detaillierte Informationen über den Inhalt des Moduls gegeben. Die **Lernziele** sind auf die Entwicklung von Kompetenzen ausgelegt und können für einen Abgleich mit den Anforderungen und Erwartungen der Teilnehmenden genutzt werden.

Der **Aufbau** beschreibt die didaktischen Methoden und Medien, die für die Wissensvermittlung eingesetzt werden, ggf. unter zusätzlicher Angabe des zeitlichen Ablaufs. Unter der **Zielgruppe** findet man Informationen zum potenziellen Teilnehmerkreis und einer Spanne zur Angabe der Gruppengröße. Der **Zeitaufwand** beschreibt den zeitlichen Aufwand zur Modulbearbeitung. Unter **Voraussetzungen** werden die erforderlichen Vorkenntnisse oder Vorerfahrungen zusammengefasst, die ggf. durch das Absolvieren anderer (Grundlagen-)Module erreicht werden können.

◘ **Tab. 12.4** Beschreibungskriterien für Kompetenzmodule (in Anlehnung an Plorin, 2016)

Kriterium	Erläuterung
Nummer	Identifikation des Kompetenzmoduls
Bezeichnung	Titel des Kompetenzmoduls
Kategorie	Zuordnung des Moduls zu übergeordnetem Themenschwerpunkt
Schlagwörter	Geeignete Suchbegriffe zur Charakterisierung des Modulgegenstands
Kurzbeschreibung	Kurze, übersichtliche Beschreibung der Grobinhalte
Langbeschreibung	Ausführliche Beschreibung von Zielen, Inhalten und Bedeutung
Lernziele	Ziele, die durch Absolvieren des Moduls erlernt werden
Aufbau	Eingesetzte didaktische Methoden und Medien im zeitlichen Ablauf
Zielgruppe	Geeignete Teilnehmendengruppen, Gruppengröße
Zeitaufwand	Zeitlicher Umfang zur Bearbeitung des Moduls
Voraussetzungen	Vorkenntnisse oder Absolvieren geeigneter vorgelagerter Module

12.6 Zusammenfassung und Ausblick

Der technologische und demografische Wandel erfordert eine zunehmend flexible Kompetenzentwicklung, die sich sowohl an geänderte Wissensinhalte als auch heterogene Zielgruppen anpassen kann. Der Modularisierung von Lernangeboten kommt vor diesem Hintergrund eine Schlüsselrolle zu. Für die Modularisierung der Weiterbildung existieren bereits verschiedene Konzepte. Mit der PLUG+LEARN-Methode wurde eine systematische Vorgehensweise zur Entwicklung von Lernmodulen erarbeitet, die konsequent auf die individuellen kompetenzorientierten Lernziele ausgerichtet ist. Neben der Modularisierung selbst erfordert die Steigerung der Flexibilität von Bildungsangeboten die Beachtung weiterer Prinzipien. Hierfür wurden die Gestaltungsprinzipien wandlungsfähiger Produktionssysteme analysiert und auf den Bereich der Kompetenzentwicklung übertragen. Das Ergebnis sind die Wandlungsbefähiger der Kompetenzentwicklung, die bei der Modulentwicklung nach der PLUG+LEARN-Methode systematisch berücksichtigt werden.

Das langfristige Ziel besteht in der Bündelung von Kompetenzen entlang der automobilen Wertschöpfungskette und daher mit dem Ansatz, Kompetenzmodule unternehmensübergreifend zu nutzen. Mithilfe der Modularisierung wird der unternehmensübergreifende Austausch begünstigt, da wandlungsfähige Module sich aufwandsarm an spezifische betriebliche Anforderungen anpassen lassen. Das Konzept für den PLUG+LEARN-Marktplatz ist in ▶ Kap. 13 erläutert.

> **Fazit**
> Die Modularisierung ist geeignet, um die Passfähigkeit zwischen Bildungsbedarf und Lernangeboten zu steigern. Dabei basiert die Entwicklung von Kompetenzmodulen auf der Definition kompetenzorientierter Lernziele. Der Abstraktionsgrad eines Lernzieles beeinflusst die Auswahl geeigneter didaktischer Methoden. Zusätzlich ist zur Steigerung der Flexibilität von Lernangeboten die systematische Berücksichtigung von Wandlungsbefähigern (Universalität, Mobilität, Skalierbarkeit, Integrierbarkeit und Diagnostizierbarkeit) bei der Erarbeitung der Kompetenzmodule zu berücksichtigen. Damit Kompetenzmodule in verschiedenen Unternehmen verwendet werden können, ist eine Beschreibung anhand standardisierter Kriterien erforderlich, um ein gemeinsames Verständnis zwischen Anbietenden und Nachfragenden herzustellen.

Weiterführende Literatur und Links
Didaktische Methoden für die Entwicklung von Kompetenzmodulen sind in den nachfolgenden Werken zu finden:
- Hofert, S. (2013). *Meine 100 besten Tools für Coaching und Beratung – Insider-Tipps aus der Coachingpraxis.* Offenbach: Gabal.
- Kerres, M. (2013). *Mediendidaktik – Konzeption und Entwicklung mediengestützter Lernangebote* (4. Aufl.). München: Oldenbourg.
- Quilling, E., & Nicolini, H. J. (2009). *Erfolgreiche Seminargestaltung – Strategien und Methoden in der Erwachsenenbildung* (2. Aufl.). Wiesbaden: VS Verlag für Sozialwissenschaften.
- Sauter, W., & Sauter, S. (2013). *Workplace Learning – Integrierte Kompetenzentwicklung mit kooperativen und kollaborativen Lernsystemen.* Berlin, Heidelberg: Springer.
- Wegerich, C. (2015). *Strategische Personalentwicklung in der Praxis – Instrumente, Erfolgsmodelle, Checklisten, Praxisbeispiele* (3. Aufl.). Wiesbaden: Springer Gabler.
- Weiand, A. (2012). *Personalentwicklung für die Praxis – Werkzeuge für die Umsetzung.* Stuttgart: Schäffer-Poeschel.

Literatur

Barz, H., & Tippelt, R. (2007). *Weiterbildung und soziale Milieus in Deutschland – Praxishandbuch Milieumarketing* (2. Aufl.). Bielefeld: Bertelsmann.

Bohn, A., Kreykenbohm, G., Moser, M., & Pomikalko, A. (2002). *Modularisierung in Hochschulen – Handreichung zur Modularisierung von Bachelor- und Master-Studiengängen. Erste Erfahrungen und Empfehlungen aus dem BLK-Programm „Modularisierung"*. Bonn: Bund-Länder-Kommission für Bildungsplanung und Forschungsförderung (BLK).

Cursio, M., Jahn, D. (2015). Leitfaden zur Formulierung kompetenzorientierter Lernziele auf Modulebene. https://www.nat.fau.de/files/2015/12/03-Leitfaden-Leitfaden-zur-Formulierung-kompetenzorientierter-Lernziele-auf-Modulebene-NatFak-und-FBZHL.pdf. Zugegriffen: 29. April 2017.

Deißinger, T. (1996). Modularisierung der Berufsausbildung – eine didaktisch-curriculare Alternative zum „Berufsprinzip"? In K. Beck, W. Müller, & T. Deißinger (Hrsg.), *Berufserziehung im Umbruch – Didaktische Herausforderungen und Ansätze zu ihrer Bewältigung* (S. 189–207). Weinheim: Beltz Deutscher Studienverlag.

Demary, V., Malin, L., Seyda, S., & Werner, D. (2013). *Berufliche Weiterbildung in Deutschland – Ein Vergleich von betrieblicher und individueller Perspektive. Forschungsberichte aus dem Institut der deutschen Wirtschaft*. Köln: Institut der deutschen Wirtschaft.

Dubs, R. (2003). Modularisierung als Lehrplanprinzip. *Berufsbildung Schweiz 2*, 5–7.

Eidgenössische Technische Hochschule (ETH) Zürich (2013). Vorlage zur Formulierung kompetenzorientierter Lernziele. https://www.ethz.ch/content/dam/ethz/main/eth-zurich/education/lehrentwicklung/files%20DE/Vorlage_LernzieleFormulierenDeEn.pdf. Zugegriffen: 29. April 2017.

Erpenbeck, J., & von Rosenstiel, L. (2007). *Handbuch Kompetenzmessung* (2. Aufl.). Stuttgart: Schäffer-Poeschel.

Ghisla, G. (2005). Modularisierung der Bildung: Flexibilität, aber zu welchem Preis? *Schweizerische Zeitschrift für Bildungswissenschaften 2*, 157–174.

Hildebrand, T. (2005). *Theoretische Grundlagen der bausteinbasierten, technischen Gestaltung wandlungsfähiger Fabrikstrukturen nach dem PLUG+PRODUCE Prinzip. Wissenschaftliche Schriftenreihe des Institutes für Betriebswissenschaften und Fabriksysteme* (Heft 45). Chemnitz: IBF.

Kamin, O., & Knispel, K. (2007). Modularisierungskonzepte als Basis zur Gestaltung von nachhaltigen internetgestützten Bildungsangeboten am Beispiel der Aus-, Fort- und Weiterbildung von Ökonomielehrkräften. In A. Oberweis (Hrsg.), *eOrganisation: Service-, Prozess-, Market-Engineering – 8. Internationale Tagung Wirtschaftsinformatik* (S. 57–74). Karlsruhe: Universitätsverlag Karlsruhe.

Kerres, M. (2013). *Mediendidaktik – Konzeption und Entwicklung mediengestützter Lernangebote* (4. Aufl.). München: Oldenbourg.

Krones, M., Schütze, J., Strauch, J., & Müller, E. (2016). PLUG+LEARN – Wandlungsfähiges, marktplatzbasiertes Kompetenznetzwerk für die Automobil- und Zulieferindustrie. In Gesellschaft für Arbeitswissenschaft e.V. (GfA). (Hrsg.), *Arbeit in komplexen Systemen. Digital, vernetzt, human?!* (Beitrag C.9.10). Dortmund: GfA-Press.

Meyer, H. (2007). Trainingsbogen zur Lernzielanalyse. http://www.member.uni-oldenburg.de/hilbert.meyer/download/7.4.Trainingsbogen_zur_Lernzielanalyse.pdf. Zugegriffen: 29. April 2017.

Niegemann, H. M., Domagk, S., Hessel, S., Hein, A., Hupfer, M., & Zobel, A. (2008). *Kompendium multimediales Lernen*. Berlin, Heidelberg: Springer.

Pilz, M. (2009). Einführung: Modularisierung, ein facettenreiches Konstrukt als Heilsbringer oder Teufelszeug. In M. Pilz (Hrsg.), *Modularisierungsansätze in der Berufsbildung – Deutschland, Österreich, Schweiz sowie Großbritannien im Vergleich* (S. 7–20). Bielefeld: Bertelsmann.

Plorin, D. (2016). *Gestaltung und Evaluation eines Referenzmodells zur Realisierung von Lernfabriken im Objektbereich der Fabrikplanung und des Fabrikbetriebes. Wissenschaftliche Schriftenreihe des Institutes für Betriebswissenschaften und Fabriksysteme* (Heft 120). Chemnitz: IBF.

Schütze, J., Krones, M., Strauch, J., & Müller, E. (2015). Gestaltungsmodell zur Entwicklung anforderungsgerechter Kompetenzprofile in der Automobil- und Zulieferindustrie. In E. Müller (Hrsg.), *Planung und Betrieb von Produktionssystemen im digitalen Zeitalter. Vernetzt planen und produzieren – VPP2015. Wissenschaftliche Schriftenreihe des Institutes für Betriebswissenschaften und Fabriksysteme* (Sonderheft 21, S. 155–164). Chemnitz: IBF.

Sekretariat der Kultusministerkonferenz (2011). Handreichung für die Erarbeitung von Rahmenlehrplänen der Kultusministerkonferenz für den berufsbezogenen Unterricht in der Berufsschule und ihre Abstimmung mit Ausbildungsordnungen des Bundes für anerkannte Ausbildungsberufe. http://www.kmk.org/fileadmin/Dateien/veroeffentlichungen_beschluesse/2011/2011_09_23_GEP-Handreichung.pdf. Zugegriffen: 29. April 2017.

Sinus Institut (2016). Sinus-Milieus in Deutschland. http://www.sinus-institut.de/sinus-loesungen/sinus-milieus-deutschland/. Zugegriffen: 29. April 2017.

Literatur

Weiterbildung und soziale Milieus in Deutschland: Milieumarketing implementieren Tippelt, R., Reich, J., von Hippel, A., Barz, H., & Baum, D. (2008). *Weiterbildung und soziale Milieus in Deutschland: Milieumarketing implementieren* (Bd. 3). Bielefeld: Bertelsmann.

Ulrich, A., & Vladova, G. (2015). Qualifizierungsmanagement in der vernetzten Produktion – Ein Ansatz zur Strukturierung relevanter Parameter. In H. Meier (Hrsg.), *Lehren und Lernen für die moderne Arbeitswelt* (S. 57–79). Berlin: GITO.

Verbarg, K. (2013). Modularisierungsansätze in Systemen der beruflichen Weiterbildung. Institut für Betriebliche Bildungsforschung (BBF). http://www.institut-bbf.de/resources/publikationen/DUW-Studie-Modularisierung.pdf. Zugegriffen: 29. April 2017.

Zentrum für Europäische Wirtschaftsförderung (ZEW). (2011), Innovationsverhalten der Unternehmen in Deutschland 2011. Aktuelle Entwicklungen – europäischer Vergleich. http://www.e-fi.de/fileadmin/Innovationsstudien_2013/StuDIS_03-2013-ZEW.pdf. Zugegriffen: 29. April 2017.

Ein Marktplatz für ein Kompetenznetzwerk: Wie er funktioniert und wie man ihn baut

Katrin Wieczorek, Rüdiger von der Weth, Alexander Werner, Nils Dähne

13.1 Methode zur Modellierung und Simulation eines Marktplatzes – 162
13.1.1 Forschungsziel und Nutzenbetrachtung – 163
13.1.2 Ansatz – 163

13.2 State of the art – alte Theorien für neue Lösungen – 163

13.3 Methode – 164
13.3.1 Schritt 1: Aufbau Wissensbasis – 164
13.3.2 Schritt 2: Regelbeschreibung – 165
13.3.3 Schritt 3: Ermittlung von aktuellem Wissen/der Vorstellung der Beteiligten – 166
13.3.4 Schritt 4: Ableitung wichtiger Variablen zur Erstellung des Strukturmodells – 166
13.3.5 Schritt 5: Simulation möglicher Entwicklungen – 168

13.4 Beispielhafte Anwendung – 169
13.4.1 Entwicklung eines Strukturmodells – 169
13.4.2 Identifikation möglicher Entwicklungen und Risiken durch Simulationsstudien – 171

13.5 Diskussion und Ausblick – 171
13.5.1 Agile Forschung – 171
13.5.2 Grenzen der Methode – 171
13.5.3 Künftige Forschung – 171

Literatur – 172

© Springer-Verlag GmbH Deutschland 2018
M. Bornewasser (Hrsg.), *Vernetztes Kompetenzmanagement*,
Kompetenzmanagement in Organisationen,
https://doi.org/10.1007/978-3-662-54954-4_13

Zusammenfassung

Der Beitrag beschreibt eine Methode zur Modellierung und Simulation im Kontext anwendungsbezogener Forschung. Langwierige und komplexe Projekte sollten durch fundierte dynamische Modelle unterstützt werden, um mögliche Entwicklungen begleitend zur Projektarbeit simulieren zu können. Die Methode wird am Beispiel eines Verbundprojektes zur Entwicklung eines marktplatzorientierten Kompetenznetzwerks dargestellt (PLUG+LEARN). Das Ziel des Projektes ist die Entwicklung einer Plattform zur Bereitstellung aktueller und innovativer Qualifizierungsangebote und Bildungsdienstleistungen für die Automobilindustrie. Dies sind beispielsweise On-the-Job-Tutorials für Anlagenbediener oder Kurse zu neuen Materialien für den Karosseriebau.

Es wird eine Methode beschrieben, wie man über die empirische Erhebung qualitativer Daten zunächst zu einem Strukturmodell eines solchen Marktplatzes gelangt, um dann auf dieser Basis dynamische Prozesse in verschiedenen Marktplatzvarianten zu simulieren. Diese Modelle und Simulationen gehen der Gestaltung des Marktplatzes nicht voraus, sie entstehen und entwickeln sich in einem Prozess der Aktionsforschung während des Verlaufs des Marktplatzprojektes weiter. Das Strukturmodell beschreibt zunächst, welche Stakeholder in diesen Marktplatz involviert sind. Darüber hinaus kann durch das Strukturmodell geklärt werden, wie Interessen, Ziele und Ressourcen der Beteiligten zusammenwirken müssen, damit ein funktionierender Marktplatz entstehen kann. Im nächsten Schritt wird gezeigt, wie die dynamischen Prozesse in einem Marktplatz modelliert werden können. Ausgehend von einem dynamischen Modell sind durch die Simulation von Prozessen im Marktplatz Chancen und Risiken erkennbar, die ohne eine solche dynamische Simulation unentdeckt bleiben würden. Der Beitrag zeigt beispielhaft die Anwendungen dieser Methode und ihren Einfluss auf die Organisation des Marktplatzgeschehens.

13.1 Methode zur Modellierung und Simulation eines Marktplatzes

Der folgende Beitrag beschreibt eine Methode zur Modellierung und Simulation im Kontext anwendungsbezogener Forschung. Langwierige und komplexe Projekte können durch fundierte dynamische Modelle unterstützt werden, um mögliche Entwicklungen im Projekt zu simulieren. Die Methode wird am Beispiel des Verbundprojektes PLUG+LEARN (nähere Ausführungen zum Projekt siehe ▶ Kap. 7) dargestellt. Das Ziel des Projektes ist das Konzept eines Netzwerks, dessen Stakeholder aktuelle und innovative Qualifizierungsangebote und Bildungsdienstleistungen für die Automobilindustrie sowohl bereitstellen als auch nutzen (vgl. dazu ▶ Kap. 12).

Alle Arten von Bildungsdienstleistungen und -produkten, die für die Ziele des Netzwerks sinnvoll sind, sollen auf dem Marktplatz angeboten werden können. Dies sind beispielsweise On-the-Job-Trainings für die Anlagenbedienung oder Kurse zu neuen Materialien für den Karosseriebau. Der Fokus liegt dabei auf qualitativ hochwertigen Angeboten. Es soll sichergestellt werden, dass sowohl das angebotene Wissen für die Lernenden und die Unternehmen inhaltlich nützlich ist als auch die Methoden zur Wissensvermittlung einem hohen didaktischen Standard entsprechen. Die Informationen sollen für Lernende aus KMU verfügbar sein, die entlang der Wertschöpfungskette mit großen Automobilherstellern verbunden sind.

Die Bedeutung des Kompetenznetzwerks für die Praxis liegt im schnellen Transfer von Wissen über neue Produktionsmethoden und -werkzeuge zu den Zulieferern. Dieses Netzwerk soll nach einer Startphase unabhängig auf Basis von Marktprinzipien arbeiten und wachsen. Das Kernstück ist daher ein Marktplatz. Auf einem Markt ist es prinzipiell jedem Stakeholder möglich, eigenständig Leistungen anzubieten und nachzufragen. Marktplätze basieren auf Eigeninitiative und schaffen Transparenz über Angebot und Nachfrage. Das ist das Grundprinzip der Eigendynamik des gesamten Kompetenznetzwerks.

Die im Folgenden beschriebene Methode soll es ermöglichen, einen Marktplatz so zu konstruieren, dass seine Regeln und seine technische Realisierung auf Grundlage des Marktprinzips eine positive Entwicklung des Kompetenznetzwerks unterstützen.

13.1.1 Forschungsziel und Nutzenbetrachtung

Reale und auch virtuelle Marktplätze können sich mit einer extrem unterschiedlichen Dynamik entwickeln. Art, Dynamik und Vielfalt des Marktplatzes werden erheblich durch die Interessen und Ziele der Marktbeteiligten beeinflusst. Ebay legt beispielsweise Wert darauf, dass Marktplatzteilnehmer/-innen sowohl als Anbieter/-innen als auch als Nachfrager/-innen am Markt teilnehmen können, während Amazon seinen Schwerpunkt auf die Angebotsvielfalt legt.

Das Ziel der vorliegenden Forschungsarbeit ist die Darstellung einer Methode, die es ermöglicht, die Dynamik des eingangs vorgestellten Netzwerks zu simulieren. Dynamik bedeutet, dass sich bestimmte Größen eigenständig verändern. Dies können psychologische Faktoren wie Motive und Gefühle sein, Aspekte wie der Wissenszuwachs oder technische Entwicklungen. Das Ergebnis ist ein Modell des Netzwerks, mit dem verschiedene Netzwerkszenarien durchgespielt werden können. So kann herausgefunden werden, wie die Motive der beteiligten Stakeholder zusammenhängen und welche Variablen angesteuert werden müssen, damit der Marktplatz eine positive Eigendynamik im Sinne der Projektziele entwickelt. Diese Zusammenhänge ermöglichen eine bessere Grundlage für Entscheidungen während des Projektes, sowohl zur Netzwerkstruktur als auch zu möglichen Konfigurationen des Netzwerks und zu den verschiedenen Einflüssen auf das Netzwerk.

Im Weiteren wird dieses Modell als Simulationsmodell bezeichnet. Simulationen dieser Art sollen das Wissen über alternative Vorgehensweisen während eines Prozesses, in diesem Fall dem Aufbau einer funktionierenden Netzwerkstruktur, erweitern und zu einem besseren Verständnis über mögliche Neben- und Fernwirkungen führen (Dörner, 1996; Riedel et al., 2009).

13.1.2 Ansatz

Die zentrale Rolle bei der Erstellung des Simulationsmodells spielt die dynamische und voneinander abhängige Entwicklung der Motivation der einzelnen Stakeholder, sich aktiv im Netzwerk und auf dem Marktplatz zu engagieren. Sie beeinflusst die Ausprägung einzelner Marktplatzfunktionalitäten und somit die Qualität des Marktplatzes und seiner Inhalte. Umgekehrt beeinflusst aber die Ausprägung der einzelnen Marktplatzfunktionalitäten auch die Motivation der Stakeholder, sich aktiv zu beteiligen.

Eine zentrale Annahme dieses Beitrags ist, dass eine organisationale Struktur wie der Marktplatz für Bildungsdienstleistungen und Bildungsprodukte nach den klassischen Prinzipien der Feldtheorie dynamisch simulierbar ist.

Die Methode soll jedoch so dargestellt werden, dass sie die Möglichkeit bietet, auch andere komplexe Praxisprojekte zu modellieren und zu simulieren.

13.2 State of the art – alte Theorien für neue Lösungen

Um zu Beginn einen Vorschlag zur Netzwerkarchitektur für den konkreten Fall entwickeln zu können, sind zuerst die grundlegenden Annahmen zu Netzwerkstrukturen und Dynamiken in Kompetenznetzwerken aus der aktuellen Literatur zu erarbeiten. Zum einen gibt es Forschung über Konzepte zu Kompetenznetzwerken (Benzenberg u. Dobischat, 2002; Reinhart et. al, 2002; Różewski, 2011) sowie Beschreibungen von existierenden Projekten (Schiek et. al, 2007; Vocke u. Haupold, 2016), zum anderen Literatur zu Unternehmensnetzwerken und Erfolgsfaktoren von Netzwerken mit ähnlichen Zielen, speziell im Bereich Forschung und Entwicklung (Karayanni, 2015; Olsen et. al., 2014).

Der größte Teil der empirischen Forschung befasst sich mit Erfolgsfaktoren im generellen, entweder durch Fragebogenstudien (Gebreeyesus u. Mohnen, 2013; Olsen et al., 2014; Schøtt u. Jensen, 2014) oder per Analyse qualitativer Einzelfallstudien untersetzt (Chung u. Leung, 2005; Häntsch u. Huchzermeier, 2016; Li et al., 2010; Liu et al., 2015).

Neben Erfolgsfaktoren zu infrastruktureller Qualität sowie den wirtschaftlichen und technischen Erfolgsfaktoren stehen die beiden psychologischen Erfolgsfaktoren Vertrauen (Gulati, 1995) und die Qualität von Beziehungen (Borgatti et al., 2009) im Fokus der Forschung. Bezüglich der Kooperation in komplexen Langzeitprojekten wird postuliert, dass sich gemeinsame mentale Modelle, d. h. übereinstimmende Vorstellungen zu einem Sachverhalt, als nützlich erweisen (Espinosa et al., 2001).

13.3 Methode

Für die Konzeption eines simulationsfähigen Modells werden mehrere Schritte durchgeführt. Die grundlegenden Informationen, die dafür notwendig sind, liegen in qualitativer Form als Wissen der Beteiligten vor. Der Anspruch der Methode besteht darin, aus Wissen dieser Art Modelle abzuleiten, welche geeignet sind, mögliche Verläufe wie den Preisverlauf oder die Teilnahmeaktivität der Stakeholder im Kompetenznetzwerk exakt abzubilden. Durch die Modellierung nähern sich die mentalen Modelle der Beteiligten an. Bezogen auf das Projekt bedeutet das beispielsweise, dass sich die Vorstellungen der Projektbeteiligten über einen Gestaltungsaspekt des Marktplatzes (z. B. eine Newsletter-Funktion) annähern. Außerdem ermöglicht die Konkretisierung und exakte Beschreibung der Vorstellung im Rahmen der Modellierung fundierte Entscheidungen für den weiteren Projektverlauf.

Die wesentlichen Schritte dieser Methode sind:
1. Aufbau einer theoretischen Wissensbasis aktueller Literatur
2. Beschreibung der Regeln zur Strukturierung eines dynamischen Systems, abgeleitet aus den Mechanismen der klassischen Feldtheorie (Lewin, 1947)
3. Ermittlung von aktuellem Wissen/der Vorstellung der Beteiligten
4. Ableitung wichtiger Variablen zur Erstellung eines Strukturmodells
5. Simulation möglicher Entwicklungen

Diese Schritte werden im Folgenden exemplarisch für den Marktplatz beschrieben. Die Vorgehensweise zu einer ersten beispielhaften Simulation mit dem erarbeiteten Modell und die resultierenden Ergebnisse folgen anschließend im ▶ Abschn. 13.4.

13.3.1 Schritt 1: Aufbau Wissensbasis

Die psychologischen Theorien über motivierende Effekte von Objekten und Ereignissen gehen hauptsächlich auf die Ideen von Kurt Lewin zurück. Daher basiert die vorgeschlagene Simulation der Entwicklung der Anreize für die beteiligten Netzwerkteilnehmer auf der klassischen

Arbeit von Lewin (1969), Gibson (1977) und Norman (1988) und ihrem Konzept der Affordanz oder des Aufforderungscharakters (Lewin, 1969). In einem Netzwerk, das per definitionem eine kooperative Aktivität ist, spielen natürlich Anreize im Bereich Kooperation und soziale Anerkennung eine besondere Rolle.

Ajzens „theory of planned behavior" (1991) bezieht die Rolle sozialer Normen und die Einstellung zu Verhaltensweisen in die Formelbildung mit ein. Dadurch ist diese besonders interessant, wenn die Entwicklung von Anreizen zu bestimmten Verhaltensweisen in einem Kooperationsnetzwerk errechnet oder abgeschätzt werden sollen. Die Theorie von Ajzen eignet sich daher zur Simulation der Motivation in Multiagentensystemen. Mit diesen kann z. B. durch Simulation untersucht werden, wie sich in einer Umwelt mit bestimmten Anreizen Moden, ethische Werthaltungen und ökologische Einstellungen unter den im Netzwerk agierenden Personen ausbreiten. Der Ansatz wird in diesen thematischen Bereichen bereits umgesetzt (Ceschi et. al., 2014; Janssen u. Jager, 1999; Janssen u. Jager 2003).

13.3.2 Schritt 2: Regelbeschreibung

Theorien zur Struktur organisationaler Netzwerke nehmen an, dass es verschiedene Arten von beteiligten Personen, Gruppen und Organisationen gibt, die Interessen gegenüber einem solchen Netzwerk haben bzw. direkt oder indirekt betroffen sind. Sie werden als **Stakeholder** bezeichnet (Winter, 2013). Diese unterscheiden sich in ihren Interessen an solchen Projekten und nehmen aufgrund dessen eine bestimmte **Rolle** ein. Abweichend von der Standarddefinition von Rolle (Wirtz u. Strohmer, 2013) wird dieser Begriff alltagssprachlich verstanden. Definitorisch bedeutet es, dass Rollen durch ihre **Aufgaben** im Netzwerk und die nötigen materiellen und immateriellen **Ressourcen**, um diese erfolgreich auszufüllen, beschrieben werden. Genauso wird es mit den Begriffen Objekt und Funktion gehandhabt, die im Weiteren genutzt werden. Sie sind ebenfalls alltagssprachlich zu verstehen: Das Objekt „Rasenmäher" hat die Funktion „Rasen mähen". Diese Begriffsbedeutungen wurden vor der empirischen Erhebung in den interdisziplinären Diskussionsrunden des Projektes eingeführt und zur Vereinfachung der Projektkommunikation in den Interviewgesprächen beibehalten. Genauso sind auch die Begriffe entstanden, die in ◘ Tab. 13.1 aufgelistet sind und nicht als „neu" markiert wurden.

Die beschriebenen Elemente können in unterschiedlichen **Beziehungen** zueinanderstehen. Die folgenden vier Beziehungstypen wurden definiert:

- **A ist abhängig von B:** Diese Beziehung besagt, dass ein Element in Abhängigkeit zu einem anderen steht. Die Qualität der Abhängigkeit ist dabei nicht näher definiert.
- **A ist Realisierung von B:** Mit dieser Beziehung ist es möglich, eine Rolle und einen Stakeholder, der in dieser Rolle auftritt, miteinander zu verknüpfen. Der Stakeholder X ist die Realisierung der Rolle Y.
- **A ist Teil von B:** Diese Beziehung dient zur Modellierung von Beziehungen zwischen Objekten. Sie beschreibt den Zustand, wenn ein Objekt Teil eines anderen Objekts ist.
- **A schafft mit B ein C:** Diese Beziehung ermöglicht es, Stakeholder und Objekte miteinander in Verbindung zu setzen. Sie dient zur allgemeinen Beschreibung einer Leistung eines Stakeholders/Objekts als Umsetzung einer Ressource mit Bezug zum Zielobjekt (Stakeholder/Objekt).

Die ◘ Abb. 13.1 zeigt die Anwendung dieser Elemente beispielhaft an einem Ausschnitt des im Projekt aufgebauten Strukturmodells.

Tab. 13.1 Elemente des Strukturmodells. Neue Elemente sind *kursiv* hervorgehoben

Elementkategorie	Element
Rolle	Marktplatzbetreibender
	Bildungsanbietender
	Bildungsabnehmender
	Lernender
	Bildungspartner/-in
Stakeholder	*Bildungsanbietender (der Wirtschaft)*
	Softwareentwicklung
	Universitäten/Hochschulen
	Öffentliche Organisationen/Agentur für Arbeit/Verbände/Kammern
	Originalausrüstungsherstellung
	Zulieferbetrieb
	Maschinenherstellung
Objekte	Marktplatz
	Regelkatalog
	Digitale Ressourcen
	Weiterbildungsprodukt
	Nachfrage

13.3.3 Schritt 3: Ermittlung von aktuellem Wissen/der Vorstellung der Beteiligten

Das Kompetenznetzwerk startet mit einer vorläufigen, eingeschränkten Anzahl an Projektpartnern/-innen, die ein grundsätzliches und mehr oder weniger konkretes Interesse am Marktplatz besitzen. Bei den potenziellen Marktplatzteilnehmern/-innen handelt es sich um einen Zulieferer der Automobilindustrie, einen Bildungsanbieter der freien Wirtschaft, eine staatliche Hochschule, einen Interessenverband von Zulieferunternehmen und einen Hersteller von IT-Lösungen für arbeitsplatznahe Weiterbildungen. Eine weitere Hochschule ist im Projekt für die Untersuchung der Marktplatzentwicklung zuständig, aber nicht auf dem Marktplatz aktiv. Um die Interessen der Stakeholder zu identifizieren, wurden mit ihnen teilstrukturierte, leitfadengestützte Interviews zu ihren Motiven für eine Beteiligung (abgeleitet aus der Feldtheorie von Lewin, 1947) sowie zu Organisation und Gestaltung des Marktplatzes (abgeleitet aus der Affordanz-Theorie von Norman, 1988) durchgeführt.

13.3.4 Schritt 4: Ableitung wichtiger Variablen zur Erstellung des Strukturmodells

Die Interviewaussagen wurden strukturiert und nach wichtigen Elementen durchsucht, die eine Beschreibung der Struktur des Netzwerks samt Marktplatz ermöglichen. Diese Beschreibung wird im Folgenden Strukturmodell genannt. Ein Auszug der wichtigsten identifizierten Elemente des Projektes ist in ◘ Tab. 13.1 dargestellt.

13.3 · Methode

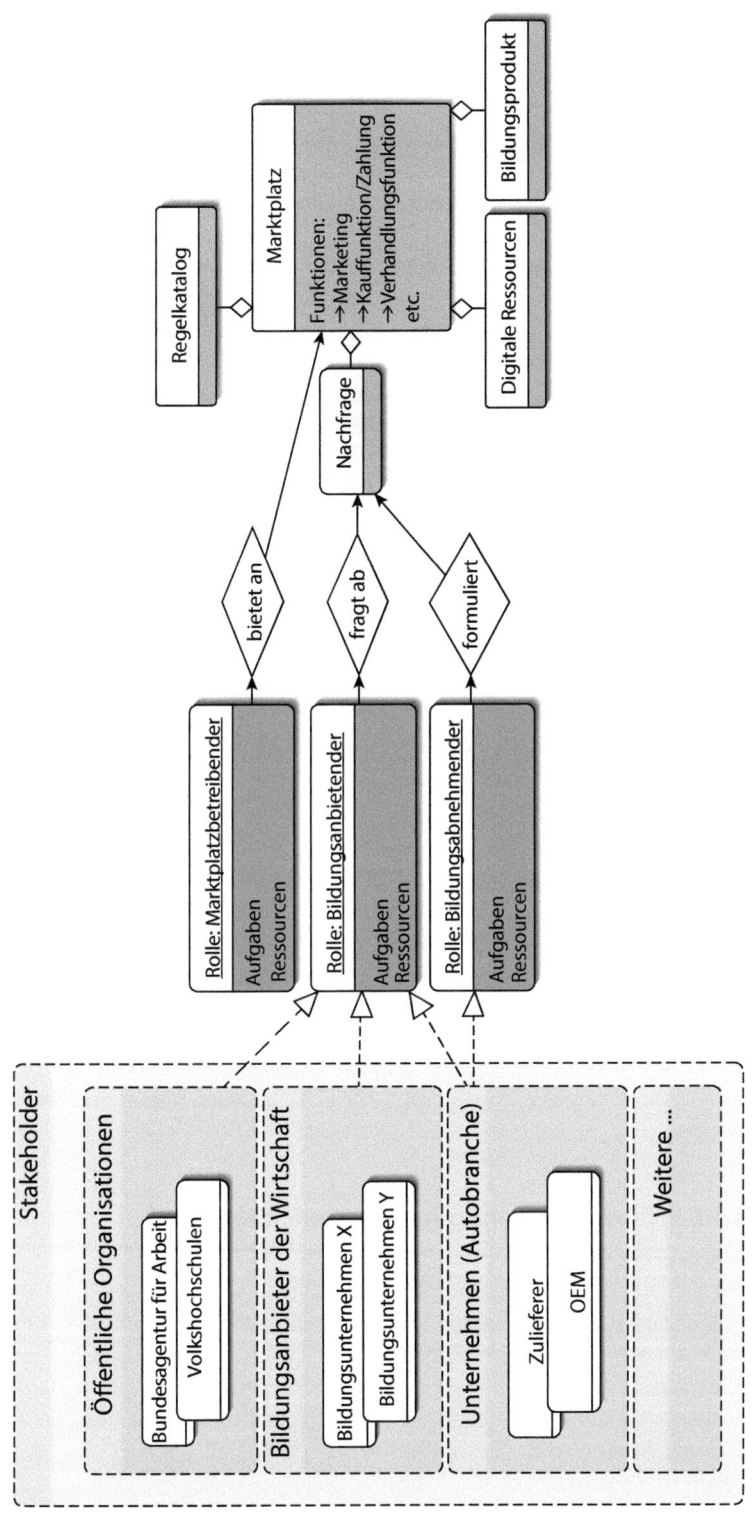

☐ **Abb. 13.1** Ausschnitt Strukturmodell

Es haben sich drei Kategorien von Elementen herauskristallisiert:

1. **Rollen** können von Stakeholdern im Netzwerk eingenommen werden. Ein Stakeholder kann gleichzeitig mehrere Rollen innehaben. So kann ein Automobilzulieferer seine Beschäftigten zu einem Kurs für neue Materialien im Karosseriebau schicken und als Bildungsabnehmer auftreten, währenddessen er im Bereich Soft Skills eigene Kompetenzen hat und diese auf dem Markt als Bildungsanbieter bewirbt. Rollen werden durch ihre **Aufgaben** und die nötigen **Ressourcen**, um diese erfolgreich auszufüllen, beschrieben.
2. **Stakeholder** werden durch ihre **Ziele** und **Ressourcen** (z. B. Fähigkeiten) definiert. Als Stakeholder werden alle bereits beteiligten und alle potenziell teilnehmenden Einrichtungen des Projektes bzw. des Netzwerks aufgefasst, welche aus den Interviewdaten ermittelt werden konnten, gleich ob sie einzelne Personen sind, als Organisation auftreten oder lediglich einen Teil einer Organisation bilden.
3. Unter dem Element **Objekte** wurden alle im Interviewmaterial beschriebenen Objekte zusammengefasst, die keine Stakeholder sind, d. h., keine eigenständigen Entscheidungen treffen können. Sie werden über ihre Funktion im Netzwerk beschrieben. Sie spielen im Netzwerk dann eine Rolle, wenn sie **Affordanzen** besitzen.

Die Aufgaben und Ressourcen der Rollen sowie die Ziele und Ressourcen der Stakeholder und die Affordanzen der Objekte spielen eine zentrale Rolle, da sie für die Stakeholder als Anreiz wirken können, am Netzwerk teilzunehmen. Beispielsweise gibt es ein Objekt „Regelkatalog", welches das Regelwerk beschreibt, auf dessen Grundlage sich die Stakeholder im Netzwerk bewegen. Dieser Regelkatalog ist für die Stakeholder verpflichtend und bietet daher Rechtssicherheit. Dass der Regelkatalog verpflichtend ist, wird als **Eigenschaft** des Katalogs verstanden. Wenn diese Eigenschaft nun einen Stakeholder zum Handeln anregt, beispielsweise zur Teilnahme am Netzwerk, da diese Eigenschaft Rechtssicherheit verspricht, hat sie einen Aufforderungscharakter (Affordanz) für diesen Stakeholder.

Die Betrachtung dieser Eigenschaften der Elemente ist unerlässlich. Werden die Eigenschaften zweier Elemente gegenübergestellt, beispielsweise die eines Stakeholders und die einer Rolle, so kann analysiert werden, inwiefern der Stakeholder als Rolleninhaber/-in geeignet ist. Diese Gegenüberstellungen helfen, elementare Fehlentscheidungen bei der Verteilung von Rollen und Aufgaben im Netzwerk zu vermeiden. Ein Beispiel für solch eine Gegenüberstellung wäre: die vorhandenen Ressourcen der Stakeholder zu den nötigen Ressourcen einer Rolle. Im Verlauf des Projektes kann sich sowohl das Wissen über Marktplatzstrukturen als auch das Wissen über einzelne Elemente oder Beziehungen ändern. Es kann nützlich sein, neues Wissen in das bestehende Modell einzuarbeiten.

13.3.5 Schritt 5: Simulation möglicher Entwicklungen

Entwicklung dynamischer Simulationsmodelle

Sobald ein Strukturmodell entwickelt wurde, können Variablen für eine dynamische Simulation aus den Ergebnissen ausgewählt werden. Zunächst kann dies qualitativ erfolgen, beispielsweise über eine Einflussmatrix (Vester, 2012). Diese stellt die Beschreibung der bidirektionalen Interaktion für alle möglichen Variablenpaare eines Systems dar, üblicherweise mit vier Beziehungstypen:

— Positiv (je größer A, desto größer B, je kleiner A, desto kleiner B)
— Negativ (je größer A, desto kleiner B, je kleiner A, desto größer B)
— Unbekannt, aber existent

- Nicht existent
- Diese Beziehungen sind aus dem qualitativen Datenmaterial ableitbar.

Identifizierung kritischer Prozesse für wichtige Netzwerkvarianten

Die Auswahl der zu analysierenden Modellvarianten hängt von den praktischen Erfordernissen eines Projektes ab. Falls ein starkes Interesse der Stakeholder für eine alternative Lösung besteht, ist es pragmatisch, diese zu erstellen. So kann es beispielsweise nützlich sein, Konfigurationen des Systems mit zusätzlichen Stakeholdern oder noch nicht existierenden Produkten zu analysieren oder Teilmodelle für spezifische Probleme und Entscheidungen zu erstellen. In den meisten Fällen sind diese Modelle vereinfacht.

Simulation und Analyse

Abhängig von der Qualität des Modells können unterschiedliche Analysen durchgeführt werden. Auf qualitativer Ebene können bereits kritische, als Hebel wirkende Faktoren (Hebelfaktoren) und vielen Einflüssen ausgesetzte Faktoren (multikausale Faktoren) über die Einflussmatrix bestimmt werden. **Kritische Faktoren** beeinflussen gleichzeitig die meisten Variablen. Da keine einheitliche Auffassung über Stärke und Umfang dieses Einflusses existiert, muss dieser im Forschungsprozess bestimmt werden. Kritische Faktoren können (neben anderen) große Veränderungen im System verursachen und müssen daher besonders beachtet werden. Kritische Faktoren, die direkt von Stakeholdern beeinflusst werden können, werden als **Hebelfaktoren** bezeichnet. Maßnahmen, die diese Faktoren beeinflussen, haben starke, aber schwer kontrollierbare Effekte. **Multikausale Faktoren** sind Einflussgrößen, die von vielen anderen Variablen beeinflusst werden. Wiederum besteht hier kein Konsens was „viel" bedeutet und muss daher im Forschungsprozess festgelegt werden. In der qualitativen Phase können mögliche Systemdynamiken bereits identifiziert werden.

Die dynamische Simulation ermöglicht detailliertere Analysen dieser Prozesse, da konkrete Verläufe wie die Preisentwicklung betrachtet und alternative Entwicklungen, basierend auf unterschiedlich gewählten Variablenkonstellationen, gegenübergestellt und verglichen werden können. So können Szenarien für Entscheidungseffekte entwickelt, die Rolle kritischer Faktoren konkreter beschrieben und die Voraussetzungen für den günstigsten und ungünstigsten Fall genauer analysiert werden.

13.4 Beispielhafte Anwendung

13.4.1 Entwicklung eines Strukturmodells

Die Interviews mit den Stakeholdern dauerten zwischen 60 und 120 Minuten und wurden im Zeitraum von Dezember 2015 bis April 2016 durchgeführt (N = 11). Die Analyse der transkribierten Interviews folgte festen Regeln, angelehnt an Mayring (2015), und führte zu einem ersten Strukturmodell. Die Elemente sind in ◘ Tab. 13.1 beschrieben. Ein Ausschnitt des Strukturmodells folgt in ◘ Abb. 13.2.

Ein beispielhaftes Ergebnis der qualitativen Datenanalyse, basierend auf diesem Strukturmodell, sind mögliche Unstimmigkeiten in den Affordanzen zwischen einem Unternehmen, das am Marktplatz auftritt, und dem Ziel des Netzwerks. Ein solches Unternehmen, dessen Hauptinteresse im ökonomischen Erfolg liegt, muss ein Interesse daran haben, ein Maximum an Teilnehmenden zu gewinnen. Dies kann mit den Qualitätsansprüchen anderer Stakeholder im Konflikt

● **Tab. 13.2** Gegenüberstellung der Rolle „Marktplatzbetreibender" mit Eigenschaften des Stakeholders „Verbände/Kammern" (abgeleitet aus Interviewstudie)

Marktplatzbetreibender (Rolle)	Verbände/Kammern (Stakeholder)
Aufgaben: – Überwachung der Regeln auf dem Marktplatz – Konkrete Anfragen auf dem Marktplatz einstellen	Ziele: – Ähnlich zu den Gesamtzielen des Projektes, z. B. hohe Qualität der Bildungsangebote für ihre Mitglieder
Nötige Ressourcen: – Webspace – Mitarbeiter/-innen	Bestehende Ressourcen: – Vertreter/-innen möglicher Bildungsabnehmer/-innen – Möglichkeit zur Finanzierung des Marktplatzes aus anderen Ressourcen – Digitale Ausstattung
Andere Eigenschaften: – Neutralität (darf nicht im Konflikt zu anderen Teilnehmenden stehen)	Andere Eigenschaften: – Zertifizierung

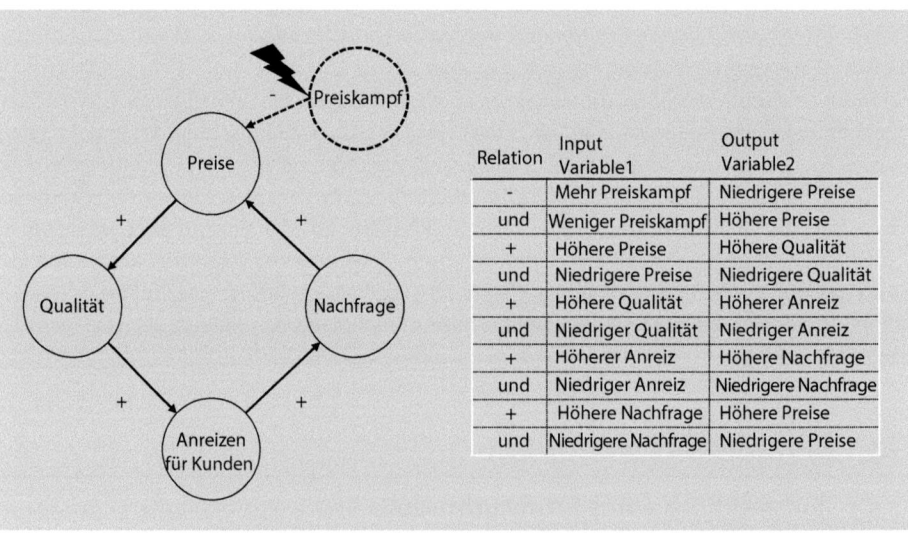

● **Abb. 13.2** Selbstverstärkende Rückkopplungsschleife, die zu einem Rückgang der Produktqualität führt

stehen, da die Anzahl möglicher Teilnehmender durch die Zielstellung und die Aufgaben des Netzwerks begrenzt ist. Daher müssen neben ökonomischen Gründen noch andere Eigenschaften eine Rolle spielen können. Mögliche Inhaber/-innen dieser Eigenschaften wurden interviewt. ● Tab. 13.2 zeigt, dass für die Stakeholder „Verband von Zulieferunternehmen" Interessen bestehen, die zur Rolle Netzwerkbetreiber/-in passen. Sie können für das Design von Anreizen in einer organisationalen Netzwerklösung in Betracht gezogen werden.

13.4.2 Identifikation möglicher Entwicklungen und Risiken durch Simulationsstudien

Ein beispielhaftes Ergebnis einer dynamischen Simulation ist ein lokales Modell einer spezifischen dynamischen Entwicklung der Qualität der Weiterbildungsangebote. Dieses Modell zeigt Prozesse, die auftreten können, wenn das Netzwerk ohne differenzierte Analyse der Bedingungen Prinzipien erfolgreicher bestehender Marktplätze folgt.

So sorgt beispielsweise die Plattform Ebay für Preistransparenz zwischen den Produkten, die Sicherung der Qualität der Produkte wird jedoch den Nutzern/-innen überlassen. Hieraus kann sich ein riskanter selbstverstärkender Prozess entwickeln, wenn der Marktplatz zu viele Teilnehmende mit gleichen Produkten hat, was zu einem Preiskampf (◘ Abb. 13.2) und einem Rückgang an Produktqualität führen kann.

Dieses Risiko ist im Gegensatz zu Ebay bei einem Marktplatz mit einer begrenzten Zahl potenziell Teilnehmender nicht gegeben. Die dynamische Simulation dieser Prozesse erlaubt eine detaillierte Analyse möglicher Fehlentwicklungen (z. B. Mitgliederschwund durch zu hochpreisiges Angebot, Umgehen der Marktplatzstruktur). Dieser Prozess kann höchstwahrscheinlich vermieden werden, wenn die Rolle des den Marktplatz betreibenden Unternehmens durch den Verband von Zulieferbetrieben ausgefüllt wird, da deren Hauptinteresse darin besteht, seinen Mitgliedern hochqualitative und zertifizierte Produkte zu vermitteln. Ein anderer Teil der Lösung ist, dass Preise in einer ersten Produktbeschreibung zunächst intransparent gehalten werden und die Preisverhandlungen erst nach dem Zustandekommen eines Kontakts zwischen Bildungsanbieter- und Bildungsabnehmerunternehmen stattfinden.

13.5 Diskussion und Ausblick

13.5.1 Agile Forschung

Für die verschiedenen Fragestellungen, die im Projektverlauf aufkommen und zu deren Klärung eine Simulation beitragen kann, muss das Modell anpassungsfähig bleiben. Um eine realitätsgetreue, aktuelle Simulation zu einer bestimmten Fragestellung durchführen zu können, ist eine Aktualisierung des Modells mit den zu diesem Zeitpunkt bekannten Bedingungen nötig.

Weil das Strukturmodell und das dynamische Simulationsmodell während des Projektes inkrementell entwickelt wurden, wird vorgeschlagen, den Prozess „agile Forschung" zu nennen (vgl. agiles Projektmanagement).

13.5.2 Grenzen der Methode

Die Methode ermöglicht ein besseres Verstehen der soziotechnischen Prozesse in einem spezifischen Projekt. Sie ist jedoch nicht zur Beweisführung für eine allgemeine Theorie zu soziotechnischen Veränderungen geeignet.

13.5.3 Künftige Forschung

Die theoretischen und methodischen Überlegungen zeigen den Weg für die nächsten Schritte auf. Die Werkzeuge für diese Simulationsmethode können verbessert werden. So muss ein schnelles und einfaches Erstellen dynamischer Modelle möglich werden. Neuer Input (beispielsweise

Daten aus einem neuen Projekt) sollte in kürzester Zeit durch eine Software, die automatisch erweiterte Modelle erstellt, zu gültigen Ergebnissen verarbeitet werden.

Zudem sollte es eine Softwarelösung geben, um verschiedene Modelle dieser Art zusammenfassen zu können. Diese Lösungen sollten einfach zu handhaben sein und auf Standardprodukten aufbauen, welche unter Aufwendung geringer Kosten genutzt werden können. Zu diesem Zeitpunkt wird ein zweites Projekt gestartet, welches diesen Prinzipien folgt.

Eine weitere Aufgabe besteht darin, sich eine bessere Grundlage über den wissenschaftstheoretischen Hintergrund von Simulation aufzubauen und insbesondere einen speziellen Standard zur Bewertung von Simulationsergebnissen zu entwickeln.

> **Fazit**
> Wie gestaltet man einen sich selbst eigenständig weiterentwickelnden Marktplatz für hochwertige Bildungsdienstleistungen und -produkte? Wie kann man der Komplexität und den Unwägbarkeiten eines solchen Projektes gerecht werden? Es wird eine Methode beschrieben, wie man über die empirische Erhebung qualitativer Daten zunächst zu einem Strukturmodell eines solchen Marktplatzes gelangt, um auf dieser Basis dynamische Prozesse in verschiedenen Marktplatzvarianten zu simulieren. Diese Modelle und Simulationen gehen der Gestaltung des Marktplatzes nicht voraus, sie schälen sich in einem Prozess der Aktionsforschung während der Entwicklung des Marktplatzprojektes heraus. Durch ein Strukturmodell kann geklärt werden, wie Interessen, Ziele und Ressourcen der Beteiligten zusammenwirken müssen, damit ein funktionierender Marktplatz entstehen kann. Ausgehend von einem dynamischen Modell kann man durch Simulation von Prozessen im Marktplatz auf neue Weise Chancen und Risiken bei der Entwicklung verschiedener Marktplatzvarianten erkennen.
>
> Der Beitrag zeigt beispielhaft Anwendungen dieser Technik und ihren Einfluss auf die Organisation des Marktplatzgeschehens. Es können z. B. durch das Strukturmodell wichtige und neuartige Hinweise dafür gefunden werden, welche Ressourcen und Ziele bei einem Stakeholder die Übernahme der Rolle als Marktplatzbetreibender Erfolg versprechend machen. Ein weiteres Beispiel ist die Betrachtung der Dynamik schon kleiner Preiskämpfe, die in diesem Kontext ebenfalls ein erhebliches Misserfolgsrisiko darstellen.
>
> Durch den Beitrag soll gezeigt werden, welche Chancen die Modellierung und Simulation bietet, wenn man ein komplexes und eigendynamisches Stück Realität wie einen Marktplatz in die Welt setzen will. Der Beitrag schließt mit einer generellen Betrachtung des Einsatzes von Modellierung und Simulation bei komplexen Change- und Innovationsprojekten. Eine Weiterentwicklung der Methodik sowie der beschriebenen Darstellungsform und entsprechender Softwaretools würde völlig neue Formen der begleitenden Evaluation solcher Projekte ermöglichen und zudem eine Analyse der Gründe für unterschiedliche Verläufe erleichtern.

Literatur

Ajzen, I. (1991). The theory of planned behavior. *Organizational Behavior and Human Decision Processes* 50(2), 179–211.

Benzenberg, I., & Dobischat, R. (2002). Qualifizierungsnetzwerke im Wandel - Unternehmensnetzwerke auf dem Weg zu regionalen Kompetenznetzwerken. In J. Hentrich, & D. Hoß (Hrsg.), *Arbeiten und Lernen in Netzwerken: Eine Zwischenbilanz zu neuen Formen sozialer und wirtschaftlicher Kooperation* (S. 258–270). Eschborn: RKW.

Literatur

Borgatti, S., Mehra, A., Brass, D., & Labianca, G. (2009). Network analysis in the social sciences. *Science* 323(5916), 892–895.

Ceschi, A., Hysenbelli, D., Sartori, R., & Tacconi, G. (2014). Cooperate or Defect? How an agent based model simulation on helping behavior can be an educational tool. In T. Di Mascio, R. Gennari, P. Vittorini, & F. De la Prieta (Eds.), *Methodologies and Intelligent Systems for Technology Enhanced Learning* (pp. 189–196). Cham, Heidelberg, New York, Dordrecht, London: Springer International Publishing Switzerland.

Chung, W. W. C., & Leung, S. W. F. (2005). Collaborative planning, forecasting and replenishment: a case study in copper clad laminate industry. *Production Planning and Control* 16(6), 563–574.

Dörner, D. (1996). *The logic of failure*. Metropolitan Books. New York.

Espinosa, J. A., Lerch, J. F., Herbsleb, J. D., Kraut, R. E., Slaughter, S. A., & Mockus, A. (2001). Shared mental models, familiarity and coordination: a multi-method study of distributed software teams. In *Proceedings of the 23rd International Conference on Information Systems* (pp. 425–433). Atlanta, GA: Association for Information Systems.

Gebreeyesus, M., & Mohnen, P. (2013). Innovation performance and embeddedness in networks: evidence from the Ethiopian footwear cluster. *World Development* 41, 302–316.

Gibson, J. J. (1977). The Theory of Affordances. In R. Shaw, & J. Bransford (Eds.), *Perceiving, acting, and knowing: Toward an ecological psychology* (pp. 67–82). Hillsdale, NJ: Lawrence Erlbaum.

Gulati, R. (1995). Social structure and alliance formation patterns: A longitudinal analysis. *Administrative Science Quarterly* 40, 619–652.

Häntsch, M., & Huchzermeier, A. (2016). Transparency of risk for global and complex network decisions in the automotive industry. *International Journal of Production Economics* 175, 81–95.

Janssen, M., & Jager, W. (1999). An integrated approach to simulating behavioural processes: A case study of the lock-in of consumption patterns. *Journal of Artificial Societies and Social Simulation* 2(2), 21–35.

Janssen, M., & Jager, W. (2003). Simulating market dynamics: interactions between consumer psychology and social networks. *Artificial Life* 9(4), 343–356.

Karayanni, D. A. (2015). A model of interorganizational networking antecedents, consequences and business performance. *Journal of Business-to-Business Marketing* 22(4), 293–312.

Lewin, K. (1947). Frontiers in group dynamics: Concept, method and reality in social science; social equilibria and social change. *Human Relations* 1, 5–41.

*Grundzüge der topologischen Psychologie*Lewin, K. (1969). *Grundzüge der topologischen Psychologie* [1936]. Übertragen und herausgegeben von Raymund Falk und Friedrich Winnefeld. Bern, Stuttgart, Wien: Verlag Hans Huber.

Li, G., Yang, H., Sun, L., Ji, P., & Feng, L. (2010). The evolutionary complexity of complex adaptive supply networks: a simulation and case study. *International Journal of Production Economics* 124(2), 310–330.

Liu, H., Hu, B., & Hu, X. (2015). Modeling and simulation of the collective efficacy of distributed organizations: toward an interdependent network. *Simulation: Transactions of the Society for Modeling and Simulation International* 91(5), 479–500.

Mayring, P. (2015). *Qualitative Inhaltsanalyse: Grundlagen und Techniken* (12. Aufl.). Weinheim: Beltz.

Norman, D. A. (1988). *The psychology of everyday things*. New York: Basic Books.

Olsen, I., Prenkert, F., Hoholm, T., & Harrison, D. (2014). The dynamics of networked power in a concentrated business network. *Journal of Business Research* 67(12), 2579–2589.

Reinhart, P. D.-I. G., Weber, D.-W.-I. V., & Broser, D.-I. W. (2002). Kompetenz und Kooperation — Kompetenznetzwerke als Organisationsmodell für die Produktion der Zukunft. In P. D. J. Milberg, & P. D.-I. G. Schuh (Hrsg.), *Erfolg in Netzwerken* (S. 287–300). Berlin, Heidelberg: Springer.

Riedel, R., Müller, E., von der Weth, R., & Pflugradt, N. (2009). Integrating Human Behaviour into Factory Simulation – a Feasibility Study. In *Proceedings of the IEEE International Conference on Industrial Engineering and Industrial Management* (pp. 2089–2093). Hong Kong: IEEM.

Różewski, P. (2011). Model of intangible production network for competence development. In H. Xiong, & W. B. Lee (Eds.), *Knowledge science, engineering and management* (pp. 246–256). Berlin, Heidelberg: Springer.

Schiek, V., Obermiller, B., & Würslin, R. (2007). Kompetenznetzwerk Mechatronik Göppingen – Von der Industrie, für die Industrie. *UmweltWirtschaftsForum* 15(3), 136–143.

Schøtt T., & Jensen, K. W. (2014). Firms' innovation benefiting from networking and institutional support: a global analysis of national and firm effects. *Research Policy* 45(6), 1233–1246.

Vester, F. (2012). *The art of interconnected thinking*. München: MCB.

Vocke, H., & Haupold, G. (2016). „Silicon Saxony" – Der Weg zu einem erfolgreichen Netzwerk. http://www.qucosa.de/recherche/frontdoor/cache.off?tx_slubopus4frontend%5Bid%5D=urn%3Anbn%3Ade%3Absz%3A14-qucosa-204446. Zugegriffen: 29. April 2017.

Winter, E. (2013). *Gabler Wirtschaftslexikon: Die ganze Welt der Wirtschaft: Betriebswirtschaft, Volkswirtschaft, Recht und Steuern*. Wiesbaden: Springer Gabler.

Wirtz, M. A., & Strohmer, J. (2013). *Dorsch-Lexikon der Psychologie*. Bern: Hans Huber.

Zur zukünftigen Bedeutung einer „Künstlichen Kompetenz"

Veit Hartmann

14.1 Die technische Konstruktion der gesellschaftlichen Wirklichkeit – 176

14.2 Kompetenztransfer Mensch-Maschine – 177

14.3 Worum geht es eigentlich bei den Kompetenzen? – 178

14.4 Kompetenz als vielfältige Eigenschaft, die es zu kombinieren gilt – 179

14.5 Industrie 4.0 und die Unterscheidung zwischen „Künstlicher Intelligenz" und „Künstlicher Kompetenz" – 180

14.6 Industrie 4.0 und das Management auch „Künstlicher Kompetenz" – 182

14.7 Vernetzung als Herausforderung an (auch künstliche) Kompetenz – 182

Literatur – 183

© Springer-Verlag GmbH Deutschland 2018
M. Bornewasser (Hrsg.), *Vernetztes Kompetenzmanagement*,
Kompetenzmanagement in Organisationen,
https://doi.org/10.1007/978-3-662-54954-4_14

Zusammenfassung

Der folgende Beitrag erläutert, warum es sinnvoll erscheint, auch Technik und Organisation(en) Kompetenz zuzusprechen: Das erleichtert die Weiterarbeit an einem Konzept, das Kompetenzmanagement als Management von Produktionsfaktoren auffasst. Dieses Kompetenzmanagement vernetzt und organisiert betriebliche und überbetriebliche Wirtschaftsprozesse und überwindet die in den meisten (vor allem kleinen und mittelständischen) Betrieben vorhandene Trennung zwischen Personal- und Technikentwicklung. Mit fortschreitender Digitalisierung und Automatisierung wird dieses eine Voraussetzung dafür werden, Wertschöpfungsnetzwerke auch als überbetrieblich zu managende Kompetenznetzwerke zu begreifen und zu organisieren. - Der provokativ eingesetzte Begriff „künstliche Kompetenz" soll auf diese Notwendigkeit aufmerksam machen.

Bei dem hier vorliegenden Beitrag handelt es sich um die ergänzte und überarbeitete Fassung eines Beitrags zum betrieblichen und überbetrieblichen Management künstlicher Kompetenz (Hartmann u. Tschiedel, 2016).

14.1 Die technische Konstruktion der gesellschaftlichen Wirklichkeit

Aus soziologischer Sicht vollzieht sich gesellschaftliches Leben auf der Basis von Arbeit als Stoffwechselprozess zwischen Mensch und Natur. Zu den hierfür erforderlichen Fähigkeiten zur Ausgestaltung gehört – nach landläufiger Sicht und per definitionem des Menschseins – die Fähigkeit zur Nutzung von Werkzeugen. So beschreibt Gehlen (1975) den Menschen als „Mängelwesen", der nur durch die Fähigkeit zum Werkzeug sich entwickeln konnte. Hinzu kommt die Sprache, die die Fähigkeit zur Selbstreflexion, Planung, Prognose, Kritik und Negation und zu „abgesprochenen" Organisationsformen ermöglicht.

Nach diesen sozialanthropologischen Ansätzen ist der Stoffwechselprozess eine Kombination aus Bedürfnissen (Motivation), dem Herstellen von Werkzeugen und des Werkzeuggebrauchs und dem planenden und organisierenden Denken in Sprache. Die dominanten Weltbilder sind die prästabilisierte Harmonie als Organismus (Aristoteles und folgende) oder Uhrwerk, Maschine etc. (wie bei Kepler, Hume und anderen) auf der Basis einer überweltlichen Vernunft. Die Kombination findet im Laufe der Geschichte der Menschheit im Rahmen verschiedener „soziotechnischer Konstellationen", sprich: Produktions- und Herrschaftsverhältnissen statt (zur techniksoziologischen Diskussion vgl. z. B. Weyer, 2003). Mit den Entwicklungen in der ersten industriellen Revolution, einhergehend mit einer sich zunehmend durchsetzenden kapitalistischen Produktions- und Wirtschaftsweise, treten die technischen Komponenten aus ökonomischen Gründen mehr in den Vordergrund (Paulinyi, 1989). Weber (1988) versucht dies mit "okzidentaler Rationalität" zu erklären (bekannt auch unter dem Schlagwort "protestantische Ethik"). Hiernach führt das kapitalistische Erfolgs- und Gewinnstreben zu einem Technikeinsatz im Stoffwechselprozess da, wo er teurere menschliche Arbeitskraft verdrängen kann, neben und häufig vor anderen Formen von Ausbeutung, Kolonialisierung und "Dumpinglohnpraxen" (Weber, 1988a, b).

Die Überwindung schwerer körperlicher, ungesunder oder sonst wie menschenunwürdiger Arbeit durch Technisierung, wie sie heutzutage z. B. in unterschiedlichen Aspekten von „Guter Arbeit" oder Corporate Social Responsibility (CSR) anzutreffen ist (vgl. exemplarisch Bley et al., 2015), spielte dort meist eine untergeordnete Rolle, wird aber aktuell bereits als wesentlicher Vorteil von Industrie-4.0-Anwendungen „angepriesen" (Neumann, 2014).

14.2 Kompetenztransfer Mensch-Maschine

Viele Darstellungen der ersten industriellen Revolution konzentrieren sich vor allem auf die Produktionstechnik, z. B. definiert als:

> Die Produktionstechnik umfasst alle Handlungen, die zwecks Gewinnung von Stoffen und ihrer Verarbeitung mit technischen Artefakten und Verfahren durchgeführt werden. (Paulinyi, 1989, S. 17f.)

Außer dem Stoff selbst, so führt er aus, sind auch Energie und Information bedeutend. Die Revolution besteht nun – rein technisch gesehen – darin, dass in der Stoffformung sowohl das (zu formende) Werkstück als auch das Werkzeug (das „Wirkpaar") in der notwendigen Relativbewegung zueinander auf technische Vorrichtungen übertragen werden. Daher spricht er vom Übergang von der Hand-Werkzeug-Technik (ein Teil der Steuerung der Relativbewegung ist [noch] in der Hand des Menschen) zur Maschinen-Werkzeug-Technik (beide Funktionen der Relativbewegung sind auf technische Vorrichtungen übertragen). Der Übergang von der Hand-Werkzeug-Technik auf die Maschinen-Werkzeug-Technik ist demnach (zusammen mit Energie- und Transporttechnik) der entscheidende Schritt zur Industrialisierung bis hin zur Automatisierung, bei welcher zu Letzterer die „technische Einbindung" von Information hinzukommt. Gesellschaftlich gesehen ist das – kurzgefasst und exemplarisch – die technische Voraussetzung für den Übergang zum Fabriksystem und zur überwiegenden Lohnarbeit einerseits und eigenarbeitsunabhängigen Kapitalverwertung andererseits.

Definiert man Kompetenz nun als Fähigkeiten und Fertigkeiten, bestimmte Probleme zu lösen (hier z. B. Formumwandlung eines Werkstücks), so kann man sagen, dass im Übergang von der Hand-Werkzeug-Technik zur Maschinen-Werkzeug-Technik Problemlösungskompetenzen teilweise „hinzugewonnen" werden (Leistungen bezüglich Gewicht, Größe, Geschwindigkeit, Energie, Präzision …) und teilweise vom Menschen auf Maschinen übergehen. Es ist nicht unsinnig zu sagen, dass Maschinen bestimmte Kompetenzen übertragen worden sind, und sie diese nun haben. Beim Kompetenzen abgebenden Menschen sind gleichzeitig, und eben dadurch, neue Kompetenzen erforderlich und ausgebildet worden, nämlich die der Bedienung, Wartung, Weiterentwicklung etc. der Maschinen. Und etliche sind andernorts versammelt, nämlich in der Entwicklung und dem Bau eben dieser Maschinen. Im Ergebnis heißt das: Das zur Problemlösung (Erreichung des Betriebsergebnisses) erforderliche Kompetenzensemble ist neu verteilt zwischen Menschen- und Maschinenkompetenzen. Viele interessante Beispiele, die gerade diesen Kompetenzübertrag am Beispiel der frühen Geschichte der Automation darstellen, finden sich bei zur Megede (1974).

Veranschaulichen wir das Gesagte schlaglichtartig zunächst einmal in historisch-industrieller Anwendung an einem Beispiel des Spinnens von Garn:

> Bei den ersten Maschinen mußte der Spinner die Bewickelung der Spule […] dadurch steuern, daß er den Faden auf die am Flügel angebrachten Häkchen einhängte. Eine der wichtigsten Verbesserungen an den frühen Maschinen gelang Coniah Wood, einem Arbeiter der Arkwrights, 1772. Er erfand eine bewegliche Schiene, die die Fadenführung steuerte und die Häkchen auf dem Flügel ersetzte. Die Bewegung der Schiene wurde später durch eine Nockensteuerung automatisiert. […] Die ursprünglich wichtigste Spinnertätigkeit, das Verstrecken des Faserbandes, wurde hier durch Streckwalzenpaare sehr viel besser mechanisch ausgeführt als bei der Jenny. Darüber hinaus waren noch

Antriebs- und Steuerungstätigkeit des Spinners mechanisch ersetzt; denn die Maschine war von vornherein für Göpelantrieb gebaut, und alle Einzelmechanismen wurden von diesem Antrieb aus mechanisch bewegt und gesteuert. (Bohnsack, 1989, S. 206)

Zusammengefasst: Im Stoffwechselprozess des Menschen mit der Natur geht ein wachsender Anteil der menschlichen Arbeitsfähigkeiten (Kompetenzen) an Organisation und Werkzeug (Maschinen) über, nicht automatisch vorteilhaft für den lohnabhängig gewordenen, arbeitenden Menschen. Unter den Bedingungen von Digitalisierung und Industrie 4.0 kommt nun noch das mehr oder weniger „freie" Entscheiden (wesentlicher Bestandteil der künstlichen Kompetenz) von und durch Maschinen hinzu.

14.3 Worum geht es eigentlich bei den Kompetenzen?

Sucht man bei der schier unendlichen Zahl der Erscheinungsformen des technischen Wandels seit der ersten industriellen Revolution nach Gründen für die jeweilige Neukonstellation von Organisation, Information, menschlicher Arbeitskraft und Technik, so wird ein Muster sichtbar. Bestimmend ist (bei erwerbswirtschaftlichen Unternehmen, von denen hier die Rede ist) der Unternehmenszweck. Ist nach üblicher Definition die Aufgabe eines Unternehmens sein Beitrag in der Wertschöpfungskette zur Versorgung des Marktes mit Gütern/Leistungen, so ist das zwar der Betriebszweck, der Unternehmenszweck ist jedoch per definitionem der Erwerb und damit die Schaffung von Einkommen (Ewaldsen, 1992) oder von Gewinn aus der Kapitaleinlage. Die Erfüllung des Betriebszwecks ist notwendige Bedingung für die Erreichung des Unternehmenszwecks. Diese Unterscheidung von Betriebs- und Unternehmenszweck ist von Bedeutung für das Verständnis von Industrie 4.0 und die Vernetzung und Kombination relevanter Kompetenzelemente. Unternehmerische Akteure/-innen des Finanzmarktes suchen nach profitablen Anlagemöglichkeiten für im Überfluss vorhandenes Kapital, und zwar unabhängig von den Arbeitsbedingungen und auf ständiger Suche nach Realisierung des Mehrwerts an Märkten. Viele interessante Ansätze und Beispiele liefert eine Streitschrift eines Inhabers eines mittelständischen Unternehmens (Krstic, 2014).

Schauen wir noch einmal auf ein Beispiel aus der Technikgeschichte der ersten industriellen Revolution:

Beispiel

Historische Eisen- und Stahlerzeugung
Ein wichtiger Beitrag im Wertschöpfungsnetz kam mit dem Fortschreiten der Industrialisierung der Bereitstellung von Schmiedeeisen zu. Grundsätzlich war hierfür die vor Ort (wir sind jetzt gedanklich in England und Wales) preiswert (jedenfalls deutlich preiswerter als die bis dahin technisch problemlos verwendete Holzkohle) erschlossene Steinkohle geeignet. Aber nur grundsätzlich, denn ihr Schwefelanteil „verdarb" das Ergebnis. Das als Lösung angewandte sogenannte „Puddeln" war Schwerstarbeit, konnte aber lange Zeit nicht maschinisiert werden. Paulinyi (1989, S. 129) schreibt dazu: „Deshalb musste der Puddler mit seinen Werkzeugen […] zuerst Furchen ziehen, […] schummeln, später umsetzen [und schließlich aus dem schon entkohlten Eisenbrocken mehrere Laibe […] bilden. Allerdings musste der Puddler wissen, wann was, mit welcher Intensität, Geschwindigkeit und wie lange gemacht werden mußte. […] Der Puddler mußte auf Grund von visuell, auditiv und sensitiv über das Werkzeug wahrnehmbare Erscheinungen feststellen können, in welcher Phase der Frischprozeß war, und danach handeln. Dieses Handeln war körperliche Schwerstarbeit […]." Die Kapitalverwertung fand hier ihre Grenze in der physischen

Leistungsfähigkeit der Menschen und konnte nur über die Erhöhung der Anzahl der Puddler und Öfen gesteigert werden.

Eine interessante Beschreibung zum „Puddeln" in Bezug auf heutige Kompetenzdiskussionen und Qualifikationsanforderungen findet sich bei Wengenroth (1986, S. 27): „Nur beim Puddeln war noch das körperliche Geschick und die Kraft des Arbeiters für die Erzeugung und Qualität des Produktes entscheidend. Bei Hochofen und Walzwerk wirkte dagegen niemand mehr direkt auf das Produkt ein. Es entstand als Folge eines recht genau planbaren, chemischen bzw. mechanischen Prozesses. Menschliche Arbeit beschränkte sich auf dessen Steuerung und einige Hilfs- und Wartungsarbeiten."

Durch den Übergang vom Puddelverfahren zum Bessemerverfahren (die technischen Details sind für unsere Fragestellung von untergeordneter Bedeutung, die Auswirkungen umso mehr) fand im Stahlwerk eine Qualifikationspolarisierung statt (Wengenroth, 1986). Dieser Begriff war wesentlich im Rahmen der Diskussionen des Programms „Humanisierung des Arbeitslebens" (1975–1989), wird aber auch bereits auf Digitalisierungskontexte (insbesondere Industrie-4.0-Folgen) angewandt (vgl. exemplarisch Hirsch-Kreinsen et al., 2015). In Südwales, der Hochburg des Puddelverfahrens, wurde die Einführung des Bessemers auf den alten Werken deshalb besonders gerühmt, weil man sich nun endlich von den renitenten, selbstbewussten Puddlern trennen und sie im Frischwerk durch billige irische Einwanderer ersetzen konnte (Wengenroth, 1986). Eine ergänzende Beschreibung am Beispiel eines großen Unternehmens der Metall- und Maschinenindustrie um die letzte Jahrhundertwende findet sich bei Vetterli (1978).

Ausdrücklich sei noch auf die technischen Möglichkeiten zum Arbeits- und Gesundheitsschutz in den Frühzeiten des Bergbaus hingewiesen, die aber aus Kapitalinteressen nicht genutzt wurden (Paulinyi, 1989).

Es sind meist nicht die technischen Möglichkeiten, die den Ausschlag geben für die Verteilung der Kompetenzen im Stoffwechselprozess des Menschen mit der Natur, sondern der Unternehmenszweck, der in der notwendigen Erfüllung des Betriebszwecks (in Konkurrenz mit anderen Unternehmen) zur höchstmöglichen Erreichung von Kapitalrendite besteht, um es einmal sehr kurz zusammenzufassen. Und das ist weitgehend unabhängig vom Wollen des einzelnen Unternehmers bzw. der einzelnen Unternehmerin. Es gibt keinen Grund anzunehmen, dass die Ausrichtung am Unternehmenszweck sich unter den Bedingungen von Industrie 4.0 aus technischen Gründen ändern würde.

14.4 Kompetenz als vielfältige Eigenschaft, die es zu kombinieren gilt

Zweifellos erfordern die nun gezeigten technischen Entwicklungen eine Anpassung der menschlichen Arbeit an das Maschinensystem. Sie wird beschrieben als sogenannte Kompetenzentwicklung oder Kompetenzanpassung. Kompetenz wird dabei im allgemeinen Sprachgebrauch und von vielen Disziplinen unterschiedlich definiert (Windeler u. Sydow, 2014). Es sei hier auf die unterschiedlichen Ansätze in diesem Band oder die Arbeiten von Wimmer (2014), Finsterbusch und Giersberg (2015), der Kultusministerkonferenz (KMK, 2004) oder Hanak und Sturm (2015) verwiesen. Eine zusammenfassende Darstellung in unterschiedlichen Zusammenhängen findet sich bei Wittke (2006) und Kobelt (2008).

Für unsere Argumentation sind in erster Linie die folgenden Definitionen und Bewertungen von Bedeutung (vgl. hierzu Hartmann, 2015):

Kompetenzen können angesehen werden als Dispositionen, selbstorganisiert zu handeln (vgl. Geldermann et al., 2005, S. 4 und die dort aufgeführte Literatur). Den Inhalt von

Selbstorganisationsprozesse bestimmen nach Erpenbeck und Heyse (2007) geistige Handlungen, physische Handlungen, kommunikative Handlungen und reflexive Handlungen.

Weinert (2001, S. 27f.) definiert Kompetenzen als „die bei Individuen verfügbaren kognitiven Fähigkeiten, um bestimmte Probleme zu lösen, sowie die damit verbundenen motivationalen, volitionalen und sozialen Bereitschaften und Fähigkeiten, um die Problemlösungen erfolgreich und verantwortungsvoll zu nutzen." Dabei ist besonders relevant, dass neben menschlichen Individuen auch Maschinen Kompetenzträger sein können (Staudt u. Kriegesmann, 2002). Auch wird zumindest im Rahmen von Foresight wahrgenommen, dass die zunehmende Autonomie maschineller Systeme das Ergebnis einer Delegation von Entscheidungskompetenzen eben an diese Maschinen ist (VDI Technologiezentrum GmbH, 2015). Darüber hinaus ist es von elementarer Bedeutung eines betrieblichen und überbetrieblichen Kompetenzmanagements, dass neben der individuellen Betrachtung auch Kompetenzen von Gruppen eine Rolle spielen und deren Verhältnis betrachtet wird. Gefolgt wird hier den Ausführungen von Wilkens und Gröschke (2015), die Kompetenz als situationsübergreifende Handlungs- und Problemlösefähigkeit definieren, die sich durch die Dimensionen Komplexitätsbewältigung, Selbstreflexion und Kombination konkreter fassen lassen.

Gerade der Kombination und Vernetzung (der Steuerung, dem Management) von Individualkompetenzen zur kleinteiligen Problemlösung kommt im Rahmen der Anforderungen der zunehmenden Digitalisierung eine wichtige Rolle zu. Warum dies sinnvollerweise eine Kombination aus personengebundenen und maschinengebundenen Kompetenzen sein sollte, die wir als „künstliche Kompetenz" bezeichnen, wird im folgenden Kapitel beschrieben.

14.5 Industrie 4.0 und die Unterscheidung zwischen „Künstlicher Intelligenz" und „Künstlicher Kompetenz"

Im Rahmen der unterschiedlichen Facetten des Kompetenzbegriffes stellt sich vor dem Hintergrund der Digitalisierung die Frage, ob nicht viele von den unterstellten Leistungen, die durch digitale Vernetzung erst möglich werden, in eine Richtung weisen, die als „künstliche Kompetenz" bezeichnet werden kann.

Dabei wird hier bewusst nicht der Begriff der „künstlichen Intelligenz" verwendet, der etwas anderes abbildet bzw. abbilden möchte. Die hier prognostizierte Kompetenzverschiebung vom Menschen zur Maschine wird hierzulande noch vorsichtig (an)diskutiert und primär vor dem Hintergrund von Arbeitserleichterung vorhandener Beschäftigtengruppen und einer nebulösen „Zukunftsfähigkeit" (positiv) angedeutet (Neumann, 2014). Einer nicht mehr kontrollierbaren „Maschinenherrschaft" wird zumindest für Risikotechnologien eine Absage erteilt (Wille, 2015), doch ebenso wird postuliert:

> Bald wird es Maschinen geben, die intelligenter sind als wir. Sie beginnen bereits, unsere Welt zu begreifen. Sie erkennen Bilder. Sie interpretieren komplexe Daten. Sie sind sogar in der Lage, selbstständig zu lernen, auch aus eigenen Fehlern. Und ihre Fortschritte sind spektakulär. (Schwägerl, 2015, S. 109)

In bestehenden Anwendungsfällen ist es bereits Realität, und die Auswirkungen dieser technischen Entwicklungen werden auf Rolle bzw. Fortbestand von Führungskräften, Leitungskräften und die Personalarbeit bereits thematisiert (Paechnatz, 2015). Geforscht wird bereits an der Frage, wie man tendenziell juristisch mit selbstentscheidenden Maschinen umgehen sollte (Boeing, 2016). Einige Anwendungsbeispiele sollen diesen beschriebenen Status verdeutlichen:

14.5 · Unterscheidung „Künstliche Intelligenz" und „Künstliche Kompetenz"

Beispiel

1996 gelang es dem Schachcomputer „Deep Blue", den Weltmeister Kasparow zu schlagen. Rammert (2007, S. 170) führt dazu aus: „Aber was kann ‚Deep Blue' alles nicht, was schon kleine Menschenkinder können? Er kann sich nicht im Raum bewegen, geschweige denn Fahrrad fahren. Er kann nicht die Schachfiguren ergreifen und bewegen. Er kann sie nicht einmal erkennen und unterscheiden. Und erst recht kann er nicht mimisch Gefühle zeigen, um sein Gegenüber zum Spiel zu motivieren oder im Spiel zu täuschen."

Schon 1989 wurde die Frage gestellt, inwiefern sich die zunehmende Rechenleistung von Computersystemen zu einer Bedrohung für den Fortbestand des Topmanagements entwickeln wird. „Wird der Vorstand zum Regierungssprecher seines Computers?" (Bartmann, 1989).

Eine sehr hohe Diffusionsrate zum Thema maschinelle Entscheidungen findet sich beim Hochfrequenzhandel (Knipper, 2014; Zydra, 2015). „Vor ein paar Jahren befragte das Zentrum für Europäische Wirtschaftsforschung Finanzmarktexperten zur Sicherheit des Hochfrequenzhandels. Ein Drittel gab an, dass der computergesteuerte Handel die Stabilität der Finanzmärkte bedrohe. [...] Den Speed der Maschinen und die Komplexität der Algorithmen, so die Kritiker, könne kaum mehr jemand nachvollziehen. Geschweige denn kontrollieren. Der nächste Crash sei programmiert." (Langhans u. Niewel, 2015, S. 1).

Eine asiatische Investmentgesellschaft hat einen Computer namens „VITAL" als voll stimmberechtigtes Mitglied in den Vorstand aufgenommen (Jakobs u. Litzel, 2015). Man erhofft sich davon, die Logik einer Maschine mit der Intuition der Menschen zu kombinieren, um das Fehlerrisiko zu minimieren (Clauß, 2014).

Weniger spektakulär ist der Parkroboter namens „Ray", der seit Mitte 2014 mit einem Effizienzvorteil von 40–60 % Premiumlimousinen am Flughafen Düsseldorf an die richtige Parkposition setzt. Der Parkroboter erhält ein Signal, wenn das Flugzeug wieder zurückgekehrt ist und bringt dann das Kraftfahrzeug in den Übergabebereich. Denkbar sind weitere Vernetzungsstufen (Ahrens u. Mörer-Funk, 2014).

Auch viele andere Entwicklungen in den Bereichen Pflege, Medizin, Haushalt, Kleidung oder Mobilität werden meist mit dem Begriff „künstliche Intelligenz" in Verbindung gebracht. Meiner Meinung nach müssten die genannten Beispiele mit dem Begriff „künstliche Kompetenz" beschrieben werden. Warum eigentlich?

Mit dem Begriff „Intelligenz" werden Fähigkeiten beschrieben, die es Individuen ermöglichen, Aufgaben bewältigen und Probleme ohne spezielles Vorwissen erfolgreich lösen zu können (Schweizer, 2006). Allgemeine Intelligenz wird als Fähigkeit zum abstrakten Denken und die Möglichkeit zum Wissenserwerb verstanden (Kurzhals, 2011). Ein zentraler Unterschied der beiden Begriffe scheint nach Kurzhals (2011) in der Stabilität und Generalität zu bestehen. Intelligenz weist einen zeitlich relativ stabilen Charakter auf, der in der Form bei Kompetenzen nicht angenommen und vorausgesetzt werden kann. Kompetenzen sollen in weitaus größerem Maße erlernbar (einübbar) sein als die kognitiven Grundfunktionen zur Intelligenz (Kurzhals, 2011). Der mit Generalität bezeichnete Unterschied „bezieht sich auf die Anforderungen, bei denen die postulierten Fähigkeiten genutzt werden. Während Kompetenzen sich auf konkrete Anwendungsbereiche beziehen und situations- und kontextspezifisch sind, bewährt sich Intelligenz bereichs- und situationsübergreifend" (Kurzhals, 2011, S. 38f.). Unscharf ist die Abgrenzung in Bezug auf die sogenannten Schlüsselkompetenzen (Schweizer, 2006).

Künstliche Kompetenz meint hier – insbesondere in Abgrenzung zu künstlicher Intelligenz – das im Rahmen der Erfüllung einer bestimmten Lösungsanforderung durch Technik erzielte Niveau, welches durch maschinelle Entscheidungen und Interaktion mit externen Informationsquellen zu einem höheren Erfüllungsgrad (verbessertes Ergebnis, höhere Sicherheit, Reduktion von unsicheren Einflussfaktoren, höhere Effizienz etc.) führt, als es bisher durch menschliche Entscheidungen möglich war. Ein Anspruch einer „generellen Intelligenz" analog dem menschlichen Gehirn, ist hiervon deutlich abzugrenzen und geht weit über die künstliche Kompetenz hinaus (Hartmann, 2015, S. 3).

Zum Einfluss dieser Entwicklungen auf die Entscheidungsträgerschaft zwischen Mensch und Maschine siehe Blutner (2015).

14.6 Industrie 4.0 und das Management auch „Künstlicher Kompetenz"

Gehen wir nun davon aus, dass mit fortschreitender Digitalisierung fast alle Prozesse in einer Wertschöpfungskette betroffen sein werden. Und gehen wir weiter davon aus, dass hierdurch Anforderungen entstehen, die von KMU je einzeln nicht gelöst werden können. Dann scheint es sinnvoll zu sein, von einem Kompetenzensemble von bzw. in Wertschöpfungsnetzwerken auszugehen. Es handelt sich um eine Anzahl von beschreibbaren Kompetenzelementen, die einem jeweils aktuellen Stand der Struktur der beteiligten Einzelunternehmen entsprechen. Sie sind in Personen, Maschinen, Informationen und Organisationsstrukturen vorhanden.

Kompetenzmanagement wird in dieser Struktur in der Regel bereits praktiziert als Organisation des möglichst effektiven Zusammenbringens der Kompetenzelemente zur Erfüllung des Betriebszwecks als Grundlage der Erfüllung des Unternehmenszwecks. Bis hierher (zumindest was den Betriebszweck angeht) reicht eigentlich die „klassische" Produktionsfaktorentheorie. Kompetenzmanagement wird hiernach eingeordnet in den betrieblichen Prozess der Leistungserbringung (Gabler, 1988).

Nicht ausreichend ist mit Blick auf KMU unter den Bedingungen von Industrie 4.0 allerdings eine Managementvorstellung, die sich darauf kapriziert, „menschliche Kompetenz" permanent den technischen „Gegebenheiten" anzupassen. Bei Industrie 4.0 müssen sich Betriebe darauf einstellen, dass Kompetenzen nicht mehr „personengebundene Problemlösungsfähigkeiten" sind, sondern je nach Verwertungsmöglichkeit technische oder/und persönliche Kompetenzelemente, die immer kurzfristiger neu kombiniert werden (vgl. zu den erwarteten Veränderungen innerhalb der Wertschöpfung Roland Berger Strategy Consultants u. BDI, 2015). Denken, das sich daran orientiert, Effizienz(steigerung) anzustreben, ist nicht abzulehnen, sondern es muss auf nicht rein technische Zusammenhänge übertragen und dort fruchtbar gemacht werden, z. B. auf umwelt- und sozialverträgliche Technikgestaltung (Ropohl, 1996).

Kompetenzvermittlung wird zur Vermittlung modularer Einheiten einschließlich der Vermittlung der Anschlussfähigkeit an andere modulare Einheiten, deren Struktur extern (ggf. auch „maschinell" und überbetrieblich) konfiguriert wird.

14.7 Vernetzung als Herausforderung an (auch künstliche) Kompetenz

Die Auswirkungen durch zunehmende Digitalisierung sind an vielen Orten beschrieben. Für ein vernetztes Kompetenzmanagement erscheint eine prognostizierte Entwicklung wesentlich zu sein:

Eine der Auswirkungen der digitalen Transformation wird eine Verschiebung von bisher klassisch organisierten und starren Wertschöpfungsketten zu dynamischen Wertschöpfungsnetzwerken sein (Roland Berger Strategy Consultants u. BDI, 2015). Auch die Unternehmensberatung

Deloitte (2015) geht von einer verstärkten Erosion bestehender Wertschöpfungsketten hin zu vernetzten Wertschöpfungsstrukturen aus.

Es ist noch nicht sicher absehbar, in welchen realen Strukturen diese Konfigurationen stattfinden. Es werden selten, außer bei Großkonzernen, einzelbetriebliche Strukturen sein. Das Kompetenzmanagement wird teilweise „ausgelagert". Wahrscheinlich ist, dass die dazu entstehenden Strukturen selbst zunehmend digitalisiert und automatisiert sein werden und eine eigene Wertschöpfung aus neuen Dienstleistungen beanspruchen werden.

Die dort beschreibbaren Kompetenzen werden nicht „Wissen" adressieren, sondern punktuell und miniaturisiert verfügbares „Können". Kompetenzerwerb und Kompetenzerweiterung werden nicht „Lernen" sein, sondern „(Ein)Üben" oder Programmieren. Wenn „Können" gefragt ist, wird der Erwerb zunehmend für punktuell zu erbringende Leistungen individuell und selbstorganisiert erfolgen. Noch häufiger wird wahrscheinlich ein Leistungsergebnis abgefragt werden (Stichwort: Crowd-Working). Die ehedem beklagte Verdichtung der Poren des betrieblichen Arbeitsprozesses entschwindet in die Selbstausbeutung der Schwitzenden.

> **Fazit**
> Für ein reales oder besser zu realisierendes vernetztes Kompetenzmanagement stellt sich insbesondere eine Herausforderung dar: das zukünftige Verhältnis zwischen personen- und maschinengebundenen Kompetenzen. Wie in diesem Beitrag beschrieben, ist absehbar, dass zukünftig neben den personengebundenen Kompetenzen zunehmend damit zu rechnen ist, dass maschinengebundene Kompetenzen mit Entscheidungsbefugnissen in den Betrieben anzutreffen sind. Das bedeutet – unabhängig von den Auswirkungen auf Mensch-Maschine-Schnittstellen im rechtlichen Bereich – eine relative Neuordnung der betrieblichen Kompetenzen und deren Verteilung. Eine wesentliche Aufgabe eines vernetzten Kompetenzmanagements sollte meiner Meinung nach darin bestehen, Bewertungsschemata zu entwickeln, mit denen belastbar und nachvollziehbar Entscheidungen für oder gegen den Einsatz von personen- oder maschinengebundenen Kompetenzen sprechen. Dabei ist bei Weitem noch nicht die Frage geklärt, welche Kompetenzen sich wie überhaupt digitalisieren lassen. Theoretisch lässt sich viel Inhalt in einen Algorithmus übertragen. Das gilt insbesondere für Aufgaben, die stark standardisiert werden können. Als Herausforderung stellen sich hier jedoch aktuell noch die Tätigkeiten dar, die bei menschlichen Entscheidungsträgern/-innen im jeweiligen Einzelfall auf der Basis von implizitem Wissen, aufgrund von Empathie oder unbewusst (richtig) erfolgen und bei denen zunächst kein Muster oder Schema erkennbar ist.

Weiterführende Literatur und Links
- Informationen zum Projekt PROKOM 4.0 – Kompetenzmanagement für die Facharbeit in der High-Tech-Industrie finden Sie auf der Projektwebseite https://www.prokom-4-0.de/ und der Teilprojektseite http://www.tat-zentrum.de/projekte/prokom/index.html.

Literatur

Ahrens, K., & Mörer-Funk, A. (2014). Mehr Autos auf gleichem Platz. Roboter Ray übernimmt am Flughafen Düsseldorf das Einparken. http://www.ingenieur.de/Fachbereiche/Robotik/Roboter-Ray-uebernimmt-am-Flughafen-Duesseldorf-Einparken. Zugegriffen: 30. April 2017.

Bartmann, D. (1989). Wird der Vorstand zum Regierungssprecher seines Computers? In K. Spreemann, & E. Zur (Hrsg.), *Informationstechnologie und strategische Führung* (S. 325–336). Wiesbaden. Gabler.

Bley, N., Hartmann, V., & Orians, W. (2015). *CSR aus Sicht der Arbeitnehmerinnen und Arbeitnehmer*. Weinheim, Acht: Achter.

Blutner, D. (2015). *Herrschaft und Technik. Entscheidungsträgerschaft im Wandel*. Wiesbaden. Springer.

Boeing, N. (2016). Die Zukunft der Arbeit. *Das Unternehmensmagazin von Evonik Industries* 3, 47.

Bohnsack, A. (1989). Spinnen und Weben, Entwicklung von Technik und Arbeit im Textilgewerbe, Reinbek, 17.-18. Tausend.Rowohlt.

Clauß, U. (2014). Investment-Firma wählt Computer in den Vorstand. Welt N24. http://www.welt.de/128184225. Zugegriffen: 30. April 2017.

Deloitte (2015). Supply Chains Morphing Into 'Value Webs'. http://deloitte.wsj.com/cio/2015/07/22/supply-chains-morphing-into-value-webs/. Zugegriffen: 30. April 2017.

Erpenbeck, J., & Heyse, V. (2007). *Die Kompetenzbiographie. Wege der Kompetenzentwicklung*. Münster: Waxmann.

Ewaldsen, L. (1992). *Betrieb, Betriebswirtschaft, Betriebswirtschaftsrechnung*. Gütersloh: Orbis.

Finsterbusch, S., & Giersberg, G. (2015). Kompetenzgerangel um die Industrie 4.0. Streit hinter den Kulissen – und die Konkurrenz aus Übersee macht Druck. *Frankfurter Allgemeine Zeitung*. http://www.genios.de/presse-archiv/artikel/FAZ/20150220/kompetenzgerangel-um-die-industrie-/FD2201502204504097.html. Zugegriffen: 30. April 2017.

Gabler (1988). Gabler Wirtschaftslexikon (6 Bände, 12. Aufl.). Wiesbaden: Gabler.

Gehlen, A. (1975). *Die Seele im technischen Zeitalter* (14. Aufl.). Hamburg: Rowohlt.

Geldermann, B., Günther, D., & Hofmann, H. (2005). *Lernkulturen und strategische Kompetenzentwicklungsprogramme in Unternehmen*. QUEM Materialien 62. Berlin: Arbeitsgemeinschaft Betriebliche Weiterbildungsforschung e.V. (ABWF) – Projekt Qualifikations-Entwicklungs-Management.

Hanak, H., & Sturm, N. (2015). *Anerkennung und Anrechnung außerhochschulisch erworbener Kompetenzen. Eine Handreichung für die wissenschaftliche Weiterbildung*. Wiesbaden: Springer VS.

Hartmann, V. (2015). Auf dem Weg zur künstlichen Kompetenz. TAT-Schriftenreihe PROKOMpakt, 2. https://www.prokom-4-0.de/files/downloads/prokompakt-02-2015.pdf. Zugegriffen: 30. April 2017.

Hartmann, V., & Tschiedel, R. (2016). Betriebliches und überbetriebliches Management „künstlicher Kompetenz". Ein techniksoziologischer Blick auf Diskussion und Praxis. *lernen & lehren* 1(121), 10–15.

Hirsch-Kreinsen, H., Ittermann, P., & Niehaus, J. (Hrsg.) (2015). *Digitalisierung industrieller Arbeit. Die Vision Industrie 4.0 und ihre sozialen Herausforderungen*. Baden-Baden: Nomos.

Jakobs, J., & Litzel, N. (2015). Gefahren von Big Data, der Digitalisierung und Industrie 4.0, Teil 2. Übernimmt künstliche Intelligenz die Steuerung? http://www.bigdata-insider.de/recht-sicherheit/articles/475100. Zugegriffen: 30. April 2017.

Knipper, T. (2014). Hochfrequenzhandel. Wie die Chaostheorie die Finanzwelt beherrscht. *Cicero*. http://www.cicero.de/kapital/hochfrequenzhandel-algorithmen-die-die-welt-bewegen/58301. Zugegriffen: 30. April 2017.

Kobelt, K. (2008). Ideengeschichtliche Entwicklung des pädagogischen Kompetenzkonzeptes. In M. Koch, & P. Straßer (Hrsg.), *In der Tat kompetent. Zum Verständnis von Kompetenz und Tätigkeit in der beruflichen Benachteiligtenförderung* (S. 9–23). Bielefeld: WBV.

Krstic, M. (2014). *Verkaufte Demokratie*. Zeiningen: Leonardo Verlagshaus.

Kurzhals, Y. (2011). *Personalarbeit kann jeder. Professionalisierung im Personalmanagement – Erfolgsrelevante Kompetenzen von HR-Managern*. Mering: Rainer Hampp.

Langhans, K., & Niewel, G. (2015). Hochfrequenzhandel: Im Netz der Sekundenzocker. Süddeutsche Zeitung. http://www.sueddeutsche.de/wirtschaft/aktien-im-internet-im-netz-der-sekundenzocker-1.2539598. Zugegriffen: 30. April 2017.

zur Megede, W. (1974). *Am Wege zur Automation. Antiker Traum – moderne Wirklichkeit*. Berlin, München: Siemens Aktiengesellschaft.

Neumann, H. (2014). Industrie 4.0 – Große Chance für die Arbeit. autogramm. Die Zeitung für die Mitarbeiterinnen und Mitarbeiter der Marke Volkswagen, 11. http://autogramm.volkswagen.de/11_14/aktuell/aktuell_04.html. Zugegriffen: 30. April 2017.

Paechnatz, P. (2015). Industrie 4.0 und andere technologische Megatrends machen Personalarbeit zunehmend überflüssig. http://personalerblog.com/2015/02/02/industrie-4-0-und-andere-technologische-megatrends-machen-personalarbeit-immer-mehr-uberflussig. Zugegriffen: 30. April 2017.

Paulinyi, A. (1989). *Industrielle Revolution. Vom Ursprung der modernen Technik*. Reinbek: Rowohlt.

Rammert, W. (2007). *Technik – Handeln – Wissen. Zu einer pragmatistischen Technik- und Sozialtheorie*. Wiesbaden: VS Springer.

Roland Berger Strategy Consultants, Bundesverband der Deutschen Industrie (BDI). (2015). Die digitale Transformation der Industrie. Was sie bedeutet. Wer gewinnt. Was jetzt zu tun ist. http://bdi.eu/media/user_upload/Digitale_Transformation.pdf. Zugegriffen: 30. April 2017.

Literatur

Ropohl, G. (1996). *Ethik und Technikbewertung*. Frankfurt am Main: Suhrkamp.

Schwägerl, C. (2015). Künstliche Intelligenz. *GEO* 3, 108–127.

Schweizer, K. (2006). *Leistung und Leistungsdiagnostik*. Berlin, Heidelberg: Springer.

Kultusministerkonferenz (KMK) – Sekretariat der Ständigen Konferenz der Kultusminister der Länder in der Bundesrepublik Deutschland (Hrsg.) (2004). Bildungsstandards der Kultusministerkonferenz. Erläuterungen zur Konzeption und Entwicklung. München: Luchterhand.

Staudt, E., & Kriegesmann, B. (2002). Weiterbildung: Ein Mythos zerbricht (nicht so leicht!). In E. Staudt, N. Kailer, M. Kottmann, B. Kriegesmann, A. J. Meier, C. Muschik, H. Stephan, & A. Ziegler (Hrsg.), *Kompetenzentwicklung und Innovation. Die Rolle der Kompetenz bei der Organisations-, Unternehmens- und Regionalentwicklung* (S. 71–126). Münster. Waxmann.

VDI Technologiezentrum GmbH (Hrsg.) (2015). *Gesellschaftliche Veränderungen 2030; Ergebnisband 1 zur Suchphase von BMBF-Foresight Zyklus II*. Düsseldorf: VDI Technologiezentrum GmbH.

Vetterli, R. (1978). *Industriearbeit, Arbeiterbewußtsein und gewerkschaftliche Organisation. Dargestellt am Beispiel der Georg Fischer AG (1890–1930)*. Göttingen: Vandenhoeck & Rupprecht.

Weber, M. (1988a). *Gesammelte Aufsätze zur Sozial- und Wirtschaftsgeschichte*. Tübingen: Mohr.

Weber, M. (1988b). Die protestantische Ethik und der Geist des Kapitalismus. In M. Weber (Hrsg.), *Gesammelte Aufsätze zur Religionssoziologie* (Bd. 1, S. 1–206). Tübingen: Mohr.

Weinert, F. E. (Hrsg.) (2001). *Leistungsmessung in Schulen*. Weinheim, Basel: Beltz.

Wengenroth, U. (1986). *Unternehmensstrategien und technischer Fortschritt. Die deutsche und die britische Stahlindustrie 1865–1895*. Göttingen, Zürich: Vandenhoeck & Ruprecht.

Weyer, J. (2003). *Von Innovations-Netzwerken zu hybriden sozio-technischen Systemen. Neue Perspektiven der Techniksoziologie*. Dortmund: Technische Universität Dortmund.

Wilkens, U., & Gröschke, D. (2008). Kompetenzbeziehungen zwischen Individuen, Gruppen und Communities – Empirische Einblicke am Beispiel des Wissenschaftssystems. In J. Freiling, C. Rasche, & U. Wilkens (Hrsg.), *Wirkungsbeziehungen zwischen individuellen Fähigkeiten und kollektiver Kompetenz. Jahrbuch Strategisches Kompetenz-Management* (Bd. 2, S. 35–67). München, Mering: Rainer Hammp.

Wille, J. (2015). Fachkräftemangel in Kernkraftwerken: Personal-GAU im Atommeiler. Online-Artikel vom 01.04.2015. *Frankfurter Rundschau*. http://www.fr.de/wirtschaft/energie/fachkraeftemangel-in-kernkraftwerken-personal-gau-im-atommeiler-a-477830. Zugegriffen: 30. April 2017.

Wimmer, E. (2014). *Kompetenz-Management in der Industrie. Eine theoretische und empirische Studie zum Beitrag des Kompetenzmanagements für das Personal- und Weiterbildungsmanagement*. München, Mering: Rainer Hampp.

Windeler, A., & Sydow, J. (Hrsg.) (2014). *Kompetenz. Sozialtheoretische Perspektiven*. Wiesbaden: Springer VS.

Wittke, G. (2006). Kompetenzerwerb und Kompetenztransfer bei Arbeitssicherheitsbeauftragten. Dissertation FU Berlin.

Zydra, M. (2015). Hochfrequenzhandel: Schneller als Menschen. *Süddeutsche Zeitung*. http://www.sueddeutsche.de/wirtschaft/hochfrequenzhaendler-der-blitzangriff-1.2623740. Zugegriffen: 30. April 2017.

Vernetztes Kompetenzmanagement – Anforderungen und Ausblick

Manfred Bornewasser

15.1 Kompetenzentwicklung, Digitalisierung und Vernetzung – 188

15.2 Sechs Thesen zum vernetzten Kompetenzmanagement – 188

© Springer-Verlag GmbH Deutschland 2018
M. Bornewasser (Hrsg.), *Vernetztes Kompetenzmanagement*,
Kompetenzmanagement in Organisationen,
https://doi.org/10.1007/978-3-662-54954-4_15

Zusammenfassung

Technische Herausforderungen wie die Digitalisierung verlangen nach Lösungen im Bereich des Kompetenzmanagements. Einzelne solcher Lösungen für ausgewählte Teilbereiche sind im vorliegenden Band zusammengetragen worden. Diese bieten erste oder auch fortgeschrittene Ansätze, die es zu erproben und zu evaluieren gilt. Aber kein einzelner Ansatz kann für sich beanspruchen, eine umfassende Lösung geliefert zu haben. Dies dürfte auch deshalb kaum gelingen, weil die technischen Entwicklungen von atemberaubender Dynamik geprägt sind. Was heute noch als ein Erfolg versprechender Ansatz gilt, hat morgen schon kein Potenzial mehr. Abschließend werden sechs Thesen zur weiteren Entwicklung des Kompetenzmanagements im Zeitalter der Vernetzung vorgestellt und erörtert.

15.1 Kompetenzentwicklung, Digitalisierung und Vernetzung

Digitalisierung und Vernetzung führen zu besonderen Herausforderungen. Darin ist man sich einig. Diese betreffen neben der Arbeitsorganisation und der Schaffung moderner technologischer Rahmenbedingungen vor allem auch die Kompetenzentwicklung. Man braucht keine besondere Expertise, um vorherzusagen, dass gerade im Bereich der Kompetenzentwicklung neue Ansätze erforderlich werden. Das betrifft sowohl die Lerninhalte als auch die Vermittlung der Inhalte.

Herausforderungen sind das Eine, Lösungsansätze das Andere. Oftmals malt man die Herausforderungen in den grellsten Farben aus, bleibt aber Antworten schuldig, wenn nach konkreten Veränderungen oder gar nach Lösungen gefragt wird. Auch die etwas globale Lösung „Kompetenzen entwickeln" gibt ja keinen eindeutigen Hinweis darauf, wie das gemacht werden könnte, welche Inhalte wie präsentiert und abgerufen werden können, welche technischen Voraussetzungen erfüllt sein müssen, wer Angebote unterbreitet, wie die Inhalte gepflegt werden etc. Das gilt auch für die Entwicklung von immer wieder neuen Schlüsselkompetenzen, die ja nichts anderes besagen, als dass ein beschriebener Trend zu mehr Vernetzung, Medienkonsum oder Öffnung von Organisationen durch mehr Vernetzungs-, Medien- oder Öffnungskompetenz bewältigt werden kann. Solche Beschreibungen sind wenig hilfreich, solange sie weder angeben, was damit konkret gemeint ist, noch sagen, wie man so etwas abweichend gegenüber Bekanntem macht.

Im vorliegenden Band werden von daher Herausforderungen benannt, jedoch auch möglichst konkrete Lösungsansätze präsentiert, allerdings meist nicht für das Ganze, sondern eher für verschiedene und kleinere Teile. Diese Lösungsansätze sind in fünf Verbundprojekten erarbeitet und skizziert worden. Aus diesen Darstellungen heraus werden hier sechs Thesen für ein zukünftiges Kompetenzmanagement unter den Rahmenbedingungen der Digitalisierung und Vernetzung erläutert.

15.2 Sechs Thesen zum vernetzten Kompetenzmanagement

- **These 1: Herausforderungen durch zunehmende Digitalisierung und Vernetzung muss in zwei Richtungen begegnet werden, sowohl durch veränderte individuelle Kompetenzen als auch durch veränderte organisatorische oder regionale Rahmenbedingungen, die das individuelle Lernen befördern.**

In dem Sinne muss zwischen individuellem Lernen, individueller Kompetenzentwicklung als dem Neuerwerb von Kompetenzen von Beschäftigten, und einem organisationalen Lernen, einem Erwerb neuartiger unternehmerischer Kompetenzen auf der Basis einer Reorganisation von

15.2 · Sechs Thesen zum vernetzten Kompetenzmanagement

Arbeit, betrieblichem Personalmanagement, Technik oder sogar Breitbandausbau, differenziert werden. Organisationales Lernen impliziert, dass ausgehend von einem bestimmten Status quo Unternehmen sich z. B. entscheiden, eigene Fortbildungsprogramme aufzulegen, diese digital-technisch zu unterstützen oder eben auch Programme zwischen Unternehmen zu starten und dafür dann auch Personal- und Technikkapazität bereitzustellen.

Beim Kompetenzmanagement geht es also um zwei Aspekte: Es ist zunächst immer festzustellen, welche Kompetenzen einem/einer Beschäftigten fehlen und was dazugelernt werden muss. Zentrales Werkzeug hierfür sind Kompetenzmodelle oder Kompetenzprofile, die Ist-Soll-Vergleiche visualisieren helfen. Sodann geht es aber auch darum, die technischen oder arbeitsorganisatorischen Voraussetzungen für individuelle Lernprozesse in oder auch zwischen Unternehmen zu gestalten. Das kann z. B. bedeuten, dass Listen über das Personal und seine Qualifikationen geführt werden, dass Prioritäten gesetzt werden, wer zuerst und wer später zur Weiterbildung geschickt wird, dass die Kontakte zu Bildungseinrichtungen geschaffen werden, die die für das Unternehmen attraktivsten Angebote bereithalten oder dass strategische Weiterbildungsprojekte geplant und initiiert werden. Unter Vernetzungsaspekten ist es vor allem interessant, mit welchen Partnerunternehmen oder Bildungseinrichtungen man sich vernetzt, wen man in ein Netzwerk hineinholt, wie man die zu vermittelnden Inhalte abstimmt und wie man die technischen Rahmenbedingungen gestaltet, damit Kompetenzentwicklung ablaufen kann.

Lösungen liegen also darin, neue Kompetenzen zu vermitteln (RAKOON, TRANSDEMO), sie liegen aber auch in der Schaffung von regionalen Netzwerkstrukturen (PROKOM 4.0), organisatorischen Voraussetzungen zum Austausch von Bildungsangeboten (PLUG+LEARN) oder arbeitsorganisatorischen Rahmenbedingungen (PIKOMA). Letztlich geht es immer darum, einzelnen Personen spezifische neue Kompetenz zu vermitteln, um entweder sich verändernde Produktions- und Dienstleistungsprozesse bewältigen zu können oder aber auch offener und vernetzungsfähiger zu werden, um mit anderen Unternehmen und potenziellen Teilnehmenden innerhalb oder auch jenseits des eigenen Unternehmens kooperieren oder auch Innovationen entwickeln zu können.

- **These 2: Vernetzung wird dazu führen, dass sich gemeinsame Interessen verfolgende Unternehmen als Anbieter von Kompetenz zusammenschließen und dann ein zwar begrenztes, aber doch genau auf die Bedürfnisse von Organisationen zugeschnittenes Bildungsangebot unterbreiten.**

Die Digitalisierung hat zu ganz neuen Vermittlungsformen im Bereich des E-Learning oder des Online-Learning geführt. Diese neuen Formen werden bereits umfänglich praktiziert und auch erforscht. Dabei dominiert bislang eine Organisationsform, die durch zentral Anbietende sowie eine große Zahl von Nachfragenden geprägt ist, die sich anmelden und einloggen müssen, um am bereitgestellten Wissen zu partizipieren. Bekanntestes Beispiel sind die sogenannten „Massive Open Online Courses" (MOOC). Dabei besteht das Geschäftsmodell darin, dass Anbietende sowohl den Aufbau einer organisatorischen Struktur als auch die Bereitstellung von Lerninhalten betreiben, während Abnehmende eine Auswahl der für sie relevanten Inhalte vornehmen und bezahlen.

Diese Organisationsform des Online-Lernens hat sich bisher vermutlich deshalb durchgesetzt, weil der Wissenserwerb im ökonomischen Bereich schon immer als eine individuell zu regelnde Angelegenheit im Business-to-Consumer-Kontext begriffen wurde. Der Anbietende bereitet das Wissen professionell auf, der Nachfragende ruft die Dienstleistung ab. Erinnert sei an das Schlagwort der digitalen Souveränität: Der Kunde ist dafür selbst verantwortlich, fehlende Kompetenzen zu beschaffen. Jeder einzelne entscheidet sich an einem Bildungsmarkt, nimmt Kontakt auf und sucht sich aus einem breiten Angebot die Inhalte heraus, die am besten zu den aktuellen Absichten passen.

Begreift man den Wissenserwerb oder auch die Kompetenzentwicklung jedoch auch als eine Angelegenheit von Unternehmen, so bietet die Vernetzung die Möglichkeit, dass sich auch ganz unterschiedliche Produktions- und Dienstleistungsunternehmen an der Bereitstellung von Wissen beteiligen und selbst auch als Unternehmen oder über abgeordnete Beschäftigte Wissensbestände abrufen. In diesem Sinne verändert sich der Markt sowohl auf der Anbieter- als auch auf der Abnehmerseite. Auf der Anbieterseite treten mehrere unternehmerische Anbieter/-innen in einen Verbund und die Angebote zwischen diesen Anbietenden werden abgestimmt, ehe sie als Inhalte präsentiert und abgerufen werden können. Auf der Abnehmerseite können neben einzelnen Individuen (aus unterschiedlichsten Branchen) nun auch wieder Unternehmen auftreten, die gezielt für sich relevante Inhalte abrufen. Dabei stellt sich die Frage, wie der Zugang geregelt ist. Wenn er frei ist, könnte von einem Markt gesprochen werden; wenn er reduziert ist auf die Unternehmen, die sich an der Bereitstellung eines Wissenspools beteiligen, könnte man eher von einem wechselseitigen Transfer sprechen. In jedem Fall bedeutet es einen erheblichen Mehraufwand, wenn solche Verbünde im Sinne von Kooperationsnetzwerken gebildet und die Bildungsangebote immer wieder neu abgestimmt und aufbereitet werden müssen.

Ein solch komplexes Netzwerk lässt sich aber nicht nur zwischen, sondern auch innerhalb einzelner Unternehmen bilden, wenn Anbieter/-innen und Abnehmer/-innen z. B. Abteilungen und Beschäftigte sind. Auch hier ist es dann erforderlich, ein Kompetenzmanagement zu betreiben, welches die Erstellung einer irgendwie gearteten Plattform impliziert sowie die Abstimmung der Inhalte zwischen den Abteilungen. Im erstgenannten Fall organisiert ein Verbund über die Unternehmensgrenzen hinweg den Austausch, im zweiten Fall bleibt alles Wissen innerhalb der eigenen Organisation.

Die Bildung von Kooperationsnetzwerken wirft verschiedene Fragen auf, für die bereits Antworten erarbeitet wurden. Es zeigt sich, dass die Zusammenstellung der kooperierenden Partner auf Organisationsebene von großer Bedeutung ist. Diese Zusammenstellung wird auch als Orchestrierung beschrieben (▶ Kap. 5): Um in einem strategischen Netzwerk erfolgreich zu sein, müssen die „richtigen" Partner/-innen ausgewählt werden und mitmachen. Es kommt dabei entscheidend darauf an, dass die Partner/-innen das Gefühl haben, wechselseitig voneinander profitieren können, dass also der Aufwand der Kooperation zu einem Ertrag führt, der von hohem Nutzen ist. Ferner ist es wichtig, dass die Kooperationspartner/-innen sich wechselseitig vertrauen und die Opportunismusgefahren eingeschränkt werden können. Alle diese erwähnten Konzepte bedürfen dringend der vertiefenden Forschung.

- **These 3: Vernetzung ermöglicht austauschbasierte Fortbildung in heterarchischen, hierarchiefreien Netzen.**

Netzwerke weisen im ökonomischen Bereich oftmals hierarchische Strukturen auf, man denke an die Hersteller- und Zulieferernetzwerke im Automobilbau. In solchen Netzwerken übernimmt oftmals ein Unternehmen die Organisation des Netzwerks und bestimmt aus einer Position der Überlegenheit heraus, wie die Kooperation abläuft. Alternative Konzeptionen liefern etwa Überlegungen zu hierarchielosen regionalen Produktionsnetzen oder zu kompetenzzellenbasierten Netzwerken. Vernetzungen sind somit nicht an Hierarchie gebunden. Im Falle der Kompetenzentwicklung besteht zudem auch kein Zwang, auf ein gemeinsames finales Produkt hinzuarbeiten. Vielmehr geht es hier darum, in einem Netzwerk von Partnern/-innen, die nicht in einen gemeinsamen Wertschöpfungsprozess einbezogen sind, aber dennoch ein mehr oder weniger geteiltes Wissen um solche Prozesse haben, einen Austausch von Kompetenzen zu betreiben. Alle Partner sind gleichberechtigt, was die Abstimmung zum Einbringen und Herausholen von Wissen in das Netzwerk anbelangt, was aber auch Rechte und Pflichten etwa hinsichtlich der Nutzung von Kompetenzmodulen oder der Bereitstellung solcher Module anbelangt. So können

15.2 · Sechs Thesen zum vernetzten Kompetenzmanagement

Unternehmen, Hochschulen und Verbände im Netzwerk zusammenarbeiten, wobei allerdings auch hier wieder gilt, dass die Opportunismusrisiken durch geeignete Maßnahmen reduziert bzw. beherrscht werden.

In der traditionellen Version vermittelt eine Einrichtung Wissen, z. B. wie man ein Netzwerk bildet, stellt Unterlagen bereit oder bietet eine modularisierte Fortbildung über mehrere Tage an. Der Übergang zur Nutzung von digitalen Vernetzungen liegt dort, wo Bildungsträger/-innen auf ihrer Homepage bereits Werkzeuge zur Verfügung stellen, z. B. Literatur, Statistiken oder Recherchemethoden, auf die z. B. jedes Unternehmen in der Region Zugriff hat. Eine vollständige Vernetzung liegt vor, wenn die Partner/-innen in einem Netzwerk eine Kooperation beschließen, die alle Seiten dazu verpflichtet, bestimmte Beiträge (z. B. Finanzleistungen für die Organisation einer Plattform, Bereitstellung von Lernmaterialien, Durchführung von Analysen) zu leisten und im Gegenzug auch Leistungen abzuziehen. Dies geschieht, indem sich verschiedene, zueinander passende (interessengleiche) Unternehmen, die z. B. unterschiedliche Elemente der Wertschöpfungskette repräsentieren und dann eine definierte Kompetenz anbieten, zusammentun zu einer ein- oder mehrdimensionalen Kompetenzprofilierung. Die Akteure/-innen sollen in der Lage sein, das Netzwerk durch eigene Qualifizierungsangebote aktiv mitzugestalten, um wiederum von den vorhandenen Kompetenzen anderer Beteiligter zu profitieren. Durch die Konzentration im Netzwerk und die Spezialisierung der Partner werden kunden- bzw. auftragsspezifische Angebote effizient am Markt bereitgestellt. Auch hier stellt sich weiterer Forschungsbedarf ein, etwa zur Generierung und Steuerung sowie zur Zusammenstellung und Größe der Netzwerke. Entscheidend kommt es hier darauf an, qualitativ hochwertige Kompetenzmodule zu schaffen, ohne dass Interessen einzelner Partner/-innen verletzt werden. Im Spannungsfeld von Kooperation und Wettbewerb sind geeignete Mechanismen der nachhaltigen Motivation, Stabilität, Koordination und Differenzierung zu identifizieren, weiterzuentwickeln und anzuwenden.

- **These 4: Vernetzung setzt Offenheit voraus und eröffnet Kooperationsmöglichkeiten. Dabei ist Öffnung als eigener Lerngegenstand zu begreifen und zu schulen, da sie auch eine veränderte Perspektive impliziert.**

Vernetzung bedeutet im Leben von Organisationen oftmals die Aufnahme von Kontakten zwischen bislang getrennten Partnern/-innen, den Austausch von Information (Geben und Nehmen) und den Beginn einer Kooperation (gemeinsames Ziel, Kosten und Ertrag). Mit der Vernetzung wird also ein Status quo beendet, der von Abgrenzung, Abgeschlossensein, von Gleichgültigkeit gegenüber dem Wissen anderer Organisationen und von Selbstständigkeit der Produktion bzw. Leistungserstellung geprägt war. Diese Vorstellung kann man auch auf Teilsysteme innerhalb von Organisationen oder auf Teilschritte in Arbeits- oder Geschäftsprozessen anwenden. Die geschlossene Organisation erfährt durch die Vernetzung eine Hinwendung zur Öffnung und wird zu einer offenen Organisation. Ein sehr anschauliches Beispiel für eine solche organisatorisch gestaltete Öffnung lieferte seinerzeit das Konzept der Communities of Practice. Diese waren Lerngemeinschaften von Beschäftigten unterschiedlicher Organisationen, die gleiche Aufgaben wahrnahmen und zum selbstorganisierten Austausch von Erfahrungen zusammenkamen. Auf diese Weise wurden individuelles und organisationales Lernen ermöglicht. Moderne Formen solcher Communities of Practice werden als internetgestützte Arbeitsgemeinschaften bezeichnet, die solche Instrumente wie etwa Wikis zum Austausch einsetzen.

Eine solche Öffnung stellt an sich nichts Neuartiges dar, man denke an die Kommunikation des Einkaufs mit Zulieferern oder an die Beratung einer Kundin durch einen Verkäufer. Neuartig sind einmal die technische Basis dieser Vernetzung (über Plattformen), die Intensität des Datenaustausches und auch die enge Verknüpfung von Geschäftsprozessen, die bislang auf getrennte Unternehmen verteilt waren. Der eigene Produktionsprozess gewinnt dadurch verstärkt kooperative Elemente: Man stimmt sich technisch ab, man öffnet sich z. B. für externe Freelancer oder Beschäftigte in Coworking Spaces, man stimmt sich neu in den Geschäftsprozessen ab, man betreibt offene Innovation, indem man Ausschreibungen vornimmt und Kundeneinrichtungen einbezieht. Das alles geht nicht reibungslos über die Bühne, sondern stößt gewöhnlich auf viele Widerstände. Vernetzung bedeutet damit auch Gefährdung, was etwa die eigene selbstkontrollierte Arbeit oder die Konkurrenz mit externen Freelancern anbelangt.

Zu viel Öffnung kann schädlich sein, ebenso aber auch zu wenig Öffnung. Dabei kommt es wiederum ganz und gar auf die Partner/-innen an: Unter Wettbewerbern/-innen ist Öffnung nur bis zu einem gewissen Grad möglich, im Umgang mit Kunden/-innen versucht man, diese zu einer weitest möglichen Öffnung zu gewinnen, Freelancer werden vorsichtig sein, weil sie befürchten müssen, das ihre Beiträge nicht entsprechend honoriert werden. Es ist eine wichtige Aufgabe, den Öffnungsgrad von Organisationen zu bestimmen und daraus abzuleiten, welche zusätzlichen Open-Organisation-Kompetenzen (verstanden werden hierunter Play-, Care- und Framework-Kompetenzen, also spielerische Kreativität, Achtsamkeit und Strukturbildung; ▶ Kap. 9) erforderlich sind, um Öffnung zu optimieren.

Die Motivation, sich zu öffnen, ist beschränkt. Deshalb wird man sich überlegen müssen, wie man die Bereitschaft zur Öffnung stärken kann. Ein Lösungsansatz wird hier in sogenannte Serious Games (▶ Kap. 9) gesehen. Man lernt spielerisch, sich zu öffnen. Es geht dabei um eine Veränderung von mentalen Modellen zu den Themen Offenheit und Kooperation und damit um eine gezielte Anregung zur Vernetzung innerhalb und zwischen Organisationen. Solche Kompetenzen sind nützlich sowohl bei der Innovation als auch bei der Zusammenarbeit von Abteilungen etwa im Bereich von Produktion und Instandhaltung oder bei der Einbeziehung von individuellen Kunden und Kundinnen im Qualitätsmanagement.

- **These 5: Im betrieblichen Umfeld werden spezifische Inhalte zulasten abstrakter Wissensvermittlung abnehmen. Das ist ein Ergebnis von Vernetzung, weil mehrere Partner nun zusammen agieren und Prozesse kompetenzmäßig abgestimmt werden müssen. Dazu trägt auch Modularisierung bei: Jeder kann sich die Module zusammenstellen, die er spezifisch benötigt. Dadurch wird es auch leichter, Trainingserfolge zu messen.**

Schnittstellen-, Kultur- und Orchestrierungskompetenz sind Namen für sehr abstrakte Kompetenzbündel, die die Zunahme von Vernetzungen und Kontakten zwischen z. B. Facharbeitenden mit ihrer Umwelt andeuten. Dadurch kommen Kulturen z. B. von Wirtschaft und Verwaltung oder Beschäftigte aus verschiedenen Berufsgruppen oder Abteilungen zusammen. Dies erfordert, sich auf die neuen Partner/-innen einstellen und sich mit ihnen abstimmen zu müssen. Vergleichbares gilt an den Schnittstellen von Prozessen oder auch beim Zusammenwirken von regionalen Netzwerken. Hier wird dann seitens der Netzwerkbetreibenden Orchestrierungskompetenz erwartet, also die Fähigkeit, die richtigen Kooperationspartner/-innen auszuwählen. Hier gibt es noch erheblichen Forschungsbedarf.

Solche Beispiele spiegeln die nicht ganz von der Hand zu weisende Annahme wider, dass die technologischen Entwicklungen zu veränderten Arbeitsbedingungen führen, die mit den bestehenden Kompetenzstrukturen nicht, mit veränderten Kompetenzstrukturen aber gut bewältigt werden können. Diese grobe Annahme liegt auch allen Kompetenzmodellen zugrunde: Man weiß, was Kompetenzen sind, man weiß, wie man Kompetenzen erfasst und misst, man kann Differenzen zwischen Ist- und Soll-Ausprägung bestimmen, und man verfügt über Trainingsmaßnahmen oder Schulungen, um eine systematische Kompetenzentwicklung zu betreiben, d. h., Ist-Soll-Differenzen zu beseitigen.

Das Kernproblem solcher Kompetenzmodelle und der damit verbundenen Annahmen liegt darin, dass mit solchen abstrakten Kompetenzbeschreibungen (z. B. Schlüsselkompetenzen oder gar Metakompetenzen) immer auch verschiedenartigste Dispositionen konkreterer

15.2 · Sechs Thesen zum vernetzten Kompetenzmanagement

Art beschrieben werden, die dann auch wieder weiter auf- und unterteilt werden können. Aber niemand weiß genau, was alles z. B. in der Schlüsselkompetenz „Führungskompetenz" enthalten ist, wie Teilkompetenzen strukturiert sind und wie sie sich im Führungsverhalten auswirken. Deshalb kann eine abstrakte Führungskompetenz kaum klar gefasst werden, weshalb es auch schwierig ist, Kompetenzschulungen zu evaluieren und den Trainingserfolg solcher Schulungen stabil zu ermitteln. In diesem Sinne lassen sich Kompetenzen immer als ein großes Mosaik beschreiben, das aus vielen kleinen Untereinheiten besteht, die immer ganz unterschiedlich kombiniert und dadurch auch strukturiert sein können. Das ist die interessante Idee der Modularisierung. Kompetenzen können zukünftig immer feiner modularisiert werden, um konkrete Verhaltensänderungen der Lernenden in bestimmten Handlungssituationen zu erzielen. Das erhöht die Passgenauigkeit für konkrete Anforderungssituationen (aber auch für Personengruppen mit unterschiedlichem Bildungsstand), führt gleichzeitig aber auch zu einem Verlust an Ganzheitlichkeit (der aus ökonomischer Sicht begrüßenswert, aus pädagogischer Sicht bedenkenswert erscheint). Hier kann eine Taxonomisierung der Lernziele, z. B. unterteilt in kognitive, emotionale und verhaltensmäßige Lernziele, sehr hilfreich sein, sofern es gelingt, die Module und die Lernziele eindeutig abzugrenzen und aufeinander zu beziehen.

Technisch gesehen kommt hier das Konzept der Wandlungsfähigkeit ins Spiel: Alle Module, gleichgültig wie abstrakt oder konkret, umfassend oder eng, kognitiv oder bildlich, integriert oder separiert sie geschnitten sind, können über ein und dieselbe Plattform vermittelt werden. Ein zentrales koordinatives Problem bei der Vernetzung von Anbietern besteht dabei darin, eine gemeinsame Ebene der Spezifizierung von Lernzielen und Modulen zu finden. Es ist davon auszugehen, dass Unternehmen eher spezifische denn abstrakte Module und Verhaltensziele wünschen, also weniger kognitive als vielmehr auch verhaltensmäßige Veränderungen anstreben. Wenn es hier zu Diskrepanzen kommt, besteht die Gefahr des Opportunismus.

- **These 6: Je spezifischer die Inhalte, desto eher bieten sich arbeitsplatznahe oder prozessintegrierte Weiterbildungsangebote an, die intern mit technischer Unterstützung durch die Unternehmen umgesetzt werden.**

Kompetenzen lassen sich auf einem Kontinuum „abstrakt – konkret" anordnen. Je konkreter Kompetenzen beschrieben werden, desto kleiner wird der Spielraum der Variation der episodischen Verhaltensweisen. In diesem Sinne impliziert jede Disposition – und Kompetenzen gelten zumeist als Dispositionen zur Selbstorganisation von Verhalten – eine mehr oder weniger breite Mehrgleisigkeit oder Variation des Verhaltens.

Es kann davon ausgegangen werden, dass durch die Vernetzung die zu vermittelnden und von Unternehmen erwarteten Kompetenzen zunehmend spezifischer werden. Die Modularisierung bietet hier vielfältige Möglichkeiten, die Spezifität zu erhöhen, z. B. durch die exakte Bestimmung der Lerninhalte, dadurch die zunehmende Passung zu den betrieblichen Anforderungen sowie den Zuschnitt auf bestimmte Personengruppen. Aber auch die Einbeziehung von verschiedenen Unternehmen in ein Netzwerk und die Abstimmung der in das Austauschportal einzubringenden Angebote lässt Möglichkeiten zu, den Grad der Spezifizierung zu gestalten. Es ist zu erwarten, dass eine Teilnahme an einem solchen Netzwerk nur dann stabil erfolgt, wenn eine gewisse Konkretisierung und Spezifizierung erfolgt. Dies ist auch der Grund dafür, dass über Koordinierung Maßnahmen getroffen werden müssen, die Interessen der Unternehmen zu schützen.

Je spezifischer die Kompetenzen definiert werden, desto schwieriger wird eine Kooperation. Von daher kann Vernetzung auch auf die innerbetrieblichen Strukturen begrenzt werden. Hier sind dann alle erforderlichen technischen und organisatorischen Strukturen innerhalb eines Unternehmens zu regeln. Ein hier angebotener Lösungsansatz liegt dann in einem Learning on the Job: Der eigene Arbeitsplatz wird zum Lernplatz, gelernt werden dabei sehr konkrete Verhaltensabläufe, die genau auf die Strukturen der Geschäftsprozesse zugeschnitten sind.

Fazit

Die Herausforderungen an das Kompetenzmanagement in einer verstärkt digitalisierten und vernetzten Industrie- und Dienstleistungsgesellschaft sind nicht ganz neu und überraschend, aber auch nicht klein oder nebenbei zu erledigen. Es besteht sogar schon Nachholbedarf, der einerseits die technische Seite, andererseits aber auch die Bereitschaft von Beschäftigten zur Öffnung und Vernetzung betrifft. Von daher kommt es nicht allein darauf an, Breitbandnetze zu installieren und konkrete Kompetenzen zur Beherrschung moderner Technologie zu vermitteln, sondern auch ein verändertes mentales Modell von Arbeit und Organisation sowohl aufseiten der Beschäftigten als auch aufseiten der Führungskräfte zu vermitteln. Letztere fungieren als Vorbilder auch für Offenheit, für Interesse an der Digitalisierung und lebenslanges Lernen. Dabei muss der Digitalisierung viel mehr Beachtung geschenkt werden: Allzu oft wird das anstrengende Tagesgeschäft bemüht, um die Vernachlässigung wichtiger technologischer Zukunftsprobleme zu entschuldigen.

Die Lösungsansätze für ein verändertes, auf die zunehmende Vernetzung zugeschnittenes Kompetenzmanagement sind vielfältig. Die Vernetzung wird dazu führen, dass Kompetenzentwicklung in zunehmendem Maße über digitalisierte Medien erfolgt. Dabei ist zu erwarten, dass sich Unternehmen mit vergleichbarer Interessenlage zu Verbünden zusammenschließen, um ein gemeinsames modularisiertes Programm anzubieten. Ein solches Programm wird sich dadurch auszeichnen, dass es auf möglichst spezifischer und verhaltensnaher Ebene Kompetenz und Bereitschaft zur Veränderung vermittelt. Dabei können solche Verbünde auch innerhalb von Unternehmen, z. B. über Abteilungen oder Funktionsgruppen hinweg erfolgen. Spezifische und verhaltensnahe Aus- und Fortbildung steht dann im Mittelpunkt von Maßnahmen, die hier umfassend als Learning on the Job (▶ Kap. 8) oder Lernen in der Umgebung einer Lernfabrik (▶ Kap. 7) präsentiert werden. Der vorliegende Band verweist auf Forschungsbedarf. Dieser betrifft weniger die inhaltliche Kompetenzentwicklung als vielmehr die Organisation der Kompetenzentwicklung und die generelle Veränderungsbereitschaft. Interessante Hinweise sind mit den Begriffen der Orchestrierung, des Offenheitsgrades, der vertrauensorientierten Koordinierung, der Modularisierung, der technischen Wandlungsfähigkeit von Modulen oder des Learning on the Job angedeutet. Alle diese Themen betreffen mehr oder weniger einen Mix von individuellem und organisationalem Lernen. Sie lassen sich von daher nur in Verbundprojekten unter aktiver Teilnahme von Industrie- und Dienstleistungsunternehmen angehen. Benötigt werden gute Demonstratoren, die es ermöglichen, praxistaugliche Modelle in den Alltag zu übernehmen.

MIX
Papier aus verantwortungsvollen Quellen
Paper from responsible sources
FSC® C105338

If you have any concerns about our products,
you can contact us on
ProductSafety@springernature.com

In case Publisher is established outside the EU,
the EU authorized representative is:
**Springer Nature Customer Service Center GmbH
Europaplatz 3, 69115 Heidelberg, Germany**

Printed by Libri Plureos GmbH
in Hamburg, Germany